Fritjof Capra · Das neue Denken

Fritjof Capra

DAS NEUE DENKEN

Aufbruch zum neuen Bewußtsein

Die Entstehung eines ganzheitlichen Weltbildes im Spannungsfeld zwischen Naturwissenschaft und Mystik

Scherz

1. Auflage 1987
Einzig berechtigte Übersetzung aus dem Amerikanischen von Erwin Schuhmacher.
Titel der Originalausgabe: «Uncommon Wisdom. Conversations with Remarkable People».

Inhalt

Vorwort

Im April 1970 erhielt ich das letzte Gehalt für meine Forschungstätigkeit auf dem Gebiet der theoretischen Teilchenphysik. Seither habe ich diese Arbeit zwar an mehreren amerikanischen und europäischen Universitäten fortgesetzt, doch ließ sich keine dieser Institutionen überzeugen, mich dabei finanziell zu unterstützen. Seit 1970 hat meine physikalische Forschung nämlich, obwohl für meine Tätigkeit nach wie vor wesentlich, nur einen verhältnismäßig kleinen Teil meiner Arbeitszeit in Anspruch genommen. Weit größeren Raum beanspruchte die Forschungsarbeit in einem viel umfassenderen Bereich, wobei ich oft den beengenden Rahmen der geläufigen akademischen Disziplinen überschritt und in noch unbekannte Gebiete vorstieß. Dabei habe ich gelegentlich die heute gültigen Grenzen der Wissenschaft hinter mir gelassen oder, besser gesagt, versucht, sie weiter zu stecken. Obwohl ich meine Studien ebenso beharrlich, systematisch und sorgfältig betrieben habe wie meine Kollegen die ihren und die Ergebnisse in mehreren Arbeitspapieren und zwei Büchern publizierte, ist deren Thematik zu neuartig und kontrovers, als daß eine akademische Institution sie unterstützen würde.

Für jede Forschung in Grenzbereichen des Erkennens ist typisch, daß man niemals genau weiß, wohin sie führen wird. Geht jedoch alles gut, dann erkennt man rückblickend oft ein folgerichtiges Muster in der Entwicklung der eigenen Ideen und des eigenen Verständnisses, was gewiß auch für meine Arbeit gilt. Während der vergangenen fünfzehn Jahre habe ich viele Stunden in intensiven Gesprächen mit führenden Wissenschaftlern verbracht. Mit und ohne Führer oder Anleitung habe ich verschiedene veränderte Bewußtseinszustände erkundet. Ich habe mit Philosophen und Künstlern diskutiert, eine ganze Reihe physischer und psychischer Therapien erörtert und selbst erlebt. Ich nahm an vielen Veranstaltungen teil, bei denen Theorie und Praxis des gesellschaftlichen Wandels im Kontext unterschiedlicher kultureller Bedingungen und aus verschiedenen Perspektiven erörtert wurden. Oft schien es so, als würde jede Übereinstimmung, die man erreichte, sofort neue Wege erschließen und zugleich Stoff zu weiteren Fragen liefern. Blicke ich heute auf diese Zeit zurück, dann zeigt sich, daß ich während der vergangenen fünfzehn Jahre beharrlich ein einziges Thema verfolgt habe – den gegenwärtigen fundamentalen Wandel der Weltanschauung in unserer Wissenschaft und Gesellschaft, die Entfaltung einer neuen Sicht der Wirklichkeit sowie die gesellschaftlichen Implikationen dieses kulturellen Wandels. Die Ergebnisse meiner Forschung habe ich in zwei Büchern veröffentlicht, *Das Tao der Physik* und *Wendezeit*. In einem dritten Buch, *Green Politics*, das ich in Zusammenarbeit mit Charlene Spretnak speziell für amerikanische Leser(innen) geschrieben habe, habe ich die konkreten politischen Implikationen dieses Wandels erörtert.

Der Zweck des vorliegenden Buches ist nicht in erster Linie, neue Ideen vorzutragen oder die Gedanken meiner früheren Bücher zu erweitern oder zu modifizieren. Vielmehr möchte ich hier vor allem über meinen persönlichen Weg berichten, der zur Entwicklung dieser Gedanken führte. Es ist die Geschichte meiner Begegnungen mit vielen bemerkenswerten Persönlichkeiten, Männern und Frauen, die mich inspirierten, mir halfen und meine Suche förderten. Ich spreche von Werner Heisenberg, der mich in diese neue Sicht der Wirklichkeit einführte; von Geoffrey Chew, der mich lehrte, nichts als fundamental gelten zu lassen; von Krishnamurti und Alan Watts, die mir halfen, das Denken zu transzendieren, ohne dadurch meiner wissenschaftlichen Arbeitsweise untreu zu werden; von Gregory Bateson, der meine Sichtweise ausweitete, indem er das Leben in ihren Mittelpunkt stellte. Ferner spreche ich von Stanislav Grof und R. D. Laing, die mich herausforderten, das ganze Spektrum des menschlichen Bewußtseins zu erkunden; von Margaret Lock und Carl Simonton, die mir neue Wege zur Gesundheit und Heilung wiesen; von E. F. Schumacher und Hazel Henderson, die mich an ihren ökologischen Zukunftsvisionen teilhaben ließen, und schließlich von Indira Gandhi, die mein Bewußtsein der globalen Vernetzung erweiterte. Von diesen Frauen und Männern und von vielen anderen, mit denen ich in den vergangenen fünfzehn Jahren ins Gespräch kam, lernte ich die Hauptelemente dessen, was ich als neue Sicht der Wirklichkeit bezeichne. Mein persönlicher Beitrag bestand darin, Verbindungen zwischen den Gedanken dieser Persönlichkeiten und den von ihnen repräsentierten wissenschaftlichen und philosophischen Überlieferungen herzustellen.

Die hier aufgezeichneten Gespräche fanden statt zwischen 1969 – dem

Jahr, in dem ich zum ersten Male den Tanz der subatomaren Teilchen als Tanz des Shiva erlebte – und 1982, dem Jahr, in dem die *Wendezeit* veröffentlicht wurde. Ich habe sie aus Tonbändern, ausführlichen Notizen und aus dem Gedächtnis rekonstruiert. Ihren Höhepunkt fanden sie in den «Big-Sur-Gesprächen», einer dreitägigen Runde von erregenden, stimulierenden und geistig fruchtbaren Gesprächen mit einer Gruppe außergewöhnlicher Menschen, die stets zu den Höhepunkten meines Lebens zählen wird.

Parallel zu meiner Forschungsarbeit erlebte ich einen tiefgreifenden persönlichen Wandel, der in einer wahrhaft magischen Ära, den späten sechziger Jahren unseres Jahrhunderts, durch die damaligen Ereignisse in Gang gebracht wurde. Die vierziger, fünfziger und sechziger Jahre entsprechen etwa den ersten drei Jahrzehnten meines Lebens. In den vierzigern erlebte ich meine Kindheit; die fünfziger waren die Zeit meines Heranwachsens und die sechziger die des jungen Mannes. Blicke ich auf mein Erleben dieser Jahrzehnte zurück, dann charakterisiere ich die fünfziger am besten mit dem Titel des berühmten Films mit James Dean, *Rebel Without A Cause* – «Rebell ohne Anliegen» (deutscher Filmtitel «...denn sie wissen nicht, was sie tun»). Zwar gab es auch damals Spannungen zwischen den Generationen, doch huldigten die Generation von James Dean und die ältere Generation im Grunde derselben Weltanschauung, demselben Glauben an die Technologie, an den Fortschritt und das Bildungssystem. Nichts davon wurde in den fünfziger Jahren in Frage gestellt. Erst in den sechzigern begannen die Rebellen die *Gründe* (*cause*) für ihr Aufbegehren zu sehen und sich für eine *Sache* (*cause*) zu engagieren, was dann zu einer fundamentalen Herausforderung der bestehenden gesellschaftlichen Ordnung führte.

In den 1960er Jahren stellten wir die Gesellschaftsordnung in Frage. Wir lebten nach anderen Wertvorstellungen, hatten andere Rituale und andere Lebensformen. Doch waren wir nicht imstande, unsere Kritik prägnant zu formulieren. Natürlich übten wir bei einzelnen strittigen Themen konkrete Kritik, etwa am Vietnamkrieg, entwickelten jedoch kein umfassendes alternatives System von Ideen und Wertvorstellungen. Unser Protest wurde mehr pragmatisch gelebt und körperlich ausgedrückt als verbalisiert und in ein System gebracht.

In den siebziger Jahren konsolidierten und integrierten wir dann unsere Anschauungen. Die Verzauberung der sechziger Jahre schwand dahin; die anfängliche Erregung wich einer Periode der Festigung der eigenen Ansichten, der Klärung und Sammlung, des Verarbeitens und

Integrierens unserer Vorstellungen. Im Verlauf der siebziger Jahre entstanden zwei neue Bewegungen, die ökologische und die feministische, die zusammen den schon lange benötigten umfassenden Rahmen für unsere Kritik und unsere alternativen Ideen lieferten.

Die achtziger Jahre schließlich sind erneut eine Periode gesellschaftlicher Aktivitäten. In den sechzigern hatten wir mit Begeisterung und Erstaunen gespürt, wie die kulturelle Wandlung in Gang kam; in den siebzigern erarbeiteten wir ihr theoretisches Skelett; in den achtzigern beginnt dieses Skelett Fleisch anzusetzen. Die weltweite Grüne Bewegung ist das eindrucksvollste Zeichen entsprechender politischer Aktivität in den achtziger Jahren, die man vielleicht einmal als das Jahrzehnt der Grünen Politik bezeichnen wird.

Die Ära der sechziger Jahre, die auf meine Weltanschauung den stärksten Eindruck machte, war von einer Bewußtseinserweiterung in zwei Richtungen beherrscht. Die eine ging in Richtung einer für den Westen neuen Art von Spiritualität, die den mystischen Überlieferungen des Ostens nahesteht. Sie orientierte sich an Erfahrungen, die von den Psychologen als transpersonal bezeichnet werden. Die andere erweiterte das gesellschaftliche Bewußtsein, ausgelöst durch ein radikales Infragestellen jeglicher Autorität. Das geschah parallel in mehreren Bereichen. So forderte die amerikanische Bürgerrechtsbewegung die Einbeziehung der farbigen amerikanischen Bürger ins politische Leben. Die Bewegung für freie Rede an der Universität Berkeley und die Studentenbewegungen an anderen amerikanischen und europäischen Universitäten forderten dasselbe für die Studenten. Während des Prager Frühlings stellten tschechische Bürger die Autorität des Sowjetregimes in Frage. Die Frauenbewegung begann, die patriarchalische Ordnung herauszufordern, und humanistische Psychologen untergruben die Autorität von Schulmedizin und Psychotherapeuten. Die beiden dominierenden Trends der sechziger Jahre – die Bewußtseinserweiterung hin zum Transpersonalen und zum Sozialen – beeinflußten mein Leben und meine Arbeit erheblich. Meine beiden ersten Bücher *Das Tao der Physik* und *Wendezeit* haben eindeutig ihre Wurzeln in jenem magischen Jahrzehnt.

Das Ende der sechziger Jahre fiel zeitlich zusammen mit der Beendigung meines Arbeitsverhältnisses, jedoch nicht meiner Tätigkeit als theoretischer Physiker. Im Herbst 1970 zog ich nach London, wo ich während der folgenden vier Jahre die Parallelen zwischen moderner Physik und östlicher Mystik erforschte. Es waren die ersten Schritte eines langen und systematischen Bemühens, eine neue Vision der Wirklichkeit zu formulieren und zu kommunizieren. Die einzelnen Phasen dieser geistigen Reise und die Begegnungen und Gespräche mit den vielen bemerkenswerten Männern und Frauen, die zu den Wegbereitern der «Wendezeit» gehören, bilden den Inhalt dieses Buches.

1. Teil: Mit den Wölfen heulen

Heisenberg: Physik und Philosophie

Mein Interesse für den Wandel der Weltanschauungen in den Naturwissenschaften und der Gesellschaft wurde geweckt, als ich im Alter von neunzehn Jahren als junger Physikstudent Werner Heisenbergs *Physik und Philosophie* las, seinen klassischen Bericht über die Geschichte und Philosophie der Quantenphysik. Dieses Buch übte und übt immer noch einen unerhörten Einfluß auf mich aus. Es ist ein gelehrtes Werk, manchmal sehr technisch, doch ebenso voller persönlicher und sogar in starkem Maße emotionaler Bemerkungen. Heisenberg, einer der Begründer der Quantentheorie und zusammen mit Albert Einstein und Niels Bohr einer der Giganten der modernen Physik, beschreibt und analysiert darin das einzigartige Dilemma, in dem sich während der ersten drei Jahrzehnte unseres Jahrhunderts die Physiker fanden, als sie die Struktur der Atome und die Natur der subatomaren Phänomene erforschten. Diese Forschung brachte sie in Berührung mit einer seltsamen und unerwarteten Wirklichkeit, die die Grundlagen ihrer Weltanschauung zertrümmerte und sie zwang, auf ganz neue Weise zu denken. Bei ihrem Ringen um das Begreifen dieser neuen Wirklichkeit wurden die Wissenschaftler auf schmerzliche Weise gewahr, daß ihre Grundbegriffe, ihre Sprache und ihre ganze Denkweise nicht ausreichten, atomare Phänomene zu beschreiben.

In *Physik und Philosophie* liefert Heisenberg nicht nur eine brillante Analyse der begrifflichen Probleme, sondern auch eine lebendige Darstellung der unerhörten Schwierigkeiten, mit denen die Physiker fertig werden mußten, als ihre Forschung sie zwang, ihr eigenes Bewußtsein zu erweitern. Ihre atomaren Experimente nötigten sie, in neuen Kategorien über die Natur der Wirklichkeit zu denken. Es war Heisenbergs große Leistung, dies klar erkannt zu haben. Die Geschichte seines Ringens und Triumphes ist auch die Geschichte der Begegnung und Symbiose zweier außergewöhnlicher Persönlichkeiten, von Werner Heisenberg und Niels Bohr.

Heisenberg begann im Alter von zwanzig Jahren sich mit Atomphysik zu beschäftigen, als er in Göttingen Vorlesungen von Niels Bohr besuchte. Gegenstand dieser Vorlesungen war Bohrs neue Atomtheorie, die als großartige wissenschaftliche Leistung gepriesen worden war und von Physikern in ganz Europa studiert wurde. In einer auf eine der Vorlesungen folgenden Diskussion war Heisenberg bezüglich eines besonderen technischen Punktes anderer Ansicht als Bohr. Dieser zeigte sich von den klaren Argumenten des jungen Studenten so beeindruckt, daß er ihn zu einem Spaziergang einlud, um dabei die Diskussion fortzusetzen. Dieser mehrstündige Spaziergang war das erste Zusammentreffen zweier hervorragender Geister, deren weiterer Gedankenaustausch zur Haupttriebkraft der Entwicklung der Atomphysik werden sollte.

Niels Bohr, sechzehn Jahre älter als Heisenberg, war ein Mann mit außerordentlicher Intuition und tiefer Achtung vor den Geheimnissen der Welt. Er war von der religiösen Philosophie Kierkegaards und den mystischen Schriften von William James beeinflußt. Bohr schätzte axiomatische Systeme überhaupt nicht und erklärte wiederholt: «Alles, was ich sage, sollte nicht als Affirmation, sondern als Fragestellung verstanden werden.» Im Gegensatz zu ihm war Werner Heisenberg ein klarer analytischer und mathematischer Geist, tief verwurzelt im griechischen Denken, mit dem er seit früher Jugend vertraut war. Bohr und Heisenberg repräsentierten komplementäre Pole des menschlichen Geistes, deren dynamisches und oft dramatisches Zusammenwirken ein einzigartiges Geschehen in der Geschichte der modernen Naturwissenschaft war und zu einem ihrer großartigsten Triumphe führte.

Als ich als junger Student Heisenbergs Buch las, war ich fasziniert von seinem Bericht über die Paradoxa und augenscheinlichen Widersprüche, die in den frühen zwanziger Jahren unseres Jahrhunderts die Erforschung atomarer Phänomene erschwerten. Viele dieser Paradoxa standen in Zusammenhang mit der dualistischen Natur der subatomaren Materie, die manchmal als Wellen, manchmal als Teilchen in Erscheinung tritt. Die Physiker sagten damals oft: « Elektronen sind Teilchen am Montag und Mittwoch und Wellen am Dienstag und Donnerstag.» Das Seltsame dabei war: Je mehr die Physiker die Lage zu klären versuchten, desto schärfer kam das Paradoxe daran zum Vorschein. Nur mit sehr kleinen Schritten entwickelten sie eine gewisse Intuition dafür, wann ein Elektron als Teilchen und wann es als Welle auftreten würde. Heisenberg drückte sich so aus: Sie tauchten erst in den Geist der Quantentheorie ein, bevor sie ihre genaue mathematische Formulierung entwickelten.

Bei dieser Entwicklung spielte Heisenberg eine entscheidende Rolle. Er erkannte, daß die Paradoxa in der Atomphysik immer dann auftraten, wenn jemand versuchte, atomare Phänomene mit klassischen Begriffen zu beschreiben, und war wagemutig genug, den klassischen gedanklichen Rahmen zu verwerfen. In einem 1925 publizierten Arbeitspapier gab er die von Bohr und anderen verwendete konventionelle Beschreibung der Position und Geschwindigkeit der Elektronen innerhalb eines Atoms auf. Er ersetzte sie durch einen viel abstrakteren Rahmen, in dem physikalische Quantitäten durch mathematische Strukturen dargestellt werden, die man Matrizen nennt. Heisenbergs «Matrizen-Mechanik» war die erste logisch stimmige Formulierung der Quantentheorie. Ein Jahr später wurde sie durch einen anderen Formalismus ergänzt, den Erwin Schrödinger ausgearbeitet hatte und der als «Wellenmechanik» bekannt wurde. Beide Formalismen sind logisch stimmig und mathematisch äquivalent. Dasselbe atomare Phänomen kann mit ihnen durch zwei mathematisch verschiedene Sprachen beschrieben werden.

Ende des Jahres 1926 verfügten die Physiker über einen vollständigen und logisch folgerichtigen mathematischen Formalismus, wußten jedoch nicht immer, wie sie ihn zur Beschreibung einer bestimmten experimentellen Situation interpretieren sollten. Während der darauffolgenden Monate schufen Heisenberg, Bohr, Schrödinger und andere nach intensiven, ermüdenden und oft höchst erregten Diskussionen Klarheit. In *Physik und Philosophie* beschreibt Heisenberg sehr lebendig diese entscheidende Periode in der Geschichte der Quantentheorie:

> In den Monaten, die auf diese Diskussionen folgten, führte schließlich ein intensives Studium all der Fragen, die mit der Deutung der Quantentheorie zu tun haben, in Kopenhagen zu einer vollständigen ... Klärung der ganzen Situation. Aber es war keine Lösung, die man leicht annehmen konnte. Ich erinnere mich an viele Diskussionen mit Bohr, die bis spät in die Nacht dauerten und fast in Verzweiflung endeten. Und wenn ich am Ende solcher Diskussionen noch allein einen kurzen Spaziergang im benachbarten Park unternahm, wiederholte ich mir immer und immer wieder die Frage, ob die Natur wirklich so absurd sein könne, wie sie uns in diesen Atomexperimenten erschien.

Heisenberg erkannte, daß der Formalismus der Quantentheorie nicht mit Begriffen unserer intuitiven Vorstellungen von Raum und Zeit oder von Ursache und Wirkung interpretiert werden kann. Gleichzeitig wurde ihm klar, daß alle unsere Begriffe an diese intuitiven Vorstellungen gebunden sind. Daraus schloß er, daß es keinen anderen Weg gebe, als die klassischen intuitiven Begriffe beizubehalten, jedoch ihre Anwendbarkeit einzuschränken. Heisenbergs großartige Leistung besteht darin, daß er die Begrenzungen der klassischen Begriffe in eine präzise mathematische Formel faßte, die heute seinen Namen trägt und als Heisenbergs Unschärfeprinzip bekannt ist. Sie besteht aus mehreren mathematischen Relationen, die das Ausmaß bestimmen, in dem klassische Begriffe auf atomare Phänomene anwendbar sind, und die damit die Grenzen der menschlichen Vorstellungskraft in der subatomaren Welt abstecken.

Die Unschärferelation bestimmt das Ausmaß, in dem der Wissenschaftler die Eigenschaften des beobachteten Objektes durch den Meßvorgang beeinflußt. In der Atomphysik können die Wissenschaftler nicht mehr die Rolle des unparteiischen, objektiven Beobachters spielen; vielmehr werden sie in die von ihnen beobachtete Welt einbezogen. Heisenbergs Unschärferelation gibt Auskunft über den Grad dieses Einbezogenseins. Auf fundamentalster Ebene ist das Unschärfeprinzip ein Maß für die Einheit und die innere Verbundenheit des Universums. In den 1920er Jahren kamen Physiker, angeführt von Heisenberg und Bohr, zu der Erkenntnis, daß die Welt nicht eine Ansammlung getrennter Objekte ist, sondern als ein Netz von Zusammenhängen zwischen den verschiedenen Teilen eines einheitlichen Ganzen erscheint. Unsere aus gewöhnlicher Erfahrung abgeleiteten klassischen Vorstellungen sind nicht völlig ausreichend, um diese Welt zu beschreiben. Wie kein anderer hat Werner Heisenberg die Grenzen der menschlichen Vorstellungskraft erforscht, bis zu denen unsere konventionellen Auffassungen ausgedehnt werden können, sowie das Ausmaß, in dem wir in die von uns beobachtete Welt einbezogen sind. Heisenbergs Bedeutung besteht darin, daß er nicht nur diese Begrenzungen und ihre tiefgreifenden philosophischen Implikationen erkannte, sondern auch in der Lage war, sie mit mathematischer Klarheit zu präzisieren.

Im Alter von neunzehn Jahren habe ich natürlich keineswegs den ganzen Inhalt des Buches von Heisenberg verstanden. Vielmehr blieb mir das meiste bei der ersten Lektüre rätselhaft. Andererseits ging von ihm eine Faszination für jene epochale Periode der Naturwissenschaft aus, die mich seither nie mehr verlassen hat. Zunächst jedoch mußte ein gründlicheres Studium der Paradoxa der Quantenphysik und ihrer Auflösung noch um einige Jahre aufgeschoben werden, in denen ich eine gründliche Ausbildung in Physik erhielt, zuerst in der klassischen Physik, danach in der Quantenmechanik, der Relativitätstheorie und Theorie der Quantenfelder. Während dieser Studien blieb Heisenbergs *Physik und Philosophie* mein Weggefährte. Wenn ich heute auf diese Zeit zurückblicke, dann erkenne ich, daß es Heisenberg war, der das Samenkorn gelegt hat, aus dem sich ein Jahrzehnt später meine systematische Erforschung der Grenzen der kartesianischen Weltanschauung entwikkelte. «(Die kartesianische) Spaltung», schrieb Werner Heisenberg, «hat sich in den auf Descartes folgenden drei Jahrhunderten tief im menschlichen Geist eingenistet, und es wird noch viel Zeit vergehen, bis sie durch eine wirklich andersartige Haltung gegenüber dem Problem der Wirklichkeit ersetzt werden wird.»

Die sechziger Jahre

Zwischen meiner Zeit als Student in Wien und dem Schreiben meines ersten Buches liegt die Periode meines Lebens, in der ich die tiefgreifendste und radikalste persönliche Wandlung erlebte – die Periode der 60er Jahre. Für diejenigen von uns, die sich mit der Bewegung jener Jahre identifizieren, war diese Periode weniger irgendein Zeitraum als vielmehr ein Bewußtseinszustand, charakterisiert durch transpersonale Ausweitung, das Magische, die Herausforderung jeglicher Autorität, ein Gefühl der Beflügelung und der Erfahrung sinnlicher Schönheit und des Gemeinschaftssinnes. Dieser Zustand reichte bis weit in die 70er Jahre hinein. Man könnte eigentlich sagen, die sechziger Jahre endeten im Dezember 1980 mit der Kugel, die John Lennon tötete. Das unerhörte Gefühl des Verlustes, das so viele von uns damals überkam, war zu einem erheblichen Teil das Gefühl, eine Ära sei verlorengegangen. Einige Tage lang nach dem tödlichen Schuß erlebten wir noch einmal die Magie der sechziger Jahre. Wir taten das voller Trauer und mit Tränen, doch überkam uns erneut dasselbe Gefühl der Verzauberung und der Gemeinschaft. Wo immer man während dieser wenigen Tage sich aufhielt – in jedem Dorf, in jeder Stadt, in jedem Lande der ganzen Welt –, hörte man John Lennons Musik, und jenes intensive Gefühl, das uns durch die sechziger Jahre beflügelt hatte, manifestierte sich wieder, zum letzten Male:

You may say I'm a dreamer,
but I'm not the only one.
I hope some day you'll join us
and the world will live as one.

Nach meiner Promotion an der Universität in Wien im Jahre 1966 verbrachte ich zwei Jahre mit Forschungsarbeit in theoretischer Physik an der Universität von Paris. Im September 1968 zogen meine Frau Jacqueline und ich nach Kalifornien, wo ich von der Universität von Kalifornien in Santa Cruz einen Lehr- und Forschungsauftrag erhalten hatte. Ich erinnere mich, daß ich während des Fluges über den Atlantik das Buch von Thomas Kuhn *Die Struktur wissenschaftlicher Revolutionen* las. Ich war von diesem vieldiskutierten Buch leicht enttäuscht, als ich entdeckte, daß mir die Hauptgedanken bereits durch die häufige Lektüre Heisenbergs vertraut waren. Doch machte Kuhns Buch mich mit dem Begriff des wissenschaftlichen Paradigmas vertraut, der Jahre später in den Mittelpunkt meiner Arbeit rückte. Kuhn benutzte den Ausdruck «Paradigma», aus dem griechischen *paradeigma* (Struktur, Modell, Beispiel), um einen begrifflichen Rahmen zu bezeichnen, den eine Gemeinschaft von Wissenschaftlern gemeinsam hat und der ihnen ein Modell für ihre Probleme und Lösungen vorgibt. In den folgenden zwanzig Jahren wurde es sehr populär, von Paradigmen und Paradigmenwechsel auch außerhalb der Naturwissenschaften zu sprechen, und in *Wendezeit* habe ich diese Ausdrücke in sehr breiter Bedeutung verwendet. Für mich bedeutet ein Paradigma die Gesamtheit der Gedanken, Wahrnehmungen und Wertvorstellungen, die eine besondere Sicht der Wirklichkeit formen, eine Anschauung, die die Grundlage dafür liefert, wie die Gesellschaft sich selbst organisiert.

In Kalifornien trafen wir zwei sehr unterschiedliche Kulturen an. Da war die vorherrschende bürgerliche Kultur der amerikanischen Mehrheit und daneben die «Gegenkultur» der Hippies. Wir waren entzückt von der landschaftlichen Schönheit Kaliforniens, aber auch erstaunt über den allgemeinen Mangel an gutem Geschmack und ästhetischen Werten in der offiziellen Kultur. Der Kontrast zwischen der atemberaubenden Schönheit der Natur und der elenden Häßlichkeit der Zivilisation trat uns am auffallendsten hier an der amerikanischen Westküste entgegen, wo es uns schien, daß man das europäische Erbe schon lange hinter sich gelassen hatte. Da fiel es uns leicht zu begreifen, warum der Protest der Gegenkultur gegen die amerikanische Lebensform (*the American Way of*

Life) hier seinen Ursprung hatte, und wir fühlten uns zu dieser Bewegung hingezogen.

Die Hippies lehnten eine Menge kultureller Merkmale ab, die auch wir wenig anziehend fanden. Um sich vom kurzen Haarschnitt und den Polyester-Nadelstreifenanzügen der typischen Manager zu unterscheiden, trugen sie lange Haare, farbenprächtige und individualistische Kleidung, Blumen, Perlen und anderen Schmuck. Sie lebten natürlich, ohne desinfizierende Chemikalien oder Deospray. Viele von ihnen waren Vegetarier, andere praktizierten Yoga oder sonstige Formen der Meditation. Oft buken sie auch ihr eigenes Brot oder übten ein Handwerk aus. Von den «Squares» wurden sie als «schmutzige Hippies» bezeichnet, zählten sich selbst jedoch zu den «beautiful people». Unzufrieden mit einem Bildungssystem, das darauf abgestellt war, junge Menschen für eine von ihnen abgelehnte Gesellschaft vorzubereiten, waren viele Hippies aus diesem Bildungssystem ausgeschert, obwohl viele von ihnen sehr begabt waren. Diese Subkultur war leicht zu identifizieren und hielt fest zusammen. Ihre Anhänger hatten ihre eigenen Rituale, ihre Musik, Dichtung und Literatur, teilten die Faszination für Spiritualität und das Okkulte und die gemeinsame Vision einer friedlichen und schönen Gesellschaft. Rockmusik und psychedelische Drogen waren starke Bande, die Kunst und Lebensart der Hippiekultur stark beeinflußten.

Während ich meine Forschungen an der Universität in Santa Cruz fortsetzte, tauchte ich in diese Gegenkultur ein, soweit meine akademischen Pflichten es erlaubten, und führte ein einigermaßen schizophrenes Leben – teils als Dozent mit Forschungsauftrag, teils als Hippie. Nur wenige der Leute, die mich mitnahmen, wenn ich als Anhalter mit meinem Schlafsack unterwegs war, würden gedacht haben, daß ich den akademischen Grad eines Dr. phil. besaß, und noch weniger, daß ich gerade das Alter von dreißig Jahren überschritten hatte und entsprechend dem bekannten Hippie-Slogan nunmehr zu den Leuten zählte, denen man nicht trauen konnte. In den Jahren 1969 und 1970 erlebte ich alle Facetten der Gegenkultur – die Rock-Festivals, die psychedelischen Drogen, die neue sexuelle Freiheit, das Leben in der Gemeinschaft, die vielen Tage als Anhalter auf den Fernstraßen. Reisen war damals leicht. Man brauchte nur den Daumen hochzuhalten und wurde problemlos mitgenommen. Sobald man in den Wagen gestiegen war, wurde man nach seinem Sternzeichen gefragt, zu einem «Joint» eingeladen und wurde aufgefordert, den Grateful Dead zu lauschen. Oder aber man wurde in ein Gespräch über Hermann Hesse, das *I Ging* oder über ein anderes esoterisches Thema verwickelt.

Die 1960er Jahre brachten mir zweifellos die tiefsten und radikalsten persönlichen Erfahrungen meines Lebens: die Ablehnung der konventionellen, bürgerlichen Werte, die Geschlossenheit, Friedfertigkeit und Vertrauensseligkeit der Hippie-Gemeinschaft; die Freiheit der Freikörperkultur, die Erweiterung des Bewußtseins durch psychedelische Drogen und Meditation; die Ausgelassenheit und besondere Beachtung des «Hier und Jetzt». Alles das bewirkte ein fortdauerndes Gefühl der Verzauberung, der Ehrfurcht und des Erstaunens, das für mich für alle Zeiten mit den sechziger Jahren verknüpft bleiben wird.

In den sechziger Jahren wurde auch mein politisches Bewußtsein geweckt. Das geschah zunächst in Paris, wo sich viele promovierte Studenten und junge Dozenten an der Studentenbewegung beteiligten, die ihren Höhepunkt in der denkwürdigen Revolte erlebte, die heute noch als der «Mai 68» in aller Gedächtnis ist. Ich erinnere mich langer Diskussionen an der Naturwissenschaftlichen Fakultät von Orsay, während derer die Studenten nicht nur den Vietnamkrieg und den arabisch-israelischen Krieg von 1967 analysierten, sondern auch die Machtstrukturen innerhalb der Universität in Frage stellten und alternative, nicht-hierarchische Strukturen diskutierten.

Im Mai 1968 schließlich wurden alle Forschungs- und Lehraktivitäten gestoppt, als die von Daniel Cohn-Bendit angeführten Studenten ihre Kritik auf die Gesellschaft insgesamt ausdehnten und die Solidarität mit der Arbeiterschaft suchten, um die gesamte gesellschaftliche Organisation zu verändern. Für etwa eine Woche waren die Verwaltung, das öffentliche Transportwesen und der Geschäftsbetrieb von Paris durch einen Generalstreik vollkommen lahmgelegt. Die Menschen verbrachten den größten Teil der Zeit mit politischen Diskussionen auf der Straße. Die Studenten hatten das Odéon, das geräumige Theater der Comédie Française, besetzt und in ein rund um die Uhr tagendes «Volksparlament» umgewandelt.

Die Erregung jener Tage werde ich niemals vergessen, gedämpft nur durch meine Scheu vor Gewalttätigkeiten. Jacqueline und ich verbrachten die Tage mit der Teilnahme an riesigen Massenversammlungen und Demonstrationen, wobei wir Zusammenstößen zwischen Demonstranten und Polizeiaufgeboten aus dem Wege gingen. Wir trafen uns mit vielen Menschen auf den Straßen, in Restaurants und Cafés und ließen uns in endlose politische Diskussionen verwickeln. An den Abenden gingen wir meist ins Odéon oder zur Sorbonne, um zuzuhören, wie Cohn-Bendit und andere ihre überaus idealistischen, jedoch äußerst anregenden Visionen einer künftigen Gesellschaftsordnung verkündeten.

Die weitgehend marxistisch orientierte europäische Studentenbewegung war nicht imstande, während der sechziger Jahre ihre Visionen in die Wirklichkeit umzusetzen. Doch wurden ihre sozialen Themen während des darauffolgenden Jahrzehnts, in dem viele ihrer Anhänger einen tiefgreifenden persönlichen Wandel erlebten, weiter in der Öffentlichkeit diskutiert. Unter dem Einfluß der beiden Hauptbewegungen der siebziger Jahre, der feministischen und der ökologischen Bewegung, erweiterten diese Angehörigen der Neuen Linken ihren Horizont, ohne ihr gesellschaftliches Bewußtsein zu verlieren, und am Ende der siebziger Jahre begannen sie, sich den neugebildeten europäischen Grünen Parteien anzuschließen.

Als ich im Herbst 1968 nach Kalifornien umzog, wurde ich Zeuge von Rassismus, der Unterdrückung der farbigen Amerikaner. Begegnungen mit der daraus entstehenden Bewegung der Black Panthers wurden zu einem weiteren wichtigen Bestandteil meiner Erfahrungen. Ich nahm nicht nur an Antikriegsversammlungen und -märschen teil, sondern besuchte auch politische Versammlungen der Schwarzen Panther und lauschte Rednern wie Angela Davis. Mein in Paris geschärftes politisches Bewußtsein wurde durch diese Geschehnisse ebenso erweitert wie durch die Lektüre von Eldridge Cleavers Buch *Seele im Feuer* und anderen Büchern farbiger Autoren.

Ich erinnere mich, daß meine Sympathie für die Bewegung der Black Panthers durch ein unvergeßliches dramatisches Geschehen geweckt wurde, bald nachdem wir nach Santa Cruz gezogen waren. In der Zeitung lasen wir, ein unbewaffneter schwarzer Teenager sei in einem kleinen Schallplattengeschäft in San Francisco von einem weißen Polizisten brutal erschossen worden. Empört fuhr ich mit meiner Frau zur Beerdigung des Jungen nach San Francisco, in der Erwartung, dort auf eine große Schar gleichgesinnter Weißer zu stoßen. Wir waren dann schockiert, daß wir mit zwei oder drei anderen die einzigen Weißen waren. In der Aussegnungshalle drängten sich finster blickende Schwarze Panther, in schwarzes Leder gekleidet, die Arme über der Brust verschränkt. Die Atmosphäre war gespannt, und wir fühlten uns unsicher und hatten Angst. Als ich jedoch an einen der Männer der Totenwache herantrat und ihn fragte, ob wir der Beerdigung beiwohnen könnten, blickte er mir fest in die Augen und sagte nur: «Du bist willkommen, Bruder. Sei willkommen!»

Alan Watts

Mein erster Kontakt mit östlicher Mystik ergab sich in Paris. Dort interessierten sich einige Bekannte für indische und japanische Kultur. Wer mich jedoch wirklich in östliches Denken einführte, war mein Bruder Bernt. Wir sind einander seit unserer Kindheit eng verbunden geblieben, und Bernt teilt mein Interesse für Philosophie und Spiritualität. Im Jahre 1966 studierte er in Österreich Architektur und hatte vielleicht als Student mehr Zeit, sich dem neuen Einfluß östlichen Denkens auf die europäische und amerikanische Jugendkultur zu öffnen, als ich, der ich damit beschäftigt war, mir eine Position als theoretischer Physiker zu schaffen. Bernt gab mir eine Anthologie der Dichter und Schriftsteller der Beat-Generation, wodurch ich die Werke von Jack Kerouac, Lawrence Ferlinghetti, Alan Ginsberg, Gary Snyder und Alan Watts kennenlernte. Durch Alan Watts erfuhr ich vom Zen-Buddhismus, und kurz danach riet mir Bernt, die *Bhagavad-Gita* zu lesen, eine der schönsten und tiefgründigsten heiligen Schriften Indiens.

Nach meinem Umzug nach Kalifornien fand ich bald heraus, daß Alan Watts einer der Helden der Gegenkultur war. Seine Bücher fand man in den Regalen aller Hippie-Gemeinschaften, zusammen mit denen von Carlos Castaneda, Jiddu Krishnamurti und Hermann Hesse. Obwohl ich schon vor der Lektüre von Watts Bücher über östliche Philosophie und Religion gelesen hatte, war es Watts, der mir am meisten geholfen hat, ihren wesentlichen Gehalt zu verstehen. Seine Werke führten mich so weit, wie man mit Büchern eben kommen kann, und regten mich an, mich darüber hinaus unmittelbarer, nichtverbaler Erfahrung zuzuwenden. Obwohl Alan Watts als Gelehrter nicht so bedeutend ist wie D. T. Suzuki oder einige der anderen wohlbekannten östlichen Autoren, besaß er die einzigartige Gabe, die östlichen Lehren in abendländischen Begriffen beschreiben zu können. Seine Schreibweise war leicht und geistvoll, elegant und voller gelassener Heiterkeit. Dadurch transformierte er die Form der Lehren und paßte sie unserem kulturellen Kontext an, ohne dabei ihren Sinn zu verzerren.

Auch wenn ich mich, wie die meisten meiner damaligen Freunde, stark von den exotischen Aspekten der östlichen Mystik angezogen fühlte, spürte ich zugleich, daß diese spirituellen Überlieferungen überaus bedeutsam für uns sein könnten, wenn wir sie nur unserem eigenen kulturellen Kontext anpassen könnten. Alan Watts gehörte zu denen, die das auf großartige Weise vermochten, und ich fühlte mich ihm seelenverwandt, seit ich *Das Buch* und *Der Weg des Zen* gelesen hatte. Genaugenommen drang ich so tief in seine Schriften ein, daß ich unbewußt seine Technik des Neuformulierens östlicher Lehren übernahm und sie viele Jahre später in meinen eigenen Schriften verwendete. Einer der Gründe, warum *Das Tao der Physik* so erfolgreich ist, kann durchaus der sein, daß ich dieses Buch in der Tradition von Alan Watts geschrieben habe.

Ich traf Watts persönlich, bevor ich selbst meine Gedanken über den Zusammenhang zwischen Naturwissenschaft und Mystik formuliert hatte. Er kam zu einer Vorlesung im Jahre 1969 nach Santa Cruz, und ich wurde ausgewählt, während des vorangehenden Abendessens der Fakultät neben ihm zu sitzen, vermutlich weil man mich für den «Ausgeflipptesten» unter den Professoren hielt. Während des Essens erwies Alan Watts sich als sehr gesprächig, erzählte viele Geschichten über Japan und berührte in der lebhaften Unterhaltung Themen der Philosophie, der Kunst, der Religion, sprach über französische Küche und vieles andere, was ihm am Herzen lag. Am folgenden Tage setzten wir unsere Unterhaltung bei einem Glas Bier im «Catalyst» fort, einem Hippie-Treffpunkt, wo ich gewöhnlich einige Stunden mit Freunden verbrachte und viele interessante und vielseitig interessierte Leute traf. (In dieser Kneipe hörte ich auch Carlos Castaneda, kurz nachdem er sein erstes Buch geschrieben hatte, zwanglos über sein Abenteuer mit Don Juan sprechen, dem mythischen Yaqui-Weisen.)

Nachdem ich im Jahre 1970 von Kalifornien nach London gezogen war, blieb ich mit Alan Watts in Verbindung, und als ich meinen ersten Artikel über die Parallelen zwischen moderner Physik und östlicher Mystik mit dem Titel «The Dance of Shiva» schrieb, erhielt er als einer der ersten eine Kopie. Er schrieb mir einen sehr aufmunternden Brief, in dem er dieses Thema als höchst interessanten Forschungsbereich bezeichnete und mich bat, ihn über meine Fortschritte auf diesem Gebiet auf dem laufenden zu halten. Ferner nannte er mir noch einige interessante Bücher über Buddhismus. Leider war dies unser letzter Kontakt. Während meiner Tätigkeit in London sah ich stets ungeduldig einer neuen Begegnung mit Watts entgegen, sobald ich wieder nach Kalifornien zurückgehen würde, wo ich dann mein Buch mit ihm diskutieren wollte. Er starb jedoch ein Jahr, bevor ich *Das Tao der Physik* vollendete.

Krishnamurti

Zu ersten Kontakten mit östlicher Spiritualität kam es durch meine Begegnung mit Krishnamurti gegen Ende des Jahres 1968. Er kam zu Vorlesungen an die Universität nach Santa Cruz. Mit seinen damals 73 Jahren war er eine in jeder Hinsicht erstaunliche Persönlichkeit. Seine scharfen indischen Gesichtszüge, der Kontrast zwischen der dunklen Haut und dem perfekt frisierten weißen Haar, seine elegante westliche Kleidung, seine würdige Haltung, die gemessene Ausdrucksweise in makellosem Englisch und vor allem seine intensive Konzentration und völlige Präsenz nahmen mich gefangen. Damals war gerade Castanedas Buch *Die Lehren des Don Juan* erschienen, und beim Anblick Krishnamurtis kam mir sofort ein Vergleich mit der mythischen Gestalt des Yaqui-Weisen in den Sinn.

Die Wirkung der äußeren Erscheinung und das Charisma von Krishnamurti wurden noch verstärkt und vertieft durch das, was er sagte. Krishnamurti war ein origineller Denker, der jegliche spirituelle Autorität und Überlieferung ablehnte. Seine Lehren kommen denen des Buddhismus sehr nahe, doch pflegte er keine buddhistischen Begriffe oder solche anderer östlicher Überlieferungen zu gebrauchen. Er hatte sich eine sehr schwierige Aufgabe gestellt – er wollte sich der Sprache und der Vernunft bedienen, um seine Zuhörer über Sprache und Vernunft hinauszuführen. Wie er das tat, war höchst eindrucksvoll.

Krishnamurti wählte gewöhnlich für jede Vorlesung ein bekanntes existentielles Problem aus – Angst, Begierde, Tod, Zeit – und leitete die Vorlesung dann etwa so ein: «Wir wollen das Thema jetzt gemeinsam anpacken. Ich werde Sie nicht belehren, da ich keine Autorität dazu habe. Wir werden diese Frage gemeinsam erkunden.» Zunächst zeigte er dann die Nutzlosigkeit aller konventionellen Wege zur Überwindung (beispielsweise) der Angst auf. Danach fragte er langsam, eindringlich und mit Gespür für Dramatik: «Ist es Ihnen möglich, in diesem Augenblick die Angst loszuwerden? Ich meine nicht, sie zu verdrängen, sie zu leugnen oder gegen sie anzukämpfen, sondern sie ein für allemal loszuwerden? Das wird heute abend unsere Aufgabe sein – uns völlig von der Angst zu befreien, total, für immer. Schaffen wir das nicht, dann wird meine Vorlesung nutzlos sein.»

Damit ist die Bühne bereitet; die Zuhörer verharren in gespanntem Schweigen und höchster Aufmerksamkeit. Krishnamurti: »Untersuchen wir nunmehr diese Frage urteilslos, ohne Verdammung, ohne Rechtfertigung. Was ist Angst? Sie alle und der Vortragende werden jetzt das Thema angehen. Wir wollen doch einmal sehen, ob wir tatsächlich alle miteinander kommunizieren können, alle auf derselben Ebene, mit derselben Intensität, zur selben Zeit. Benutzen Sie den Vortragenden als Spiegel. Können Sie dann die Antwort auf die ungewöhnlich wichtige Frage finden: Was ist Angst?» Krishnamurti begann dann, ein makelloses Gewebe von Gedanken zu weben. Um die Angst zu verstehen, müßte der Mensch erst einmal die Begierde verstehen. Um die Begierde zu verstehen, muß man das Denken verstehen, also auch die Zeit, das Erkennen, das Selbst, und so weiter und so fort. Er analysierte auf brillante Weise, wie diese grundlegenden existentiellen Probleme zusammenhängen – nicht theoretisch, sondern erfahrungsmäßig. Er konfrontierte uns nicht nur mit den Ergebnissen seiner Analyse, sondern drängte uns dazu, uns selbst in den analytischen Prozeß einzubringen. Am Ende verließ man seine Vorlesung mit dem starken und klaren Gefühl, der einzige Weg zur Lösung der eigenen existentiellen Probleme sei der, über das Denken, die Sprache und die Zeit hinauszugehen, um zu erreichen, was er im Titel eines seiner besten Bücher formuliert hat: *Freedom from the Known* – Freiheit vom Wissen (deutscher Buchtitel: *Einbruch in die Freiheit*).

Von Krishnamurtis Vorlesungen war ich nicht nur fasziniert, sondern zutiefst aufgerührt. Nach jedem abendlichen Vortrag saß ich mit Jacqueline noch stundenlang am Kamin und diskutierte mit ihr, was Krishnamurti gesagt hatte. Das war meine erste Begegnung mit einem radikalen spirituellen Lehrer. Dabei wurde ich sofort mit einem ernsten Problem konfrontiert. Ich hatte eben erst eine vielversprechende wissenschaftliche Laufbahn begonnen, in die ich auch emotional viel investiert hatte. Und ausgerechnet jetzt sagte mir Krishnamurti mit seinem ganzen Charisma und seiner Überzeugungskraft, ich solle aufhören zu denken, solle mich meines Wissens entledigen und den Verstand hinter mir lassen. Was bedeutete das für mich? Sollte ich meine wissenschaftliche Laufbahn schon in diesem frühen Stadium aufgeben, oder sollte ich Naturwissenschaftler bleiben unter Aufgabe aller Hoffnung auf spirituelle Selbstverwirklichung?

Ich konnte es kaum erwarten, Krishnamurti um Rat zu bitten. Doch während der Vorlesungen ließ er keine Fragen zu, wollte danach auch mit niemandem sprechen. Bei wiederholten Versuchen wurde mir bedeutet, Krishnamurti wolle nicht gestört werden. Ein glücklicher Zufall – wenn es so etwas wie Zufall überhaupt gibt – bescherte uns schließlich doch eine Audienz bei ihm. Wir hörten, daß er einen französischen Sekretär hatte. Jacqueline, geborene Pariserin, gelang es, diesen nach der letzten Vorlesung in ein Gespräch zu verwickeln. Die beiden verstanden sich gut, und so kam es dazu, daß wir Krishnamurti am folgenden Morgen in seiner Wohnung sprechen konnten.

Ich war ziemlich schüchtern, als ich schließlich von Angesicht zu Angesicht dem Meister gegenübersaß, doch verlor ich keine Zeit. Ich wußte ja, weshalb ich gekommen war. «Wie kann ich Wissenschaftler bleiben», fragte ich ihn, «wenn ich Ihrem Rat folge, das Denken aufzugeben und Freiheit vom Wissen zu erlangen?» Krishnamurti zögerte keinen Augenblick. In zehn Sekunden beantwortete er meine Frage auf eine Weise, die mein Problem vollkommen löste. «*Zuerst* sind Sie ein Mensch», sagte er, «*dann* sind Sie Wissenschaftler. Zuerst müssen Sie frei werden, und diese Freiheit erlangt man nicht durch Denken. Man erlangt sie durch Meditation – durch das Begreifen der Totalität des Lebens, in dem jede Form der Zersplitterung aufgehört hat.» Sobald ich Einsicht in das Leben als Ganzes erlangt hätte, würde ich auch imstande sein, mich zu spezialisieren und problemlos als Wissenschaftler zu arbeiten. Und natürlich komme es gar nicht in Frage, die Naturwissenschaften aufzugeben. *«J'adore la science»,* fügte Krishnamurti auf französisch hinzu. *«C'est merveilleux.»*

Nach dieser kurzen, aber für mich entscheidenden Begegnung traf ich Krishnamurti erst sechs Jahre später wieder, als ich mit anderen Wissenschaftlern zu einer einwöchigen Diskussion in sein Studien-Zentrum in Brockwood Park südlich von London eingeladen wurde. Seine äußere Erscheinung war immer noch beeindruckend, auch wenn er etwas von seiner Intensität verloren hatte. Während dieser Woche lernte ich Krishnamurti besser kennen und sah auch einige seiner Mängel deutlicher. Beim Vortrag zeigte er sich erneut sehr kraftvoll und charismatisch;

Soeben erschienen – der neue Capra

«Capra gelingt es, den Wandel im abendländischen Bewußtsein als ein erregendes Abenteuer des Geistes zu beschreiben.»

Sphinx Magazin

«Capras weltweit diskutierte Thesen faszinieren, weil sie Wege zur Überwindung der heute bestehenden Krisen beschreiben.»

Bild der Wissenschaft

«Capra ist heute einer der führenden Darsteller und Interpreten des wissenschaftlich-ganzheitlichen Denkens.»

Bayerischer Rundfunk

«Capra eröffnet Ausblicke auf Zusammenhänge, die uns das Staunen lehren.»

Süddeutscher Rundfunk

doch enttäuschte mich, daß wir Krishnamurti eigentlich nie in eine Diskussion verwickeln konnten. Er sprach gern, pflegte jedoch nicht zuzuhören. Andererseits ergaben sich bei dieser Gelegenheit viele erregende Diskussionen mit anderen Naturwissenschaftlern – David Bohm, Karl Pribram, George Sudarshan und anderen.

In der Folge verlor ich gänzlich den Kontakt zu Krishnamurti. Seinen entscheidenden Einfluß auf mich habe ich stets anerkannt. Ich hörte oft durch andere Leute von ihm, besuchte jedoch keine seiner Vorlesungen mehr und las auch nicht seine anderen Bücher. Im Januar 1983 jedoch befand ich mich während einer Konferenz der Theosophischen Gesellschaft im südindischen Madras praktisch genau gegenüber seinem Besitz. Da er gerade dort anwesend war und am Abend einen Vortrag hielt, stattete ich ihm einen Höflichkeitsbesuch ab. Der wunderschöne Park mit seinen riesigen alten Bäumen war voller Menschen, zumeist Inder, die ruhig auf dem Boden saßen und auf den Beginn eines Rituals warteten, dem die meisten schon oft beigewohnt hatten. Um acht Uhr erschien Krishnamurti in indischem Gewand und schritt mit großer Selbstsicherheit zum Rednerpult. Es war wunderbar, ihn so zu sehen, achtundachtzig Jahre alt, seinen Auftritt inszenierend, wie er es ein halbes Jahrhundert lang getan hatte. Er stieg ohne Hilfestellung die Stufen zur Plattform hinauf, setzte sich auf ein Kissen, legte die Hände zum traditionellen indischen Gruß zusammen und begann zu sprechen.

Er sprach 75 Minuten, ohne auch nur einmal zu stocken und mit fast derselben Intensität, die mir schon fünfzehn Jahre vorher an ihm aufgefallen war. Das Thema dieses Abends war Begierde, und er spann sein Gedankennetz so klar und gekonnt, wie er es stets getan hatte. Mir bot sich hier eine einzigartige Gelegenheit, die Entwicklung meines Begreifens im Vergleich zu meiner ersten Begegnung mit ihm zu messen. Ich empfand, daß ich seine Methode und seine Persönlichkeit zum ersten Male wirklich verstand. Seine Analyse der Begierde war klar und wunderbar. Wahrnehmung verursacht eine Sinnesreaktion, sagte er. Dann mischt sich das Denken ein – «Ich möchte ...», «Ich möchte nicht ...», «Ich wünsche ...» So wird Begierde erzeugt. Sie wird nicht durch das Objekt der Begierde verursacht und ist auch bei anderen Objekten vorhanden, solange das Denken mitspielt. Wer sich von jeder Begierde befreien will, kann das nicht dadurch erreichen, daß er den Sinneswahrnehmungen ausweicht oder sie verdrängt (der Weg des Asketen). Der einzige Weg besteht darin, frei vom Denken zu sein.

Was Krishnamurti nicht sagte, war, *wie* man Freiheit vom Denken erreichen kann. Wie Buddha bot er eine brillante Analyse des Problems; anders als Buddha wies er jedoch keinen klaren Weg zur Befreiung. Vielleicht, so fragte ich mich, war Krishnamurti selbst auf diesem Weg nicht weit genug vorangekommen? Vielleicht hatte er sich selbst nicht ausreichend von jeder Konditionierung befreit, um seine Jünger zu voller Selbstverwirklichung führen zu können?

Nach dem Vortrag wurde ich mit einigen anderen Zuhörern zum Abendessen bei Krishnamurti eingeladen. Verständlicherweise war er von seinem Vortrag ziemlich erschöpft und nicht zu einer Diskussion aufgelegt. Ich war es ebensowenig; ich war ja auch nur gekommen, um meine Dankbarkeit zu bezeugen, und war dafür reichlich belohnt worden. Ich erzählte Krishnamurti von unserer ersten Begegnung und dankte ihm erneut für seinen entscheidenden Einfluß und seine damalige Hilfe, wobei ich mir bewußt war, daß dies wahrscheinlich unser letztes Zusammentreffen war – was es auch sein sollte.

Das Problem, das Krishnamurti für mich in Zen-Manier mit einem Streich gelöst hatte, ist genau das der meisten Physiker, wenn sie mit Ideen mystischer Überlieferungen konfrontiert werden: Wie kann man das Denken transzendieren, ohne der Wissenschaft untreu zu werden? Deshalb fühlen sich wohl auch viele meiner Kollegen durch meine Vergleiche zwischen Physik und Mystik bedroht. Vielleicht hilft es ihnen, wenn sie erfahren, daß ich die gleiche Bedrohung empfunden habe, mit meinem ganzen Sein. Doch geschah das zu einem frühen Zeitpunkt meiner Laufbahn, wobei ich das große Glück hatte, daß die Person, die mich die Gefahr erkennen ließ, mir auch dabei half, sie zu überwinden.

Parallelen zwischen Physik und Mystik

Parallelen zwischen der modernen Physik und östlicher Mystik entdeckte ich augenblicklich, als ich zum ersten Male etwas über die östlichen Überlieferungen erfuhr. In einem französischen Buch über Zen-Buddhismus, das ich in Paris las, fand ich erstmals etwas über die wichtige Rolle des Paradoxen in mystischen Überlieferungen. Ich erfuhr, daß Meister im Osten oft geschickt paradoxe Fragen und Handlungsweisen nutzen, um ihren Schülern die Grenzen von Logik und Verstand aufzuzeigen. Vor allem die Zen-Tradition hat ein System nichtverbaler Unterweisung durch scheinbar unsinnige Aufgaben entwickelt, die man Kōan nennt und die sich nicht mit Hilfe des Denkens lösen lassen. Sie zielen darauf ab, den Denkprozeß zu unterbrechen und so den Zen-Schüler für die nichtverbale Erfahrung der Wirklichkeit zu öffnen. Wie ich gelesen habe, gibt es für alle Kōan mehr oder weniger einzigartige Lösungen, die ein kompetenter Meister sofort erkennt. Sobald die Lösung gefunden ist, verliert das Kōan seinen paradoxen Charakter und wird zu einer zutiefst bedeutungsvollen Feststellung, die dem Bewußtseinszustand entspringt, den herbeizuführen es geholfen hat.

Als ich zum ersten Male etwas über die Kōan-Methode im Zen las, klang mir das alles sehr vertraut. Schließlich hatte ich viele Jahre mit dem Studium einer anderen Art von Paradoxa verbracht, die beim Studium der Physik eine ähnliche Rolle zu spielen scheinen. Natürlich gab es da Unterschiede; so war meine Lehrzeit als Physiker nicht so intensiv wie eine Schulung im Zen. Aber dann fiel mir Heisenbergs Bericht darüber ein, wie die Physiker in den zwanziger Jahren die Paradoxa der Quantenmechanik erlebten und um Verstehen in einer Situation rangen, in der die Natur die alleinige Lehrerin war. Die Parallele war unübersehbar und faszinierend, und als ich später mehr über Zen-Buddhismus erfahren hatte, erschien sie mir tatsächlich sehr bedeutsam. Wie beim Zen waren die Lösungen auch für die Probleme der Physiker in Paradoxa versteckt, die nicht durch logisches Denken gelöst werden konnten, sondern in Begriffen eines neuartigen Bewußtseins verstanden werden mußten, des Gewahrseins der atomaren Wirklichkeit. Und wie die Zen-Meister lieferte die Natur keine Antworten, sondern nur die Fragestellung.

Die Ähnlichkeit der Erfahrungen von Quantenphysikern und Zen-Buddhisten war für mich auffallend. In allen Beschreibungen der Kōan-Methode wird hervorgehoben, daß die Lösung eines Kōan eine unerhörte Anstrengung und inneren Einsatz des Übenden erfordert. Das Kōan, so sagt man, erfaßt Herz und Verstand des Schülers und erzeugt eine echte mentale Sackgasse, einen Zustand anhaltender Spannung, in dem die ganze Welt zu einer enormen Masse an Zweifel und Fragen wird. Als ich diese Beschreibung mit der Stelle aus Heisenbergs Buch verglich, an die ich mich so gut erinnerte, empfand ich ganz deutlich, daß die Begründer der Quantentheorie genau dieselbe Situation erlebt hatten:

Ich erinnere mich an viele Diskussionen mit Bohr, die bis in die Nacht dauerten und fast in Verzweiflung endeten. Und wenn ich am Ende solcher Diskussionen noch alleine einen kurzen Spaziergang im benachbarten Park unternahm, wiederholte ich mir immer wieder die Frage, ob die Natur wirklich so absurd sein könne, wie sie uns in diesen Atomexperimenten erschien.

Später begriff ich, warum Quantenphysiker und östliche Mystiker vor ähnlichen Problemen stehen und ähnliche Erfahrungen machen. Immer wenn das Wesen der Dinge vom Intellekt analysiert wird, erscheint es absurd oder paradox. Die Mystiker haben das von jeher erkannt, für die Naturwissenschaften ist das jedoch erst seit kurzem ein Problem. Während mehrerer Jahrhunderte gehörten die von den Naturwissenschaften erforschten Phänomene zur alltäglichen Umwelt der Wissenschaftler und somit zum Bereich ihrer Sinneserfahrungen. Da die Vorstellungsbilder und sprachlichen Begriffe aus genau dieser Erfahrung abgeleitet werden, reichten sie zur angemessenen Beschreibung der natürlichen Phänomene aus.

Im 20. Jahrhundert jedoch drangen Physiker tief in die submikroskopische Welt ein, in Bereiche der Natur, die mit unserer Erfahrung der makroskopischen Umwelt wenig zu tun haben. Auf dieser Ebene erwerben wir unsere Kenntnis der Materie nicht mehr aus unmittelbarer Sinneserfahrung, weshalb unsere gewöhnliche Sprache die beobachteten Phänomene auch nicht mehr angemessen beschreiben kann. Die Atomphysik verschaffte den Wissenschaftlern erste flüchtige Einblicke in die wesentliche Natur der Dinge. Wie die Mystiker hatten es die Physiker jetzt mit einer nicht an die Sinneswahrnehmungen gebundenen Erfahrung der Wirklichkeit zu tun, und wie die Mystiker waren sie jetzt mit den paradoxen Aspekten dieser Erfahrung konfrontiert. Von da an ergab sich eine Verwandtschaft zwischen den Modellen und Vorstellungen der modernen Physik und der östlichen Philosophie.

Die Entdeckung der Parallele zwishen den Zen-Kōan und den später von mir als «Quanten-Kōan» bezeichneten Paradoxa der Quantenphysik verstärkte mein Interesse an östlicher Mystik und schärfte meine Aufmerksamkeit. In den darauffolgenden Jahren befaßte ich mich intensiver mit östlicher Spiritualität und stieß dabei immer wieder auf Begriffe, die mir durch meine Schulung in atomarer und subatomarer Physik vertraut waren. Die Entdeckung dieser Ähnlichkeit bereitete mir zunächst kaum mehr als ein intellektuelles Vergnügen, wenn auch ein sehr aufregendes. An einem Spätnachmittag des Sommers 1969 jedoch machte ich eine außergewöhnliche Erfahrung, die mich die Parallelen zwischen moderner Physik und östlicher Mystik fortan wesentlich ernster nehmen ließ. Ich habe es auf den ersten Seiten von *Das Tao der Physik* so beschrieben, wie es mir besser auch heute nicht möglich ist:

> Eines Nachmittags im Spätsommer saß ich am Meer; ich sah, wie die Wellen anrollten, und fühlte den Rhythmus meines Atems, als ich mir plötzlich meiner Umgebung als Teil eines gigantischen kosmischen Tanzes bewußt wurde. Als Physiker wußte ich, daß der Sand und die Felsen, das Wasser und die Luft um mich herum sich aus vibrierenden Molekülen und Atomen zusammensetzen. Diese wiederum bestehen aus Teilchen, die durch Erzeugung und Zerstörung anderer Teilchen miteinander reagieren. Ich wußte auch, daß unsere Atmosphäre ständig durch Ströme kosmischer Strahlen bombardiert wird, Teilchen von hoher Energie, die beim Durchdringen der Luft vielfache Zusammenstöße erleiden. All dies war mir von meiner Forschungstätigkeit in Hochenergie-Physik vertraut, aber bis zu diesem Augenblick beschränkte sich meine Erfahrung auf graphische Darstellungen, Diagramme und mathematische Theorien. Als ich an diesem Strand saß, gewannen meine früheren Experimente Leben. Ich «sah» förmlich, wie aus dem Weltenraum Energie in Kaskaden herabkam und ihre Teilchen rhythmisch erzeugt und zerstört wurden. Ich «sah» die Atome der Elemente und die meines Körpers als Teil dieses kosmischen Energie-Tanzes; ich fühlte seinen Rhythmus und «hörte» seinen Klang, und in diesem Augenblick wußte ich, daß dies der Tanz Shivas war, des Gottes der Tänzer, den die Hindus verehren.

Ende des Jahres 1970 lief mein US-Visum ab, und ich mußte nach Europa zurückkehren. Ich wußte noch nicht genau, wo ich meine Arbeit fortsetzen sollte, und plante, zunächst einmal die führenden Forschungsinstitute meines Fachgebietes zu besuchen, dort mit mir bekannten Forschern Kontakt aufzunehmen, um eventuell einen Forschungsauftrag oder eine ähnliche Position zu bekommen. Zunächst machte ich in London halt, wo ich, im Herzen immer noch ein Hippie, im Oktober eintraf. Als ich das Büro von P. T. Matthews betrat, eines Teilchenphysikers, den ich in Kalifornien kennengelernt hatte und der jetzt die Abteilung für theoretische Physik am Imperial College leitete, fiel mir als erstes ein riesiges Poster von Bob Dylan ins Auge. Ich sah darin ein gutes Omen und beschloß auf der Stelle, in London zu bleiben. Matthews erklärte mir, es freue ihn, mir Gastfreundschaft am Imperial College anbieten zu können. Ich habe diese Entscheidung niemals bereut, auch wenn die ersten Monate vielleicht die schwersten meines Lebens waren, und blieb vier Jahre in London.

Das Ende des Jahres 1970 war für mich eine schwierige Übergangszeit. Es brachte zunächst schmerzliche Trennungen von meiner Frau, die mit der Scheidung endeten. In London hatte ich keine Freunde und mußte bald erkennen, daß es unmöglich war, einen Forschungszuschuß oder eine akademische Anstellung zu bekommen. Ich hatte bereits die Suche nach einem neuen Paradigma begonnen und war nicht bereit, sie aufzugeben und mich in die engen Grenzen eines akademischen Ganztags-Jobs zu fügen. In den ersten Wochen in London, während derer meine Stimmung auf einem nie gekannten Tiefpunkt war, traf ich jedoch die Entscheidung, die meinem Leben eine neue Richtung gab.

Kurz vor meiner Abreise aus Kalifornien hatte ich eine Fotomontage entworfen, um mein Erlebnis des kosmischen Tanzes am Strand zu illustrieren – einen tanzenden Gott Shiva zusammenkopiert mit Spuren zusammenstoßender Elementarteilchen in einer Blasenkammer. Eines Tages saß ich in meinem winzigen Zimmer nahe dem Imperial College und betrachtete dieses schöne Bild. Urplötzlich kam mir eine ganz klare Erkenntnis. Ich wußte mit absoluter Gewißheit, daß die Parallele zwischen Physik und Mystik, die ich gerade zu entdecken begann, eines Tages zum Allgemeingut des Wissens gehören würde, und ich spürte auch, daß es meine Bestimmung war, diese Parallelen gründlich zu erforschen und die Ergebnisse zu publizieren. Ich entschied mich daher in diesem Augenblick, darüber ein Buch zu schreiben, war mir aber auch darüber klar, daß es dafür noch zu früh war. Zunächst wollte ich das Thema weiter erforschen und einige Artikel darüber verfassen.

Durch diesen Entschluß ermutigt, nahm ich meine Fotomontage, die für mich eine tiefe, machtvolle Botschaft enthielt, und zeigte sie im Imperial College kommentarlos einem indischen Kollegen, mit dem ich dort ein Büro teilte. Er war von ihrem Anblick so bewegt, daß er spontan begann, heilige Verse in Sanskrit zu rezitieren, die ihm aus seiner Kindheit vertraut waren. Er erzählte mir, er sei als Hindu aufgewachsen, habe aber seit der «Gehirnwäsche durch die abendländische Wissenschaft», wie er es nannte, praktisch sein ganzes spirituelles Erbe vergessen. Er selbst würde niemals an Parallelen zwischen Teilchenphysik und Hinduismus gedacht haben. Bei der Betrachtung der Fotomontage seien sie ihm aber augenblicklich evident geworden.

In den folgenden anderthalb Jahren befaßte ich mich systematisch mit Hinduismus, Buddhismus und Taoismus und mit den Parallelen, die ich zwischen den grundlegenden Ideen jener mystischen Überlieferungen und denen der modernen Physik erkannte. In den sechziger Jahren hatte ich verschiedene Techniken der Meditation ausprobiert und viele Bücher über östliche Mystik gelesen, ohne mich selbst dazu durchzuringen, einen der dort beschriebenen Wege zu beschreiten. Nun aber, nach eingehendem Studium östlicher Überlieferungen, fühlte ich mich besonders zum Taoismus hingezogen.

Unter den großen spirituellen Traditionen bietet der Taoismus meines Erachtens den tiefsten und schönsten Ausdruck ökologischer Weisheit, da er besonders das fundamentale Einssein aller Phänomene und das Eingebettetsein des einzelnen und der Gesellschaften in die zyklischen Prozesse der Natur betont. Dazu sagt Chuang-tzu:

> Daß alle Geschöpfe sich bilden, keimen, sich entwickeln, Gestalt gewinnen und Blühen und Welken sich verdrängen, ist der Gang der Wandlungen in der Natur.

Und Huai-nan-tzu sagt:

> Wer der natürlichen Ordnung folgt, fließt im Strom des Tao.

Die taoistischen Weisen konzentrierten sich ganz auf die Beobachtung der Natur, um «die Eigenschaften des Tao» herauszufinden. Dabei entwickelten sie eine im Grunde naturwissenschaftliche Haltung. Nur ihr tiefes Mißtrauen gegenüber der analytischen Methode des Argumentierens hinderte sie daran, wissenschaftliche Theorien aufzustellen. Dennoch führte sie ihre sorgfältige Naturbeobachtung in Verbindung mit starker mystischer Intuition zu tiefen Erkenntnissen, die von modernen naturwissenschaftlichen Theorien bestätigt werden. Die tiefe ökologische Weisheit, die empirische Methode und der spezielle Beigeschmack des Taoismus, den ich am besten als «stille Ekstase» beschreiben kann, zogen mich stark an, weshalb es sich ganz natürlich ergab, daß ich den Weg des Taoismus beschritt.

Auch Castaneda hat mich in jenen Jahren stark beeinflußt. Seine Bücher zeigten mir noch einen anderen Zugang zu den spirituellen Lehren des Ostens. Ich entdeckte viele Ähnlichkeiten zwischen den Lehren der amerikanischen indianischen Überlieferungen, ausgedrückt durch den legendären Yaqui-Weisen Don Juan, und der taoistischen Überlieferung, wie sie uns durch die legendären Weisen Lao-tzu und Chuang-tzu vermittelt wurden. Den Kern beider Überlieferungen bildet das Gewahrsein des natürlichen Eingebettetseins in den Fluß der Dinge und die Fähigkeit, dementsprechend zu handeln. Während der taoistische Weise im Strom des Tao schwimmt, muß der «Mann des Wissens» der Yaqui leicht und fließend sein, um die Natur der Dinge «sehen» zu können. Sowohl im Taoismus als auch im Buddhismus geht es um den wesentlichen Kern der Spiritualität, der nicht an eine besondere Kultur gebunden ist. Vor allem der Buddhismus hat im Laufe der Geschichte gezeigt, daß er sich unterschiedlichen kulturellen Situationen anpassen kann. Er begann mit dem historischen Buddha in Indien, breitete sich dann nach China und Südostasien aus, gelangte dann nach Japan und tat Jahrhunderte später den Sprung über den Pazifik nach Kalifornien und weiter nach Europa. Den stärksten Einfluß, den der Buddhismus auf mein eigenes Denken hatte, war die Betonung der zentralen Rolle des Mitgefühls beim Erlangen von Erkenntnis. Nach buddhistischer Auffassung kann es ohne Mitgefühl keine Weisheit geben, was für mich bedeutet, daß Wissenschaft, die nicht von sozialem Empfinden begleitet ist, keinen Wert besitzt.

So schwierig die Jahre 1971 und 1972 auch für mich waren, so anregend waren sie andererseits. Ich lebte weiter als Teilzeitphysiker und Teilzeithippie, forschte beim Imperial College auf dem Gebiet der Teilchenphysik und ging gleichzeitig organisiert und systematisch meinen umfassenderen Studien nach. Es gelang mir, mehrere Teilzeitjobs zu ergattern; ich unterrichtete eine Gruppe von Ingenieuren in Hochenergiephysik, übersetzte technische Texte aus dem Englischen ins Deutsche und gab Mädchen höherer Schulen Unterricht in Mathematik. Damit konnte ich zwar meinen Lebensunterhalt bestreiten, für materiellen Luxus blieb jedoch kein Geld übrig. In diesen beiden Jahren führte ich das Leben eines Pilgers; die Freuden und Genüsse dieses Lebens waren nicht materieller Art. Doch ließen der starke Glaube an mein Ziel und die Überzeugung, daß ich schließlich dafür belohnt werden würde, mich diese Periode überstehen. In diesen beiden Jahren hing an der Wand meines Zimmers stets ein Zitat aus dem Werk des taoistischen Weisen Chuang-tzu: «Ich suchte einen Herrscher, der mir für lange Zeit eine Anstellung geben würde. Daß ich keinen gefunden habe, zeugt vom Charakter der Zeit.»

Im Sommer 1971 fand in Amsterdam eine internationale Physikerkonferenz statt, an der ich aus zwei Gründen unbedingt teilnehmen wollte. Zunächst wollte ich im Gedankenaustausch mit den führenden Forschern meines Faches bleiben. Zweitens war Amsterdam in der Gegenkultur berühmt als Hippie-Hauptstadt Europas, weshalb ich dort eine ausgezeichnete Gelegenheit sah, mehr über diese Bewegung in Europa in Erfahrung zu bringen. Auf meinen Antrag, als Mitglied des Teams des Imperial College nach Amsterdam gehen zu dürfen, wurde mir bedeutet, alle Plätze seien vergeben. Da ich kein Geld hatte, um Fahrgeld, Hotel und die Konferenzgebühr zu bezahlen, beschloß ich, nach Amsterdam so zu reisen, wie ich es stets in Kalifornien getan hatte – als Anhalter.

Ich packte meinen Anzug, Wäsche, Lederschuhe und physikalische Unterlagen in eine Reisetasche, zog meine geflickten Jeans, Blumenhemd und Sandalen an und machte mich auf den Weg. Es war wunderbares Wetter, und ich genoß es, langsam durch Europa zu trampen, unterwegs viele Leute zu treffen und schöne alte Städte am Weg zu besichtigen. Das überragende Erlebnis auf diesem Trip, dem ersten in Europa nach zwei Jahren Kalifornien, war die Erkenntnis, daß die europäischen Grenzen den Kontinent ziemlich künstlich teilen. Sprache, Sitten und körperliche Merkmale der Menschen ändern sich nicht abrupt an den Grenzen, sondern nur nach und nach. Oft hatten die Menschen auf beiden Seiten einer Grenze mehr Ähnlichkeit miteinander als etwa mit den Einwohnern der jeweiligen Hauptstadt ihres Landes. Heute hat diese Erkenntnis ihren formalen Ausdruck im politischen Programm des «Europa der Regionen» gefunden, das von der europäischen Grünen Bewegung verkündet wird.

Diese Woche in Amsterdam bildete den Höhepunkt meines schizophrenen Lebens als Hippie/Physiker. Tagsüber trug ich einen Anzug und diskutierte Probleme der Teilchenphysik mit Kollegen in den Konferenzräumen (in die ich mich einschlich, weil ich die Konferenzgebühr nicht bezahlen konnte). Am Abend trieb ich mich als Hippie gekleidet in den Cafés, auf den Plätzen und auf den Hausbooten von Amsterdam herum. Die Nächte verbrachte ich mit Hunderten gleichgesinnter junger Menschen aus ganz Europa im Schlafsack in einem Park. Dies tat ich einerseits, weil ich kein Hotel bezahlen konnte, andererseits, weil ich voll am Leben dieser faszinierenden Gemeinschaft teilnehmen wollte.

Amsterdam war damals in aller Munde. Die Hippies waren Touristen völlig neuer Art. Sie kamen aus ganz Europa und den Vereinigten Staaten, nicht um den königlichen Palast oder die Gemälde von Rembrandt zu sehen, sondern um des Erlebens der Gemeinschaft willen.

Einen großen Teil der Anziehungskraft von Amsterdam machte die weitgehende Tolerierung des Rauchens von Marihuana und Haschisch aus, die hier praktisch legalisiert waren, doch ging die Attraktivität der Stadt weit darüber hinaus. Die jungen Menschen hatten den ehrlichen Wunsch, einander zu treffen und radikale neue Erfahrungen und Visionen einer anderen Zukunft miteinander zu teilen. Einer der beliebtesten Treffpunkte war ein großes Gebäude mit dem Namen «The Milky Way» (Milchstraße). Dort gab es ein großes vegetarisches Restaurant, eine Diskothek und ein ganz mit Teppichen ausgelegtes Stockwerk mit Kerzenbeleuchtung und voller Weihrauchduft. Dort fanden sich die Menschen in Gruppen zusammen, um sich zu unterhalten und zu rauchen. Man konnte stundenlang dasitzen und über Mahāyāna-Buddhismus oder über die Lehren des Don Juan diskutieren; man erfuhr, wo man in Marokko am besten Glasperlen kauft, oder unterhielt sich über die letzte Aufführung des Living Theatre. Die «Milchstraße» hätte ein Ort direkt aus einem Roman von Hesse sein können, ein Ort, der durch die eigene Kreativität der Besucher, durch deren kulturelles Erbe, Phantasie und Emotionen lebendig war.

Als ich eines Abends gegen Mitternacht auf den Stufen des Eingangs mit einigen Freunden aus Italien zusammensaß, kollidierten plötzlich die beiden getrennten Wirklichkeiten meines Lebens. Eine Gruppe «ordentlicher« Touristen kam auf uns zu, und bei ihrem Näherkommen erkannte ich sie mit einem gewissen Entsetzen als die Physiker, mit denen ich am selben Tage Fachgespräche geführt hatte. Dieser Zusammenprall der beiden Wirklichkeiten war mehr, als ich verkraften konnte. Ich zog meine Afghanenjacke bis über die Ohren, legte meinen Kopf auf die Schulter der neben mir sitzenden jungen Frau und wartete, bis meine Physikerkollegen, die jetzt nur wenige Meter vor mir standen, ihre Kommentare über die «ausgeflippten Hippies» beendet hatten und davongingen.

Im Spätfrühling 1971 fühlte ich mich in der Lage, einen ersten Artikel über die Parallelen zwischen Physik und östlicher Mystik zu schreiben. Dabei ging ich von meiner Erfahrung des kosmischen Tanzes und der dieses Erlebnis illustrierenden Fotomontage aus. Ich gab dem Artikel den Titel «Der Tanz des Shiva: Die Hindu-Anschauung von der Materie im Licht der modernen Physik». Er erschien in *Main Currents in Modern Thought*, einer Zeitschrift, die es sich zur Aufgabe gemacht hatte, Studien über grenzüberschreitende und integrierende Wissenschaften zu fördern.

Ich schickte auch Kopien an führende Physiker, von denen ich Aufgeschlossenheit für philosophische Erwägungen erwartete. Die Reaktionen waren gemischt, die meisten recht zurückhaltend, einige aber auch sehr ermutigend. Der berühmte Astronom Sir Bernard Lovell schrieb: «Ihrer These und Ihren Schlußfolgerungen gilt meine volle Sympathie... Das ganze Thema scheint mir von fundamentaler Bedeutung zu sein.» John Wheeler kommentierte: «Man hat das Gefühl, daß die Denker des Ostens schon alles gewußt haben und daß wir die Antworten auf alle unsere Fragen finden würden, wenn wir ihre Antworten nur in unsere Sprache umsetzen könnten.» Am meisten begeisterte mich jedoch die Antwort von Werner Heisenberg. Er schrieb: «Ich bin stets von den Zusammenhängen zwischen den uralten Lehren des Ostens und den philosophischen Konsequenzen der modernen Quantentheorie fasziniert gewesen.»

Die Begegnung mit Werner Heisenberg

Einige Monate später besuchte ich meine Eltern in Innsbruck. Ich wußte, daß Heisenberg nur eine Stunde entfernt in München wohnte. Da sein Brief mich sehr ermutigt hatte, fragte ich brieflich an, ob ich ihn besuchen dürfe. Als ich ihn danach anrief, erklärte er sich freundlich bereit, mich zu empfangen.

Am 11. April 1972 fuhr ich dann nach München, um den Mann zu treffen, der einen entscheidenden Einfluß auf meine wissenschaftliche Laufbahn und mein Leben ausgeübt hatte, den Mann, der als einer der intellektuellen Giganten unseres Jahrhunderts gilt. Heisenberg empfing mich in seinem Büro im Max Planck Institut, und als ich ihm gegenübersaß, war ich sofort von seiner Erscheinung beeindruckt. Er war untadelig mit Anzug und Krawatte gekleidet: Auf der Krawattennadel befand sich ein «h», das mathematische Symbol für das Plancksche Wirkungsquantum, die fundamentale Konstante der Quantenphysik. Ich nahm diese Einzelheiten nach und nach im Laufe dieser Unterhaltung zur Kenntnis. Was mich vom ersten Augenblick am meisten beeindruckte, war der Blick seiner klaren, blaugrauen Augen, ein Blick, der von Klarheit des Geistes, totaler Gegenwärtigkeit, Mitgefühl und zugleich heiterer Gelassenheit zeugte. Zum ersten Mal hatte ich das Gefühl, einem der großen Weisen meiner eigenen Kultur gegenüberzusitzen.

Ich begann die Unterhaltung mit der Frage, wie weit Heisenberg sich noch mit Physik befasse. Er erzählte mir, er arbeite mit einigen Kollegen an einem Forschungsprogramm, sei täglich im Institut anwesend und verfolge die Grundlagenforschung in der Physik rund um die Welt mit großem Interesse. Als ich ihn fragte, welche Ergebnisse er zu erzielen hoffe, beschrieb er mir kurz die Zielsetzung seines Forschungsprogramms und fügte hinzu, das Forschen als solches bereite ihm ebensoviel Freude wie das Erreichen des Zieles. Ich hatte das starke Empfinden, daß dieser Mann seine Wissenschaftsdisziplin bis zum Punkt der völligen Selbstverwirklichung vorangetrieben hatte.

Das Erstaunlichste an diesen ersten Minuten unserer Unterhaltung war mein Gefühl völliger Unbeschwertheit. Es gab bei Heisenberg nicht die Andeutung von Herablassung oder demonstrativer Überlegenheit; er ließ mich keine Sekunde lang einen Statusunterschied fühlen. Wir sprachen über die neuesten Entwicklungen in der Teilchenphysik, und zu meinem Erstaunen begann ich ihm bereits nach wenigen Minuten zu widersprechen. Mein anfängliches Gefühl der Ehrfurcht war schnell der intellektuellen Erregung gewichen, die man bei einer guten Diskussion empfindet. Zwischen uns bestand vollkommene Gleichheit: Zwei Physiker diskutierten Ideen, die sie in der von ihnen geliebten Wissenschaft besonders aufregend fanden.

Natürlich kamen wir bald auf die zwanziger Jahre zu sprechen, und Heisenberg unterhielt mich mit faszinierenden Erlebnissen aus dieser Zeit. Ich spürte, wie gerne er über Physik sprach und sich an diese erregenden Jahre erinnerte. So beschrieb er mir lebendig einige Diskussionen zwischen Erwin Schrödinger und Niels Bohr während der Zeit, als Schrödinger Kopenhagen besuchte und in Bohrs Institut seine neuentdeckte Wellenmechanik vortrug, einschließlich der berühmten Gleichung, die nach ihm benannt wurde. Schrödingers Wellenmechanik war ein kontinuierlicher Formalismus unter Einbeziehung vertrauter mathematischer Methoden, während Bohrs Deutung der Quantentheorie auf Heisenbergs diskontinuierlicher und höchst unorthodoxer Matrizenmechanik beruhte, zu der auch sogenannte «Quantensprünge» gehörten.

Heisenberg erzählte mir, Bohr habe in oft tagelangen Debatten versucht, Schrödinger von den Vorteilen der diskontinuierlichen Deutung zu überzeugen. Während einer dieser Debatten rief Schrödinger frustriert aus: «Sollten wir an diesem verdammten Quantenspringen festhalten müssen, dann bedauere ich, daß ich mich jemals auf diese Sache eingelassen habe!» Bohr jedoch bedrängte Schrödinger so sehr, daß dieser schließlich erkrankte. «Ich erinnere mich noch sehr gut», berichtete Heisenberg lächelnd, «wie der arme Schrödinger in Bohrs Haus im Bett lag und Frau Bohr ihm eine Tasse Suppe reichte. Bohr saß dabei auf der Bettkante und redete auf ihn ein: ‹Aber Schrödinger, Sie müssen doch zugeben . . .›»

Als wir über die Entwicklungen sprachen, die dazu führten, daß Heisenberg seine Unschärferelation formulierte, erzählte er mir eine interessante Einzelheit, die ich in keinem schriftlichen Bericht über jene Periode gefunden habe. Zu Beginn der zwanziger Jahre meinte Bohr im Laufe eines langen philosophischen Gesprächs, die Physiker hätten nunmehr wohl die Grenzen menschlichen Begreifens im Bereich des sehr Kleinen erreicht und würden vielleicht niemals in der Lage sein, einen präzisen Formalismus zur Beschreibung atomarer Phänomene zu finden. Mit leisem Lächeln fügte Heisenberg hinzu, wobei sein Blick träumerisch wurde, es sei sein größter Triumph gewesen, nachweisen zu können, daß Bohr damit unrecht hatte.

Während Heisenberg mir diese Geschichte erzählte, sah ich das Buch von Jacques Monod *Zufall und Notwendigkeit* auf seinem Tisch liegen. Da ich es gerade mit großem Interesse gelesen hatte, war ich neugierig, Heisenbergs Ansicht darüber zu hören. Ich sagte ihm, Monod habe meiner Meinung nach versucht, das Leben auf ein von quantenmechanischen Wahrscheinlichkeiten beherrschtes Roulettespiel zu reduzieren. Dabei habe er die Quantenmechanik wohl nicht richtig verstanden. Heisenberg pflichtete mir bei und meinte, er bedaure sehr, daß Monods ausgezeichnete Popularisierung der Molekularbiologie mit so schlechter Philosophie gekoppelt sei.

Dadurch gelangten wir zur Diskussion des der Quantenphysik zugrunde liegenden umfassenderen philosophischen Rahmens, insbesondere ihrer Beziehungen zu östlichen mystischen Überlieferungen. Heisenberg versicherte erneut, er habe wiederholt die Ansicht vertreten, die bedeutenden Beiträge japanischer Physiker während der vergangenen Jahrzehnte könnten auf einer grundlegenden Ähnlichkeit zwischen den philosophischen Überlieferungen des Ostens und der Philosophie der Quantenphysik beruhen. Ich bemerkte dazu, bei meinen Unterhaltungen mit japanischen Kollegen hätte ich nicht den Eindruck gehabt, daß sie sich dieses Zusammenhangs bewußt seien. Heisenberg stimmte zu und sagte: «Bei japanischen Physikern besteht ein ausgesprochenes Tabu, über ihre eigene Kultur zu sprechen; so sehr sind sie von den Vereinigten Staaten beeinflußt.» Die indischen Physiker seien da aufgeschlossener – was auch meine Erfahrung ist.

Als ich dann Heisenberg über seine eigenen Ansichten zur östlichen Philosophie befragte, erzählte er zu meiner großen Überraschung nicht nur, daß er sich der Parallelen zwischen der Quantenphysik und östlichem Denken wohl bewußt sei, sondern auch, daß seine eigene wissenschaftliche Arbeit zumindest unbewußt von indischer Philosophie beeinflußt worden sei. Im Jahre 1929 verbrachte er einige Zeit in Indien als Gast des berühmten Dichters Rabindranath Tagore, mit dem er lange Gespräche über Naturwissenschaft und indische Philosophie führte. Diese Einführung in indisches Denken habe ihm sehr wohlgetan, berichtete Heisenberg. Sie habe ihm gezeigt, daß die Erkenntnis der fundamentalen Relativität, der inneren Verknüpfung und Vergänglichkeit aller Dinge, die für ihn selbst und seine Physikerkollegen so schwer zu akzeptieren gewesen war, die eigentliche Grundlage der indischen spirituellen Überlieferungen ist. «Nach den Gesprächen mit Tagore ergaben einige der Ideen, die mir vorher so verrückt erschienen waren, auf einmal viel mehr Sinn», sagte Heisenberg. «Das war für mich eine große Hilfe.»

An diesem Punkt angelangt, konnte ich nicht umhin, Heisenberg mein Herz auszuschütten. Ich berichtete ihm, daß ich vor einigen Jahren auf die Parallelen zwischen Physik und Mystik gestoßen sei, sie dann systematisch studiert hätte und der festen Überzeugung sei, daß es sich um einen bedeutsamen Forschungszweig handle. Doch hätte ich in der Gemeinschaft der Wissenschaftler dafür keinerlei finanzielle Unterstützung gefunden, und ohne diese sei die Arbeit sehr schwierig und ermüdend. Heisenberg lächelte: «Auch ich werde oft beschuldigt, mich zu sehr auf Philosophie einzulassen.» Als ich darauf mit der Bemerkung reagierte, unser beider Positionen seien dabei jedoch sehr verschieden, lächelte er erneut warmherzig und sagte: «Wissen Sie, Sie und ich sind Physiker besonderer Art. Aber hin und wieder müssen wir eben mit den Wölfen heulen.» Diese ungewöhnlich gütigen Worte halfen mir vielleicht mehr als alles andere, in der schwierigen Zeit, bevor meiner Arbeit Erfolg beschieden war, nicht den Mut zu verlieren.

Die Arbeit am *Tao der Physik*

Nach London zurückgekehrt, setzte ich meine Studien östlicher Philosophien und ihrer Beziehungen zur Philosophie der modernen Physik mit erneuertem Enthusiasmus fort. Gleichzeitig arbeitete ich daran, die Vorstellungen der modernen Physik einem Laienpublikum darzustellen. Genaugenommen verfolgte ich beide Ziele damals getrennt, weil ich daran dachte, zunächst einmal meine Darstellung der modernen Physik in einem Lehrbuch vorzulegen, bevor ich das Buch über die Parallelen zur östlichen Mystik schrieb. Die beiden ersten Kapitel des Manuskripts schickte ich an Victor Weisskopf, der nicht nur ein berühmter Physiker ist, sondern es auch hervorragend versteht, die moderne Physik volkstümlich darzustellen und zu deuten. Ich erhielt von ihm eine sehr ermutigende Antwort, in der er sich beeindruckt von meiner Fähigkeit zeigte, die Gedanken der modernen Physik in nichttechnischer Sprache darzustellen. Er riet mir, an diesem Projekt, das er für sehr wichtig hielt, weiterzuarbeiten.

Während des Jahres 1972 hatte ich auch Gelegenheit, meine Gedanken über die Parallelen zwischen moderner Physik und östlicher Mystik bei mehreren Treffen von Physikern vorzutragen, vor allem bei einem internationalen Physikerseminar in Österreich und bei einem Vortrag im CERN, dem europäischen Kernforschungszentrum in Genf. Die Einladung, meine philosophischen Gedanken in einem so angesehenen Institut vorzutragen, bedeutete bereits eine gewisse Anerkennung meiner Arbeit. Doch war die Reaktion der meisten Physikerkollegen kaum mehr als höfliches, eher leicht amüsiertes Interesse.

Im April 1973, ein Jahr nach meinem Besuch bei Heisenberg, kehrte ich für mehrere Wochen nach Kalifornien zurück. Ich hielt Vorlesungen an den Universitäten Santa Cruz und Berkeley und erneuerte meine Kontakte mit vielen Freunden und Kollegen. Einer von ihnen war Michael Nauenberg, ein Teilchenphysiker an der Universität von Kalifornien in Santa Cruz, den ich in Paris kennengelernt und der mich dort 1968 aufgefordert hatte, zu ihm nach Santa Cruz zu kommen. In Paris und während meiner ersten Jahre in Santa Cruz waren wir gute Freunde gewesen und hatten gemeinsam an verschiedenen Forschungsprojekten gearbeitet. Als ich mich dann mehr und mehr auf die Gegenkultur einließ, hatte unsere Verbindung sich gelockert, und während meiner beiden Londoner Jahre hatten wir überhaupt keinen Kontakt mehr. Jetzt freuten wir uns über unser Wiedersehen und unternahmen im Wald neben dem Universitätscampus einen langen Spaziergang.

Dabei erzählte ich Nauenberg von meiner Begegnung mit Heisenberg. Seine Erregung, als ich ihm von Heisenbergs Zusammentreffen mit Tagore und seinen Gedanken über östliche Philosophien berichtete, überraschte mich. «Wenn Heisenberg das gesagt hat, dann ist an der Sache etwas dran, und du mußt auf jeden Fall ein Buch darüber schreiben», rief er aus. Dazu war ich damals bereits entschlossen, doch änderte ich auf Grund des deutlichen Interesses meines Kollegen, den ich als ziemlich kompromißlosen und pragmatischen Physiker kannte, meine Prioritäten. Gleich nach meiner Rückkehr nach London gab ich den Plan auf, ein Lehrbuch zu schreiben, und beschloß, das bereits niedergeschriebene Material in *Das Tao der Physik* einzugliedern.

Heute ist *Das Tao der Physik* ein internationaler Bestseller und wird oft als grundlegendes Werk bezeichnet, das viele andere Autoren beeinflußt hat. Doch als ich damals den Plan zu diesem Buch faßte, war es äußerst schwierig, dafür einen Verleger zu finden. Befreundete Schriftsteller in London rieten mir, mich zuerst nach einem literarischen Agenten umzusehen, und selbst das erforderte viel Zeit. Als ich ihn dann schließlich fand, verlangte er von mir einen Abriß des Buches plus drei Probekapitel, damit er das den in Frage kommenden Verlagen anbieten könne. Das stellte mich vor ein großes Dilemma. Die detaillierte Planung des ganzen Buches, das Schreiben einer ausführlichen Inhaltsübersicht und dann noch dreier Kapitel würden sehr viel Zeit und Mühe kosten. Sollte ich in meiner bisherigen Lebensweise fortfahren und während des Tages meinen Lebensunterhalt durch Teilzeitbeschäftigungen verdienen, um dann mit meiner eigentlichen Arbeit am Abend zu beginnen, wenn ich schon müde war? Oder sollte ich alles andere aufgeben und mich ganz auf das Buch konzentrieren? Und woher sollte ich in dem Falle das Geld für Miete und Nahrung nehmen?

Ich erinnere mich, wie ich das Büro meines Agenten verließ und mich im Zentrum Londons am Leicester Square auf eine Bank setzte, um das Pro und Kontra abzuwägen und nach einer Lösung zu suchen. Irgendwie hatte ich das Gefühl, ich sollte den Absprung riskieren und mich ohne Rücksicht auf die Risiken ganz und gar meiner Vision widmen. Und das tat ich dann auch. Ich beschloß, London vorübergehend zu verlassen, um die drei Kapitel im elterlichen Haus in Innsbruck zu schreiben. Nach London wollte ich erst nach Abschluß dieser Arbeit zurückkehren.

Meine Eltern freuten sich, mich während dieser schriftstellerischen

Arbeit zu Hause zu haben, obgleich sie sich wegen meiner Laufbahn erhebliche Sorgen machten. Nach zwei Monaten konzentrierter Arbeit war ich bereit, nach London zurückzukehren und das Manuskript den in Frage kommenden Verlagen vorzulegen. Ich wußte, daß mein finanzielles Dilemma damit nicht gelöst sein würde, weil ich nicht sofort mit einem Vorschuß rechnen konnte. Dann kam mir jedoch eine alte Freundin unserer Familie zu Hilfe, eine recht wohlhabende ältere Dame aus Wien. Sie bot mir finanzielle Hilfe an, mit der ich mich einige Monate über Wasser halten konnte. Die großen Verlage in London und New York, denen mein Agent das Manuskript anbot, lehnten sämtlich ab. Nach einem Dutzend Absagen nahm schließlich ein kleiner, aber risikofreudiger Verlag in London, Wildwood House, das Buch an und zahlte mir einen Vorschuß, der mir genug Rückhalt gab, das Buch zu beenden. Oliver Caldecott, Gründer von Wildwood House und heute im Verlag Hutchinson, wurde nicht nur mein englischer Verleger dieses Buches und aller folgenden, sondern blieb auch ein guter Freund seit Beginn der Arbeit am *Tao der Physik*. Ich treffe ihn stets, wenn ich in London bin, und er sagte mir, die Annahme des *Tao der Physik* sei die beste und positivste Eingebung seiner langen verlegerischen Laufbahn gewesen.

Mit dem Tage, an dem ich den Vertrag mit Wildwood House unterschrieb, änderte sich mein Berufsleben entscheidend und war seither erfolgreich und erregend. Ich werde mich stets der darauffolgenden fünfzehn Monate erinnern, während derer ich *Das Tao der Physik* schrieb, da sie zu den glücklichsten meines Lebens gehören. Jetzt hatte ich Geld genug, um die gewohnte Lebensweise fortzusetzen – bescheiden in bezug auf materiellen Luxus, doch reich an innerem Erleben. Nun hatte ich ein erregendes Projekt, an dem ich arbeiten konnte, und hatte außerdem einen großen Kreis sehr interessanter und attraktiver Freunde – Schriftsteller, Musiker, Maler, Malerinnen, Philosophen, Anthropologen, Anthropologinnen und andere Wissenschaftler. Mein Leben und meine Arbeit fügten sich harmonisch in eine reiche und stimulierende intellektuelle und künstlerische Umwelt ein.

Gespräche mit Phiroz Mehta

Als ich zum ersten Male die Parallelen zwischen moderner Physik und östlicher Mystik entdeckte, schienen mir die Ähnlichkeiten zwischen Äußerungen von Physikern und von Mystikern zwar auffallend, doch blieb ich skeptisch. Schließlich konnte das nichts weiter als die Ähnlichkeit von Begriffen sein, auf die man immer wieder stößt, wenn man verschiedene Denkweisen miteinander vergleicht, da uns schließlich nur ein begrenzter Sprachschatz zur Verfügung steht. Tatsächlich begann ich meinen Artikel «Der Tanz des Shiva» mit dieser vorsichtigen Bemerkung. Beim weiteren systematischen Studium der Zusammenhänge und während meiner Arbeit am *Tao der Physik* erwiesen die Parallelen sich jedoch als immer bedeutsamer. Ich erkannte, daß es sich hier nicht um oberflächliche Ähnlichkeiten von Begriffen handelt, sondern um eine tiefreichende Harmonie zwischen zwei Weltanschauungen, zu denen man auf ganz unterschiedliche Weise gelangt war. «So kommen der Mystiker und der Physiker zur selben Schlußfolgerung», schrieb ich, «der eine ausgehend vom inneren Bereich und der andere von der äußeren Welt. Die Harmonie zwischen ihren Ansichten bestätigt die alte indische Weisheit, daß Brahman, die letzte äußere Wirklichkeit, mit Ātman, der inneren Wirklichkeit, identisch ist.»

Zwei verschiedene Entwicklungen brachten mich zu dieser Einsicht. Einerseits zeigten die von mir untersuchten gedanklichen Zusammenhänge eine erstaunliche innere Folgerichtigkeit. Je mehr Bereiche ich erforschte, desto stimmiger erschienen die Parallelen. So hängen beispielsweise in der Relativitätstheorie die Einheit von Raum und Zeit und der dynamische Aspekt der subatomaren Phänomene sehr eng zusammen. Einstein erkannte, daß Raum und Zeit nicht getrennt, sondern aufs engste miteinander verbunden sind und ein vierdimensionales Kontinuum bilden – die Raum-Zeit. Eine unmittelbare Folge dieser Vereinigung von Raum und Zeit ist die Gleichwertigkeit von Masse und Energie sowie die Tatsache, daß subatomare Teilchen als dynamische Muster begriffen werden müssen, eher als Geschehnisse denn als Objekte. Im Buddhismus ist die Situation sehr ähnlich. Mahāyāna-Buddhisten sprechen von der wechselseitigen Durchdringung von Raum und Zeit, was ein perfekter Ausdruck zur Beschreibung der relativistischen Raum-Zeit ist. Sie sagen ferner: Sobald man die wechselseitige Durchdringung von Raum und Zeit erkennt, werden Objekte eher als Geschehnisse denn als Dinge oder Substanzen erscheinen. Diese Art von Stimmigkeit ist mir sehr aufgefallen; sie trat im Verlauf meiner ganzen Forschung immer wieder in Erscheinung.

Die andere Entwicklung hängt mit der Tatsache zusammen, daß man Mystik nicht durch das Lesen von Büchern verstehen kann. Man muß sie praktizieren, sie erfahren, sie «schmecken», zumindest bis zu einem gewissen Grad, um eine ungefähre Idee von dem zu haben, wovon

Mystiker sprechen. Deshalb muß man einige Disziplin aufbringen und irgendeine Form von Meditation praktizieren, die zur Erfahrung veränderter Bewußtseinszustände führt. Zwar bin ich in dieser Art spiritueller Praxis nicht sehr weit gekommen, aber doch so weit, daß sie es mir ermöglicht, die von mir erforschten Parallelen nicht nur intellektuell zu verstehen, sondern auf tieferer Ebene durch intuitive Einsicht und unmittelbare Erfahrung zu begreifen. Beide Entwicklungen gingen Hand in Hand. Während mir die innere Folgerichtigkeit der Parallelen zunehmend deutlich wurde, häuften sich auch die Augenblicke unmittelbarer intuitiver Erfahrung, und ich lernte, diese beiden komplementären Erkenntnismethoden zu nutzen und zu harmonisieren.

Bei beiden Entwicklungen war mir ein alter indischer Gelehrter und Weiser eine große Hilfe. Ich spreche von Phiroz Mehta, der im südlichen London lebt, Bücher über religiöse Philosophien schreibt und Unterricht in Meditation erteilt. Mehta war mir ein gütiger Führer durch die umfangreiche Literatur über indische Philosophie und Religion, ließ mich großzügig seine umfangreiche persönliche Bibliothek benutzen und diskutierte mit mir stundenlang über Naturwissenschaft und östliches Gedankengut. Ich habe deutliche und schöne Erinnerungen an diese regelmäßigen Besuche. Am späten Nachmittag saßen wir in Mehtas Bibliothek, tranken Tee und diskutierten über die Upanischaden, die Werke von Shrī Aurobindo oder andere indische Klassiker.

Bei einbrechender Dunkelheit wurde unser Gespräch oft von langen Pausen des Schweigens unterbrochen, die dazu beitrugen, meine Einsichten zu vertiefen. Mir ging es jedoch auch um rein intellektuelles Verstehen und verbalen Ausdruck. «Sehen Sie diese Teetasse, Phiroz», sagte ich einmal zu ihm. «Wie soll ich es verstehen, daß sie in einer mystischen Erfahrung mit mir eins wird?» Seine Antwort: «Denken Sie an Ihren Körper. Solange Sie gesund sind, sind Sie sich nicht eines einzelnen seiner Myriaden von Teilen bewußt. Sie fühlen sich als ein einheitlicher Organismus. Nur wenn irgend etwas nicht in Ordnung ist, werden Sie sich zum Beispiel Ihrer Augenlider oder Ihrer Drüsen bewußt. Auf ähnliche Weise ist der Zustand des Erfahrens der gesamten Wirklichkeit als einheitliches Ganzes für den Mystiker der Zustand der Gesundheit. Die Spaltung in separate Objekte führt er auf eine mentale Störung zurück.»

Im Dezember 1974 beendete ich mein Manuskript und verließ London, um nach Kalifornien zurückzukehren. Damit ging ich ein weiteres Risiko ein, weil mir erneut das Geld ausgegangen war, das Buch erst in neun Monaten erscheinen sollte und ich weder einen Vertrag mit einem anderen Verleger noch einen Job hatte. Ich borgte mir zweitausend Dollar von einer nahestehenden Freundin, fast ihre gesamten Ersparnisse, packte meine Koffer, das Manuskript in meine Tragetasche und buchte einen Charterflug nach San Francisco. Bevor ich Europa verließ, fuhr ich zur Verabschiedung zu meinen Eltern und verband diese Reise erneut mit einem Besuch bei Werner Heisenberg.

Bei diesem zweiten Besuch empfing Heisenberg mich, als hätten wir uns schon seit Jahren gekannt. Wieder verbrachten wir mehr als zwei Stunden in angeregter Unterhaltung. Unser Gespräch über aktuelle Entwicklungen in der Physik befaßte sich diesmal hauptsächlich mit dem «Bootstrap»-Ansatz in der Teilchenphysik, für den ich mich inzwischen sehr interessierte und über den ich gern Heisenbergs Meinung erfahren wollte. Darauf werde ich im folgenden Kapitel zurückkommen.

Der andere Zweck meines Besuches war natürlich herauszufinden, was Heisenberg vom *Tao der Physik* hielt. Ich nahm das Manuskript aus der Tasche und zeigte es ihm Kapitel für Kapitel, wobei ich den Inhalt jedes Kapitels kurz zusammenfaßte und vor allem das hervorhob, was sich auf seine eigene Arbeit bezog. Heisenberg war am ganzen Manuskript sehr interessiert und für meine Ansichten aufgeschlossen. Ich sagte ihm, meiner Ansicht nach zögen sich zwei Themen wie ein roter Faden durch die ganze Physik, die zugleich auch grundlegende Themen aller mystischen Überlieferungen seien – die fundamentale Vernetzung und wechselseitige Abhängigkeit aller Phänomene und die zutiefst dynamische Natur der Wirklichkeit. Heisenberg stimmte mir zu, soweit das die Physik betraf, und sagte mir, er sei sich auch der Betonung des inneren Zusammenhangs im östlichen Denken bewußt. Jedoch seien ihm die dynamischen Aspekte der östlichen Weltanschauung bisher nicht bewußt gewesen. Deshalb zeigte er sich sehr interessiert, als ich ihm mit zahlreichen Beispielen aus meinem Manuskript zeigte, daß die in der buddhistischen und hinduistischen Philosophie gebräuchlichen Sanskrit-Ausdrücke – *brahman, rita, līlā, karma, samsāra* und so weiter – dynamische Anklänge haben. Am Schluß meiner ziemlich langen Vorstellung des Manuskripts sagte Heisenberg einfach: «Im Grunde stimme ich Ihnen vollkommen zu.»

Wie nach unserem ersten Zusammentreffen verließ ich Heisenbergs Büro in Hochstimmung. Jetzt, da der große Weise der modernen Naturwissenschaft so viel Interesse für meine Arbeit gezeigt hatte und mit meinen Ergebnissen so sehr übereinstimmte, hatte ich keine Angst mehr, es mit dem Rest der Welt aufzunehmen. Ich schickte Heisenberg eines der ersten Exemplare vom *Tao der Physik*, das im November 1975 herauskam. Er antwortete sofort, er habe mit der Lektüre begonnen und werde sich wieder melden, wenn er mehr davon gelesen habe. Dieser Brief war unsere letzte Kommunikation. Heisenberg starb einige Wochen später, gerade an meinem Geburtstag, während ich auf der sonnenbeschienenen Veranda meines Appartements in Berkeley saß und gerade das *I Ging* befragte. Ich werde ihm stets dafür dankbar sein, daß er das Buch geschrieben hat, das zum Ausgangspunkt meiner Suche nach einem neuen Paradigma wurde, und daß er mir neben seiner persönlichen Unterstützung und Inspiration die dauernde Faszination für dieses Thema eingepflanzt hat.

2. Teil: Kein festes Fundament

Geoffrey Chew und die Bootstrap-Philosophie

Die berühmten Worte von Isaac Newton «Ich stehe auf den Schultern von Giganten» sind für jeden Naturwissenschaftler gültig. Wir alle verdanken unser Wissen und unsere Inspiration einer ganzen «Ahnenreihe» schöpferischer Genies. Meine eigene Arbeit im Bereich der Naturwissenschaft und darüber hinaus wurde von zahlreichen großartigen Wissenschaftlern beeinflußt, von denen einige in diesem Buch eine große Rolle spielen. Was die Physik betrifft, so waren meine Hauptquellen der Inspiration zwei herausragende Persönlichkeiten: Werner Heisenberg und Geoffrey Chew. Der heute sechzigjährige Chew gehört einer anderen Physikergeneration an als Heisenberg. Zwar hat er sich in der Gemeinschaft der Physiker einen Namen gemacht, ist jedoch keineswegs so berühmt wie die großen Quantenphysiker. Aber ich bezweifle nicht, daß künftige Geschichtsschreiber der Naturwissenschaften seinen Beitrag zur Physik des 20. Jahrhunderts für ebenso bedeutsam erklären werden wie den jener Größen. Einstein revolutionierte das naturwissenschaftliche Denken durch die Relativitätstheorie. Mit ihrer Interpretation der Quantenmechanik führten Bohr und Heisenberg so radikale Veränderungen ein, daß selbst Einstein sich weigerte, sie zu akzeptieren. Chew hat den dritten revolutionären Schritt in der Physik des 20. Jahrhunderts getan. Seine Bootstrap-Theorie der Elementarteilchen vereinigt die Quantenmechanik und die Relativitätstheorie zu einer Theorie, die sowohl die quantenmechanischen wie die relativistischen Aspekte der subatomaren Materie voll und ganz zur Geltung kommen läßt und zugleich einen radikalen Bruch mit der gesamten abendländischen Auffassung von der Grundlagenforschung repräsentiert.

Nach der Bootstrap-Hypothese läßt die Natur sich nicht auf fundamentale Einheiten reduzieren, etwa fundamentale Bausteine der Materie, sondern muß ganz und gar durch ihre eigene Folgerichtigkeit verstanden werden. Die Dinge existieren kraft ihrer wechselseitig stimmigen Zusammenhänge, und die gesamte Physik muß ausschließlich auf dem Erfordernis aufbauen, daß alle ihre Komponenten untereinander und mit sich selbst in Übereinstimmung sein müssen. Der mathematische Rahmen der Bootstrap-Physik ist als S-Matrix-Theorie bekannt. Sie beruht auf dem Konzept der S-Matrix oder «Streuungs-Matrix», das ursprünglich in den vierziger Jahren von Heisenberg eingebracht und dann während der beiden vergangenen Jahrzehnte zu einer kompletten mathematischen Struktur entwickelt wurde. Sie ist auf ideale Weise geeignet, die Prinzipien der Quantenmechanik und der Relativitätstheorie miteinander zu verbinden. Zu dieser Entwicklung haben viele Physiker beigetragen, doch war Geoffrey Chew die vereinende Kraft und der philosophische Anführer auf dem Gebiet der S-Matrix-Theorie, so wie es vor einem halben Jahrhundert Niels Bohr bei der Entwicklung der Quantentheorie war.

Während der vergangenen zwanzig Jahre haben Chew und seine Mitarbeiter den Bootstrap-Ansatz zur Entwicklung einer umfassenden Theorie der subatomaren Teilchen sowie einer allgemeinen Naturphilosophie benutzt. Diese Bootstrap-Philosophie gibt nicht nur die Idee der fundamentalen Bausteine der Materie auf, sondern erkennt überhaupt keine fundamentalen Einheiten an – keine fundamentalen Gesetze, Konstanten oder Gleichungen. Für Chew ist das materielle Universum ein dynamisches Gewebe zusammenhängender Geschehnisse. Keine der Eigenschaften dieses Gewebes ist fundamental; alle ergeben sich aus den Eigenschaften der anderen Teile, und die umfassende Stimmigkeit ihrer Zusammenhänge bestimmt die Struktur des ganzen Gewebes.

Die Tatsache, daß die Bootstrap-Philosophie keine fundamentalen Einheiten anerkennt, macht sie meines Erachtens zu einem der tiefsinnigsten Systeme abendländischen Denkens. Doch ist sie der traditionellen naturwissenschaftlichen Denkweise so fremd, daß ihr nur eine kleine Minderheit von Physikern anhängt. Die meisten Physiker bemühen sich, die fundamentalen Bausteine der Materie nach den überlieferten Methoden zu finden. Die physikalische Grundlagenforschung drang infolgedessen immer tiefer in die Welt der subatomaren Teilchen ein, bis hinunter in die Bereiche der Atome, Atomkerne und subatomaren Teilchen. Auf diesem Weg wurden die Atome, Atomkerne und schließlich die Hadronen (d. h. die Protonen, Neutronen und andere in starker Wechselwirkung stehenden Teilchen) jeweils als «Elementarteilchen» angesehen. Keines von ihnen erfüllte jedoch die Erwartung, ein wirklich «elementares» Teilchen zu sein. Jedesmal erwies ein solches Teilchen sich schließlich wieder als zusammengesetzte Struktur, und jedesmal

jedesmal hofften die Physiker, die nächste Generation von Bestandteilen werde sich als die endgültig letzten Bausteine der Materie erweisen. Die jüngsten Anwärter auf diese Rolle sind die sogenannten Quarks, hypothetische Bestandteile der Hadronen, die bisher noch nicht beobachtet werden konnten und deren Existenz ernst zu nehmende theoretische Einwände äußerst zweifelhaft erscheinen lassen. Trotz dieser Schwierigkeiten halten die meisten Physiker weiterhin an der Idee grundlegender Bausteine der Materie fest, die in unserer wissenschaftlichen Tradition so tief verwurzelt ist.

Bootstrap und Buddhismus

Als mir zum ersten Mal bewußt wurde, daß Chew die Natur nicht als Ansammlung fundamentaler Einheiten mit gewissen fundamentalen Eigenschaften betrachtete, sondern als ein dynamisches Gewebe innerlich zusammenhängender Geschehnisse, war ich sofort davon fasziniert. Damals hatte ich mich gerade tief ins Studium östlicher Philosophien versenkt und erkannte sofort, daß die grundlegenden Thesen von Chews naturwissenschaftlicher Philosophie in radikalem Gegensatz zum Denken der abendländischen naturwissenschaftlichen Tradition stehen, jedoch voll mit östlichem, vor allem buddhistischem Denken übereinstimmen. Ich begann sofort, die Parallelen zwischen Chews Philosophie und der des Buddhismus zu erforschen, und faßte die Ergebnisse in einem Arbeitspapier mit dem Titel «Bootstrap und Buddhismus» zusammen.

Darin stellte ich die These auf, der Gegensatz zwischen «Fundamentalisten» und «Bootstrappern» in der Teilchenphysik reflektiere den Gegensatz zwischen der vorherrschenden Strömung im abendländischen und der im östlichen Denken. Die Reduzierung der Natur auf fundamentale Bausteine geht im Grunde auf die griechische Philosophie zurück und ist dort gleichzeitig mit dem Dualismus von Geist und Materie entstanden. Dagegen ist die Anschauung vom Universum als einem Gewebe von Zusammenhängen charakteristisch für östliches Denken. Ich verwies darauf, daß die Einheit und der wechselseitige Zusammenhang aller Dinge und Geschehnisse ihren klarsten Ausdruck und die weitreichendste Darstellung im Mahāyāna-Buddhismus gefunden hat und daß das Denken dieser buddhistischen Schule sich sowohl mit seiner allgemeinen Philosophie als auch mit seiner spezifischen Beschreibung der Materie in voller Übereinstimmung mit der Bootstrap-Physik befindet.

Bevor ich das oben genannte Arbeitspapier verfaßte, hatte ich Chew bei mehreren Physikerkonferenzen gehört und ihn auch kurz persönlich getroffen, als er in Santa Cruz ein Seminar abhielt. Doch kannte ich ihn nicht näher. In Santa Cruz war ich von seinem sehr philosophischen und tiefgründigen Vortrag stark beeindruckt, aber auch ziemlich eingeschüchtert. Ich hätte gern ernsthaft mit ihm diskutiert, fühlte mich jedoch zu unwissend und stellte ihm daher nach dem Seminar nur eine ziemlich belanglose Frage. Zwei Jahre später jedoch, als ich das Arbeitspapier verfaßt hatte, war ich zuversichtlich, daß mein Denken sich inzwischen so weit entwickelt hatte, daß ich einen echten Gedankenaustausch mit Chew wagen konnte. Ich schickte ihm eine Kopie meiner Arbeit und bat ihn um seinen Kommentar. Seine Antwort war sehr freundlich und für mich in hohem Maße aufregend. «Ihre Art, die (Bootstrap-)Idee zu beschreiben, sollte sie für viele verständlicher machen, für einige vielleicht ästhetisch so attraktiv, daß sie ihnen unwiderstehlich erscheint», schrieb er.

Dieser Brief war der Beginn einer Zusammenarbeit, die für mich eine Quelle dauernder Inspiration war und meine gesamte Einstellung zu den Naturwissenschaften entscheidend formte. Später erzählte mir Chew zu meiner Überraschung, daß die Parallelen zwischen seiner Bootstrap-Philosophie und dem Mahāyāna-Buddhismus ihm nicht neu gewesen seien, als er meinen Artikel erhielt. Als er sich mit seiner Familie 1969 auf einen Indienaufenthalt vorbereitete, habe sein Sohn halb scherzhaft auf Parallelen zwischen dem Buddhismus und dem Bootstrap-Ansatz hingewiesen. «Ich war verblüfft und wollte es einfach nicht glauben», sagte Chew. «Aber dann erklärte mir mein Sohn die Sache ausführlicher, und sie ergab wirklich einen Sinn.» Ich fragte Chew, ob er wie viele Physiker entrüstet sei, wenn man seine Ideen mit mystischen Überlieferungen vergleiche. «Durchaus nicht», antwortete er. «Man hat mich schon oft mystischer Neigungen bezichtigt und mir auch nachgesagt, ich betrachte die Physik aus einem anderen Blickwinkel als die meisten anderen Physiker. Deshalb waren auch die Erläuterungen meines Sohnes für mich kein Schock. Oder vielleicht nur im allerersten Augenblick. Dann erkannte ich jedoch bald die Berechtigung des Vergleichs.»

Viele Jahre später beschrieb Chew seine Begegnung mit der buddhistischen Philosophie in einer öffentlichen Vorlesung in Boston. Sie war für mich eine wunderbare Demonstration der Tiefe und Reife seines Denkens:

> Ich erinnere mich noch sehr deutlich meines Erstaunens und Ärgers, als – ich glaube, es war 1969 – mein Sohn, der damals östliche Philosophie studierte, mir vom Mahāyāna-Buddhismus erzählte. Ich war sprachlos und wirklich verlegen, als ich entdeckte, daß meine Forschungsarbeit irgendwie auf Ideen beruht, die fürchterlich unwissenschaftlich klingen, wenn man sie mit buddhistischen Lehren in Zusammenhang bringt.
> Heute allerdings befinden sich andere Teilchenphysiker, die mit der Quantentheorie und der Relativität arbeiten, in derselben Lage. Doch die meisten von ihnen geben sogar gegenüber sich selbst nur widerwillig zu, was ihrer Wissenschaft da widerfährt, die man doch gerade dafür schätzt, daß sie der Objektivität so sehr verpflichtet ist. Was mich betrifft, so ist das Gefühl der Bestürzung, das ich 1969 empfand, inzwischen einem ehrfürchtigen Staunen gewichen, verbunden mit einem Gefühl der Dankbarkeit, daß es mir vergönnt ist, eine solche Entwicklungsperiode zu erleben.

Als ich 1973 Kalifornien besuchte, lud Chew mich ein, einen Vortrag zu diesem Thema an der Universität Berkeley zu halten, wo er mich sehr freundlich empfing und den größten Teil des Tages mit mir verbrachte. Da ich bereits seit einigen Jahren keinen bedeutsamen Beitrag zur theoretischen Teilchenphysik mehr geleistet hatte und die Funktionsweise des akademischen Systems kannte, wußte ich sehr wohl, daß es mir absolut unmöglich sein würde, am Lawrence Berkeley Laboratory, einem der berühmtesten physikalischen Institute der Welt, an dem Chew eine theoretische Forschungsgruppe leitete, eine Anstellung als Forscher zu erhalten. Dennoch fragte ich Chew am Ende des Tages, ob er irgendeine Möglichkeit sehe, daß ich dort mit ihm arbeiten könnte. Wie erwartet, sah er dort für mich keine Chance für einen Forschungsauftrag, fügte aber sofort hinzu, es würde ihn freuen, wenn ich als Gast mit vollem Zugangsrecht zu den Labors nach Berkeley kommen würde, wann immer es mir beliebte. Natürlich war ich über dieses Angebot sehr erfreut und davon ermutigt und nahm es zwei Jahre später dankbar an.

Als ich *Das Tao der Physik* schrieb, machte ich den Zusammenhang zwischen Bootstrap-Physik und buddhistischer Philosophie zum Höhepunkt und Finale des Buches. Deshalb war ich auch bei meiner Diskussion des Manuskriptes mit Heisenberg sehr gespannt, was er von Chews Auffassung halten würde. An sich erwartete ich, Heisenberg werde mit

Chew weitgehend übereinstimmen, da er in seinen eigenen Schriften oft selbst die Natur als ein zusammenhängendes Netz von Geschehnissen geschildert hatte, was auch der Ausgangspunkt von Chews Theorie ist. Außerdem war er es ja gewesen, der als erster das Konzept der S-Matrix vorgelegt hatte, die Chew und andere zwanzig Jahre später zu einem bedeutsamen mathematischen Formalismus entwickelten.

Heisenberg sagte denn auch, er stimme dem Bootstrap-Bild voll und ganz zu, wonach Teilchen dynamische Muster in einem zusammenhängenden Netz von Geschehnissen seien. Er glaubte nicht an das Quark-Modell und ging sogar so weit, es als «Quatsch» zu bezeichnen. Wie die meisten heutigen Physiker konnte Heisenberg jedoch nicht Chews Ansicht teilen, es dürfe in einer Theorie *nichts* Fundamentales geben, vor allem keine fundamentalen Gleichungen. Heisenberg hatte 1958 solch eine Gleichung vorgeschlagen, die bald als «Heisenbergs Weltformel» bekannt wurde, und verbrachte den Rest seines Lebens mit dem Versuch, die Eigenschaften aller subatomaren Teilchen aus dieser Gleichung abzuleiten. Deshalb hing er natürlich sehr an der Idee einer fundamentalen Gleichung und war entsprechend wenig geneigt, die Bootstrap-Philosophie in ihrem vollen und radikalen Ausmaß zu akzeptieren. «Es gibt eine fundamentale Gleichung», sagte er, «wie immer sie formuliert werden mag, aus der man das Spektrum der Elementarteilchen ableiten kann. Man darf da nicht in den Nebel ausweichen. Hier bin ich anderer Ansicht als Chew.»

Es gelang Heisenberg nicht, das Spektrum der Elementarteilchen aus seiner Formel abzuleiten, doch ist es Chew vor kurzem gelungen, genau das mit seiner Bootstrap-Theorie zu erreichen. Vor allem haben er und seine Kollegen Ergebnisse abgeleitet, die charakteristisch für Quark-Modelle sind, ohne daß sie deswegen die Existenz physischer Quarks postulieren mußten. Das heißt, sie betrieben Quark-Physik ohne Quarks.

Vor diesem Durchbruch hatte sich das Bootstrap-Programm tief in die mathematischen Komplexitäten der S-Matrix-Theorie verstrickt. Aus der Bootstrap-Sicht hängt jedes Teilchen mit jedem anderen Teilchen, es selbst eingeschlossen, zusammen, was den mathematischen Formalismus in hohem Maße nichtlinear macht, und diese «Nichtlinearität» war bis vor kurzem undurchdringlich. Deshalb erlebte der Bootstrap-Ansatz Mitte der sechziger Jahre eine Vertrauenskrise, und seine Anhänger schrumpften auf eine Handvoll Physiker zusammen, die sich um Chew scharten. Gleichzeitig erhielt die Quark-Idee Auftrieb, und ihre Anhänger forderten die Bootstrapper heraus, die mit Hilfe von Quark-Modellen erzielten Ergebnisse zu erklären.

Der Durchbruch der Bootstrap-Physik wurde 1974 von dem jungen italienischen Physiker Gabriele Veneziano eingeleitet; als ich jedoch Heisenberg im Januar 1975 aufsuchte, kannte ich Venezianos Entdekkung noch nicht. Andernfalls hätte ich Heisenberg zeigen können, wie die ersten Umrisse einer präzisen Bootstrap-Theorie sich bereits abzeichneten – aus dem Nebel hervortraten, um seinen Ausdruck zu benutzen.

Das Wesentliche an Venezianos Entdeckung war die Erkenntnis, daß die Topologie – ein Mathematikern wohlbekannter Formalismus, der jedoch noch nie auf die Teilchenphysik angewendet worden war – zur Definition von Ordnungskategorien in der Vernetzung subatomarer Prozesse verwendet werden kann. Mit Hilfe der Topologie läßt sich feststellen, welche Verknüpfungen die wichtigsten sind, und eine erste Annäherung formulieren, in der nur diese berücksichtigt werden. Danach lassen sich die anderen Verknüpfungen in schrittweise immer genauerer Annäherung hinzufügen. Mit anderen Worten: Die mathematische Komplexität des Bootstrap-Schemas läßt sich durch Eingliederung der Topologie in den S-Matrix-Rahmen entwirren. Ist das getan, dann erweisen sich nur wenige besondere Kategorien geordneter Beziehungen als mit den wohlbekannten Eigenschaften der S-Matrix vereinbar. Diese Ordnungskategorien sind genau die in der Natur zu beobachtenden Quark-Muster. Dementsprechend erscheint die Quark-Struktur als eine Manifestation der Ordnung und notwendige Folge der inneren Stimmigkeit, ohne daß man dabei Quarks als physikalische Bestandteile der Hadronen postulieren muß.

Als ich im April 1975 in Berkeley eintraf, besuchte Veneziano gerade das LBL (Lawrene Berkeley Laboratory), und Chew und seine Mitarbeiter waren von dem neuen topologischen Ansatz begeistert. Auch für mich war das eine glückliche Wende, da sie mir die Chance bot, nach einer Unterbrechung von drei Jahren relativ problemlos wieder in die aktive physikalische Forschung zurückzukehren. Niemand in Chews Forschungsgruppe hatte eine Ahnung von Topologie, und als ich zu dieser Gruppe stieß, hatte ich gerade kein Forschungsprojekt an der Hand. Deshalb stürzte ich mich mit ganzer Kraft auf das Studium der Topologie und erwarb mir bald einige Sachkenntnis auf diesem Gebiet, die mich zu einem wertvollen Mitglied der Gruppe machte. Als später alle anderen ebenfalls über die notwendigen Kenntnisse in der Topologie verfügten, hatte ich meine anderen Fachkenntnisse reaktiviert und war so in der Lage, voll und ganz am topologischen Bootstrap-Programm mitzuarbeiten.

Gespräche mit Geoffrey Chew

Seit 1975 habe ich mit unterschiedlicher Intensität in Chews Forschungsteam am LBL mitgearbeitet. Diese Verbindung war für mich äußerst befriedigend und bereichernd. Nicht nur, daß ich froh war, nun wieder in der Physik forschen zu können. Ich hatte auch noch das einzigartige Privileg, mit einem der wirklich bedeutenden Physiker der Gegenwart eng zusammenarbeiten und Gedanken austauschen zu können. Meine vielen über die Physik hinausreichenden Interessen hinderten mich, mich ganz und gar der Zusammenarbeit mit Chew zu widmen, und die Universität von Kalifornien hat es niemals für angemessen gehalten, meine Teilzeit-Forschung finanziell zu unterstützen oder auch meine Bücher und sonstigen Veröffentlichungen als wertvollen Beitrag zur Entwicklung und Kommunikation wissenschaftlicher Ideen anzuerkennen. Aber das machte mir nichts aus. Kurz nach meiner Rückkehr nach Kalifornien wurde *Das Tao der Physik* in den Vereinigten Staaten vom Verlag Shambhala und danach von Bantam Books veröffentlicht. Seither ist es zu einem internationalen Bestseller geworden. Die Honorare aus diesen Veröffentlichungen und für die Vorträge und Seminare, die ich mit zunehmender Häufigkeit hielt, setzten den finanziellen Schwierigkeiten ein Ende, in denen ich mich während des größten Teils der siebziger Jahre befunden hatte.

Während der vergangenen zehn Jahre habe ich Geoffrey Chew regelmäßig getroffen und Hunderte von Stunden mit ihm diskutiert. Dabei ging es gewöhnlich um Teilchenphysik und spezifischer um die Bootstrap-Theorie. Doch beschränkten wir uns nicht auf diesen Themenkreis, sondern wichen oft genug ab, um die Natur des Bewußtseins, den Ursprung der Raum-Zeit oder die Natur des Lebens zu erörtern. War ich gerade aktiv mit Forschen beschäftigt, dann nahm ich an allen Seminaren und Zusammenkünften unserer Forschergruppe teil. War ich dagegen mit Vorträgen und Schreiben befaßt, dann traf ich Chew zumindest alle zwei bis drei Wochen für einige Stunden intensiver Diskussion.

Diese Sitzungen waren für uns beide sehr nützlich. Mir halfen sie sehr, mit Chews Forschung und ganz allgemein mit den wichtigen Entwicklungen in der Teilchenphysik auf dem laufenden zu bleiben. Andererseits nötigten sie Chew, die Fortschritte seiner Arbeit in regelmäßigen Intervallen zusammenzufassen, wobei er sich voll und ganz der angemessenen technischen Ausdrucksweise bediente, sich dabei aber auf die hauptsächlichen Entwicklungen konzentrierte, ohne sich in unnötigen Details oder weniger wichtigen, vorübergehenden Schwierigkeiten zu verlieren. Oft sagte er mir, diese Diskussionen seien wertvoll für ihn, weil er dadurch den übergreifenden Gesamtzusammenhang des Forschungsprogramms nicht aus den Augen verlor. Ich ging in diese Diskussionen mit voller Kenntnis der Hauptergebnisse und herausragenden Probleme, aber unbedindert durch Details der alltäglichen Forschungsroutine. Deshalb konnte ich ihn oft auf Unstimmigkeiten hinweisen oder auf eine Weise Fragen stellen, die Chew anregte und ihn zu neuen Einsichten führte. Mit den Jahren lernte ich Geoff, wie er von seinen Freunden und Kollegen genannt wird, so gut kennen, wurde mein eigenes Denken so sehr von dem seinen beeinflußt, daß unser Gedankenaustausch oft jenen Zustand intellektueller Erregung und geistiger Resonanz erzeugte, der für kreative Arbeit besonders fruchtbar ist. Für mich werden diese Diskussionen stets zu den Höhepunkten meines Lebens als Wissenschaftler zählen.

Wer Geoffrey Chew persönlich begegnet, wird einen sehr freundlichen und angenehmen Menschen kennenlernen, und wer mit ihm in eine ernsthafte Diskussion gerät, kann gar nicht umhin, von der Tiefe seines Denkens beeindruckt zu sein. Er pflegt sich jeder Frage und jedes Problems auf der tiefsten geistigen Ebene anzunehmen. Immer wieder war ich Zeuge, wie er auf Fragen einging, für die ich selbst im Augenblick des Hörens schon vorgefaßte Antworten parat hatte. Nach einem Augenblick des Überlegens sagte er dann gewöhnlich: «Nun ja, da stellen Sie eine sehr wichtige Frage», wonach er sorgsam den allgemeinen Kontext der Frage umriß und sich dann vorsichtig einer vorläufigen Antwort auf der tiefsten und bedeutsamsten geistigen Ebene näherte.

Chew ist ein langsamer, genauer und höchst intuitiver Denker. Ihn mit einem Problem ringen zu sehen, wurde für mich zu einer faszinierenden Erfahrung. Oft spürte ich, wie eine Idee aus der Tiefe seines Geistes zur bewußten Ebene aufstieg. Dann beobachtete ich, wie er sie zunächst mit

Gesten seiner ausdrucksvollen Hände gewissermaßen umschrieb, bevor er sie sorgsam und langsam in Worte kleidete. Ich hatte stets das Gefühl, daß Chew die S-Matrix gewissermaßen im Blut hat und seine Körpersprache benutzt, diesen sehr abstrakten Ideen greifbare Formen zu verleihen.

Schon zu Beginn unserer Diskussionen war ich auf seinen philosophischen Background neugierig. Ich wußte, daß Bohr von Kierkegaard und William James beeinflußt war, daß Heisenberg Plato studiert und Schrödinger die Upanischaden gelesen hatte. Ich hatte immer gewußt, daß Chew ein sehr philosophisch orientierter Mensch ist. Angesichts der radikalen Natur seiner Bootstrap-Theorie war ich neugierig, welche Einflüsse aus Philosophie, Kunst oder Religion wohl sein Denken beeinflußt hatten. Doch bei allen Gesprächen mit Chew war er so sehr von physikalischen Themen in Anspruch genommen, daß es mir als Zeitvergeudung erschien, den Fluß der Diskussion zu unterbrechen und ihn nach seinem philosophischen Hintergrund zu fragen. Es brauchte viele Jahre, bis ich ihm diese Frage stellte, und als ich es dann schließlich tat, war ich von seiner Antwort höchst überrascht.

Chew erzählte mir, er habe in jüngeren Jahren versucht, dem Vorbild seines Lehrers Enrico Fermi zu entsprechen, der für sein pragmatisches Anpacken physikalischer Probleme bekannt war. «Fermi war ein extremer Pragmatiker, der sich überhaupt nicht für Philosophie interessierte», erklärte Chew. «Er wollte nichts anderes als die Regeln in Erfahrung bringen, die es ihm gestatteten, die Ergebnisse von Experimenten vorauszusagen. Ich erinnere mich, ihn über die Quantenmechanik sprechen zu hören, wobei er über Wissenschaftler spottete, die ihre Zeit damit verbrachten, sich um die Interpretationen dieser Theorie zu sorgen, weil er selbst wußte, wie man ihre Gleichungen für Vorhersagen benutzt. Und lange Zeit gab ich mir Mühe, mich soweit wie möglich im Geiste Fermis zu verhalten.»

Erst viel später, berichtete Chew, als er zu schreiben und Vorträge zu halten begann, habe er auch begonnen, über philosophische Fragen nachzudenken. Als ich ihn dann bat, mir Persönlichkeiten zu nennen, die sein Denken beeinflußt hatten, nannte er nur Namen von Physikern. Und als ich ihn fragte, ob er nicht von irgendeiner philosophischen Schule oder von jemandem außerhalb der Physik beeinflußt worden sei, antwortete er einfach: «Nein, nicht daß ich wüßte. Ich könnte nichts dergleichen identifizieren.»

Es scheint also, daß Chew ein wirklich origineller Denker ist, der seine revolutionäre Methode in der Physik und seine tiefschürfende Philosophie der Natur aus seiner eigenen Erfahrung der Welt subatomarer Phänomene ableitet. Das ist eine Erfahrung, die natürlich nur indirekt sein kann, die man durch komplizierte und feinste Meßinstrumente erwirbt. Für Chew ist sie dennoch real und sinnvoll. Eines seiner Geheimnisse mag sein, daß er vollständig in seiner Arbeit aufgeht und sich über einen langen Zeitraum intensiv konzentrieren kann. Seine Konzentration sei im Grunde kontinuierlich, sagte er mir. «Ein Aspekt meiner Arbeitsweise ist, daß ich eigentlich niemals aufhöre, über das aktuelle Problem nachzudenken. Ich schalte selten ab, es sei denn, es geht um etwas, das meine unmittelbare Aufmerksamkeit erfordert, wie zum Beispiel meinen Wagen in einer gefährlichen Situation zu lenken. Dann höre ich mit dem Nachdenken auf. Aber für mich ist Kontinuität ganz entscheidend; ich muß einfach immer auf Touren bleiben.»

Chew erzählte mir auch, er lese selten etwas, das nicht zu seinem Forschungsbereich gehört. Dabei fiel ihm eine Anekdote über Paul Dirac ein. Auf die Frage, ob er ein bestimmtes Buch gelesen habe, antwortete dieser berühmte Quantenphysiker ganz ernsthaft und geradeheraus: «Ich lese überhaupt nichts. Das hindert mich am Denken.» – «*Ich* pflege hin und wieder zu lesen», sagte Chew lachend, als er diese Anekdote erzählte. «Aber ich muß schon eine besondere Motivation dafür haben.»

Man könnte glauben, die fortgesetzte und intensive Konzentration auf seine begriffliche Welt würde Chew zu einem ziemlich kühlen und besessenen Menschen machen, aber genau das Gegenteil ist der Fall. Er ist eine warmherzige und offene Persönlichkeit, scheint selten angespannt oder frustriert und kann bei Diskussionen herzlich und spontan lachen. Solange ich Geoffrey Chew kenne, habe ich ihn stets als Menschen erlebt, der mit sich selbst und der Welt im Frieden lebt. Er ist außerordentlich freundlich und gelassen und manifestiert im Alltag die Toleranz, die seiner Ansicht nach für seine Bootstrap-Philosophie charakteristisch ist. «Ein Physiker, der imstande ist, beliebig viele verschiedene, teilweise erfolgreiche Modelle anzuschauen, ohne eines zu bevorzugen, ist automatisch ein Bootstrapper», schrieb er in einer seiner Abhandlungen. Die Harmonie zwischen Chews Wissenschaft, seiner Philosophie und seiner Persönlichkeit hat mich stets beeindruckt. Obwohl er sich selbst als Christ bezeichnet und der katholischen Tradition nahesteht, kann ich mich des Gefühls nicht erwehren, daß seine Lebensanschauung im Grunde von einer buddhistischen Haltung zeugt.

Die Raum-Zeit in der Bootstrap-Physik

Da die Bootstrap-Physik nicht auf fundamentalen Einheiten beruht, unterscheidet sich ihr Verfahren der theoretischen Forschung in vieler Hinsicht von dem der orthodoxen Physik. Im Gegensatz zu den meisten Physikern träumt Chew nicht von einer einzelnen entscheidenden Entdeckung, die seine Theorie ein für allemal untermauern würde. Für ihn besteht die Herausforderung vielmehr darin, langsam und geduldig ein zusammenhängendes Netz von Begriffen zu konstruieren, in dem keiner fundamentaler ist als die anderen. Je mehr seine Theorie sich entwickelt, desto genauer treten die Zusammenhänge in diesem Netz hervor. Das Bild des gesamten Netzes wird dabei sozusagen immer schärfer eingestellt.

Bei diesem Vorgehen wird die Theorie auch dadurch zunehmend spannender, daß mehr und mehr Begriffe «*bootstrapped*», das heißt durch die umfassende Stimmigkeit des konzeptuellen Gewebes erklärt werden. Chew ist der Ansicht, «*bootstrapping*» werde auch die grundlegenden Prinzipien der Quantentheorie, unsere Anschauung von der makroskopischen Raum-Zeit und schließlich sogar unsere Vorstellungen vom menschlichen Bewußtsein einbeziehen. «Bis zum logischen Extrem fortgeführt, implizieren die Grundannahmen der Bootstrap-Theorie, daß die Existenz des Bewußtseins gemeinsam mit anderen Aspekten der Natur für die Stimmigkeit des Ganzen notwendig ist.»

Das Aufregendste an Chews Theorie ist zur Zeit die Aussicht, auch die Raum-Zeit mit der Bootstrap-Methode erfassen zu können, was in naher Zukunft möglich erscheint. Die physikalische Wirklichkeit wird in Begriffen von Geschehnissen beschrieben, die zwar kausal verknüpft, jedoch nicht in einen kontinuierlichen Raum und kontinuierliche Zeit eingebettet sind. Raum-Zeit wird in Hinsicht auf den experimentellen Apparat zwar auf makroskopischer Ebene eingeführt, ein mikroskopisches Raum-Zeit-Kontinuum jedoch nicht vorausgesetzt.

Das Nichtvorhandensein eines kontinuierlichen Raums und kontinuierlicher Zeit ist vielleicht der radikalste und schwierigste Aspekt dieser Theorie, für den Physiker wie für den Laien. Neulich diskutierte ich mit Chew, wie unsere Alltagserfahrung separater Objekte, die sich kontinuierlich durch Raum und Zeit bewegen, mittels solcher Theorien erklärt werden könne. Dieses Gespräch wurde durch eine Diskussion über die bekannten Paradoxa der Quantentheorie ausgelöst.

«Für mich ist das einer der rätselhaften Aspekte der Physik», begann

Chew. «Ich kann nur meine persönliche Anschauung darstellen, die meines Wissens von niemandem geteilt wird. Mir erscheinen die Prinzipien der Quantenphysik, wie sie gegenwärtig gelehrt werden, unbefriedigend. Eines Tages wird das fortentwickelte Bootstrap-Programm zu einem anderen Ergebnis führen. Dessen Form wird uns dann unter anderem vor dem Versuch bewahren, die Prinzipien der Quantenmechanik in Vorstellungen einer *a priori* angenommenen Raum-Zeit auszudrücken. Das ist der Konstruktionsfehler in der gegenwärtigen Situation. Die Quantenmechanik hat etwas zutiefst Sprunghaftes an sich, während die Idee der Raum-Zeit kontinuierlich ist. Wer Raum-Zeit als eine absolute Wahrheit akzeptiert hat, wird Schwierigkeiten haben, wenn er auf dieser Grundlage die Prinzipien der Quantenmechanik zu formulieren versucht. Ich habe das Gefühl, daß uns die Bootstrap-Methode schließlich eine Erklärung liefern wird, die zugleich für die Raum-Zeit, die Quantenmechanik und die Bedeutung der kartesianischen Wirklichkeit gilt. Alle diese Vorstellungen werden irgendwie zusammenkommen. Doch wird es nicht möglich sein, mit der Raum-Zeit als klarer, unhinterfragter Grundlage den Anfang zu machen und dann die anderen Ideen obendrauf zu packen.»

Ich hielt dagegen: «Trotzdem scheint doch offensichtlich zu sein, daß atomare Phänomene in die Raum-Zeit eingebettet *sind*. Sie und ich sind in Raum-Zeit eingebettet, genauso wie die Atome, aus denen wir bestehen. Raum-Zeit ist eine äußerst nützliche Vorstellung. Was meinen Sie also mit der Bemerkung, man solle atomare Phänomene nicht in die Raum-Zeit eingebettet sehen?»

«Ich bin zunächst überzeugt, die Quantenprinzipien machen den Gedanken unvermeidlich, daß die objektive kartesianische Realität nur eine Annäherung ist. Man kann nicht den Quantenprinzipien folgen und gleichzeitig erklären, unsere gewöhnlichen Vorstellungen von der äußeren Wirklichkeit seien deren genaue Beschreibung. Man kann genug Beispiele dafür anführen, daß ein den Quantenprinzipien unterworfenes System klassisches Verhalten anzunehmen beginnt, sobald es ausreichend komplex wird. Man kann tatsächlich aufzeigen, wie klassisches Verhalten als Annäherung an Quantenverhalten entsteht. So sind also die klassischen Vorstellungen von einem Objekt und die gesamte Newtonsche Physik nur Annäherungen. Ich wüßte nicht, wie sie exakt sein könnten. Sie hängen unweigerlich von der Komplexität der beschriebenen Phänomene ab. Natürlich kann ein hohes Maß an Komplexität am Ende zu einem statistischen Mittelwert führen, der auf eine effektive Einfachheit hinausläuft. Genau dieser Effekt ermöglicht die klassische Physik.»

«Wir haben es also mit einer Quantenebene zu tun, auf der es keine festen Objekte gibt und auf der klassische Begriffe nicht gelten. Und dann, sobald man zu immer höheren Komplexitäten gelangt, treten irgendwie klassische Konzepte in Erscheinung?»

«Genauso ist es.»

«Und Sie sagen demnach, Raum-Zeit sei solch eine klassische Vorstellung?»

«Das stimmt: Sie tritt zusammen mit dem klassischen Bereich hervor, weshalb man sie nicht von Anfang an akzeptieren sollte.»

«Und Sie haben wohl auch Ideen darüber, wie bei hoher Komplexität Raum-Zeit hervortritt?»

«Richtig. Den Schlüssel dazu liefert die Vorstellung der sanften Geschehnisse, und die wiederum hängt auf einzigartige Weise mit Photonen zusammen.»

Chew erläuterte dann, daß Photonen – die Teilchen des Elektromagnetismus und des Lichts – einzigartige Eigenschaften besitzen. Sie haben zum Beispiel keine Masse, was es ihnen erlaubt, mit anderen Teilchen in Geschehnissen zusammenzuwirken, die nur minimale Störungen verursachen. Es kann eine unendliche Anzahl solcher «sanften Geschehnisse» geben. Während sie sich aufbauen, kommt es zu einer annähernden Lokalisierung der anderen Interaktionen von Teilchen, wobei dann der klassische Begriff isolierter Objekte entsteht.

«Aber wie steht es nun mit Raum und Zeit?» fragte ich.

«Schauen Sie – unser Verständnis davon, was ein klassisches Objekt, was ein Beobachter, was Elektromagnetismus oder was Raum-Zeit ist – alles das ist miteinander verknüpft. Bringt man die Idee sanfter Geschehnisse ein, dann kann man beginnen, gewisse Muster von Ereignissen als einen Beobachter zu verstehen, der etwas beobachtet. Ich würde sagen, daß man in diesem Sinne hoffen kann, zu einer Theorie objektiver Wirklichkeit zu gelangen. Aber Raum-Zeit erhält erst im gleichen Moment einen Sinn. Man kann nicht von Raum-Zeit ausgehen und dann versuchen, eine Theorie der objektiven Wirklichkeit zu entwickeln.»

Chew und David Bohm

Bei diesem Gespräch wurde mir klar, daß Chew einen sehr ehrgeizigen Plan verfolgt. Er hofft nichts weniger zu erreichen, als folgende Begriffe und Vorstellungen aus der umfassenden Stimmigkeit der topologischen Bootstrap-Theorie abzuleiten – die Prinzipien der Quantenmechanik (einschließlich der Heisenbergschen Unschärferelation); den Begriff der makroskopischen Raum-Zeit (und mit ihm den grundlegenden Formalismus der Relativitätstheorie); die Eigenschaften des Phänomens von Beobachtung und Messung; und schließlich die grundlegenden Vorstellungen von unserer alltäglichen kartesianischen Wirklichkeit.

Ich hatte schon seit einigen Jahren eine ungefähre Ahnung von diesem ehrgeizigen Programm, weil Chew immer wieder einige seiner Aspekte erwähnte, noch bevor die Anwendung der Bootstrap-Methode auf die Raum-Zeit zur konkreten Möglichkeit wurde. Jedesmal, wenn er von seinem großen Entwurf sprach, mußte ich an einen anderen Physiker denken, an David Bohm, der ein ähnlich ehrgeiziges Programm verfolgt.

David Bohm, sehr bekannt als einer der beredtesten Gegner der Standard-Interpretation der Quantentheorie, der sogenannten Kopenhagener Interpretation, ist mir schon seit meiner Studentenzeit ein Begriff. Im Jahre 1974 traf ich ihn persönlich während eines der sogenannten Brockwood-Gespräche mit Krishnamurti, wobei ich zum ersten Male mit ihm diskutierte. Ich bemerkte sehr schnell, daß Bohm wie Chew ein tiefschürfender und sorgfältiger Denker ist und daß er, wie Chew mehrere Jahre später, sich die ehrgeizige Aufgabe gestellt hatte, die Grundprinzipien der Quantenmechanik und der Relativitätstheorie aus einem tieferen, grundlegenden Formalismus abzuleiten. Auch er stellte seine Theorie in einen umfassenden philosophischen Zusammenhang. Anders als Chew ist Bohm jedoch von einem einzigen Philosophen und Weisen beeinflußt, von Krishnamurti, der im Lauf der Jahre sein spiritueller Mentor wurde.

Bohms Ausgangspunkt ist die Vorstellung von der «ungebrochenen Ganzheit». Sein Ziel ist die Erforschung der Ordnung, die seiner Ansicht nach auf einer tieferen, «nichtmanifesten» Ebene des kosmischen Gewebes von Zusammenhängen vorherrscht. Er nennt diese Ordnung «implizit» oder «eingefaltet» und beschreibt sie durch die Analogie eines Hologramms, bei dem jedes Teil in gewissem Sinn das Ganze enthält. Jedes beliebige Teil eines holographischen «Fotos» eines Gegenstandes läßt, wenn es durchleuchtet wird, das ganze Bild entstehen, allerdings mit geringerer Schärfe als das komplette Hologramm. Bohm meint, die wirkliche Welt sei nach denselben allgemeinen Prinzipien strukturiert, wobei das Ganze in jedes seiner Teile eingefaltet sei.

Bohm ist sich darüber klar, daß das Hologramm zu statisch ist, um als Modell für die implizite Ordnung auf subatomarer Ebene verwendet werden zu können. Um die wesentlich dynamische Natur der subatomaren Wirklichkeit auszudrücken, hat er den Begriff «Holobewegung» geprägt. Seiner Ansicht nach ist die Holobewegung ein dynamisches Phänomen, aus dem heraus alle Formen des materiellen Universums fließen. Ziel seines Denkansatzes ist es, die in diese Holobewegung eingefaltete Ordnung zu studieren, und zwar nicht durch Beschäftigung mit der Struktur der Objekte, sondern mit der Struktur der Bewegung, womit er zugleich die Einheit und die dynamische Natur des Universums berücksichtigt. Bohms Theorie ist noch in einem recht vorläufigen Stadium. Doch besteht anscheinend schon in diesem Stadium eine interessante Verwandtschaft zwischen Bohms Theorie der impliziten Ordnung und Chews Bootstrap-Theorie. Beide Ansätze sehen die Welt als dynamisches Gewebe von Zusammenhängen. Beide weisen dem Begriff der Ordnung eine zentrale Rolle zu; beide verwenden Matrizen, um Veränderung und Transformation darzustellen, sowie die Topologie, um Ordnungskategorien zu klassifizieren.

Im Laufe der Jahre wurden mir diese Ähnlichkeiten nach und nach bewußt, und ich war sehr darauf aus, eine Begegnung zwischen Bohm und Chew zu arrangieren, die praktisch keinen Kontakt miteinander hatten. Ich wollte ihnen Gelegenheit geben, mit der jeweils anderen Theorie vertraut zu werden und die Ähnlichkeiten und Unterschiede zu diskutieren. Vor einigen Jahren gelang es mir dann auch, ein solches Treffen auf dem Universitätscampus von Berkeley zu arrangieren, das zu einem sehr anregenden Gedankenaustausch führte. Seit jener Begegnung, der weitere Diskussionen zwischen Bohm und Chew folgten, habe ich mit David Bohm nicht mehr viel Kontakt gehabt und weiß daher auch nicht, wie weit seine Gedanken von denen Chews beeinflußt sind. Ich weiß jedoch, daß Chew sich mit Bohms Denkweise recht vertraut gemacht hat, von ihr bis zu einem gewissen Grade beeinflußt und inzwischen wie ich der Ansicht ist, daß beide Denkansätze so viele Gemeinsamkeiten aufweisen, daß sie eines Tages miteinander verschmelzen könnten.

Ein Netzwerk von Beziehungen

Geoffrey Chew hat auf meine Weltanschauung, auf meine Auffassung von Naturwissenschaft und auf meine Art zu forschen einen ungeheuren Einfluß ausgeübt. Obwohl ich wiederholt sehr weit von meinem ursprünglichen Forschungsgebiet abgewichen bin, ist mein Verstand im wesentlichen ein wissenschaftlicher Verstand und ich packe die große Vielfalt der von mir erforschten Probleme nach wie vor mit wissenschaftlichen Methoden an, wenn auch im Rahmen einer sehr weiten Definition von Wissenschaft. Chews Einfluß hat mir mehr als alles andere geholfen, eine derart wissenschaftliche Haltung im allgemeinsten Sinne des Wortes zu entwickeln.

Die langjährige Zusammenarbeit und meine intensiven Diskussionen mit Chew, ergänzt durch mein Studium buddhistischer und taoistischer Philosophie und Praktiken, haben mich in die Lage versetzt, mich vollkommen mit einem der radikalsten Aspekte des neuen naturwissenschaftlichen Paradigmas abzufinden – dem Fehlen jeglichen festen Fundaments. Die gesamte Geschichte abendländischer Naturwissenschaft und Philosophie wird von dem festen Glauben beherrscht, jegliches Wissen müsse ein solides Fundament haben. Dementsprechend haben Naturwissenschaftler und Philosophen zu allen Zeiten Metaphern aus der Architektur benutzt (worauf mich mein Bruder Bernt, selbst Architekt, aufmerksam gemacht hat). Physiker suchten nach den «grundlegenden Bausteinen» der Materie und drückten ihre Theorien in «grundlegenden Prinzipien» aus, in «fundamentalen» Gleichungen und «fundamentalen» Konstanten. Bei allen wissenschaftlichen Revolutionen hatte man darum das Gefühl, die Fundamente der Naturwissenschaft gerieten in Bewegung. So schrieb Descartes in seinem berühmten Werk *Discours de la Méthode*:

> Soweit die Naturwissenschaften ihre Prinzipien der Philosophie entlehnen, war ich der Ansicht, auf so schwankenden Fundamenten könne nichts Solides erbaut werden.

Dreihundert Jahre später schrieb Heisenberg in *Physik und Philosophie*, die Fundamente der klassischen Physik, also des von Descartes errichteten Gebäudes, gerieten ins Wanken:

> Diese heftige Reaktion auf die jüngste Entwicklung der modernen Physik kann man nur verstehen, wenn man erkennt, daß hier die Fundamente der Physik und vielleicht der Naturwissenschaft überhaupt in Bewegung geraten waren und daß diese Bewegung ein Gefühl hervorgerufen hat, als würde der Boden, auf dem die Naturwissenschaft steht, uns unter den Füßen weggezogen.

In seiner Autobiographie beschrieb Einstein seine Gefühle mit Ausdrükken, die denen Heisenbergs sehr ähnlich sind:

> Es war, als ob mir der Boden unter den Füßen weggezogen würde, mit keinem festen Fundament irgendwo in Sicht, auf dem man hätte bauen können.

Es scheint so, als würde die Naturwissenschaft der Zukunft keine festen Fundamente mehr benötigen, so daß die der Baukunst entlehnten Metaphern durch solche eines Gewebes oder Netzes ersetzt werden, in dem kein Teil fundamentaler ist als irgendein anderer. Chews Bootstrap-Theorie ist die erste naturwissenschaftliche Theorie, die ausdrücklich eine solche «Gewebe-Philosophie» formuliert. Vor kurzem noch stimmte er in einem Gespräch der Ansicht zu, der Verzicht auf feste Fundamente könne vielleicht der wichtigste und tiefste Wandel in der Naturwissenschaft werden:

«Ich glaube, das ist wahr; ebenso wahr ist, daß die Bootstrap-Methode gerade wegen der langen Tradition der abendländischen Naturwissenschaft unter den Naturwissenschaftlern noch keine Anerkennung gefunden hat. Wegen dieses fehlenden Fundaments wird sie nicht als wissenschaftlich anerkannt. In bestimmter Hinsicht steht die ganze Idee der Wissenschaft in Gegensatz zum Bootstrap-Ansatz, weil die Naturwissenschaft klar formulierte Fragen verlangt, deren unzweideutige experimentelle Verifizierung möglich ist. Nun gehört es aber zum Bootstrap-Schema, daß kein Begriff als absolut angesehen wird und man stets erwartet, auf einen schwachen Punkt in den alten Begriffen zu stoßen. Wir holen ständig Vorstellungen von ihrem Podest, die noch vor noch gar nicht langer Zeit als fundamental angesehen und zur Formulierung von Fragen benutzt wurden.

«Sehen Sie», sagte Chew weiter, «wer eine Frage formuliert, muß zu diesem Zweck einige grundlegende Begriffe akzeptiert haben. Beim Bootstrap-Ansatz stellt jedoch das ganze System ein Netz von Zusammenhängen ohne jede feste Grundlage dar, weshalb man mit der Beschreibung unseres Themas an vielen verschiedenen Punkten beginnen kann. Es gibt keine eindeutige Ausgangsposition. Für unsere in den letzten Jahren entwickelte Theorie ist typisch, daß wir gar nicht wissen, welche Fragen wir stellen sollen. Vielmehr lassen wir uns von der Stimmigkeit leiten. Jede Zunahme von Stimmigkeit deutet auf etwas hin, was unvollständig ist; doch nimmt das selten die Form einer genau definierten Frage an. Wir gehen über den gesamten Rahmen von Frage und Antwort hinaus.»

Nun erscheint eine Methodologie, die keine genau definierten Fragen stellt und keine festen Grundlagen des eigenen Wissens anerkennt, in der Tat in hohem Maße als unwissenschaftlich. Was sie dennoch zu einem wissenschaftlichen Unternehmen macht, ist ein anderes wesentliches Element von Chews Methode – die Anerkennung der entscheidenden Rolle der Annäherung in wissenschaftlichen Theorien. Das ist übrigens eine weitere Lektion, die ich bei ihm lernte. Als Physiker zu Beginn unseres Jahrhunderts atomare Phänomene zu erforschen begannen, wurden sie sich schmerzlich der Tatsache bewußt, daß alle Begriffe und Theorien, mit denen wir die Natur beschreiben, nur begrenzt gültig sind. Als Folge der wesentlichen Begrenzungen unseres rationalen Verstandes müssen wir eine Tatsache anerkennen, die Heisenberg formuliert hat, «daß nämlich jedes Wort oder jeder Begriff, so klar er uns auch scheinen mag, doch nur einen begrenzten Anwendungsbereich hat». Wissenschaftliche Theorien können niemals eine vollständige und definitive Beschreibung der Wirklichkeit liefern. Sie werden stets nur Annäherungen an die wahre Natur der Dinge sein. Um es geradeheraus zu sagen: Wissenschaftler befassen sich nicht mit der Wahrheit; sie beschäftigen sich mit begrenzten und annähernden Beschreibungen der Wirklichkeit.

Diese Erkenntnis ist ein wesentlicher Aspekt der modernen Naturwissenschaft und ist besonders wichtig für den Bootstrap-Ansatz, wie Chew immer wieder hervorgehoben hat. Alle Naturphänomene werden als letztlich zusammenhängend gesehen. Um irgendeines von ihnen zu erklären, müssen wir alle anderen verstehen, was offensichtlich unmöglich ist. Was die Naturwissenschaft so erfolgreich macht, ist die Tatsache, daß Annäherungen möglich sind. Ist man mit dem annähernden Begreifen der Natur zufrieden, dann kann man auf diese Weise ausgewählte Gruppen von Phänomenen beschreiben und dabei andere, weniger relevante Phänomene vernachlässigen. Auf diese Weise lassen sich viele

Phänomene in Begriffen einiger weniger erklären. Dementsprechend sind unterschiedliche Aspekte der Natur auf annähernde Weise verständlich, ohne daß man alles auf einmal verstehen muß. So führte beispielsweise die Anwendung der Topologie auf die Teilchenphysik zu einer Annäherung genau dieser Art, die dann den vor kurzem erfolgten Durchbruch in Chews Bootstrap-Theorie zustande brachte.

Naturwissenschaftliche Theorien sind also annähernde Beschreibungen natürlicher Phänomene. Laut Chew sollte man, sobald eine gewisse Theorie sich als aussagekräftig erwiesen hat, folgende Fragen stellen: Warum funktioniert sie? Wo liegen ihre Grenzen? In welcher Hinsicht stellt sie genaugenommen eine Annäherung dar? Diese Fragen sind für Chew der erste Schritt zu weiterem Fortschritt, und die ganze Idee des Fortschritts durch eine Aufeinanderfolge annähernder Schritte ist für ihn ein Schlüsselelement der naturwissenschaftlichen Methode. Die schönste Illustration der Haltung Chews war für mich ein Interview, das er vor einigen Jahren dem britischen Fernsehen gab. Als er gefragt wurde, was er im nächsten Jahrzehnt als den größten Durchbruch in der Naturwissenschaft ansehen würde, erwähnte er weder große vereinheitlichende Theorien noch erregende neue Entdeckungen, sondern sagte einfach: «Das Akzeptieren der Tatsache, daß alle unsere Vorstellungen nur Annäherungen sind.»

Diese Tatsache wird zwar von den meisten Wissenschaftlern heute in der Theorie anerkannt, in der täglichen Arbeit jedoch von vielen ignoriert, und außerhalb der Naturwissenschaften ist sie noch weniger bekannt. Ich erinnere mich lebhaft einer After-Dinner-Diskussion. Dabei zeigte sich, welche großen Schwierigkeiten die meisten Leute haben, die nur annähernde Natur aller Konzepte zu akzeptieren. Zugleich war sie für mich ein weiteres schönes Beispiel für die Tiefe von Chews Gedanken. Die Diskussion fand statt zwischen Geoff Chew und Arthur Young, dem Erfinder des Bell-Hubschraubers, der in Berkeley mein Nachbar ist, wo er das «Institute for the Study of Consciousness» gründete (ein Institut für die Erforschung des Bewußtseins). Wir saßen an der Tafel unserer Gastgeber – Denyse und Geoff Chew, meine Frau Jacqueline und ich sowie Ruth und Arthur Young. Als die Unterhaltung sich dem Begriff der Gewißheit in der Naturwissenschaft zuwandte, führte Young eine wissenschaftliche Tatsache nach der anderen an. Chew aber zeigte ihm durch sorgfältige Analyse, daß alle diese «Tatsachen» in Wirklichkeit nur annähernde Vorstellungen waren. Schließlich rief Young ziemlich frustriert aus: «Aber *es gibt doch wirklich* einige absolute Tatsachen. Sehen Sie, es sitzen sechs Menschen in diesem Augenblick an diesem Tisch. Das ist absolut wahr!» Chew lächelte nur sanft und blickte auf seine Frau Denyse, die damals gerade schwanger war. «Ich weiß nicht, Arthur», sagte er ruhig. «Wer kann genau sagen, wo eine Person beginnt und die andere endet?»

Die Tatsache, daß alle wissenschaftlichen Begriffe und Theorien nur Annäherungen an die wahre Natur der Wirklichkeit sind und nur für eine bestimmte Bandbreite von Phänomenen gelten, wurde den Physikern zu Beginn unseres Jahrhunderts evident, und zwar durch die dramatischen Entdeckungen, die zur Formulierung der Quantentheorie führten. Seither haben die Physiker gelernt, die Evolution des wissenschaftlichen Erkennens als eine Aufeinanderfolge von Theorien oder «Modellen» zu sehen, von denen jedes nachfolgende genauer und umfassender ist als das vorhergehende, keines jedoch eine vollständige und endgültige Beschreibung natürlicher Phänomene vermittelt. Chew hat diese Anschauung noch verfeinert, und zwar auf eine für den Bootstrap-Ansatz typische Art. Seiner Ansicht nach kann die Naturwissenschaft der Zukunft durchaus aus einem Mosaik ineinandergreifender Theorien und Modelle im Bootstrap-Stil bestehen. Keine wäre fundamentaler als die anderen, und alle müßten miteinander vereinbar sein. Eine Naturwissenschaft dieser Art würde schließlich über die konventionellen Abgrenzungen der einzelnen Disziplinen hinausgreifen und sich jeweils der Sprache bedienen, die den verschiedenen Aspekten des aus vielen Ebenen bestehenden, zusammenhängenden Gewebes der Wirklichkeit angemessen ist.

Chews Vision der zukünftigen Naturwissenschaft – ein zusammenhängendes Netz wechselseitig miteinander vereinbarer Modelle, von denen jedes begrenzt und annähernd ist und keines auf festen Grundlagen beruht – hat mir enorm geholfen, die wissenschaftliche Untersuchungsmethode auf eine Vielfalt von Phänomenen anzuwenden. Zwei Jahre nachdem ich zu Chews Forscherteam gestoßen war, begann ich das neue Paradigma in mehreren Gebieten jenseits der Physik zu erforschen – in der Psychologie, Gesundheitsfürsorge, Volkswirtschaft und auf anderen Gebieten. Dabei bekam ich es mit einem zusammenhanglosen und oft widersprüchlichen Haufen von Begriffen, Ideen und Theorien zu tun, von denen keine mir ausreichend entwickelt schien, um den begrifflichen Rahmen für das zu liefern, was ich suchte. Sehr oft war mir nicht einmal klar, welche Fragen ich stellen sollte, um mein Verständnis zu erweitern, und ich konnte ganz gewiß keine Theorie erkennen, die fundamentaler schien als die anderen.

In dieser Situation war es nur natürlich, daß ich Chews Methode auch für meine Arbeit nutzte. Und so verbrachte ich einige Jahre damit, geduldig Ideen aus verschiedenen Disziplinen in einen langsam wachsenden begrifflichen Rahmen zu integrieren. Während dieses langen und mühsamen Vorgangs war es für mich besonders wichtig, daß alle Beziehungen innerhalb meines Netzes von Ideen jeweils wechselseitig vereinbar waren, und ich verbrachte viele Monate damit, das ganze Netz zu überprüfen, wobei ich manchmal große nichtlineare Graphiken der Begriffe zeichnete, um sicherzugehen, daß sie alle auf stimmige Weise miteinander vereinbar waren.

Ich habe niemals die Zuversicht verloren, dabei schließlich einen folgerichtigen Rahmen zu erhalten. Von Chew hatte ich gelernt, daß man sich verschiedener Modelle bedienen kann, um unterschiedliche Aspekte der Wirklichkeit zu beschreiben, ohne eines von ihnen als fundamental anzusehen; außerdem lernte ich von ihm, daß mehrere ineinandergreifende Modelle eine zusammenhängende Theorie bilden können. Auf diese Weise wurde die Bootstrap-Methode für mich zu einer lebendigen Erfahrung – nicht nur bei meiner physikalischen Forschung, sondern auch bei der umfassenderen Untersuchung des Paradigmenwechsels. Meine Diskussionen mit Chew waren eine ständige Quelle der Inspiration für meine ganze Arbeit.

3. Teil: Das Muster, das verbindet

Gespräche mit Gregory Bateson

Das Tao der Physik erschien Ende 1975 und wurde in England und den Vereinigten Staaten von den Lesern begeistert aufgenommen. Es erzeugte bei einer breiten Leserschaft ein ungeheures Interesse für die «Neue Physik». Dies hatte zur Folge, daß ich sehr viel reiste und Vorträge vor Fachleuten und Laien hielt, mit denen ich die Anschauungen der modernen Physik und ihre Implikationen diskutierte. Bei diesen Diskussionen berichteten mir oft Angehörige anderer Wissenschaftsdisziplinen, eine ähnliche Wende wie die in der Physik bahne sich gegenwärtig auch in ihrem Fachbereich an; viele Probleme, mit denen sie in ihren Disziplinen zu ringen hätten, entstünden irgendwie durch die zu engen Grenzen der mechanistischen Weltanschauung.

Solche Diskussionen regten mich an, mir den Einfluß des Newtonschen Paradigmas* auf verschiedene Disziplinen näher anzusehen, und 1977 plante ich dann ein Buch zu diesem Thema unter dem Arbeitstitel «Beyond the Mechanistic World View» (Jenseits der mechanistischen Weltanschauung). Der Grundgedanke war, daß alle unsere Wissenschaften – die Naturwissenschaften ebenso wie die Human- und die Sozialwissenschaften – auf der mechanistischen Weltanschauung der Newtonschen Physik beruhen; die schwerwiegenden Beschränkungen dieser Weltanschauung machen sich jetzt bemerkbar, und die Wissenschaftler verschiedener Disziplinen sind dadurch gezwungen, die mechanistische Weltanschauung zu überschreiten, so wie wir es in der Physik getan haben. Dabei war für mich die Neue Physik – der gedankliche Rahmen der Quantentheorie, der Relativitätstheorie und vor allem der Bootstrap-Physik – das ideale Modell für neue Begriffe und Ansätze in anderen Disziplinen.

* Die Schlüsselrolle von Descartes bei der Entwicklung der mechanistischen Weltanschauung erkannte ich erst später richtig und verwendete dann den Begriff «kartesianisches Paradigma».

Diese Denkweise enthielt einen Konstruktionsfehler, den ich jedoch erst nach und nach erkannte und zu dessen Überwindung ich lange Zeit brauchte. Die Darstellung der Neuen Physik als Modell für eine neue Medizin, Psychologie oder Sozialwissenschaft ließ mich nämlich in genau die kartesianische Falle gehen, aus der ich die Wissenschaftler gerade befreien wollte. Wie ich später erfuhr, gebrauchte Descartes die Metapher eines Baumes, um das menschliche Wissen darzustellen. Die Wurzeln waren für ihn die Metaphysik, der Stamm die Physik und die Zweige alle anderen Wissenschaften. Ohne mir dessen bewußt zu sein, hatte ich diese kartesianische Metapher als Leitprinzip für meine Untersuchungen gewählt. Der Stamm meines Baumes war zwar nicht mehr die Newtonsche Physik, doch war die Physik für mich immer noch das Modell für alle anderen Wissenschaften, womit ich physikalische Phänomene irgendwie zur primären Wirklichkeit und Grundlage für alles andere machte. Zwar habe ich nicht explizit so gedacht, doch waren diese Ideen implizit in der Vorstellung enthalten, die Physik könne ein Modell für andere Wissenschaften sein.

Im Laufe der Jahre erlebte ich in dieser Hinsicht einen tiefgreifenden Wandel meiner Wahrnehmungen und meines Denkens. Und in dem Buch, das ich schließlich schrieb, *The Turning Point*, deutscher Titel *Wendezeit*, stellte ich die Neue Physik nicht mehr als Modell für andere Wissenschaften dar, sondern nur als wichtigen Sonderfall in einem viel allgemeineren Rahmen, im Rahmen der Systemtheorie.

Der bedeutsame Wandel in meinem Denken vom «Physik-Denken» zum Systemdenken erfolgte schrittweise und als Ergebnis vieler Einflüsse. Stärker als alles andere war dabei jedoch der Einfluß eines einzigen Menschen: Gregory Bateson veränderte meine Anschauungsweise.

Kurz nach unserer ersten Begegnung sagte Bateson scherzend zu einem gemeinsamen Freund: «Capra? Der Mann ist verrückt! Er glaubt, wir sind alle Elektronen!» Diese Bemerkung war für mich eine Art Initialzündung. Die darauffolgenden zweijährigen Kontakte mit Bateson veränderten meine Denkweise zutiefst und lieferten mir die entscheidenden Elemente einer radikal neuen Anschauung von der Natur, die ich dann «Systembild des Lebens» nannte.

Künftige Historiker werden Gregory Bateson als einen der einflußreichsten Denker unserer Zeit bewerten. Die Einzigartigkeit seines Denkens ergab sich aus seiner umfassenden Breite und Tiefe. In einem durch Zersplitterung und Überspezialisierung gekennzeichneten Zeitalter stellte er die Grundanschauungen und Methoden mehrerer Wissenschaftsdisziplinen in Frage, indem er nach Mustern hinter Mustern und nach Prozessen unterhalb der Ebene der Strukturen suchte. Grundlage jeder Definition, so forderte er, sollten Zusammenhänge sein. Sein Hauptziel war, in allen beobachteten Phänomenen die zugrundeliegenden Organisationsprinzipien zu entdecken, «das verbindende Muster», wie er es nannte.

Ich begegnete Gregory Bateson im Sommer 1976 in Boulder, Colorado, wo ich eine Vorlesungsreihe an einer buddhistischen Privatuniversität abhielt. Durch einen Vortrag, den er dort hielt, kam ich zum ersten Mal in Kontakt mit Batesons Ideenwelt. Zwar hatte ich schon viel über ihn gehört – war er doch auf dem Universitätscampus von Santa Cruz eine Art Kultfigur –, doch hatte ich sein Buch *Steps to an Ecology of Mind* (deutsch: *Ökologie des Geistes*) noch nicht gelesen. Während seines Vortrags war ich tief von Batesons Vision und seiner Persönlichkeit beeindruckt. Am meisten jedoch verblüffte mich, daß seine zentrale Botschaft – statt einzelner Objekte Zusammenhänge zu erforschen – praktisch mit den Folgerungen identisch war, die ich selbst aus den Theorien der modernen Physik gezogen hatte. Nach dem Vortrag sprach ich kurz mit ihm, lernte ihn jedoch erst zwei Jahre später richtig kennen, während seiner letzten beiden Lebensjahre, die er im Esalen Institute an der Big-Sur-Küste verbrachte. Ich hielt dort häufig Seminare ab oder besuchte Mitglieder der Esalen-Gemeinschaft, die meine Freunde geworden waren.

Bateson war eine imposante Gestalt – ein intellektueller wie körperlicher Riese, sehr hochgewachsen und sehr kräftig, auf allen Ebenen höchst beeindruckend. Auf viele Leute wirkte er ziemlich einschüchternd, und auch ich hatte, vor allem am Anfang unserer Bekanntschaft, etwas zuviel Respekt vor ihm. Ich fand es sehr schwierig, eine beiläufige Unterhaltung mit ihm zu beginnen; ich meinte immer, ich müsse mich selbst beweisen, müsse unbedingt etwas Intelligentes sagen oder eine kluge Frage stellen. Erst mit der Zeit gelang es mir, ein einfaches Alltagsgespräch mit ihm zu führen, aber selbst dann geschah das nicht oft.

Es dauerte auch ziemlich lange, bis ich mich traute, Bateson einfach «Gregory» zu nennen. Wahrscheinlich hätte ich ihn niemals mit seinem Vornamen angesprochen, hätte er nicht in Esalen gelebt, wo man sich sehr formlos gibt. Auch ihm selbst schien es schwergefallen zu sein, sich selbst als «Gregory» zu bezeichnen. Gewöhnlich sprach er von sich selbst als von Bateson. Er ließ sich gern so nennen, vielleicht weil er in britischen Akademikerkreisen aufgewachsen war, wo das üblich ist.

Als ich Bateson im Jahre 1978 kennenlernte, wußte ich, daß er sich nicht sonderlich für Physik interessierte. Sein Hauptinteresse, seine intellektuelle Neugier und die starke Leidenschaft, die er für seine Wissenschaft empfand, galten der lebenden Materie, «lebendigen Dingen», wie er es ausdrückte. In *Mind and Nature* (deutsch: *Geist und Natur*) schrieb er:

> In meinem Leben habe ich die Beschreibungen von Stöcken, Steinen und Billardkugeln in eine Kiste, die Pleroma, gesteckt und sie dort liegen gelassen. In die andere Kiste steckte ich die Lebewesen: Krebse, Menschen, Probleme der Schönheit und Probleme des Unterschieds...

Diese «andere Kiste» enthielt das, was Bateson erforschte; hierauf konzentrierte er seine Leidenschaft. Als wir uns trafen, wußte er also, daß ich aus jener Disziplin kam, die Stöckchen und Steine und Billardkugeln studiert, und er empfand, wie ich meine, eine Art von intuitivem Mißtrauen gegenüber Physikern. Batesons mangelndes Interesse an der Physik konnte man auch daran erkennen, daß er dazu neigte, die Irrtümer zu begehen, denen man bei Nichtphysikern häufig begegnet, wenn sie über Physik sprechen, etwa die Verwechslung von «Materie» und «Masse» und dergleichen.

Mir war klar, daß er gegenüber der Physik ein Vorurteil hegte, während ich darauf aus war, ihm zu zeigen, daß die Physik, mit der ich mich beschäftigte, seinem eigenen Denken sehr nahekam. Dazu bot sich eine ausgezeichnete Gelegenheit bald nach unserem ersten Zusammentreffen, als ich in Esalen ein eintägiges Seminar abhielt, das auch er besuchte. Batesons Anwesenheit unter den Zuhörern inspirierte mich sehr, obgleich er während des ganzen Tages kein Wort sagte. Ich versuchte, die grundlegenden Auffassungen der Physik des 20. Jahrhunderts, ohne sie irgendwie zu verzerren, so darzustellen, daß die Nähe zu Batesons Denken deutlich wurde. Das muß mir ziemlich gut gelungen sein, denn ich hörte hinterher, daß Bateson von meinem Seminar sehr beeindruckt war. «Ein heller Bursche», sagte er zu einem Freund.

Seither habe ich stets gespürt, daß Bateson meine Arbeit respektierte. Mehr noch – ich merkte, daß er mich aufrichtig zu schätzen begann und für mich eine gewisse väterliche Zuneigung entwickelte.

Während der beiden letzten Jahre seines Lebens führte ich mit Bateson viele angeregte Gespräche – im Speiseraum des Esalen Institute, auf der Terrasse seines Hauses mit dem Blick auf das Meer und an anderen Plätzen auf dem wunderschönen Plateau an der Big-Sur-Küste. Er gab mir das Manuskript von *Geist und Natur* zu lesen, und ich erinnere mich genau, wie ich an einem sonnigen Tag stundenlang im Gras hoch über dem Pazifischen Ozean saß. Beim Lesen hörte ich, wie die in regelmäßigem Rhythmus heranrollenden Wellen sich brachen, und wurde von Käfern und Spinnen besucht. Ich las:

> Welches Muster verbindet den Krebs mit dem Hummer und die Orchidee mit der Primel und alle diese vier mit mir? Und mich mit Ihnen?

Oft, wenn ich nach Esalen kam, um Seminare abzuhalten, traf ich Bateson im Speisesaal, wo er mich lachend begrüßte: «Hallo, Fritjof, wollen Sie hier wieder eine Show veranstalten?» Nach der Mahlzeit holte er meist Kaffee für uns beide, und dann setzten wir unsere Unterhaltung fort.

Meine Gespräche mit Bateson waren von sehr spezieller Art, und zwar wegen der besonderen Form, in der er seine Gedanken präsentierte. Er breitete ein ganzes Netz von Ideen in Form von kleinen Geschichten, Scherzen und Anekdoten sowie scheinbar zusammenhanglosen Bemerkungen aus, ohne etwas voll und ganz darzustellen. Vielleicht handelte er so, weil er sehr genau wußte, daß ein besseres Verständnis erreicht wird, wenn der Gesprächspartner die Möglichkeit erhält, die Zusammenhänge durch einen kreativen Akt selbst zu begreifen, ohne daß ihm alles gesagt wird. Er sprach immer so wenig wie möglich aus, und ich erinnere mich sehr gut des Funkelns in seinen Augen und des Vergnügens in seiner Stimme, wenn er merkte, daß ich imstande war, ihm durch das Gewebe seiner Gedanken zu folgen. Das gelang mir keineswegs immer, aber vielleicht hier und da ein wenig mehr als anderen, und das machte ihm Freude.

Bateson breitete also ein Gedankengewebe aus, und ich prüfte mit kurzen Bemerkungen und schnellen Fragen gewisse Knoten in diesem Netz an meinem eigenen Verständnis. Besonderen Spaß machte es ihm, wenn ich, was selten geschah, in der Lage war, ihm zuvorzukommen und zwei oder drei Knoten in seinem Netz zu überspringen. Dann leuchteten seine Augen auf und zeigten an, daß eine geistige Resonanz zwischen uns bestand.

Ich habe versucht, ein typisches Gespräch dieser Art aus dem Gedächtnis zu rekonstruieren. Eines Tages saßen wir auf dem Rasen vor dem Esalen-Gebäude, und Bateson sprach über Logik. Das Gespräch verlief etwas so:*

«Logik ist ein sehr elegantes Werkzeug», sagte er. «Sie hat uns in etwa zweitausend Jahren ein gutes Stück vorangebracht. Das Schwierige mit ihr ist nur – wenn man sie auf Krabben und Meerschweinchen, auf Schmetterlinge und die Ausbildung von Gewohnheiten anwendet...» Seine Stimme verlor sich. Nach kurzer Pause fügte er hinzu, während sein Blick weit über das Meer schweifte: «Wissen Sie, bei allen diesen schönen Dingen...», und nun sah er mir fest in die Augen, «da kommt man mit Logik nicht weit.»

«Nein?»

«Ganz bestimmt nicht», fuhr er lebhaft fort. «Weil nämlich das ganze Gewebe lebender Dinge nicht durch Logik zusammengefügt ist. Wissen Sie, wenn man erst zu kreisläufigen Vorgängen der Verursachung kommt, wie es uns in der Welt des Lebendigen stets geschieht, dann verstrickt die Anwendung der Logik uns in Paradoxa. Nehmen wir als Beispiel den Thermostaten – ein einfaches Sinnesorgan, nicht wahr?»

Er sah mich fragend an, ob ich ihm folgen konnte, und als er das feststellte, sprach er weiter.

«Ist er eingeschaltet, ist ausgeschaltet; ist er aus, dann ist eingeschaltet. Wenn ja, dann nein; wenn nein, dann ja.»

Damit hielt er inne, um mich an dem, was er gesagt hatte, herumrätseln zu lassen. Sein letzter Satz erinnerte mich an die klassischen Paradoxa der aristotelischen Logik, was natürlich beabsichtigt war. Deshalb riskierte ich einen Gedankensprung.

«Sie wollen sagen: Können Thermostate lügen?»

Batesons Augen leuchteten auf: «Ja-nein-ja-nein-ja-nein. Sie sehen, das kybernetische Äquivalent von Logik ist Oszillation.»

Wieder hielt er inne, und in diesem Augenblick gewann ich plötzlich eine Einsicht, wobei ich eine Verbindung mit etwas herstellte, woran ich schon lange interessiert gewesen war. Ganz aufgeregt sagte ich mit herausforderndem Lächeln: «Heraklit hat das bereits gewußt!»

* Die in diesem Gespräch angetippten Gedanken sind weiter unten breiter ausgeführt.

«Heraklit wußte das», wiederholte Bateson, der mein Lächeln lächelnd beantwortete.

«Und Lao-tzu ebenfalls», trieb ich die Sache weiter.

«Genauso ist es. Und das gilt auch für die Bäume da drüben. Mit Logik können die nichts anfangen.»

«Womit arbeiten sie dann?»

«Metapher.»

«Metapher?»

«Ja, Metapher. Auf diese Weise wird das ganze Gewebe mentaler Verknüpfung zusammengehalten. Ganz unten auf dem Grunde des Lebendigseins treffen wir auf die Metapher.»

Geschichten

Die Art, wie Bateson seine Gedanken präsentierte, gehörte zum wesentlichen und eigentlichen Teil seines Lehrens. Wegen der besonderen Technik, seine Ideen auch in seinem Vortragsstil zum Ausdruck kommen zu lassen, verstanden ihn nur sehr wenige. R. D. Laing formulierte das bei einem von ihm in Esalen zu Ehren von Bateson veranstalteten Seminar so: «Selbst von den wenigen Leuten, die *glaubten*, sie hätten ihn verstanden, glaubte *er* nicht, daß sie ihn verstanden hätten. Seines Erachtens haben ihn nur sehr, sehr wenige Leute verstanden.»

Dieser Mangel an Verständnis bestand auch gegenüber Batesons Scherzen. Er war nicht nur ein inspirierender Lehrmeister; er war auch ein großartiger Unterhalter – doch waren auch seine Scherze von besonderer Art. Er besaß diesen wundervollen englischen Sinn für Humor. Wenn er einen Witz machte, erzählte er nur etwa zwanzig Prozent davon und erwartete von den Zuhörern, daß sie den Rest errieten. Manchmal begnügte er sich auch mit nur fünf Prozent. Demzufolge reagierten die Teilnehmer seiner Seminare auf viele seiner Scherze mit verständnislosem Schweigen, unterbrochen nur von Batesons eigenem Lachen.

Kurz nach meiner ersten Begegnung mit Bateson erzählte er mir einen Witz, den er besonders mochte und häufig in seine Vorträge einbrachte. Er kann meines Erachtens als Schlüssel zum Verständnis seiner Denkart und der Präsentationsweise seiner Ideen dienen. Er pflegte ihn etwa so zu erzählen:

> Da war einmal ein Mann, der einen höchst leistungsfähigen Computer besaß. Er wollte nun gerne wissen, ob Computer jemals denken können. Also fragte er ihn, und das zweifellos in seinem besten Fortran*: «Wirst du jemals imstande sein, wie ein Mensch zu denken?» Der Computer klickte, ratterte, und seine diversen Lämpchen leuchteten auf. Schließlich druckte er seine Antwort auf einem Papierstreifen aus, wie diese Maschinen es zu tun pflegen. Der Mann lief schnell zum Drucker, riß den bedruckten Bogen aus und las, sauber getippt, die folgenden Worte: «DAS ERINNERT MICH AN EINE GESCHICHTE.»

Für Bateson waren Geschichten, Parabeln und Metaphern wesentliche Ausdrucksweisen menschlichen Denkens, des menschlichen Geistes überhaupt. Obwohl er ein abstrakter Denker war, befaßte er sich niemals rein abstrakt mit einer Idee, sondern konkretisierte sie immer durch eine kleine Geschichte.

Die wichtige Rolle solcher Geschichten in Batesons Denken ist eng mit der Bedeutung der Zusammenhänge verknüpft. Müßte ich die Botschaft, die Bateson vermitteln wollte, in einem Wort beschreiben, dann wäre es «Zusammenhänge». Sie waren es, von denen er stets sprach. Ein zentraler Aspekt des aufkommenden neuen Paradigmas, vielleicht *der* zentrale Aspekt, ist die Abkehr von Objekten und Hinwendung zu Zusammenhängen. Bateson wolle Zusammenhänge zur Grundlage jeder Definition machen. Eine biologische Form ist aus Zusammenhängen und nicht aus Teilen zusammengesetzt, und das gilt auch für die Art, wie Menschen denken. Tatsächlich ist das seiner Ansicht nach die einzige Art, wie wir denken können.

Bateson betonte oft folgendes: Wer die Natur genau beschreiben will, sollte versuchen, die Sprache der Natur zu sprechen. Einmal illustrierte dies recht dramatisch, indem er fragte: «Wie viele Finger haben Sie an der Hand?» Nach einer verblüfften Pause antworteten einige Zuhörer schüchtern «fünf», worauf Bateson laut «nein!» rief. Dann versuchten einige es mit «vier», und er antwortete wieder «Nein». Schließlich, als alle es aufgegeben hatten, sagte er: «Nein! Die richtige Antwort wäre: ‹Sie sollten nicht eine solche Frage stellen. Es ist eine törichte Frage.› Das ist die Antwort, die eine Pflanze Ihnen geben würde, weil es in der

* Fortran = *formula translator*, d. i. eine der verbreitetsten mathematisch orientierten Programmiersprachen. (Anm.d.Übers.)

Welt der Pflanzen und der Lebewesen ganz allgemein so etwas wie Finger überhaupt nicht gibt. Es gibt nur Zusammenhänge.»

Da Zusammenhänge das Wesentliche in der Welt des Lebendigen sind, behauptete Bateson, wäre es das beste, zu ihrer Beschreibung eine Sprache von Zusammenhängen zu verwenden. Und das ist genau das, was Geschichten tun. Geschichten sind für Bateson der Königsweg zum Studium von Zusammenhängen. Was an einer Story von Bedeutung ist, was an ihr wahr ist, das ist nicht die Handlung, sind nicht die Leute, die dort vorkommen, sondern die Zusammenhänge zwischen ihnen. Bateson definierte eine Geschichte als «eine über die Zeit verstreute Ansammlung formaler Zusammenhänge». Das war es auch, was er in seinen Seminaren bezweckte, ein Gewebe formaler Zusammenhänge durch eine Sammlung von Stories zu spinnen.

Batesons bevorzugte Methode, seine Gedanken vorzutragen, war also das Erzählen von Geschichten – und das tat er liebend gern. Er ging sein Thema gewöhnlich aus verschiedenen Blickwinkeln an, wobei er immer wieder neue Variationen desselben Themas ersann. Er berührte dieses und jenes Thema, machte dazwischen Witze, schaltete von der Beschreibung einer Pflanze um auf die eines balinesischen Tanzes, auf das Spiel der Delphine, den Unterschied zwischen der ägyptischen und der jüdisch-christlichen Religion, auf einen Dialog mit einem Schizophrenen und so weiter. Diese Art von Kommunikation war höchst unterhaltsam und faszinierend, doch konnte man ihr nur schwer folgen. Dem Uneingeweihten, jemandem, der den komplexen Mustern nicht folgen konnte, klang Batesons Darstellung oft wie pure Weitschweifigkeit, doch war es weitaus mehr als das. Die Matrix seiner Ansammlung von Geschichten war ein kohärentes und genaues Muster von Zusammenhängen, ein Muster, das für ihn große Schönheit verkörperte. Je komplexer das Muster wurde, desto größere Schönheit ließ es erkennen. «Die Welt wird immer schöner, je komplizierter sie wird», sagte er gewöhnlich.

Bateson war von der Schönheit fasziniert, die sich in der Komplexität strukturierter Zusammenhänge manifestiert, und es bereitete ihm ein hohes ästhetisches Vergnügen, diese Strukturen zu beschreiben. Dieses Vergnügen war oft so stark, daß er sich davon mitreißen ließ. Er erzählte beispielsweise eine Geschichte; dabei fiel ihm plötzlich ein anderes Verbindungsglied in seinem Muster ein, was ihn auf eine weitere Geschichte brachte. So kam es dann oft dazu, daß er ein ganzes System von Geschichten innerhalb von Geschichten mit subtilen Zusammenhängen präsentierte, das Ganze ausgeschmückt mit Scherzen, die diese Zusammenhänge noch deutlicher machten.

Bateson konnte auch sehr theatralisch sein, und es war durchaus berechtigt, wenn er seine Seminare in Esalen scherzhaft als «Show» bezeichnete. Oft geschah es, daß er sich von der poetischen Schönheit der von ihm beschriebenen komplexen Muster so hinreißen ließ, daß er nach dem Erzählen aller Arten von Witzen und dem Aneinanderreihen von Anekdoten schließlich nicht mehr die Zeit hatte, alles miteinander zu verknüpfen. Wenn die von ihm während eines Seminars gesponnenen Fäden am Ende nicht zu einem Gewebe zusammenliefen, dann nicht deswegen, weil sie sich nicht verknüpfen ließen oder Bateson nicht in der Lage war, sie zusammenzuführen. Er hatte sich nur derart in seine Erzählungen hineingesteigert, daß er am Ende nicht mehr die Zeit dafür hatte. Oder aber es wurde ihm langweilig, nachdem er ein oder zwei Stunden gesprochen hatte, und er glaubte dann, die Zusammenhänge so unverkennbar aufgezeigt zu haben, daß seine Zuhörer imstande sein würden, sie ohne seine Hilfe zu einem integrierten Ganzen zusammenzufügen. In solchen Augenblicken sagte er einfach: «Nun ja, das wäre es wohl. Jetzt können Fragen gestellt werden.» Danach pflegte er im allgemeinen keine direkten Antworten auf Fragen zu geben, sondern mit einer neuen Sammlung von Geschichten zu antworten.

Batesons Sicht der Erkenntnis

Einer der zentralen Gedanken in Batesons Denken ist, daß die Struktur der Natur und die Struktur des Geistes einander spiegeln, daß Geist und Natur zwangsläufig eine Einheit bilden. Deshalb war die Epistemologie, «die Lehre davon, wie man etwas erkennen kann», für Bateson keine abstrakte Philosophie mehr, sondern ein Zweig der Naturgeschichte.*

Ein Hauptziel seiner Beschäftigung mit der Epistemologie war herauszustellen, daß Logik sich nicht zur Beschreibung biologischer Muster

* Bateson zog es oft vor, von «Naturgeschichte» statt von «Biologie» zu sprechen, wahrscheinlich um Assoziationen mit der mechanistischen Biologie der Gegenwart zu vermeiden.

eignet. Logik kann auf sehr elegante Weise genutzt werden, um lineare Systeme von Ursache und Wirkung zu beschreiben. Wenn kausale Abläufe jedoch zirkulär werden, wie das in der Welt des Lebendigen der Fall ist, dann erzeugt ihre Beschreibung mit den Mitteln der Logik Paradoxa. Das gilt sogar für anorganische Systeme, die Rückkoppelungs-Mechanismen (Feedback) enthalten. Um das zu verdeutlichen, verwendete Bateson oft das Beispiel des Thermostats.

Sinkt die Temperatur, schaltet der Thermostat die Heizung ein. Dadurch steigt die Temperatur, was den Thermostaten veranlaßt, die Heizung abzuschalten, wodurch die Temperatur wieder sinkt, und so weiter und so fort. Die Anwendung der Logik würde die Beschreibung dieses Mechanismus zu einem Paradoxon machen: Ist es im Zimmer zu kalt, schaltet sich die Heizung ein; ist sie eingeschaltet, wird der Raum zu warm; wird das Zimmer zu warm, wird die Heizung wieder abgeschaltet, und so weiter. Mit anderen Worten, ist der Schalter auf «ein», steht er auf «aus», ist er auf «aus», steht er auf «ein». Laut Bateson ist das so, weil Logik zeitlos ist, während bei Kausalität Zeit im Spiele ist. Die Einführung von Zeit verwandelt das Paradoxon in ein Hin und Her. So ginge es auch einem Computer, würde man ihn darauf programmieren, eines der klassischen Paradoxa der aristotelischen Logik zu lösen, etwa folgendes: «Ein Grieche sagt: ‹Alle Griechen lügen.› Sagt er die Wahrheit?» Der Computer wird die Antwort geben JA-NEIN-JA-NEIN-JA... und damit das Paradoxon in eine Oszillation verwandeln.

Ich erinnere mich, wie beeindruckt ich war, als Bateson mir diese Einsicht darlegte, weil es etwas verdeutlichte, was ich oft selbst beobachtet hatte. Philosophische Traditionen mit einer dynamischen Schau der Wirklichkeit, in der die Begriffe Zeit, Wandel und Fluktuation wesentliche Elemente sind, neigen oft zur Hervorhebung von Paradoxa. Oft verwenden sie diese als Lehrmethode, um den Schüler auf die dynamische Natur der Wirklichkeit hinzuweisen, in der die Paradoxa sich in Hin-und-Her-Schwingungen auflösen. Lao-tzu im Osten und Heraklit im Abendland sind vielleicht die bekanntesten Philosophen, die diese Methode ausgiebig angewendet haben.

In Hinsicht auf die Epistemologie betonte Bateson immer wieder die fundamentale Rolle der Metapher in der Welt des Lebendigen. Um sie zu verdeutlichen, schrieb er oft auf die Tafel an der Wand die beiden folgenden Syllogismen:

Menschen sterben.	Menschen sterben.
Sokrates ist ein Mensch.	Gras stirbt.
Also wird Sokrates sterben.	Menschen sind Gras.

Der erste dieser beiden Syllogismen ist als Sokrates-Syllogismus bekannt; den zweiten möchte ich Bateson-Syllogismus* nennen. Der Bateson-Syllogismus gilt nicht in der Welt der Logik; seine Gültigkeit ist von ganz anderer Art. Er ist eine Metapher und gehört zur Sprache der Dichter.

Bateson hob hervor, der erste Syllogismus befasse sich mit einer Klassifizierung, die eine Klassenzugehörigkeit durch Identifizierung von Subjekten schafft («Sokrates ist ein Mensch»), während der zweite das durch Identifizierung von Prädikaten tut («Menschen sterben – Gras stirbt»). Mit anderen Worten: Der Sokrates-Syllogismus identifiziert Gegenstände, der von Bateson identifiziert Muster. Und deshalb ist für Bateson die Metapher die Sprache der Natur. Sie drückt strukturelle Ähnlichkeit aus oder, besser noch, die Ähnlichkeit der Organisation. In diesem Sinne war die Metapher das Hauptanliegen von Batesons Arbeit. Mit welchem Gebiet er sich auch befaßte, er hielt stets nach den Metaphern der Natur Ausschau, nach «dem Muster, das verbindet».

Die Metapher ist also die Logik, auf der die gesamte lebendige Welt aufgebaut ist; und da sie auch die Sprache der Dichter ist, liebte Bateson es sehr, harte Fakten mit Poesie zu mischen. In einem seiner Esalen-Seminare zum Beispiel zitierte er aus dem Gedächtnis einen Abschnitt aus William Blakes *Marriage of Heaven and Hell* (Die Ehe zwischen Himmel und Hölle):

> Dualistische Religionen vertreten die Ansicht, der Mensch verfüge über zwei wirklich existierende Prinzipien, einen Körper und eine Seele. Die Energie stamme allein aus dem Körper und die Vernunft aus der Seele. Und sie meinen auch, Gott werde den Menschen in alle Ewigkeit strafen, weil er seinen Energien folgt. Die Wahrheit ist jedoch, daß der Mensch keinen von seiner Seele unterschiedenen Körper besitzt, da der sogenannte Körper ein Teil der Seele ist, den man durch die fünf Sinne erkennt; daß Energie das einzige Leben ist

* Ein Kritiker sagte einmal, dieser Syllogismus sei logisch nicht korrekt, spiegele aber Batesons Art zu denken. Bateson stimmte dem zu und war stolz darauf.

und aus dem Körper stammt; daß die Vernunft die äußere Grenze oder Peripherie der Energie ist; und daß Energie ewiges Entzücken ist.

Bateson stellte seine Ideen zwar gelegentlich gern in poetischer Form dar, doch dachte er wie ein Naturwissenschaftler und betonte auch stets, daß er im Rahmen der Naturwissenschaften arbeite. Sich selbst betrachtete er eindeutig als Intellektuellen. «Mein Job ist Denken», pflegte er zu sagen, doch er war auch sehr intuitiv, was sich in der Art manifestierte, wie er die Natur beobachtete. Er hatte eine einzigartige Fähigkeit, durch intensives Beobachten Dinge aus der Natur «herauszulesen». Das war nicht nur gewöhnliches wissenschaftliches Beobachten. Irgendwie war er in der Lage, eine Pflanze oder ein Tier mit seinem ganzen Sein, mit Mitgefühl und Leidenschaft zu beobachten. Und wenn er darüber sprach, dann beschrieb er diese Pflanze in genauen und liebevollen Einzelheiten, wobei er die allgemeinen Prinzipien, die er in seinem unmittelbaren Kontakt mit der Natur erfahren hatte, gewissermaßen in der den Pflanzen eigenen Sprache beschrieb.

Bateson betrachtete sich selbst in erster Linie als Biologen. Für ihn waren die vielen anderen Gebiete, auf denen er sich betätigte – Anthropologie, Epistemologie, Psychiatrie und dergleichen –, nur Zweige der Biologie. Das meinte er jedoch nicht in reduktionistischem Sinne; seine Biologie war nicht mechanistisch. Sein Forschungsgebiet war die Welt «der lebendigen Dinge», und sein Ziel war es, die Organisationsprinzipien dieser Welt zu entdecken.

Materie war für Bateson stets organisiert. «Ich weiß nichts von unorganisierter Materie, sofern es so etwas überhaupt gibt», schrieb er in *Geist und Natur*. Die Organisationsstrukturen wurden für ihn mit zunehmender Komplexität immer schöner. Bateson bestand hartnäckig darauf, daß er Monist sei und eine wissenschaftliche Beschreibung der Welt entwickle, die das Universum nicht dualistisch in Geist und Materie oder in sonstige getrennte Wirklichkeiten aufspalte. Er verwies darauf, daß die jüdisch-christliche Religion, die sich ihres Monismus rühmt, im Grunde dualistisch ist, weil sie Gott von seiner Schöpfung trennt. Auch betonte er, daß er alle übernatürlichen Erklärungen ausschließen müsse, weil sie die monistische Struktur seiner Naturwissenschaft zerstören würden. Das heißt aber nicht, daß Bateson ein Materialist war. Ganz im Gegenteil: Seine Weltanschauung war zutiefst spirituell, durchdrungen von jener Spiritualität, die der Kern des ökologischen Gewahrseins ist.

Dementsprechend nahm er sehr deutlich Stellung in ethischen Fragen und äußerte sich besonders besorgt über den Rüstungswettlauf und die Zerstörung der Umwelt.

Ein neuer Geistbegriff

Batesons hervorragendster Beitrag zum wissenschaftlichen Denken sind meines Erachtens seine Gedanken über die Natur des Geistes. Er entwickelte einen völlig neuen Geistbegriff, der meiner Ansicht nach der erste gelungene Versuch ist, die kartesianische Aufspaltung zu überwinden, die so viele Probleme im abendländischen Denken und der abendländischen Kultur verursacht hat.

Bateson schlug vor, Geist als ein Systemphänomen zu definieren, das typisch für «lebende Dinge» ist. Er führte eine Reihe von Kriterien an, die Systeme erfüllen müssen, wenn sie Geist erkennen lassen sollen. Jedes System, das diesen Kriterien entspricht, wird imstande sein, Informationen zu verarbeiten und die Phänomene zu entwickeln, die wir mit Geist in Verbindung bringen – Denken, Lernen, Gedächtnis und so weiter. Für Bateson war Geist eine notwendige und unvermeidliche Konsequenz einer gewissen Komplexität, die schon beginnt, lange bevor Organismen ein Gehirn und ein höheres Nervensystem entwickeln. Er betonte auch, daß mentale Eigenschaften sich nicht nur in individuellen Organismen, sondern auch in Gesellschaftssystemen und Ökosystemen manifestieren, daß Geist nicht nur im Körper immanent sei, sondern auch in den Kommunikationspfaden und Botschaften außerhalb des Körpers.

Geist ohne ein Nervensystem? Geist, der sich in allen Systemen manifestiert, die gewissen Kriterien genügen? Geist immanent in Pfaden und Botschaften außerhalb des Körpers? Diese Ideen waren für mich zunächst so neu, daß ich mir keinen Reim darauf machen konnte. Batesons Geistbegriff schien überhaupt nichts mit all dem gemein zu haben, was ich mit dem Wort «Geist» assoziierte, und es dauerte Jahre, bis diese radikale neue Idee in mein Bewußtsein einsickerte und meine Weltanschauung auf allen Ebenen durchdrang. Je mehr ich in der Lage war, Batesons Geistbegriff in meine Weltanschauung zu integrieren, desto befreiender und belebender wurde sie für mich, und um so mehr erkannte ich ihre unerhörten Implikationen für die Zukunft des naturwissenschaftlichen Denkens.

Mein erster Durchbruch zum Verständnis von Batesons Geistbegriff erfolgte, als ich Ilya Prigogines Theorie der selbstorganisierenden Systeme las. Prigogine, ein Physiker, Chemiker und Nobelpreisträger, sagt, die für lebende Systeme typischen Organisationsmuster lassen sich als ein einziges dynamisches Prinzip beschreiben: das Prinzip der Selbstorganisation. Ein lebender Organismus ist ein sich selbst organisierendes System. Das heißt, seine Ordnung wird ihm nicht von der Umwelt aufgezwungen, sondern wird vom System selbst bestimmt. Anders ausgedrückt: Selbstorganisierende Systeme verfügen über einen gewissen Grad von Autonomie. Das besagt nicht, daß sie von ihrer Umwelt isoliert sind; im Gegenteil, es findet eine kontinuierliche Wechselwirkung statt, die jedoch nicht ihre Organisation bestimmt.

Während der vergangenen fünfzehn Jahre hat eine große Zahl von Forschern aus verschiedenen Wissenschaftsbereichen unter der Führung von Prigogine eine Theorie sich selbst organisierender Systeme entwikkelt. Ich konnte mein Verständnis dieser Theorie durch ausführliche Diskussionen mit Erich Jantsch erheblich vertiefen, einem Systemtheoretiker, der einer von Prigogines wichtigsten Schülern und Interpreten war. Jantsch lebte in Berkeley, wo er 1980 im Alter von 52 Jahren starb – im selben Jahr wie Bateson. Sein Buch *Die Selbstorganisation des Universums* war eine meiner Hauptquellen beim Studium lebender Systeme, und ich denke gerne an unsere langen und intensiven Diskussionen zurück, die mir auch deshalb viel Freude bereiteten, weil sie in deutscher Sprache stattfanden; Jantsch war nämlich Österreicher wie ich selbst.

Erich Jantsch war es auch, der mich auf den Zusammenhang zwischen Prigogines Begriff der Selbstorganisation und Batesons Geistbegriff hinwies. Als ich Prigogines Kriterien selbstorganisierender Systeme mit Batesons Kriterien mentaler Vorgänge verglich, entdeckte ich tatsächlich große Ähnlichkeit zwischen beiden; ja, sie schienen mir nahezu identisch. Mir war sofort klar, was das bedeutet – daß nämlich Geist und Selbstorganisation nur verschiedene Aspekte ein und desselben Phänomens sind, des Phänomens des Lebens.

Diese Erkenntnis erregte mich sehr, da ich auf diese Weise nicht nur Batesons Geistbegriff zum ersten Male richtig verstand, sondern mir auch eine ganz neue Perspektive auf das Phänomen Leben erschlossen wurde. Ich konnte es nicht erwarten, Bateson wiederzusehen, und nutzte die erste Gelegenheit, ihn zu besuchen und mein neues Verständnis zu erproben. «Hören Sie, Gregory», sagte ich, als wir es uns bei einer Tasse Kaffee bequem gemacht hatten, «Ihre Kriterien für Geist scheinen mit den Kriterien für Leben identisch zu sein.» Ohne zu zögern, antwortete er: «Sie haben recht. Geist ist das Wesentliche des Lebendigseins.»

Von jenem Augenblick an vertiefte sich mein Verständnis des Zusammenhangs zwischen Geist und Leben oder Geist und Natur, wie Bateson es formulierte. Gleichzeitig wuchs meine Bewunderung für den Reichtum und die Schönheit von Batesons Denken. Mir war jetzt völlig klar, warum es ihm unmöglich war, Geist und Materie zu trennen. Die Organisationsprinzipien der Welt des Lebendigen waren für ihn im wesentlichen mentaler Natur, mit einem auf allen Ebenen der Materie immanenten Geist. Auf diese Weise gelangte er zu der einzigartigen Synthese von Geist und Materie, die, wie er gerne hervorhob, weder mechanisch noch übernatürlich ist.

Bateson unterschied klar zwischen Geist und Bewußtsein, und er machte auch deutlich, daß Bewußtsein in seinen Geistbegriff nicht, oder noch nicht, einbezogen war. Oft versuchte ich ihn dahin zu bringen, etwas über die Natur des Bewußtseins zu sagen. Das lehnte er stets mit der Begründung ab, hier handle es sich um eine große, noch ungelöste Frage, die nächste große Herausforderung. Später wurden dann die Natur des Bewußtseins und einer Wissenschaft vom Bewußtsein – wenn es eine solche Wissenschaft überhaupt geben kann – zum zentralen Thema meiner Diskussionen mit R. D. Laing. Erst nach diesen Diskussionen, die mehrere Monate nach Batesons Tod stattfanden, verstand ich Batesons Weigerung, vorschnelle Urteile über die Natur des Bewußtseins abzugeben. Und noch später, als Laing in Esalen sein Seminar über Bateson abhielt, war ich nicht überrascht, daß er gerade die folgende Passage aus *Geist und Natur* zitierte:

> Jeder will, daß ich schnell damit anfange. Es ist ungeheuerlich, vulgär, reduktionistisch, frevlerisch – nenne es, wie du willst –, zu schnell mit einer übersimplifizierten Fragestellung anzufangen. Es ist eine Sünde gegenüber ... der Ästhetik, gegenüber dem Bewußtsein und gegenüber dem Heiligen.

Im Frühling und Sommer 1980 traten langsam die Umrisse des Kapitels «Das Systembild des Lebens» in Erscheinung, jenes Kapitels, das zum Kernstück des neuen Paradigmas in meinem Buch *Wendezeit* werden sollte. Einen neuen Rahmen zu entwerfen, der als Basis für Biologie, Psychologie, Gesundheitsfürsorge, Volkswirtschaft und andere Forschungsbereiche dienen konnte, war eine ungeheure Aufgabe. Sie wäre mir über den Kopf gewachsen, hätte ich nicht das Glück gehabt, dabei von mehreren hervorragenden Wissenschaftlern unterstützt zu werden.

Einer, der geduldig beobachtete, wie mein Wissen und Selbstvertrauen wuchsen, und der mir mit Rat und anregenden Diskussionen half, war Robert Livingston, Professor für Neurologie an der Universität San Diego. Er war es, der mich herausforderte, Prigogines Theorie in meinen Rahmen einzubauen, und er war es auch, der mir mehr als jeder andere half, die vielfältigen Aspekte der neuen Systembiologie zu erkunden. Unsere erste lange Diskussion fand auf einem kleinen Boot im Yachthafen von La Jolla statt, wo wir stundenlang auf den Wellen schaukelten und die Unterschiede zwischen Maschinen und lebenden Organismen diskutierten. Später führte ich abwechselnd Gespräche mit Livingston und Jantsch. Dabei maß ich mein wachsendes Verständnis an ihrem Wissen. Und wieder war mir Bob Livingston eine enorme Hilfe in meinem geistigen Ringen, Batesons Geistbegriff in den von mir entwickelten Rahmen zu integrieren.

Batesons Erbe

Die Integration von Ideen aus verschiedenen Wissenschaftsdisziplinen an der vordersten Front der Naturwissenschaften in einen zusammenhängenden begrifflichen Rahmen war ein langes und mühsames Unternehmen. Tauchten Fragen auf, die ich nicht selbst beantworten konnte, hatte ich die Möglichkeit, Experten der jeweiligen Fachgebiete zu befragen. Gelegentlich jedoch ergaben sich Fragen, von denen ich nicht einmal wußte, mit welcher Wissenschaftsdisziplin oder philosophischen Schule ich sie in Verbindung bringen sollte. In solchen Fällen notierte ich oft am Rande meines Manuskripts «Bateson fragen» und brachte dann das Thema bei meinem nächsten Zusammentreffen mit Bateson zur Sprache.

Leider blieben einige dieser Fragen unbeantwortet. Gregory Bateson starb im Juli 1980, bevor ich ihm Teile meines endgültigen Manuskripts zeigen konnte. Ich schrieb die ersten Absätze von «Das Systembild des Lebens», des Kapitels, das er so stark beeinflußt hatte, am Tage nach der Trauerfeier für Bateson, und zwar an dem Platz, an dem man seine Asche verstreut hatte: bei den Klippen, an denen der Esalen-Fluß in den Pazifischen Ozean fließt, einem geheiligten Bestattungsort des Indianerstammes, der dem Esalen Institute seinen Namen gegeben hat.

Seltsamerweise fühlte ich mich Bateson in der Woche am nächsten, in der er starb, obwohl ich ihn in dieser Woche überhaupt nicht gesehen habe. Ich arbeitete intensiv an meinen Notizen über seinen Geistbegriff, wobei ich nicht nur seine Ideen in mich aufnahm, sondern auch seine charakteristische Stimme hörte und seine Gegenwart spürte. Manchmal hatte ich das Gefühl, als sehe mir Bateson über die Schulter, und ich befand mich auf diese Weise in einem intimen Zwiegespräch mit ihm, viel intimer als bei irgendeinem unserer tatsächlichen Gespräche.

Ich wußte damals, daß Bateson krank war und sich im Krankenhaus befand, doch nicht, wie ernst sein Zustand war. Während dieser intensiven Arbeitsperiode träumte mir eines Nachts, er sei gestorben. Ich war von diesem Traum so aufgerührt, daß ich am folgenden Tage Christina Grof in Esalen anrief, die mir dann sagte, Bateson sei tatsächlich am Tage zuvor gestorben.

Die Trauerzeremonie für Gregory Bateson war eine der schönsten, denen ich je beigewohnt habe. Eine große Gruppe – die Bateson-Familie, Freunde und Mitglieder der Esalen Gemeinschaft – saß im Kreis auf dem grünen Rasen hoch über dem Ozean. In der Mitte stand ein kleiner Altar mit Batesons Asche, seinem Bild, Weihrauch und einer Fülle von frischen Blumen. Während der Zeremonie erfüllten die Stimmen spielender Kinder, von Hunden, Vögeln und anderen Tieren die Luft mit allerlei Geräuschen vor dem Hintergrund der heranrollenden Wellen – als sollten wir dadurch an das Einssein allen Lebens, die Vernetzung seiner vielfältigen Erscheinungsformen und seine Zyklen von Wandel und Transformation erinnert werden. Die Zeremonie verlief scheinbar ohne Plan. Niemand schien sie zu leiten, aber irgendwie wußte jeder, was er zu einem sich selbst organisierenden System beizutragen hatte. Von einer nahe gelegenen Einsiedelei war ein Benediktinermönch gekommen, den Bateson oft besucht hatte. Er sprach einige Gebete. Zen-Mönche aus dem Zen-Center von San Francisco rezitierten und verrichteten ihre Rituale. Eine andere Gruppe sang und musizierte, einige Teilnehmer rezitierten Gedichte, und wieder andere sprachen von ihrem Verhältnis zu Bateson.

Als ich an der Reihe war, sprach ich kurz über Batesons Geistbegriff und gab meiner Überzeugung Ausdruck, daß er auf das künftige wissenschaftliche Denken große Auswirkungen haben werde. Außerdem könne er uns gerade in diesem Augenblick helfen, mit Batesons Tod fertig zu werden. «Ein Teil seines Geistes ist sicherlich mit seinem Körper verschwunden. Ein großer Teil aber ist noch bei uns und wird es noch lange bleiben. Es ist der Teil, der an unseren Beziehungen untereinander und zur Umwelt beteiligt ist, an Beziehungen, die von Gregorys Persönlichkeit tiefgehend beeinflußt sind. Wie Ihr alle wißt, war eine Lieblingsformulierung von ihm ‹das verbindende Muster›. Ich glaube, Gregory selbst ist zu einem solchen Muster geworden. Er wird uns auch künftig miteinander und mit dem Kosmos verbinden. Ich meine, wenn einer von uns in der kommenden Woche in das Haus eines der hier Anwesenden ginge, dann würde man sich nicht als Fremde begegnen. Es würde ein Muster dasein, das verbindet – Gregory Bateson.»

Zwei Monate später reiste ich auf dem Wege zu einer internationalen Konferenz nahe Saragossa durch Spanien. In Aranjuez mußte ich umsteigen. Der Name dieser Stadt verzauberte mich wegen der Musik, die sie inspiriert hatte. Da bis zur Abfahrt des Anschlußzuges noch Zeit war, verließ ich den Bahnhof und machte einen Spaziergang. Es war noch früh am Morgen, wurde jedoch schon recht warm. Ich kam zu einem kleinen Marktplatz, auf dem Händler gerade ihre Stände mit Obst und Gemüse aufbauten.

Ich setzte mich in den Schatten eines Kiosks, an dem ich mir die Zeitung *El Pais* kaufte und einen Espresso bestellte. Während ich so dasaß und die Händler und ihre Kunden beobachtete, ging mir durch den Sinn, daß ich in dieser Umgebung ein absoluter Fremder war. Ich wußte noch nicht einmal, wo genau ich mich in Spanien befand. Ich verstand die Sprache der Leute nicht und hätte aus meinen Beobachtungen noch nicht einmal auf das Zeitalter schließen können, in dem ich mich befand, da das Treiben um mich herum zu den traditionellen Marktszenen gehörte, wie sie mehr oder weniger in der gleichen Form seit Jahrhunderten ablaufen. Ich genoß diesen traumhaften Zustand, während ich meine Zeitung durchblätterte, deren Inhalt ich kaum verstand. Hatte ich sie doch eher gekauft, um in dieser Umgebung nicht so aufzufallen, als in ihr aktuelle Informationen zu finden.

Als ich beim Blättern zur Mitte der Zeitung kam, änderte sich plötzlich die ganze Welt für mich. Da stand in großen Buchstaben quer über die Seite in Balkenüberschrift eine Botschaft, die ich sofort verstand: GREGORY BATESON (1904–1980). Es handelte sich um einen langen Nachruf und eine Beschreibung des Werks von Bateson. Als ich dies sah, fühlte ich mich nicht mehr als Fremder. Der kleine Marktplatz, Aranjuez, Spanien, die *ganze Erde* – alles war mein Zuhause. Ich empfand ein starkes Zugehörigkeitsgefühl – physisch, emotional und intellektuell – und mit ihm die unmittelbare Erkenntnis des Gedankens, den ich einige Wochen zuvor ausgedrückt hatte: Gregory Bateson – das Muster, das verbindet.

4. Teil: Schwimmen im selben Ozean

Stanislav Grof und Ronald D. Laing

Als ich mich entschloß, ein Buch über die Grenzen der mechanistischen Weltanschauung und das Entstehen eines neuen Paradigmas in verschiedenen Wissensgebieten zu schreiben, war mir klar, daß ich diese Aufgabe nicht allein bewältigen konnte. Es wäre mir unmöglich gewesen, die umfangreiche Literatur auch nur einer einzigen der anderen Disziplinen auszuwerten, um herauszufinden, wo ein größerer Wandel im Gange war und wo sich bedeutsame neue Ideen entwickelten – ganz zu schweigen vom Versuch, das gleich für mehrere Disziplinen zu tun. Deshalb stellte ich mir von Anfang an dieses Buch als Ergebnis einer Gemeinschaftsleistung vor.

Zuerst plante ich es als ein von mehreren Autoren verfaßtes Werk, entworfen im Stile des Seminars «Jenseits der mechanistischen Weltanschauung», das ich an der Universität Berkeley im Frühjahr 1976 organisiert und zu dem ich mehrere Gastdozenten eingeladen hatte. Dann jedoch änderte ich meine Meinung und beschloß, das Buch selbst zu schreiben, mit Hilfe mehrerer Berater, die aus ihrem Sachgebiet Hintergrundpapiere für mich schreiben sollten. Ferner sollten sie mir weitere Literatur als Lektüre empfehlen und mir helfen, sobald sich für mich während des Abfassens des Buches Verständnisprobleme ergeben sollten. Ich wählte vier Disziplinen aus – Biologie, Medizin, Psychologie und Volkswirtschaft – und begann Anfang des Jahres 1977, mich nach Ratgebern in diesen Bereichen umzusehen.

Damals waren mein Leben und mein Arbeitsstil stark von taoistischer Philosophie beeinflußt. Ich strebte danach, mein intuitives Gewahrsein zu stärken und «die Muster des Tao» zu erkennen; ich praktizierte die Kunst des *wu-wei*, das heißt, nicht gegen den Fluß der Dinge in einer Situation zu schwimmen, sondern auf den rechten Augenblick zu warten, ohne etwas um jeden Preis herbeizwingen zu wollen. Dabei war ich stets der Metapher Castanedas eingedenk – von dem Kubikzentimeter Glück, der hier und da plötzlich auf dem Weg des Kriegers liegt und den er aufzuheben vermag, wenn er ein diszipliniertes Leben führt und seine Intuition geschärft hat.

Als ich begann, mich nach Beratern umzusehen, unternahm ich daher auch keine systematische Suche, sondern faßte diese Aufgabe als einen Teil meiner taoistischen Übungen auf. Ich wußte: Alles, was ich zu tun hatte, war, hellwach zu sein und mich auf mein Ziel zu konzentrieren; dann würden früher oder später die richtigen Personen meinen Weg kreuzen. Ich wußte ja, wonach ich suchte: Menschen mit einer soliden und umfassenden Kenntnis auf ihrem Fachgebiet. Sie sollten tiefe Denker sein und meine ganzheitliche Vision teilen, sollten bedeutende Beiträge zu ihrem Forschungsgebiet geleistet, die engen Grenzen ihrer akademischen Disziplin jedoch durchbrochen haben. Kurz gesagt: Leute, die wie ich Rebellen und Erneuerer waren.

Diese taoistische Art, meine Berater auszusuchen, funktionierte wunderbar. Während der folgenden drei Jahre begegnete ich hervorragenden Männern und Frauen, die eine tiefe Wirkung auf mein Denken ausübten und mir beträchtlich dabei halfen, das Material für mein Buch zusammenzutragen. Vier von ihnen erklärten sich bereit, auf die von mir geplante Art als Sonderberater tätig zu sein. Meine Erforschung der begrifflichen und weltanschaulichen Verschiebungen in verschiedenen Wissensgebieten und die Entdeckung faszinierender Verbindungen und Zusammenhänge zwischen ihnen vollzog sich viel mehr durch Diskussionen mit Menschen als durch Lektüre.

Tatsächlich entwickelte ich ein zuverlässiges intuitives Gespür für Menschen, die ihrerseits diese neuen Denkweisen erforschten; manchmal erkannte ich sie nur auf Grund einer beiläufigen Bemerkung oder einer Fragestellung in einem Seminar. Dann suchte ich ihre persönliche Bekanntschaft und verwickelte sie in intensive Gespräche. Außerdem entwickelte ich ein besonderes Geschick, ihnen ihre Gedanken zu entlocken und sie anzuregen, bei der Formulierung neuer Ideen weiter zu gehen, als sie es zuvor getan hatten.

Es waren Jahre reich an intellektuellen Abenteuern, die mein Wissen unerhört erweiterten. Am stärksten erweiterte sich vielleicht mein Verständnis der Psychologie, einer Disziplin, von der ich zuvor nur wenig wußte und die für mich zu einem faszinierenden Bereich des Lernens, der Erfahrung und des persönlichen Wachstums wurde. In den sechziger und siebziger Jahren hatte ich mich ausführlich mit der Erforschung multipler Bewußtseinsebenen beschäftigt, jedoch im Rahmen der östlichen spirituellen Überlieferungen. Von Alan Watts hatte ich gelernt, daß man diese Traditionen, vor allem den Buddhismus, als östliches Gegenstück zur abendländischen Psychotherapie betrachten könne, eine Ansicht, die ich auch in *Das Tao der Physik* dargestellt hatte. Das hatte ich jedoch getan, ohne die Psychotherapie wirklich zu kennen. Ich hatte nur einen Essay von Sigmund Freud gelesen und vielleicht zwei oder drei von C. G. Jung, der mir gefiel, weil er weitgehend mit den Wertvorstellungen der Gegenkultur übereinstimmte. Dagegen war mir das Gebiet der Psychiatrie vollkommen fremd. Während der sechziger Jahre hatte ich nur flüchtige Einblicke in psychotische Zustände durch Diskussionen über psychedelische Drogen gewonnen sowie auf gewisse Weise durch die eindrucksvollen Aufführungen des Experimentellen Theaters, denen ich während meiner vier Londoner Jahre mit großer Begeisterung beiwohnte.

Paradoxerweise wurden gerade Psychologen und Pschotherapeuten zu meinen interessiertesten und begeistertsten Zuhörern, als ich durch die Lande reiste und Vorträge über *Das Tao der Physik* hielt – trotz meiner Unwissenheit auf ihrem Fachgebiet. Natürlich führte ich mit ihnen zahlreiche Diskussionen, die weit über Physik und östliche Philosophie hinausgingen, wobei das Werk von C. G. Jung oft als Ausgangspunkt diente. Dadurch nahmen meine Kenntnisse im Bereich der Psychologie im Laufe der Jahre schrittweise zu. Diese Diskussionen waren jedoch nur das Vorspiel zum Gedankenaustausch mit zwei außergewöhnlichen Persönlichkeiten, die meinen Geist ständig herausforderten und mein Denken bis an seine Grenzen trieben. Es sind die beiden Männer, denen ich die meisten Einsichten in die vielfältigen Bereiche des menschlichen Bewußtseins verdanke – Stanislav Grof und R. D. Laing.

Grof und Laing sind beide Psychiater, ausgebildet in der Tradition der Psychoanalyse, und dazu brillante und originelle Denker, die den Freudschen Rahmen bei weitem überschritten und die traditionellen Vorstellungen ihrer Disziplin radikal verändert haben. Beide haben ein tiefes Interesse für östliche Spiritualität und sind fasziniert von «transpersonalen» Ebenen des Bewußtseins; außerdem empfindet jeder von beiden große Hochachtung für das Werk des anderen. Von diesen Ähnlichkeiten abgesehen, sind sie jedoch total verschiedene und diametral entgegengesetzte Persönlichkeiten.

Grof ist ein großer, untersetzter und ruhiger Mann. Laing dagegen ist klein und hager, mit einer lebhaften und ausdrucksstarken Körpersprache, die ein reiches Repertoire wechselnder Stimmungen reflektiert. Grofs Gebaren flößt Vertrauen ein, Laing schüchtert oft die Leute ein.

Grof neigt dazu, diplomatisch und verbindlich zu sein; Laing ist ungehemmt und kämpferisch, Grof ruhig und ernsthaft, Laing launenhaft und voll sarkastischen Humors. Bei unserer ersten Begegnung empfand ich sofort eine Verwandtschaft mit Grof, einem in Prag geborenen Tschechen, der aus einem kulturellen Umfeld kommt, das dem meinen sehr nahe steht. Im Gegensatz dazu hatte ich zunächst große Schwierigkeiten, Laing zu verstehen, der aus Glasgow stammt und niemals seinen schottischen Akzent verloren hat. Obwohl er mich sofort faszinierte, brauchte ich lange Zeit, um mich in seiner Gegenwart wohl fühlen zu können.

Während der darauffolgenden vier Jahre hat dann mein intensiver Gedankenaustausch mit diesen beiden hervorragenden und auffallend verschiedenen Persönlichkeiten meinen gesamten begrifflichen Rahmen erweitert und mein Bewußtsein tief beeinflußt.

Phänomenologie der Erfahrung

Mit dem Werk von R. D. Laing kam ich erstmals im Sommer 1976 im Naropa Institute in Boulder, Colorado, in Berührung. Das ist jene buddhistische Privatuniversität, an der ich auch Gregory Bateson begegnete. Während jenes Sommers verbrachte ich sechs Wochen in Naropa, wo ich eine Vertragsreihe über *Das Tao der Physik* hielt. Daneben besuchte ich selbst zwei andere Kurse – einen von Alan Ginsberg geleiteten Lyrik-Workshop und einen über «Verrücktheit und Kultur», veranstaltet von Steve Krugman, einem Psychologen und Sozialarbeiter aus Boston. Laings klassisches Buch *Das geteilte Selbst* gehörte für Krugmans Klasse zur Pflichtlektüre. Die Lektüre ausgewählter Teile dieses Buches und die Teilnahme an den Vorlesungen machten mich mit den Grundideen des Werkes von Laing vertraut.

Zuvor hatte ich wirklich keine Ahnung, was unter Psychose oder Schizophrenie zu verstehen ist, noch kannte ich den Unterschied zwischen Psychiatrie und Psychotherapie. Andererseits wußte ich, wer R. D. Laing war. Seine *Phänomenologie der Erfahrung* war in den sechziger Jahren ein Kultbuch. Ich selbst hatte es nicht gelesen, doch viele meiner Freunde. Deshalb wußte ich einiges über Laings Sozialkritik.

Laings Ideen fanden in der Gegenkultur der sechziger Jahre starken Widerhall, da sie eindringlich die beiden Hauptthemen ansprachen, die jenes Jahrzehnt dominierten: das Infragestellen der Autorität und die

Erweiterung des Bewußtseins. Mit großer Beredsamkeit und Leidenschaft stellte Laing das Recht psychiatrischer Einrichtungen in Frage, geisteskranke Patienten ihrer grundlegenden Menschenrechte zu berauben:

> Der «Eingelieferte», etikettiert als Patient und «Schizophrener», wird von seinem existentiellen und legalen Vollstatus als verantwortlich handelnder Mensch degradiert. Er kann sich nicht länger selbst definieren, darf seinen Besitz nicht behalten und hat seine Entscheidungsfreiheit darüber abzugeben, wen er trifft und was er tut. Seine Zeit gehört nicht mehr ihm, und der Raum, den er einnimmt, ist nicht mehr der seiner Wahl. Nachdem er einem Degradierungszeremoniell unterworfen worden ist (bekannt als psychiatrische Untersuchung), wird er seiner bürgerlichen Freiheiten dadurch beraubt, daß man ihn in einer totalen Institution (bekannt als «Heilanstalt») einsperrt. Vollständiger und radikaler als sonstwem in unserer Gesellschaft wird ihm das Menschsein aberkannt.

Laing hat keineswegs die Existenz von Geisteskrankheit geleugnet. Er bestand jedoch darauf, daß der Psychiater den Geisteskranken im Kontext seiner Beziehungen zu anderen Menschen begreifen müsse, wozu ganz zentral auch das Verhältnis zwischen dem Patienten und dem Psychiater selbst gehöre. Die traditionelle Psychiatrie bedient sich im Gegensatz dazu einer kartesianischen Methode, bei der der Patient von seiner Umwelt isoliert wird – begrifflich wie physisch – und in die Kategorie einer ganz bestimmten Geisteskrankheit eingeordnet wird. Laing betonte, niemand *hat* Schizophrenie etwa wie einen Schnupfen, und behauptete dann radikal, in vielen klassischen psychiatrischen Texten manifestiere sich genau die Psychopathologie, die man in die als «Patient» bezeichnete Person hineinprojiziert, eindeutig in der Mentalität des Psychiaters.

Die konventionelle Psychiatrie leidet unter einer Verwechslung, die den Kern der Verständnisprobleme der gesamten modernen naturwissenschaftlichen Medizin ausmacht: die Verwechslung zwischen Krankheitsprozeß und Krankheitsursachen. Statt sich die Frage zu stellen, *warum* eine Geisteskrankheit vorliegt, versuchen die medizinischen Forscher die biologischen Mechanismen zu begreifen, nach denen die Krankheit abläuft. Statt der wahren Ursprünge werden diese Mechanismen als Krankheitsursachen angesehen. Dementsprechend beschränken sich die meisten psychiatrischen Behandlungen gegenwärtig auf die Unterdrükkung der Symptome durch psychoaktive Medikamente. Das erreichte man zwar recht erfolgreich; doch hat diese Methode weder den Psychiatern geholfen, Geisteskrankheiten besser zu verstehen, noch hat sie es den Patienten erlaubt, ihre zugrunde liegenden Probleme zu lösen.

An diesem Punkt nun ließ Laing die meisten seiner Kollegen hinter sich. Er konzentrierte sich auf die Ursprünge der Geisteskrankheit, indem er sich jeweils die menschlichen Umstände ansah – das Individuum eingebettet in ein Netz multipler Zusammenhänge – und auf diese Weise die psychiatrischen Probleme von einem existentiellen Standpunkt anging. Statt Schizophrenie und andere Formen von Psychosen als Krankheiten zu behandeln, betrachtete er sie als spezielle Strategien, die einzelne Menschen erfinden, um in nicht lebenswerten Situationen zu überleben. Diese Anschauung lief auf einen radikalen Wandel der Perspektive hinaus: Laing betrachtete Geisteskrankheit als gesunde Antwort auf eine kranke soziale Umwelt. In *Phänomenologie der Erfahrung* (engl. Titel: *The Politics of Experience*) artikulierte er eine scharfe Gesellschaftskritik, die starken Widerhall in der Kritik der Gegenkultur fand und heute noch so gültig ist, wie sie es vor zwanzig Jahren war.

Die meisten Psychologen und Psychiater studierten menschliches *Verhalten* und versuchten, es in Beziehung zu physiologischen und biochemischen Phänomenen zu setzen. Laing dagegen versenkte sich in das Studium der Feinheiten und Verzerrungen der menschlichen *Erfahrung*. Auch damit befand er sich in vollem Einklang mit dem Geist der sechziger Jahre. Mit Hilfe von Philosophie, Musik, Dichtung, Meditation und bewußtseinserweiternden Drogen begab er sich auf eine Reise durch die vielschichtigen Bereiche des menschlichen Bewußtseins. Dabei beschrieb er mit großer Intensität und unerhörter literarischer Begabung mentale Landschaften, in denen Tausende von Lesern ihre eigenen Erfahrungen wiedererkannten.

Topographie des Unbewußten

Meine ersten Kontakte mit dem Werk von R. D. Laing im Sommer 1976 weckten meine Neugier auf die abendländische Psychologie. Von da an nutzte ich jede Gelegenheit, in Diskussionen mit Psychologen und Psychotherapeuten mein Wissen über die menschliche Psyche zu erweitern. Bei vielen dieser Diskussionen fiel der Name Stan Grof. Mir wurde oft geraten, diesen Mann zu treffen, der eine bedeutende Persönlichkeit in der Bewegung zur Entfaltung des menschlichen Potentials sei und dessen Vorstellungen von Naturwissenschaft und Spiritualität den meinen sehr nahekämen. Im Stile meiner *Wu-wei*-Methode, den richtigen Augenblick abzuwarten, bemühte ich mich nicht um Kontakte mit Grof, war dann aber sehr erfreut, als ich eine Einladung erhielt, an einer kleinen Veranstaltung zu seinen Ehren im Februar 1977 in San Francisco teilzunehmen.

Als ich Grof bei dem Empfang begegnete, war ich sehr überrascht. Ich hatte stets gehört, daß die Leute ihn «Stan» nannten, und es war mir niemals in den Sinn gekommen, daß sein voller Vorname Stanislav war. Ich erwartete, einen kalifornischen Psychologen zu treffen. Als ich ihn dann mit Handschlag begrüßte, erkannte ich zu meiner großen Überraschung, daß er nicht nur Europäer war, sondern darüber hinaus auch aus einem Kulturkreis kam, der meinem eigenen sehr nahesteht. Seine Geburtsstadt Prag und meine Geburtsstadt Wien liegen räumlich ja nur ein paar hundert Kilometer auseinander, und unsere Länder haben eine lange gemeinsame Geschichte, während der die beiden Kulturen sich beträchtlich vermischt haben. Grof zu begegnen war daher, als träfe ich einen entfernten Vetter, was sofort eine Verbindung herstellte, die sich später zu enger Freundschaft entwickelte.

Mein Gefühl der Vertrautheit und Ungezwungenheit wurde noch durch die Persönlichkeit Grofs verstärkt. Er ist sehr warmherzig und zugänglich und flößt Zuversicht und Vertrauen ein. Grof spricht langsam, überlegt, mit großer Konzentration und beeindruckt seine Zuhörer nicht nur durch seine ungewöhnlichen Ideen, sondern auch durch die Intensität seines persönlichen Einsatzes. Bei Vorträgen und Seminaren spricht er oft stundenlang ohne Notizen. Dabei bleibt er vollkommen konzentriert; seine Augen haben einen durchdringenden Blick, der das Auditorium in Bann hält.

Während des Empfangs gab Grof einen kurzen Überblick über seine Forschungsarbeit mit psychedelischen Drogen, den ich erstaunlich und faszinierend fand. Ich wußte, daß er auf diesem Gebiet eine Autorität war, hatte jedoch keine Ahnung von der Tragweite seiner Forschung. Während der sechziger Jahre hatte ich mehrere Bücher über LSD und andere psychedelische Drogen gelesen, war tief von Aldous Huxleys *Die Pforten der Wahrnehmung* und von Alan Watts' *Joyous Cosmology* beeindruckt gewesen und hatte schließlich selbst mit bewußtseinserweiternden Drogen experimentiert. Doch hatte ich keine Ahnung von der sorgsamen, systematischen und in die Tiefe gehenden Forschungsarbeit, die Grof unternommen hatte. Seine klinische Erfahrung mit der Nutzung von LSD für psychotherapeutische und psychologische Forschung ist die bei weitem umfassendste, die ein einzelner jemals gesammelt hat. Grof begann seine klinische Arbeit 1956 im Psychiatrischen Institut in Prag und setzte sie von 1967 bis 1973 im Maryland Psychiatric Research Center fort. Während dieser siebzehn Jahre leitete er persönlich mehr als 3000 Sitzungen mit LSD und hatte Zugang zu mehr als 2000 schriftlichen Berichten über Sitzungen, die von seinen Kollegen in der Tschechoslowakei und den Vereinigten Staaten organisiert worden waren. Im Jahre 1973 kam er als festes Mitglied zum Esalen Institute. Dort hat er nun über ein Jahrzehnt mit der Auswertung und Ausweitung seiner umfangreichen Forschung verbracht. Als wir uns 1977 bei dem Empfang trafen, hatte Grof zwei Bücher über seine Forschungsergebnisse geschrieben und plante zwei weitere, die er inzwischen vollendet hat.

Als mir Ausmaß und Tiefgang von Grofs Forschung bewußt wurde, stellte ich ihm natürlich die Frage, die während der sechziger Jahre eine ganze Generation fasziniert hatte: «Was ist LSD, und worin besteht seine hauptsächliche Wirkung auf Körper und Geist?»

«Diese entscheidende Frage habe ich mir selbst jahrelang gestellt», antwortete Grof. «Die Suche nach typischen und zwangsläufig eintretenden Auswirkungen war ein wichtiger Aspekt meiner anfänglichen analytischen Auswertung von Daten über LSD. Das Ergebnis dieser Jahre dauernden Untersuchungen war sehr überraschend. Bei der Analyse von über dreitausend Aufzeichnungen über LSD-Sitzungen habe ich nicht ein einziges Symptom gefunden, das man als absolut konstante und invariable Komponente der LSD-Erfahrung bezeichnen könnte. Das Fehlen jeglicher drogenspezifischen Wirkung und die riesige Bandbreite der bei solchen Experimenten auftretenden Phänomene haben mich überzeugt, daß LSD am besten als kraftvoller unspezifischer Verstärker oder Katalysator geistiger Prozesse bezeichnet werden kann, der das Auftauchen unbewußten Materials aus verschiedenen Ebenen der menschlichen Psyche erleichtert. Die Bandbreite und unerhörte Vielfalt der LSD-Erfahrung lassen sich durch die Tatsache erklären, daß die ganze Persönlichkeit des Betreffenden und die Struktur seines Unbewußten eine entscheidende Rolle spielen.

Diese Schlußfolgerung hat meine Perspektive beträchtlich verschoben», fuhr Grof fort. «Ich kam zu der erregenden Einsicht, daß ich in der Lage sein würde, LSD als kraftvolles Werkzeug zur Erforschung des menschlichen Geistes zu nutzen – statt nur die spezifischen Wirkungen einer psychoaktiven Droge auf das Gehirn zu studieren. Die Eigenschaft des LSD und anderer psychedelischer Drogen, unsichtbare Phänomene und Prozesse ans Licht zu bringen und sie der wissenschaftlichen Untersuchung zugänglich zu machen, verleiht diesen Substanzen ein einzigartiges Potential als diagnostisches Instrument und als Mittel zur Erkundung des menschlichen Geistes. Es scheint mir nicht unangebracht oder übertrieben, ihre potentielle Bedeutung für die Psychiatrie und Psychologie mit der des Mikroskops für die Medizin oder des Fernrohrs für die Astronomie zu vergleichen.» Grof unterstrich dann die Größenordnung der Aufgabe, die er sich gestellt hatte. Er sagte schlicht: «Sie besteht in nichts Geringerem als dem Zeichnen erster Landkarten von bisher unbekannten und kartographisch noch nicht erfaßten Gebiete des menschlichen Bewußtseins.» Das Ergebnis war eine neue Kartographie, die er in seinem ersten Buch *Realms of the Unconscious* (deutsch: *Topographie des Unbewußten*) veröffentlicht hatte.

Grofs kurzer Bericht über seine Forschung beeindruckte mich tief, doch stand mir die größte Überraschung des Abends noch bevor. Auf die Frage, wie seine Arbeit sich auf die zeitgenössische Psychologie und Psychotherapie auswirkt, erläuterte Grof, wie seine Beobachtungen mithelfen könnten, «etwas Klarheit in den Dschungel der miteinander rivalisierenden Systems der Psychotherapie zu bringen.

Schon ein flüchtiger Blick auf die abendländische Psychologie enthüllt die schweren Kontroversen über die Dynamik des menschlichen Geistes, die Natur der Gemütsstörungen und die Grundprinzipien der Psychotherapie. In vielen Fällen ergeben sich bei Forschern, die ursprünglich von denselben Grundannahmen ausgegangen waren, fundamentale Meinungsverschiedenheiten.» Zur Erläuterung dieser Aussage umriß Grof dann kurz die Unterschiede zwischen den Theorien von Sigmund Freud und dessen ehemaligen Jüngern Adler, Rank, Jung und Reich.

«Beobachtungen systematischer Veränderungen des Inhalts psychedelischer Sitzungen haben zur Aufhebung einiger besonders auffälliger Widersprüche zwischen diesen Schulen beigetragen», fuhr er dann fort. «Vergleicht man das Material mehrerer aufeinanderfolgender LSD-Sitzungen mit derselben Person, dann wird deutlich, daß es eine definitive Kontinuität gibt, ein schrittweises Entfalten tieferer und immer tieferer Ebenen des Unbewußten. Im Verlauf dieser inneren Reise geht die Versuchsperson vielleicht zuerst durch eine Freudsche Phase, dann durchläuft sie eine Tod-Wiedergeburt-Erfahrung, die man als Ranksche Phase bezeichnen könnte. Die weiter fortgeschrittenen Sitzungen mit derselben Person könnten dann eine mythologische und religiöse Qualität haben, die sich am besten mit Begriffen von C. G. Jung beschreiben läßt. Deshalb können alle diese psychotherapeutischen Systeme in gewissen Stadien des LSD-Prozesses nützlich sein.»

Zum Schluß führte Grof aus: «Ein erheblicher Teil der Verwirrung in der zeitgenössischen Psychotherapie ergibt sich aus der Tatsache, daß die einzelnen Forscher ihre Aufmerksamkeit vor allem auf eine gewisse Ebene des Unbewußten konzentriert und dann versucht haben, ihre Ergebnisse auf den menschlichen Geist in seiner Totalität verallgemeinernd auszuweiten. Viele Kontroversen zwischen den verschiedenen Denkschulen lassen sich bereits durch diese einfache Erkenntnis ausräumen. Alle in Frage kommenden Systeme mögen mehr oder weniger zutreffende Beschreibungen des Aspekts oder der Ebene des Unbewußten darstellen, die sie beschreiben. Was wir jetzt brauchen, ist eine ‹Bootstrap-Psychologie›, welche die verschiedenen Systeme zu einer Sammlung von ‹Landkarten› integriert, die die gesamte Bandbreite des menschlichen Bewußtseins erfassen.»

Diese Bemerkung machte mich praktisch sprachlos. Ich war zu diesem Empfang gekommen, um einen berühmten Psychiater zu treffen und mehr über die menschliche Psyche zu lernen. Und im Hinterkopf hatte ich natürlich auch die Frage, ob Stan Grof mein Berater für das Sachgebiet Psychologie werden könnte. Der faszinierende Bericht über seine Forschungstätigkeit hatte meine Erwartungen bereits erheblich übertroffen, und nun hatte Grof soeben klar und deutlich einen bedeutenden Teil der Aufgabe umrissen, die ich mir selbst gestellt hatte – die Integration verschiedener Denkschulen in einen neuen begrifflichen Rahmen. Da stand dieser Mann und trat für genau dieselbe Philosophie ein – Chews Bootstrap-Methode –, die zu einem wesentlichen Aspekt meiner eigenen Arbeit geworden war. Damit war klar, daß Grof ein idealer Berater für mich sein würde, und ich war sehr darauf aus, ihn näher kennenzulernen. Gegen Ende des Abends sagte er mir, *Das Tao der Physik* sei für ihn eine wichtige Entdeckung gewesen, und er lud mich ein, ihn in seinem Haus in der Nähe des Esalen-Instituts zu einem ausführlichen Gedankenaustausch zu besuchen. Hochgestimmt verließ ich diesen Empfang, mit dem Gefühl, einen großen Schritt in Richtung auf ein besseres Verständnis der Psychologie und zur Verwirklichung meines Projekts getan zu haben.

Landkarten des Bewußtseins

Wenige Wochen nach diesem Zusammentreffen und noch vor meinem Besuch in seinem Haus traf ich Grof in Kanada wieder, wo wir beide Vorträge im Rahmen einer Konferenz über neue Modelle der Wirklichkeit und ihre Anwendung auf die medizinische Wissenschaft hielten. Gastgeber war die Universität Toronto. In der Zwischenzeit hatte ich seine *Topographie des Unbewußten* mit großer Spannung gelesen, und Grofs Konferenzvortrag vertiefte meine Einsicht in seine Arbeit.

Grofs Entdeckung, daß psychedelische Drogen als machtvolle Katalysatoren mentaler Prozesse wirken, wird durch die Tatsache bestätigt, daß die von ihm bei LSD-Sitzungen beobachteten Phänomene keineswegs nur bei psychedelischen Experimenten auftreten. Viele wurden auch im Zusammenhang mit meditativen Praktiken, Trancezuständen, schamanischen Heilungszeremonien, in Situationen an der Grenze zwischen Leben und Tod und anderen biologischen Gefahrenzuständen sowie in einer Vielfalt anderer, nichtgewöhnlicher Bewußtseinszustände beobachtet. Grof baute seine «Kartographie des Unbewußten» zwar auf der Grundlage seiner klinischen LSD-Forschung auf, untermauerte sie jedoch seither in vielen Jahren sorgfältigen Studiums anderer nichtgewöhnlicher Bewußtseinszustände, die entweder spontan auftreten oder durch spezielle Techniken ohne Einsatz von Drogen herbeigeführt werden können.

Seine Kartographie umfaßt drei Hauptbereiche. Den ersten bilden «psychodynamische» Erfahrungen, wozu auch das komplexe Wiedererleben seelisch bedeutsamer Ereignisse aus verschiedenen Lebensperioden des jeweiligen Individuums gehört. Zum «perinatalen» Bereich gehören Erlebnisse im Zusammenhang mit biologischen Phänomenen beim Geburtsvorgang. Schließlich existiert noch ein ganzes Spektrum von Erfahrungen, die die Grenzen des Individuums überschreiten und die Einschränkungen durch Raum und Zeit transzendieren. Grof hat für sie den Ausdruck «transpersonal» geprägt.

Die psychodynamische Ebene hat eindeutig autobiographischen Ursprung und läßt sich weitgehend mit Hilfe der grundlegenden psychoanalytischen Prinzipien verstehen. «Wären psychodynamische Sitzungen der einzige Typus von LSD-Erlebnissen», schreibt Grof, «so könnten die Beobachtungen aus der LSD-Psychotherapie als Laboratoriumsbeweis der Grundprämissen Freuds betrachtet werden. Die psychosexuelle Dynamik und die fundamentalen Konflikte der menschlichen Psyche, wie sie Freud dargestellt hat, manifestieren sich mit ungewöhnlicher Klarheit und Eindrücklichkeit...» (*Topographie des Unbewußten*).

Der Bereich der perinatalen Erfahrungen ist vielleicht der faszinierendste und originellste Teil von Grofs Kartographie. In ihm kommt es zu einer Vielfalt eindrucksvoller und komplexer Erlebnismuster im Zusammenhang mit den Problemen der biologischen Geburt. Zum perinatalen Erlebnis gehört ein äußerst realistisches und authentisches Wiedererleben verschiedener Phasen des persönlichen Geburtsvorganges: die glücklich-friedliche Existenz im Mutterleib in ursprünglichem Einssein mit der Mutter; die «Sackgassen»-Situation im ersten Stadium des Geburtsvorganges, in dem der Muttermund noch geschlossen ist und das Zusammenziehen der Gebärmutter den Fötus zusammenpreßt und für ihn eine von intensiven Gefühlen körperlichen Unwohlseins begleitete Situation von Klaustrophobie schafft. Es folgt das Austreiben durch den Geburtskanal, begleitet von einem unerhörten Ringen ums Überleben gegen fast unerträglichen Druck; und schließlich die plötzliche Erleichterung und Entspannung, der erste Atemzug und das Zerschneiden der Nabelschnur, das die physische Trennung von der Mutter vollendet.

Bei perinatalen Erfahrungen können die Empfindungen und Gefühle im Zusammenhang mit dem Geburtsvorgang auf unmittelbare und realistische Weise wiedererlebt werden, sie können aber auch in Form symbolhafter visionärer Erfahrungen auftreten. So werden die enormen Spannungen, die für das Ringen im Geburtskanal typisch sind, oft von Visionen von Titanenkämpfen, Naturkatastrophen und verschiedenen sonstigen Bildern von Zerstörung und Selbstzerstörung begleitet. Um das Verständnis der großen Komplexität der physischen Symptome, Vorstellungsbilder und Erlebnismuster zu erleichtern, hat Grof sie in vier Bündel gruppiert, die er perinatale Matrizen nennt und die den aufeinanderfolgenden Phasen des Geburtsvorganges entsprechen. Ins einzelne gehende Studien der Verknüpfungen zwischen den verschiedenen Elementen dieser Matrizen haben ihn zu tiefen Einsichten in die physiologischen Konditionen und die Muster menschlicher Erfahrung gebracht. Ich erinnere mich, daß ich einmal Gregory Bateson nach einem gemeinsamen Besuch eines der Seminare von Grof fragte, was er von Grofs Arbeit über die psychologischen Auswirkungen des Geburtserlebnisses halte. Wie er es so gerne tat, antwortete Bateson mit einer komprimierten Floskel: «Nobel-Kaliber.»

Der letzte große Bereich von Grofs Kartographie des Unbewußten sind die transpersonalen Erfahrungen, die tiefe Einsichten in die Natur und Relevanz der spirituellen Dimension des Bewußtseins zu bieten scheinen. Zu den transpersonalen Erfahrungen gehört die Erweiterung des Bewußtseins über die konventionellen Grenzen des Organismus hinaus und damit auch ein Gefühl einer umfassenderen Identität. Dazu können auch Wahrnehmungen der Umwelt gehören, die über den gewöhnlichen Bereich der Sinneswahrnehmung hinausreichen und oft an eine unmittelbare mystische Erfahrung der Wirklichkeit heranreichen. Da die transpersonale Form des Bewußtseins im allgemeinen logisches Denken und intellektuelle Analyse transzendiert, ist es äußerst schwierig, wenn nicht unmöglich, sie in objektivierender Sprache zu beschreiben. Grof hat herausgefunden, daß die weitaus weniger durch Logik und konventionelles Denken eingeengte Sprache der Mythologie zur Beschreibung von Erfahrungen im transpersonalen Bereich oft angemessener erscheint als ein wissenschaftliches Idiom.

Seine detaillierte Erforschung des perinatalen und des transpersonalen Bereichs überzeugte Grof, daß Freuds Theorie beträchtlich erweitert werden mußte, um den von ihm selbst entwickelten neuen Konzepten gerecht werden zu können. Diese Schlußfolgerung fiel zeitlich zusammen mit seiner Übersiedlung in die Vereinigten Staaten im Jahre 1967. Dort traf er auf eine sehr vitale Bewegung innerhalb der amerikanischen Psychologie, bekannt als Humanistische Psychologie, die ihre eigene Disziplin bereits weit über den Freudschen Rahmen hinaus erweitert hatte. Unter der Führung von Abraham Maslow studierten humanistische Psychologen *gesunde* Individuen als integrale Organismen. Sie beschäftigten sich intensiv mit persönlichem Wachstum und «Selbstverwirklichung» durch Entfaltung des allen Menschenwesen inhärenten Potentials; ferner konzentrierten sie ihre Aufmerksamkeit mehr auf Erfahrungen als auf intellektuelle Analyse. Daraus entwickelten sich zahlreiche neue Psychotherapien und Schulen für «Körperarbeit», die man kollektiv als Bewegung zur Entfaltung des menschlichen Potentials (*Human Potetential Movement*) bezeichnet.

Zwar wurde Grofs Forschung von dieser Bewegung mit großer Begeisterung aufgenommen, doch stellte sich bald heraus, daß auch der Rahmen der Humanistischen Psychologie ihm noch zu eng war. Deshalb begründete er 1968 zusammen mit Maslow und anderen die Schule der Transpersonalen Psychologie, die sich hauptsächlich mit dem Erkennen, Verstehen und der Verwirklichung transpersonaler Bewußtseinszustände befaßt.

Gespräche mit Stan Grof

An einem schönen, warmen Tag im März 1977 fuhr ich entlang der sonnenglänzenden Pazifikküste gen Süden, um Stan Grof in seinem Haus in Big Sur zu besuchen. Ich war oft in der Gegend gewesen, entweder im eigenen Wagen oder als Anhalter. Als ich mich Big Sur nun auf der sich über Felsen windenden Straße näherte – rechts der tiefblaue Ozean, links die sanft gewellten, mit saftigem Gras bedeckten Hügel, die bald eine goldene Färbung annehmen würden –, da erinnerte ich mich lebhaft der Verzauberung jener Tage, als ich zusammen mit den «Blumenkindern» der Gegenkultur durch die trockene Hitze der Big-Sur-Hügel gewandert war. Wir kletterten damals die engen und schattigen Hänge der in den Pazifik mündenden Schluchten hinauf, schwammen nackt in ihren von Sturzbächen ausgewaschenen Wannen und duschten unter ihren Wasserfällen. So manche Nacht hatte ich im Schlafsack an verlassenen Stränden verbracht und einsame Tage der Meditation hoch in den Hügeln, mit Castanedas *Lehren des Don Juan* oder Hermann Hesses *Steppenwolf* als einzigen Begleitern.

Seit jener Zeit übt Big Sur auf mich eine besondere Anziehungskraft aus. Als jetzt die zerklüftete Felsenküste ins Blickfeld geriet, sich vor meinen Augen ausbreitete und gegen den Horizont in graue Farbnuancen überging, entspannte sich mein Körper und mein Bewußtsein weitete sich. Ich fühlte mich von meinen Erinnerungen inspiriert und war voller freudiger Erwartung angesichts der neuen Einsichten, die mir, wie ich wußte, bevorstanden.

Bei meiner Ankunft begrüßte Grof mich herzlich, stellte mich seiner Frau Christina vor und führte mich in seinem Haus umher. Es ist einer der schönsten und inspirierendsten Plätze, die ich gesehen habe: ein Haus, umgeben von Mammutbäumen, mit großartigem Blick auf den Ozean, das sich gewissermaßen an die Kante eines Felsvorsprungs einige Meilen nördlich von Esalen klammert. Die Außenwand des Wohnzimmers besteht fast nur aus Glas, mit Türen hinaus auf einen hölzernen Vorbau hoch über den sich brechenden Wellen. Eine Wand des Raumes bedeckt ein riesiges Garnbild der Huichol-Indianer, das in leuchtenden Farben Menschen und Tiere bei einer heiligen Visionssuche darstellt. In einer Ecke befindet sich ein großer Kamin aus rohen Steinen, in einer anderen eine bequeme Couch, umgeben von Regalen mit Büchern über Kunst und Enzyklopädien. Überall im Raum stehen religiöse Kunstgegenstände, Blasinstrumente, Trommeln und andere Hilfsmittel schamanischer Rituale, die Grof auf seinen Reisen rund um die Welt gesammelt hat. Das ganze Haus spiegelt Grofs Persönlichkeit wider – in hohem Maße künstlerisch, ruhig und friedlich und dennoch erregend und inspirierend. Seit meinem ersten Besuch habe ich in diesem Hause mit den Grofs und auch allein viele Tage verbracht, die stets zu den glücklichsten Augenblicken meines Lebens zählen werden.

Nachdem Stan mir das ganze Haus gezeigt und einige Anekdoten im Zusammenhang mit seiner Kunstsammlung erzählt hatte, setzten wir uns zu unserem ersten langen Gespräch bei einem Glas Wein auf die Sonnenterrasse. Er begann mit der Bemerkung, *Das Tao der Physik* sei ein sehr wichtiges Buch für ihn gewesen. Bei seinen Kollegen sei er stets auf harten Widerstand gestoßen, wenn er über psychedelische Therapien gesprochen habe. Der Mißbrauch von LSD und die damit begründeten rechtlichen Einschränkungen hätten ziemlich viel Verwirrung gestiftet. Darüber hinaus unterscheide sich der von ihm entwickelte Rahmen so radikal von dem der konventionellen Psychiatrie, daß er als unvereinbar mit den wissenschaftlichen Anschauungen seiner Kollegen über die Wirklichkeit gelte, dementsprechend also als unwissenschaftlich. In *Das Tao der Physik* habe er zum ersten Male eine detaillierte Beschreibung eines begrifflichen Rahmens gefunden, der viel Ähnlichkeit mit seinem eigenen aufweise und dazu noch auf Entdeckungen der Physik beruhe, also der am meisten respektierten Naturwissenschaft. «Meines Erachtens wird es künftig sehr viel Unterstützung für Bewußtseinsforschung geben, wenn wir solide Brücken bauen können zwischen dem Material aus der Erforschung veränderter Bewußtseinszustände und den theoretischen Überlegungen moderner Physiker», sagte er.

Grof schilderte dann in Umrissen die Ähnlichkeiten zwischen den bei seinen psychedelischen Experimenten beobachteten Wahrnehmungen der Wirklichkeit und denen der modernen Physik. Er benutzte dabei die drei Domänen seiner Kartographie des Unbewußten. Um die Erfahrungen aus der ersten, der psychodynamischen Domäne, zu beschreiben, gab er mir eine klare und präzise Zusammenfassung der psychoanalytischen Theorie Freuds.

Bei dieser Gelegenheit befragte ich Grof über einige «newtonsche» Aspekte der Psychoanalyse, die mir vor kurzem bewußt geworden waren, beispielsweise den Begriff innerer «Objekte», die im psychologischen Raum lokalisiert sind, sowie über psychische Kräfte mit definitiver Zielrichtung, die «die Mechanismen und Maschinerien des Geistes» antreiben. Auf diese Aspekte hatte mich Stephen Salenger aufmerksam gemacht, ein Psychoanalytiker aus Los Angeles, mit dem ich einige inspirierende Gespräche geführt und der mich eingeladen hatte, einen Vortrag vor der Los Angeles Psychoanalytic Society zu halten.

Grof bestätigte meine Vermutung, daß die Psychoanalyse wie die meisten wissenschaftlichen Theorien des 19. und frühen 20. Jahrhunderts nach dem Modell der Newtonschen Physik geformt wurde. Er konnte mir sogar aufweisen, daß die vier grundlegenden Perspektiven, aus denen die Psychoanalytiker traditionellerweise das mentale Geschehen betrachten und analysieren – die sogenannte topographische, die dynamische, die ökonomische und die genetische –, jeweils genau den vier Gruppen von Begriffen entsprechen, die der Newtonschen Mechanik zugrunde liegen. Aber selbst die heutige Einsicht in die Grenzen der Psychoanalyse könne dem Genie ihres Begründers keinen Abbruch tun. «Freuds Beitrag war wirklich außergewöhnlich», sagte Grof bewundernd. «Er hat das Unbewußte und seine Dynamik praktisch ganz allein gefunden. Außerdem hat er die Deutung der Träume entdeckt, hat eine dynamische Grundlage für die Psychiatrie geschaffen, indem er die Kräfte studierte, die psychische Störungen verursachen. Ferner erkannte er die Bedeutung der Kindheitserlebnisse für die künftige Entwicklung des Individuums. Er identifizierte den Sexualtrieb als eine der wichtigsten psychischen Kräfte, führte den Begriff der infantilen Sexualität ein und entwarf die wichtigsten Grundzüge der frühen psycho-sexuellen Entwicklung. Jede dieser Entdeckungen für sich alleine wäre als ein Lebenswerk bereits eine beeindruckende Leistung.»

Zurückkommend auf den psychodynamischen Bereich der LSD-Erfahrung, fragte ich Grof, ob es auf dieser Ebene zu irgendeiner Veränderung der Weltanschauung komme.

»Die wichtigste Konsequenz auf dieser Ebene scheint mir folgende zu sein», antwortete er. «Die Menschen betrachten nach der LSD-Erfahrung gewisse Aspekte ihrer Wahrnehmungen darüber, wer sie selbst sind, was die Welt und was die Gesellschaft ist, nicht mehr als authentisch. Sie beginnen einzusehen, daß diese Wahrnehmungen unmittelbare Ableitungen aus Erlebnissen der Kindheit sind, gewissermaßen Kommentare zu ihrer ganz persönlichen Geschichte. Und da sie nun in der Lage sind, ihre einstigen Erfahrungen noch einmal zu erleben, werden ihre Meinungen und Anschauungen offener und flexibler und nicht mehr durch starre Kategorien eingeengt.»

«Aber es kommt auf dieser Ebene zu keinem wirklich tiefen Wandel ihrer Weltanschauung?»

«Nein, die wirklich fundamentalen Veränderungen beginnen auf der perinatalen Ebene, zu deren auffallendsten Aspekten der enge Zusammenhang zwischen den Erfahrungen von Geburt und Tod gehört. Die Begegnung mit Leiden und Kampf und die Auslöschung aller vorherigen Bezugspunkte im Geburtsvorgang stehen der Erfahrung des Todes so nahe, daß der gesamte Prozeß als ein Tod-Wiedergeburt-Erlebnis angesehen werden kann. Die perinatale Ebene ist die Ebene von Geburt und Tod. Es ist die Ebene existentieller Erfahrungen, die einen ganz entscheidenden Einfluß auf das mentale und emotionale Leben eines Menschen und seine Weltanschauung ausüben.

Sobald sich die Menschen einmal durch eigene Erfahrung mit dem Tod und der Vergänglichkeit aller Dinge konfrontiert sehen», fuhr Grof fort, «beginnen sie häufig, *alle* ihre gegenwärtigen Lebensstrategien als Irrtum und die Totalität ihrer Wahrnehmungen als eine Art fundamentale Illusion anzusehen. Die Erfahrung der Begegnung mit dem Tod bewirkt oft eine echte existentielle Krise, die den Menschen zwingt, den Sinn seines Lebens und seine Wertvorstellungen neu zu überdenken. Weltlicher Ehrgeiz, Konkurrenzdenken, das Streben nach gesellschaftlichem Status, Macht oder materiellem Besitz – alles das verblaßt angesichts der Möglichkeit, daß der Tod jeden Moment eintreten kann.»

«Und was geschieht dann?»

«Nun, aus dem Tod-Wiedergeburt-Prozeß erwächst das Gefühl, daß das Leben beständiger Wandel ist, daß es ein Prozeß ist und daß es keinen Sinn hat, sich an spezifische Ziele oder Auffassungen zu klammern. Der Mensch beginnt einzusehen, daß er nichts Vernünftigeres tun kann, als sich auf den Wandel selbst zu konzentrieren, der der einzig konstante Aspekt des Seins ist.»

«Wissen Sie, das ist ja genau der Ausgangspunkt des Buddhismus. Wenn ich höre, wie Sie diese Erfahrungen beschreiben, bekomme ich das Gefühl, daß sie eine spirituelle Qualität haben.»

«Das stimmt: Der vollständige Tod-Wiedergeburt-Vorgang stellt stets eine spirituelle Öffnung dar. Wer diese Erfahrung durchlebt, wird unweigerlich gewahr, daß die spirituelle Dimension des Seins außerordentlich bedeutsam, wenn nicht sogar grundlegend ist. Gleichzeitig wandelt sich die Vorstellung dieses Menschen vom physikalischen Universum. Der Mensch verliert das Gefühl der Getrenntheit, er glaubt nicht mehr an feste Materie, sondern denkt an Energiemuster.»

Mit dieser Bemerkung erreichten wir die von Grof zu Beginn unseres Gesprächs erwähnten Brücken zwischen Bewußtseinsforschung und moderner Physik. Wir erörterten ausführlich Einzelheiten der Anschauungen von der physikalischen Wirklichkeit, wie sie sich aus den beiden Disziplinen ergeben. Mich interessierte dabei, ob die veränderten Wahrnehmungen im Laufe von LSD-Sitzungen auch zu Veränderungen der Wahrnehmung von Raum und Zeit führen. Mir war aufgefallen, daß Grof bis dahin die Vorstellungen von Raum und Zeit nicht erwähnt hatte, die sich in der modernen Physik so radikal gewandelt hatten.

«Nicht auf perinataler Ebene», antwortete er. «Sobald die spirituelle Dimension ins Spiel kommt, wird zwar die Welt als Energiemuster gesehen; doch gibt es immer noch einen objektiven, absoluten Raum, in dem alles geschieht, und es gibt auch lineare Zeit. Das ändert sich jedoch grundlegend, sobald die Menschen die nächste Ebene, den transpersonalen Bereich, zu erfahren beginnen. Auf dieser Ebene werden die Vorstellungen vom dreidimensionalen Raum und linearer Zeit vollkommen zunichte. Ihre Erfahrung beweist diesen Menschen, daß diese Vorstellungen nicht zwingend sind und unter gewissen Bedingungen auf vielfältige Weise transzendiert werden können. Mit anderen Worten: Es gibt Alternativen nicht nur für das begriffliche Denken über die Welt, sondern auch für die tatsächliche Erfahrung der Welt.»

«Wie sehen denn diese Alternativen aus?»

«Nun, bei psychedelischen Sitzungen kann der Mensch alle möglichen Arten von Raumvorstellungen erleben. Sie können hier in Big Sur sitzen, und plötzlich bricht die Vorstellung Ihres Schlafzimmers in Berkeley, irgendeines Raumes aus Ihrer Kindheit oder aus fernster Vergangenheit der menschlichen Geschichte in Ihre Erfahrung von Big Sur ein. Sie können auch beliebig viele Transformationen erleben, selbst verschiedene räumliche Gegebenheiten gleichzeitig. Auf ähnliche Weise können Sie auch verschiedene Zeitformen erleben – kreisförmig verlaufende Zeit, rückwärts laufende Zeit, Zeittunnels –, und damit wird Ihnen klar, daß es Alternativen für die kausale Betrachtung der Dinge gibt.»

Ich erkannte eine Fülle von Parallelen zur modernen Physik, war jedoch im Augenblick weniger daran interessiert, sie noch eingehender zu erkunden. Vielmehr war ich darauf aus, eine Frage zu stellen, die in allen spirituellen Überlieferungen ein zentrales Thema ist – die Natur des Bewußtseins und seine Beziehung zur Materie.

«Diese Frage kommt bei psychedelischen Sitzungen auf transpersonaler Ebene immer wieder hoch», erklärte Grof. «Und dabei kommt es zu einer grundlegenden Verlagerung der Wahrnehmung. Die Frage der konventionellen abendländischen Naturwissenschaft – In welchem Augenblick entsteht Bewußtsein? Wann wird Materie ihrer selbst bewußt? – wird auf den Kopf gestellt. Jetzt lautet sie: Wie erzeugt das Bewußtsein die Illusion der Materie? Sehen Sie, Bewußtsein wird in diesem Bereich als etwas Ursprüngliches betrachtet, das man nicht auf der Grundlage von irgend etwas anderem erklären kann. Es ist einfach da und letzten Endes die einzige Wirklichkeit, etwas, das in Ihnen und mir und in allem um uns herum manifest ist.»

Grof verstummte, und ich schwieg ebenfalls. Wir hatten sehr lange miteinander gesprochen; nun stand die Sonne tief über dem Horizont und malte eine leuchtende Bahn auf den Ozean. Es war eine Szene von außerordentlicher Schönheit und tiefem Frieden – getragen vom rhythmischen Atem des Pazifiks, der, Welle auf Welle, mit dumpfem Donnern gegen die Felsen unter uns anbrandete. Was Grof über die Natur des Bewußtseins gesagt hatte, war mir nicht neu. Ich hatte es in den verschiedensten Varianten schon oft in den klassischen Texten der östlichen Mystik gelesen. Und doch klang es mir in seiner Beschreibung psychedelischer Erfahrungen unmittelbarer und lebendiger. Und während ich über das Meer blickte, wurde mein Gewahrsein der Einheit aller Dinge sehr wirklich und überzeugend.

Grof folgte meinem Blick und muß irgendwie meine Gedanken gelesen haben. «Eine der häufigsten Metaphern, die man in Berichten über psychedelische Erlebnisse findet, ist die des Wasserkreislaufs in der Natur», sagte er. «Das universale Bewußtsein wird mit dem Meer verglichen – eine flüssige, undifferenzierte Masse – und die erste Phase der Schöpfung mit der Bildung von Wellen. Man kann eine Welle als individuelle Wesenheit betrachten, und dennoch ist unbestritten die Welle der Ozean und der Ozean die Welle. Im Grunde kann man beide nicht trennen.»

Auch das war mir ein vertrautes Bild, das ich selbst im *Tao der Physik* verwendet hatte, als ich beschrieb, wie Buddhisten und Quantenphysiker gleichermaßen die Analogie der Meereswellen nutzen, um die Illusion getrennter Entitäten zu illustrieren. Dann sprach Grof jedoch weiter und verfeinerte die Metapher auf eine Art, die für mich neu und sehr eindrucksvoll war.

«Das nächste Stadium der Schöpfung wäre eine Woge, die sich an Felsen bricht, so daß Wassertropfen in die Luft gischten und für kurze Zeit als individuelle Einheiten existieren, bevor sie wieder vom Meer aufgenommen werden. Damit haben wir also flüchtige Augenblicke separater Existenz.»

Er spann diese Metapher noch weiter aus. «Das nächste Stadium dieses metaphorischen Gedankenganges wäre dann, daß eine Woge hoch auf die Felsenküste prallt und wieder zurückschwappt, dabei jedoch eine kleine Pfütze Wasser zurückläßt. Es kann ziemlich lange dauern, bis die nächste Welle kommt und das vorher zurückgelassene Wasser wieder mitnimmt. Während dieser Zeit ist die Pfütze eine abgetrennte Einheit, und dennoch ist sie eine Ausweitung des Meeres, die schließlich wieder in ihren Ursprung zurückkehrt.»

Ich blickte auf die Wasserpfützen in den unter uns liegenden Felsspalten hinunter und dachte an die vielen spielerischen Varianten, die bei Grofs Metapher denkbar waren. «Und was ist mit dem Verdampfen?» fragte ich.

«Das ist die nächste Phase. Stellen Sie sich vor, das Wasser verdampft und bildet eine Wolke. Jetzt ist zunächst die ursprüngliche Einheit durch eine tatsächliche Transformation verdeckt, und man braucht schon einige physikalische Kenntnisse, um sich klarzumachen, daß die Wolke der Ozean und der Ozean die Wolke ist. Aber schließlich wird sich das Wasser in der Wolke doch wieder als Regen mit dem Meer vereinen.

Die endgültige Trennung, bei der dann die Verbindung mit der ursprünglichen Quelle vollständig vergessen scheint, wird oft durch eine Schneeflocke illustriert, die sich aus dem Wasser in der Wolke kristallisiert, das ursprünglich aus dem Ozean verdampfte. Hier haben wir nun eine in hohem Maße strukturierte, sehr individuelle separate Entität, die scheinbar keine Ähnlichkeit mehr mit ihrer Herkunft besitzt. Jetzt braucht man schon ein etwas eingehenderes Wissen vom Wasser, um zu erkennen, daß die Schneeflocke der Ozean und der Ozean die Schneeflocke ist. Um sich wieder mit dem Meer zu vereinen, muß die Schneeflocke ihre Struktur und Individualität aufgeben; sie muß gewissermaßen den Tod des Ego erleiden, um zu ihrer Quelle zurückzukehren.»

Wieder verfielen wir in Schweigen, während ich über die vielfältige Bedeutung der Metapher nachdachte. Inzwischen war die Sonne untergegangen; die Farbe der Wölkchen am Horizont hatte von Gold zu tiefem Rot gewechselt. Während ich so auf das Meer starrte und an seine zahlreichen Manifestationen in den endlosen Zyklen des Wasserkreislaufs dachte, kam mir plötzlich eine tiefe Einsicht. Nach einigem Nachsinnen brach ich das Schweigen.

«Wissen Sie, Stan, eben wurde mir ein tiefer Zusammenhang zwischen Spiritualität und Ökologie klar. Ökologisches Gewahrsein auf seiner tiefsten Ebene ist das intuitive Gewahrsein des Einsseins des ganzen Lebens, der wechselseitigen Abhängigkeit seiner vielfältigen Manifestationen und seiner Zyklen von Veränderung und Transformation. Ihre Beschreibung transpersonaler Erfahrung hat mir soeben klargemacht, daß man dieses Gewahrsein auch spirituelles Gewahrsein nennen kann.»

Mit großer innerer Erregung fuhr ich fort. «Genaugenommen könnte man Spiritualität oder den menschlichen Geist als die Form des Bewußtseins definieren, in der wir uns mit dem Kosmos als Ganzem verbunden fühlen. Daraus wird deutlich, daß ökologisches Gewahrsein in seinem tiefsten Wesen spirituell ist. Und so ist es dann auch nicht überraschend, daß die neue Sicht der Wirklichkeit, die aus der modernen Physik entsteht und eine ganzheitliche und ökologische Schau ist, sich im Einklang mit den Visionen spiritueller Überlieferungen befindet.»

Grof nickte zustimmend, ohne etwas zu sagen. Es bedurfte keiner weiteren Worte. Wir blieben noch lange schweigend sitzen, bis es fast dunkel und kühl wurde und wir ins Haus gingen.

Ich übernachtete im Gästezimmer und verbrachte den folgenden Tag mit den Grofs damit, daß wir uns allerlei Geschichten aus unserem Leben erzählten und uns auf ganz persönlicher Ebene näherkamen. Stan lud mich ein, später im Jahr mit ihm zusammen ein Seminar im Esalen Institute abzuhalten. Bevor ich sein Haus verließ, holte er aus seiner Bibliothek zu meiner Überraschung ein wunderschön gebundenes und illustriertes deutsches Exemplar der «Fritjof-Saga». Es ist dies eine bekannte schwedische Legende, die meine Mutter zu meinem

Vornamen inspiriert hatte. Er schenkte mir das Buch als Zeichen unserer neuen Freundschaft – das großzügige Geschenk eines außergewöhnlichen Menschen.

Mein Frühstück mit Laing

Meine erste Begegnung mit Laing fand im Mai 1977 statt, als ich nach Beendigung des *Tao der Physik* und meinem Umzug nach Kalifornien zum ersten Male wieder nach London kam. Ich hatte London und meinen dortigen großen Freundeskreis im Dezember 1974 verlassen, mit dem fertigen Manuskript im Gepäck und mit großen Hoffnungen, mich in Kalifornien als Physiker und Schriftsteller etablieren zu können. Zweieinhalb Jahre später hatte ich das meiste von dem erreicht, was ich erhofft hatte. Mein erstes Buch war in England und den Vereinigten Staaten veröffentlicht und in beiden Ländern mit großem Beifall aufgenommen worden; inzwischen wurde es zudem in mehrere Sprachen übersetzt. Ich war Mitglied von Geoffrey Chews Forschungsteam in Berkeley und arbeitete eng mit einem der tiefsten wissenschaftlichen Denker unserer Zeit zusammen. Meine finanziellen Schwierigkeiten waren endlich behoben, und ich hatte mit einem erregenden neuen Projekt begonnen – der Erforschung des Paradigmenwechsels in der Wissenschaft und der Gesellschaft –, was mich wiederum in Kontakt mit vielen außergewöhnlichen Menschen brachte.

Ich kehrte in bester Stimmung nach London zurück. Drei Wochen lang feierte ich mit meinen Freunden, die mich freudig und mit Zuneigung begrüßten. Bei der Architectural Association, einer Hochschule für Architektur, die während der sechziger und siebziger Jahre der künstlerischen und intellektuellen Avantgarde als Forum diente, hielt ich zwei Vorträge. Mit der BBC machte ich einen kurzen Fernsehfilm über mein Buch, in dem mein alter Freund Phiroz Mehta die Hindu-Texte sprach. Außerdem besuchte ich einige hervorragende Wissenschaftler, um mit ihnen meine Ideen und Zukunftsprojekte zu besprechen. Drei Wochen lang erlebte ich eine märchenhafte Zeit.

Einer der Wissenschaftler, die ich besuchte, war der Physiker David Bohm. Mit ihm diskutierte ich den neuen Durchbruch in der Bootstrap-

Physik und die von mir erkannten Zusammenhänge zwischen Chews und Bohms Theorie. Ein anderer denkwürdiger Besuch galt Joseph Needham in Cambridge. Er ist Biologe und wurde zu einem der führenden Historiker chinesischer Naturwissenschaft und Technologie. Sein monumentales Werk *Science and Civilisation in China* hat mein Denken beim Schreiben des *Tao der Physik* stark beeinflußt, doch hatte ich nie gewagt, ihn zu besuchen. Nun jedoch fühlte ich mich selbstsicher genug, mit Needham Kontakt aufzunehmen. Er empfing mich freundlich und lud mich in sein College Gonville and Caius zum Abendessen ein, wo ich einen sehr anregenden Abend mit ihm verbrachte.

Beide erwähnten Besuche waren für mich sehr stimulierend. Doch wurden sie von zwei weiteren Besuchen übertroffen, die unmittelbar mit meinem neuen Projekt zusammenhingen. Der eine galt E. F. Schumacher, dem Autor von *Small is Beautiful* (deutsch: *Die Rückkehr zum menschlichen Maß*). Hiervon wird im sechsten Kapitel ausführlich die Rede sein. Der andere Besuch galt R. D. Laing und war überhaupt eines der Hauptziele meines Aufenthaltes in London. Eine gute Freundin, Jill Purce, Schriftstellerin und Herausgeberin mit vielen Beziehungen zu künstlerischen, literarischen und spirituellen Kreisen in London, hatte Laing durch den auch mir bekannten Anthropologen Francis Huxley kennengelernt. Deshalb schickte ich Laing über Jill und Francis einen meiner Artikel, der den Inhalt von *Das Tao der Physik* zusammenfaßte. Im Begleitbrief schrieb ich ihm, ich würde mich sehr freuen und geehrt fühlen, wenn ich ihn persönlich treffen könnte. Ich sei gerade dabei, meine Forschung in neue Bereiche auszudehnen und hätte einige Fragen über Psychologie und Psychotherapie. Würde er vielleicht so freundlich sein und mir etwas Zeit zur Erörterung dieser Fragen widmen? Ich wollte Laing auch fragen, was er von Grofs Arbeit hielt, und spielte sogar mit dem Gedanken, ihn als Berater zu gewinnen.

Laing antwortete positiv und lud mich für einen der nächsten Tage um elf Uhr vormittags in sein Haus in Hampstead ein. Jener Tag war ein warmer, klarer Frühlingstag – einer jener in London so seltenen strahlenden Tage, die nach dem langen englischen Winter besonders guttun. Als ich pünktlich an Laings Haustür läutete, war ich angesichts seiner Reputation als Exzentriker, als unberechenbarer und im Umgang oft schwieriger Mensch etwas nervös. Doch hatte ich schon vorher so manches Gespräch mit recht ungewöhnlichen Leuten geführt; ich war ernsthaft daran interessiert, von ihm selbst mehr über seine Ideen zu erfahren, ich wußte, welche Fragen ich ihm stellen wollte, und ich vertraute meiner Fähigkeit, andere Menschen in anregende intellektuelle Gespräche zu verwickeln. So war ich trotz leichter Nervosität recht zuversichtlich.

Laing öffnete die Tür und blickte mich aus halbgeschlossenen Augen neugierig an, den Kopf leicht zur Seite geneigt, die Schultern hochgezogen. Er hatte einen Schal um den Hals geschlungen und sah hager und zerbrechlich aus. Als er mich erkannte, lud er mich lächelnd und mit leicht übertriebener Verbeugung, scheu, aber freundlich, ein, näher zu treten. Er faszinierte mich vom ersten Augenblick an. Laing erkundigte sich, ob ich schon gefrühstückt hätte, und als ich das bejahte, fragte er mich, ob ich ihn zu einem nahe gelegenen Restaurant begleiten wolle, in dessen hübschem Garten *er* frühstücken könne, wobei ich ihm mit einer Tasse Kaffee oder einem Glas Wein Gesellschaft leisten könne.

Auf dem Wege zum Restaurant dankte ich Laing für seine Bereitschaft, mich zu empfangen, und fragte ihn, ob er bereits die Möglichkeit gehabt habe, einen Blick in mein Buch zu werfen oder den von mir übersandten Artikel zu lesen. Er gestand, er habe für beides noch keine Zeit gehabt, sondern nur einen flüchtigen Blick auf den Artikel geworfen. Daraufhin erzählte ich ihm, mein Buch behandle die Parallelen zwischen moderner Physik und den Grundideen der mystischen Überlieferungen des Ostens, und fragte, ob Laing selbst schon jemals an solche Parallelen gedacht habe. Mir war bekannt, daß Laing einige Zeit in Indien gelebt hatte, jedoch nicht, ob er etwas über Quantenphysik wußte.

«Solche Parallelen überraschen mich gar nicht», begann er in etwas ungeduldigem Ton. «Denken Sie doch daran, was Heisenberg über die Rolle des Beobachters sagt...» Und mit diesen Worten leitete er eine eindrucksvolle und genaue Zusammenfassung der Anschauungen der modernen Physik ein. Es war einer jener langen Monologe, die, wie ich später merkte, für Laing charakteristisch sind. Seine Zusammenfassung der Philosophie der Quantenmechanik und Relativitätstheorie kam dem sehr nahe, was ich in *Das Tao der Physik* dargestellt hatte, und ließ die Parallelen zur östlichen Mystik deutlich hervortreten. Diese brillante Zusammenfassung überwältigte mich ebenso wie Laings Fähigkeit, die wesentlichen Aspekte eines Gebietes zu erfassen, von dem ich meinte, daß es ihm recht fremd sein müßte.

Im Restaurant angelangt, bestellte Laing ein Omelett und fragte, ob er mich zu einem Glas Wein einladen dürfe. Er ließ eine Flasche Rotwein kommen, den er als Spezialität des Hauses empfahl. Dann saßen wir an diesem wundervollen, sonnigen Vormittag in dem lauschigen Garten und führten ein mehr als zweistündiges lebhaftes Gespräch über einen breiten Themenkreis. Es war für mich nicht nur intellektuell sehr anregend, sondern insgesamt ein faszinierendes Erlebnis, noch verstärkt durch Laings ausdrucksvolle Art zu sprechen. Er trägt seine Ansichten stets mit großer Leidenschaft vor, wobei sein Gesicht und seine Körpersprache ein ganzes Spektrum von Emotionen zum Ausdruck bringen – Ekel, Spott, verächtlichen Sarkasmus, Charme, Zartheit, Empfindsamkeit, ästhetisches Vergnügen und vieles mehr. Seine Art zu sprechen läßt sich am besten mit Musik vergleichen. Der Ton ist oft beschwörend, der Rhythmus stets akzentuiert; die Sätze sind lang und eindringlich, wie Variationen eines musikalischen Themas mit abwechselnder Betonung und Intensität.

Laing verwendet Sprache gern, um Dinge eher zu malen, als sie zu beschreiben, wobei er nach Belieben Umgangssprache mit hochkultivierten Zitaten aus Literatur, Philosophie und religiösen Texten mischt. Dabei zeigt sich die außergewöhnliche Bandbreite und Tiefe seiner Bildung. Er hat eine gründliche Schulung in Griechisch und Latein erfahren, neben seiner langen Ausbildung in Psychiatrie ausführlich Philosophie und Theologie studiert, kann hervorragend Klavier spielen, schreibt Poesie und hat viel Zeit mit dem Studium östlicher und abendländischer mystischer Überlieferungen verbracht und seine Einsichten durch Yoga und buddhistische Meditation vertieft. Während unseres ersten langen Gesprächs entfaltete sich vor mir nach und nach die Fülle dieser Welt von Laings Wissen und Erfahrung und verzauberte mich für immer. Laing zeigte sich mir gegenüber sehr freundlich. Obwohl er oft mit großem Nachdruck sprach, war er niemals aggressiv oder sarkastisch, sondern stets sehr sanft und liebenswürdig.

Er begann unsere Unterhaltung mit einigen Sätzen über Indien, wobei er einige Gedanken fortsetzte, die er auf dem Wege zum Restaurant formuliert hatte. Damals war ich noch nicht in Indien gewesen, und Laing sagte, es sei ihm zutiefst zuwider zu sehen, wie so viele selbsternannte und falsche Gurus die romantischen Sehnsüchte naiver abendländischer Jünger ausnutzten. Er sprach sehr verächtlich von diesen Pseudo-Gurus, erzählte mir aber nicht, daß er selbst während seines Aufenthaltes in Indien von echten spirituellen Meistern tief inspiriert worden war. Erst mehrere Jahre später erfuhr ich, wie sehr er von indischer Spiritualität, besonders vom Buddhismus, beeinflußt war. In diesem Zusammenhang sprachen wir auch über C. G. Jung, über den Laing sich kritisch äußerte.

Laing meinte, Jung drücke sich in einigen Einführungen zu Büchern über östliche Mystik sehr gönnerhaft aus und projiziere seine schweizerisch-psychiatrische Anschauung auf die östlichen Überlieferungen, was für Laing «absolut unerträglich» war, obwohl er Jung als Psychotherapeuten sehr respektierte.

An dieser Stelle unseres Gesprächs legte ich das Grundthema meines neuen Buches dar und begann mit dem Gedanken, daß die Naturwissenschaften ebenso wie die Geistes- und die Sozialwissenschaften nach der Newtonschen Physik modelliert sind, daß sich mehr und mehr Naturwissenschaftler der Grenzen der mechanistischen Newtonschen Weltanschauung bewußt werden und daß sie ihre grundlegende Philosophie radikal ändern müßten, um an der gegenwärtigen kulturellen Transformation teilhaben zu können. Ich erwähnte insbesondere die Parallelen zwischen Newtonscher Physik und der Psychoanalyse, die ich mit Grof diskutiert hatte.

Laing stimmte meiner grundlegenden These zu und bestätigte auch meine Idee, daß die Psychoanalyse einen Newtonschen Rahmen habe. Die Kritik an Freuds mechanistischer Denkweise, so sagte er mir, sei noch relevanter, wo es um zwischenmenschliche Beziehungen gehe. «Freud besaß keine Denkkonstruktionen für Systeme, die aus mehr als einer Person bestehen. Für ihn gab es nur den mentalen Apparat, die psychischen Strukturen, inneren Objekte und Kräfte – doch hatte er keine Vorstellung davon, wie zwei dieser mentalen Apparate, jeder mit seiner eigenen Konstellation innerer Objekte, miteinander in Beziehung treten können. Nach Ansicht von Freud interagieren sie bloß mechanisch, wie zwei Billardkugeln. Er hatte keine Vorstellung von Erfahrungen, die von Menschen geteilt werden.»

Laing sprach dann von seiner umfassenderen Kritik an der Psychiatrie, wobei er ganz besonders die Überzeugung vertrat, dem Patienten dürften niemals psychoaktive Drogen aufgezwungen werden. «Wer gibt uns das Recht, uns in die geistige Verwirrung eines Menschen einzumischen?» fragte er. Es bedürfe einer viel vorsichtigeren Anwendung von Drogen. Natürlich dürfe man den Patienten mit Medikamenten beruhigen, darüber hinaus jedoch solle man an Geisteskrankheiten mit einer Art «homöopathischer Methode» herangehen, «mit dem Körper tanzend» und nur «leicht das Gehirn anstoßend». Er sagte auch, die ursprüngliche Bedeutung des Wortes «Therapeut» in seiner griechischen Form *therapeutes* sei «aufmerksamer Begleiter». Ein Therapeut solle daher ein Spezialist in Aufmerksamkeit und Gewahrsein sein.

Im Laufe unseres Gesprächs stellte sich zu meiner Freude immer deutlicher heraus, daß Laing meine Grundthese bestätigte und mit meiner Methode übereinstimmte. Gleichzeitig wurde mir klar, daß seine Persönlichkeit und sein Stil von meinem so verschieden waren, daß eine Zusammenarbeit zwischen uns wahrscheinlich nicht gut verlaufen würde. Außerdem hatte ich mich praktisch schon entschieden, Grof zu bitten, mein Berater in Sachen Psychologie zu werden. Deshalb fragte ich Laing, wie er über das Werk von Grof denke. Er sprach mit großer Achtung von ihm. Er sei an dessen Arbeiten über LSD-Therapie und vor allem über den Einfluß des Geburtserlebnisses auf die Psyche des Menschen sehr interessiert. Als ich später meinen Plan erwähnte, eine Gruppe von Beratern zusammenzuführen, sagte Laing einfach: «Wenn Sie Grof bekommen, könnte ich mir keinen Besseren denken.»

Ermutigt durch Laings wohlwollende Kommentare und Anregungen und seine weitreichende Übereinstimmung mit meinen Ideen, stellte ich schließlich die Frage, die mich am meisten beschäftigte: Was ist das Wesen der Psychotherapie? Wie funktioniert sie? Diese Frage, so erzählte ich Laing, hatte ich in früheren Gesprächen mit Psychotherapeuten oft gestellt. Ich erinnerte mich insbesondere einer Unterhaltung mit Analytikern der Jungschen Richtung in Chicago, unter ihnen Werner Engel und June Singer, aus der ich gefolgert hatte, es müsse eine Art «Resonanz» zwischen dem Therapeuten und dem Patienten geben, um den Heilungsprozeß in Gang zu bringen. Zu meiner freudigen Überraschung sagte Laing, auch für ihn sei dies das Wesentliche an der Psychotherapie. «Psychotherapie ist im Grunde eine authentische Begegnung zwischen zwei Menschen.» Um die Bedeutung dieser schönen Definition zu illustrieren, berichtete er mir von einer seiner Therapiesitzungen. Ein Mann kam mit beruflichen und familiären Problemen zu ihm. Seine Situation schien überhaupt keine herausragenden Merkmale zu haben. Er war verheiratet, hatte zwei Kinder, war als Büroangestellter tätig. In seinem Leben gab es nichts Ungewöhnliches, nichts Dramatisches, kein komplexes Einwirken besonderer Umstände. «Ich hörte ihm zu», sagte Laing, «ich stellte ihm ein paar Fragen, und schließlich brach der Mann in Tränen aus und sagte: ‹Zum ersten Male habe ich mich hier als Mensch gefühlt.› Anschließend gaben wir uns zum Abschied die Hand – und das war alles.»

Diese Geschichte klang mir reichlich seltsam, da mir wirklich nicht klar war, worauf Laing hinauswollte. Ich brauchte mehrere Jahre, um sie zu verstehen. Während ich noch über ihren Sinn nachdachte, bemerkte Laing, daß wir die Flasche geleert hatten, und fragte, ob wir nicht noch etwas trinken sollten. Das Restaurant habe einen noch besseren Wein im Keller, den er sehr empfehlen könne. Ich hatte an diesem Morgen nur wenig gefrühstückt und die erste halbe Flasche praktisch auf nüchternen Magen getrunken, doch hatte ich keine Einwände gegen eine zweite Flasche. Lieber wollte ich mich voll berauschen lassen, als den Abbruch unseres guten Gesprächs zu riskieren.

Die zweite Flasche wurde aufgetragen. Laing widmete sich dem bei Kennern üblichen Ritual des Probierens, und nach einem schnellen Zuprosten – der Wein war wirklich ausgezeichnet – begann er mit einer Reihe von Stories über therapeutische Begegnungen und psychotische Heilungsreisen, die zunehmend verdrehter und bizarrer wurden. Sie gipfelten in der Geschichte einer Frau, die dadurch geheilt wurde, daß sie sich spontan in einen Hund und wieder zurück in eine Frau verwandelte. Diese dramatische Periode dauerte drei Tage, von Karfreitag bis Ostermontag – vom Tod bis zur Auferstehung –, während sie sich ganz allein in einem abgelegenen Landhaus aufhielt.*

Ich hatte anfänglich Mühe, Laing zu verstehen, weil ich nicht an seinen schottischen Dialekt gewöhnt war. Jetzt, nachdem der Wein sich auswirkte, schien sein Akzent noch exotischer zu werden, seine Sprache noch einnehmender. Die Wirklichkeit des Gartenrestaurants und die Wirklichkeit seiner außergewöhnlichen Geschichten verschwammen immer mehr ineinander. All das summierte sich zu einer sehr ungewöhnlichen Erfahrung, bei der ich mir etwas wie Alice im Wunderland vorkam, auf Reisen durch die wundersame und fantastische Welt des R. D. Laing.

Tatsächlich hat Laing mich bei dieser ersten Begegnung in einen veränderten Bewußtseinszustand versetzt, um mit mir über veränderte Bewußtseinszustände zu sprechen, wobei er unsere Diskussion über solche Erfahrungen geschickt mit tatsächlicher Erfahrung vermischte. Dadurch half er mir zu begreifen, daß es auf die Frage «Was ist das Wesen der Psychotherapie?» nicht die eindeutige Antwort gibt, die ich erwartet hatte. Mittels seiner fantastischen Geschichten übermittelte Laing mir die Botschaft, die er in seinem Buch *Phänomenologie der Erfahrung* in einen einzigen Satz komprimiert hat: «Doch die wirklich

* Jahre später veröffentlichte Laing diese außergewöhnliche Geschichte in seinem Buch *Die Stimme der Erfahrung.*

entscheidenden Momente in der Psychotherapie sind – wie jeder Patient oder Therapeut weiß, der sie erfahren hat – nicht vorhersagbar, einmalig, unvergeßlich, niemals wiederholbar und oft unbeschreibbar.»

Der Paradigmenwechsel in der Psychologie

Meine ersten Begegnungen mit Stan Grof und R. D. Laing lieferten mir die Umrisse eines grundlegenden Rahmens für das Studium des Paradigmenwechsels in der Psychologie. Mein Ausgangspunkt war der Gedanke, daß die «klassische» Psychologie wie die klassische Physik nach dem Newtonschen Modell der Wirklichkeit gestaltet war. Im Falle des Behaviorismus war das sehr deutlich; Grof und Laing bestätigten meine These aber auch für die Psychoanalyse.*

Gleichzeitig zeigte Grofs «Bootstrap»-Ansatz, wie sich unterschiedliche Schulen der Psychologie in ein zusammenhängendes System integrieren lassen, wenn man erkennt, daß sie sich mit verschiedenen Ebenen und Dimensionen des Bewußtseins befassen. Laut Grofs Kartographie des Unbewußten ist die Psychoanalyse das angemessene Modell für den psychodynamischen Bereich. Die Theorien von Freuds «abtrünnigen» Jüngern Adler, Reich und Rank lassen sich mit verschiedenen Aspekten von Grofs perinataler Matrizen assoziieren; verschiedene Schulen humanistischer und existentieller Psychologie können mit der existentiellen Krise und der spirituellen Öffnung der perinatalen Ebene in Verbindung gebracht werden; und schließlich ist Jungs analytische Psychologie eindeutig mit der transpersonalen Ebene assoziiert. Diese Ebene liefert auch das wichtige Bindeglied zur Spiritualität und zu östlichen Ansätzen der Betrachtung des Bewußtseins. Schließlich offenbarten mir die Gespräche mit Grof einen wesentlichen Zusammenhang zwischen Spiritualität und Ökologie.

Während meines Besuches in Big Sur zeigte Grof mir auch einen Artikel von Ken Wilber, der eine sehr umfassende «Spektrum-Psychologie» entwickelt hat, die zahlreiche östliche und abendländische Ansätze

* Später lernte ich, daß der Strukturalismus, die dritte bedeutende Strömung im «klassischen» psychologischen Denken, ebenfalls Newtonsche Begriffe in seinem theoretischen Rahmen enthält.

zu einem Spektrum psychologischer Theorien und Modelle vereint, das den gesamten Bereich des menschlichen Bewußtseins umfaßt. Wilbers System ist mit dem Grofs vollständig vereinbar. Es umfaßt mehrere große Bewußtseinsebenen, im wesentlichen Grofs drei Ebenen – die Wilber die Ego-Ebene, die existentielle Ebene und die transpersonale Ebene nennt – und dazu eine vierte «biosoziale» Ebene, die Aspekte der sozialen Umwelt des Menschen spiegelt. Beim Lesen dieses Artikels (den Wilber später zu dem Buch *Das Spektrum des Bewußtseins* erweiterte) war ich sehr beeindruckt von der Klarheit und der Tragweite des Wilberschen Systems. Mir wurde sofort klar, daß Laings Arbeit einen wichtigen Ansatz zum Umgang mit dem biosozialen Bereich darstellt.

Laing hatte bei unserem ersten Gespräch nicht nur mehrere meiner Fragen aus dem Bereich der Psychologie geklärt, sondern auch auf einen die mechanistische Auffassung von Gesundheit überschreitenden Ansatz für die Psychologie und Therapie ganz allgemein hingewiesen. Die Vorstellung vom Therapeuten als aufmerksamem Begleiter schien mir vom Vorhandensein eines natürlichen Potentials zur Selbstheilung im menschlichen Organismus auszugehen. Das war ein wichtiger Gedanke, dem ich weiter nachgehen wollte. Offensichtlich gab es einen Zusammenhang mit der zwischen Laing und mir ebenfalls erörterten Vorstellung einer gewissen «Resonanz» zwischen Therapeut und Patient als entscheidendem Faktor der Psychotherapie. Gleich nach meiner Rückkehr nach Kalifornien wollte ich daher Stan Grof besuchen, um mit ihm ganz besonders die Natur der Psychotherapie zu besprechen.

Im Sommer und Herbst 1977 sah ich Grof ziemlich oft. Wir gaben mehrere gemeinsame Seminare, verbrachten längere Zeit miteinander in seinem Haus in Big Sur und lernten uns so persönlich sehr gut kennen. Ebenso lernte ich die Liebenswürdigkeit und Herzenswärme seiner Frau Christina schätzen, die Stan bei seinen Workshops behilflich war und unsere Gespräche oft mit ihrem ausgeprägten Sinn für Humor belebte. Im Juni nahmen Stan und ich an der Jahreskonferenz der Association of Transpersonal Psychology in Asilomar bei Monterey teil. Bei diesem Treffen entwarfen wir das Programm eines gemeinsamen Seminars mit dem Thema «Reisen über Raum und Zeit hinaus». Wir beabsichtigten dabei, über eine äußere Reise in die Bereiche der subatomaren Materie und eine innere in die Bereiche des Unbewußten zu sprechen. Anschließend wollten wir die Weltanschauungen, die sich aus diesen beiden Abenteuern ergeben, miteinander vergleichen. Stan wollte ferner versuchen, die Ergebnisse seiner LSD-Forschung anhand von Dias zu vermitteln. Ausgesuchte Aufnahmen von Werken der bildenden Künste, untermalt durch die Imagination anregende Musik, sollten die Teilnehmer durch eine simulierte Erfahrung des Tod-Wiedergeburt-Prozesses und die nachfolgende spirituelle Öffnung geleiten. Wir waren beide von diesem gemeinsamen Projekt begeistert und planten, dieses Seminar zuerst in Esalen zu veranstalten und es im Falle eines Erfolges an mehreren Colleges zu wiederholen.

Dieses Seminar in Esalen wurde tatsächlich sehr erfolgreich. Mit einer Gruppe von etwa dreißig Teilnehmern untersuchten wir die Parallelen zwischen moderner Physik und der Bewußtseinsforschung. Unter den Vorträgen und Diskussionen war Grofs Diavortrag am eindrucksvollsten – ein mächtiger emotionaler Kontrapunkt zu unseren intellektuellen Überlegungen. Mehrere Monate später wiederholten wir dieses Seminar noch zweimal, in Santa Cruz und in Santa Barbara. Beide Seminare wurden von sogenannten «university extensions» gesponsert, das sind den Universitäten angegliederte Institute für Erwachsenenbildung (Volkshochschulen). Im Gegensatz zu den Universitäten selbst sind sie stets für neue Ideen aufgeschlossen und haben viele interdisziplinäre Seminare und Lehrgänge gefördert.

Die Geschichte meiner Bekanntschaft mit Grof ist auch die Geschichte meiner Verbindung mit Esalen, das während eines vollen Jahrzehnts für mich ein Ort großer Inspiration und Förderung gewesen ist. Das Esalen Institute wurde von Michael Murphy und Richard Price auf einem prachtvollen Anwesen gegründet, das der Familie Murphy gehört. Ein großes Plateau an der Küste bildet mehrere von Bäumen gesäumte Terrassen, getrennt durch eine Schlucht, in der die Esalen-Indianer ihre Toten beerdigten und wo sie ihre heiligen Riten veranstalteten. Einem ins Meer hinausragenden Felsenkliff entspringen heiße Mineralquellen. Murphys Großvater hatte 1910 dieses bezaubernde Stück Land gekauft und darauf ein großes Haus gebaut, das heute von der Esalen-Gemeinschaft liebevoll Big House genannt wird. Anfang der sechziger Jahre übernahm Murphy den Familienbesitz und gründete dort zusammen mit Price ein Center, in dem Leute verschiedener Wissenschaftsdisziplinen einander treffen und Gedanken austauschen konnten. Durch Abraham Maslow, Rollo May, Fritz Perls, Carl Rogers und viele andere Vorkämpfer der Humanistischen Psychologie, die dort Workshops veranstalteten, wurde Esalen bald zu einem außerordentlich einflußreichen Zentrum der Bewegung zur Entfaltung des menschlichen Potentials. Seither ist es ein Forum geblieben, auf dem Menschen mit offenem Geist die Möglichkeit haben, kühne Ideen in einer zwanglosen und schönen Umgebung auszutauschen.

Ich erinnere mich noch sehr gut meines ersten Besuches in Esalen im August 1976 auf dem Weg vom Naropa Institute in Boulder zurück nach Hause. Ich hatte meinen alten Volvo durch die heißen Wüsten von Arizona und Südkalifornien gesteuert und fuhr jetzt die Küste entlang, wobei ich die erste frische Brise und den Anblick grüner Wiesen genoß. Plötzlich fiel mir ein, daß das Esalen Institute irgendwo an meinem Weg lag. Ich kannte damals niemanden in Esalen und war nur einmal in den sechziger Jahren dortgewesen, zusammen mit über tausend Leuten während eines Rock-Festivals. Der Gedanke, barfuß über weiche grüne Wiesen zu laufen, die belebende Meeresluft einzuatmen und in Thermalquellen zu baden, war nach der langen, heißen Fahrt so verlockend, daß ich der Versuchung nicht widerstehen konnte und den Wagen vor der Eingangspforte anhielt.

Ich nannte dem Wachmann meinen Namen und sagte dazu, ich käme soeben aus Colorado, wo ich einen Lehrgang über *Das Tao der Physik* veranstaltet hatte. Meine Frage, ob es mir wohl erlaubt wäre, mich ein paar Stunden auf dem Gelände zu entspannen und die Bäder zu genießen, leitete der Wachmann an Dick Price weiter, der mir sofort ausrichten ließ, ich sei willkommen und könne bleiben, solange ich wolle. Er freue sich, mich zu treffen.

Seit jenem Tage hat mir Dick, der 1985 durch einen tragischen Unfall in den Bergen von Big Sur starb, mit großer Liebenswürdigkeit unzählige Male seine großzügige Gastfreundschaft gewährt. Diese Großzügigkeit war typisch für die gesamte Esalen-Gemeinschaft, einen fluktuierenden Stamm von einigen Dutzend Personen, die mehreren Generationen angehören und die mich stets mit aufrichtiger Freundschaft und Zuneigung empfangen haben.

Während der vergangenen zehn Jahre war Esalen für mich der ideale Ort zur Entspannung und Auffrischung meiner Energien nach langen Reisen und erschöpfender Arbeit. Darüber hinaus war es vor allem ein Ort, an dem ich viele ungewöhnliche und faszinierende Männer und Frauen traf und wo ich die einzigartige Chance hatte, neue Ideen in kleinen, informellen Gruppen hochgebildeter und erfahrener Menschen zu testen. Die meisten solcher Gelegenheiten boten mir Stan und Christina Grof, die regelmäßig einzigartige Vier-Wochen-Seminare veranstalteten, die als «Grof month-long» («Ein Monat lang Grof») bekanntgeworden sind.

Während dieser vier Wochen lebt eine Gruppe von zwei Dutzend Teilnehmern zusammen im Big House und interagiert dort mit einer Reihe hervorragender Gastdozenten, die jeder für zwei bis drei Tage anwesend sind, oft einander überlappend und miteinander interagierend. Das Seminar wird um ein zentrales Thema organisiert, die sich entfaltende neue Sicht der Wirklichkeit und die ihr entsprechende Erweiterung des Bewußtseins. Das einzigartige Kennzeichen dieses Seminars ist, daß Stan und Christina den Teilnehmern nicht nur intellektuelle Bereicherung durch anregende und herausfordernde Diskussionen bieten, sondern gleichzeitig auch unmittelbar erfahrbaren Kontakt mit diesen Ideen durch Kunst, meditative Übungen, Rituale und andere nichtrationale Erlebnisweisen herstellen. Seit meiner Bekanntschaft mit den Grofs habe ich, wann immer es mir möglich war, an ihren Seminaren teilgenommen, was mir sehr geholfen hat, meine eigenen Ideen zu formulieren und zu testen.

Nach unserem gemeinsamen Seminar über «Reisen über Raum und Zeit hinaus» blieb ich noch einige Tage in Esalen, vor allem, um mit Stan ausführlich über die Natur geistiger Erkrankungen und der Psychotherapie zu sprechen.

Als ich Grof fragte, was er aus seinen Beobachtungen innerhalb der LSD-Forschung über die Natur von Geisteskrankheiten gelernt habe, begann er mit der Geschichte über eine Vorlesung, die er Ende der sechziger Jahre kurz nach seiner Ankunft in den Vereinigten Staaten in Harvard gehalten hatte. Dort hatte er berichtet, wie Patienten in einer Prager psychiatrischen Klinik durch eine LSD-Therapie auffallende Fortschritte gemacht und einige von ihnen ihre Weltanschauung radikal geändert hatten. Sie interessierten sich ernsthaft für Yoga, Meditation und den Bereich der Mythen und archetypischen Vorstellungsbilder. Während der Diskussion bemerkte ein Harvard-Psychiater: «Mir scheint, Sie haben die Neurose dieser Patienten behoben, sie dafür aber psychotisch gemacht.»

«Diese Bemerkung ist typisch für ein Mißverständnis, das in der Psychiatrie weit verbreitet und sehr problematisch ist», erläuterte Grof. «Ihre Kriterien zur Definition geistiger Gesundheit – Ichstärke, die Anerkennung von Zeit und Raum, Wahrnehmung der Umgebung und so weiter – fordern, daß die Wahrnehmungen und Anschauungen eines Menschen dem kartesianisch-newtonschen Rahmen entsprechen. Die kartesianische Weltanschauung ist nicht nur der Hauptbezugsrahmen, sondern wird auch als einzig gültige Beschreibung der Wirklichkeit betrachtet. Alles andere gilt bei konventionellen Psychiatern als psychotisch.»

Seine Beobachtungen transpersonaler Erfahrungen hätten ihn gelehrt, sagte Grof weiter, daß das menschliche Bewußtsein anscheinend zu zwei komplementären Formen des Gewahrseins fähig ist. Im kartesianischen Modus nehmen wir die Alltagswirklichkeit in Form von getrennten Objekten wahr, im dreidimensionalen Raum und in linearer Zeit. In der transpersonalen Form werden die gewöhnlichen Grenzen der Sinneswahrnehmung und des logischen Denkens transzendiert, und unsere Wahrnehmung verlagert sich von festen Objekten zu fließenden Energiemustern. Grof betonte, er verwende den Ausdruck «komplementär» zur Beschreibung der beiden Bewußtseinsformen absichtlich, weil man die beiden Wahrnehmungsformen in Analogie zur Quantenphysik «partikelartig» und «wellenartig» nennen könne.

Ich war von dieser Bemerkung fasziniert, da ich plötzlich einen geschlossenen Kreis von Einflüssen in der Geschichte der Naturwissenschaften erkannte. Ich wies Grof darauf hin, daß Niels Bohr sich von der Psychologie hatte inspirieren lassen, als er den Begriff «komplementär» wählte, um die Zusammenhänge zwischen den Partikel- und Wellenaspekten der subatomaren Materie zu beschreiben. Ihn hatte vor allem Williams James' Beschreibung der komplementären Bewußtseinsformen schizophrener Personen beeindruckt. Grof brachte die Vorstellung erneut in die Psychologie ein und bereicherte sie noch durch die Analogie zur Quantenphysik.

Da James den Begriff der Komplementarität in Zusammenhang mit schizophrenen Menschen gebraucht hatte, war ich natürlich neugierig, von Grof zu erfahren, was er über Schizophrenie und Geisteskrankheit im allgemeinen dachte.

«Zwischen den beiden Bewußtseinsformen scheint eine fundamentale dynamische Spannung zu herrschen», erläuterte er. «Die Wirklichkeit ausschließlich in der transpersonalen Form zu erleben ist mit unserem normalen Funktionieren in der Welt des Alltags unvereinbar; und wer den Konflikt und Zusammenprall der beiden Formen erlebt, ohne imstande zu sein, sie zu integrieren, ist psychotisch. Sehen Sie, man kann die Symptome geistiger Krankheit als Manifestationen eines Reibungsgeräuschs betrachten, das gewissermaßen an den Berührungsflächen der beiden Formen des Bewußtseins entsteht.»

Während ich über diese Bemerkung nachdachte, fragte ich mich, wie man wohl einen Menschen charakterisieren muß, der ausschließlich in der kartesianischen Form funktioniert, und sah ein, daß man ihn ebenfalls als geisteskrank bezeichnen müßte. Laing würde formulieren, es sei die Verrücktheit unserer dominierenden Kultur.

Grof stimmte mir zu. «Jemand, der ausschließlich nach der kartesianischen Form funktioniert, kann zwar frei von deutlich erkennbaren Symptomen sein, ist aber nicht als geistig gesund anzusehen. Solche Individuen führen gewöhnlich ein egozentrisches, wettbewerbs- und zielorientiertes Leben. Die normalen Aktivitäten des Alltags können sie nicht befriedigen, und sie entfremden sich ihrer inneren Welt. Menschen, die von dieser Form der Erfahrung beherrscht werden, finden weder durch Wohlstand, Macht oder Ruhm echte Befriedigung. Sie werden von einem Gefühl der Sinnlosigkeit, der Nutzlosigkeit und sogar Absurdität beherrscht, das kein noch so großer äußerer Erfolg vertreiben kann.

Ein häufiger Irrtum der gegenwärtigen psychiatrischen Praxis ist, Menschen auf der Basis des Inhalts ihrer Erfahrungen als psychisch gestört zu diagnostizieren. Meine Beobachtungen haben mich überzeugt, daß die Überlegung, was normal und was pathologisch ist, nicht auf Inhalt und Natur der Erfahrungen der Menschen basieren sollte, sondern auf der Art, wie diese gehandhabt werden, und nach dem Grad, zu dem eine Person imstande ist, ungewöhnliche Erfahrungen in ihr Leben zu integrieren. Die harmonische Integration transpersonaler Erfahrungen ist von entscheidender Bedeutung für geistige Gesundheit, und in diesem Prozeß ist mitfühlende Unterstützung und Beistand von entscheidender Bedeutung für den Erfolg der Therapie.»

Mit dieser Bemerkung hatte Grof das Thema Psychotherapie angeschnitten. Ich berichtete ihm über den Gedanken der Resonanz zwischen Therapeut und Patient, der in meinen Gesprächen mit Laing und anderen Psychotherapeuten aufgekommen war. Grof bestätigte, daß ein solches Resonanzphänomen oft ein wesentliches Element sei, fügte jedoch hinzu, es gebe noch andere Katalysatoren, um den Heilungsprozeß in Gang zu bringen. «Ich persönlich glaube, LSD ist der kraftvollste Katalysator dieser Art», sagte er. «Man hat jedoch auch andere Techniken entwickelt, um den Organismus anzuregen oder auf besondere Weise mit Energie zu versorgen, so daß sein Selbstheilungspotential aktiv werden kann.»

«Ist der therapeutische Prozeß einmal in Gang gekommen», fuhr Grof fort, «dann ist es die Aufgabe des Therapeuten, die auftretenden Erfahrungen annehmbarer zu machen und dem Klienten bei der Überwindung von Widerständen behilflich zu sein. Der Grundgedanke dabei ist, daß die Symptome geistiger Erkrankung eingefrorene Elemente eines Erfahrungsmusters darstellen, das vervollständigt und voll integriert werden muß, wenn die Symptome verschwinden sollen. Statt die Symptome mit psychoaktiven Drogen zu unterdrücken, aktiviert und intensiviert diese Therapie sie, um ihr volles Erleben, ihre Integration und schließliche Lösung herbeizuführen.»

«Und diese Integration könnte auch die vorhin erwähnte transpersonale Erfahrung einschließen?«

«Ja, das ist oft der Fall. Tatsächlich kann die volle Entfaltung der Erfahrungsmuster für den Klienten und den Therapeuten äußerst dramatisch und herausfordernd sein. Doch meine ich, wir sollten diesen therapeutischen Prozeß ermutigen und unterstützen, ohne Rücksicht darauf, welche Form und Intensität er annimmt. Zu diesem Zweck sollten Therapeut und Klient so weit wie möglich ihre beiderseitigen begrifflichen Anschauungen und Erwartungen während des Erlebnisprozesses beiseite lassen, der oft die Form einer heilsamen Reise ins eigene Innere annimmt. Ist der Therapeut gewillt, ein solch abenteuerliches Unternehmen in unbekanntes Gebiet zu unterstützen, und der Klient dazu bereit, dann werden beide oft durch außergewöhnliche therapeutische Erfolge belohnt.»

Grof erzählte mir dann, während der sechziger und siebziger Jahre seien viele neue therapeutische Techniken entwickelt worden, um blockierte Energie zu mobilisieren und Symptome in Erlebnisse umzuwandeln. Im Gegensatz zu den meist auf verbalen Austausch begrenzten traditionellen Methoden ermutigen die neuen, sogenannten Erfahrungstherapien den nichtverbalen Ausdruck und legen Wert auf die unmittelbare Erfahrung, die den gesamten Organismus einbezieht. Ich wußte, daß Esalen eines der Hauptzentren für Experimente mit diesen Erfahrungstherapien gewesen war, und während der folgenden Jahre erlebte ich einige davon selbst im Rahmen meiner Suche nach ganzheitlichen Ansätzen für die Gesundheitsfürsorge und Heilung.

In den Jahren, die auf das oben geschilderte Gespräch folgten, verbanden Stan und seine Frau Christina Hyperventilation, meditative Musik und Körperarbeit zu einer therapeutischen Methode, die erstaunlich intensive Erfahrungen nach einer relativ kurzen Periode schnellen und tiefen Atmens hervorrufen kann. Nach mehrjährigen Experimenten mit dieser Methode, die seither weithin als «Grof-Atmen» bekanntgeworden ist, sind Stan und Christina überzeugt, daß sie zu den vielversprechendsten Ansätzen zur Psychotherapie und Selbsterforschung gehört.

Diskussionen mit June Singer

Meine Erforschung des Paradigmenwechsels in der Psychologie wurde entscheidend von meinen häufigen Interaktionen mit Stan Grof und R. D. Laing beherrscht und geformt. Zwischen diesen Gesprächen jedoch diskutierte ich auch viel mit anderen Psychiatern, Psychologen und Psychotherapeuten. Besonders anregend waren für mich die Diskussionen mit June Singer, einer Analytikerin der Jungschen Schule, der ich im April 1977 in Chicago begegnete. Sie hatte gerade ein Buch *Androgyny* veröffentlicht (deutsch: *Nur Frau – Nur Mann? Wir sind auf beides angelegt*). Es behandelt die psychosexuelle Manifestation der Wechselwirkung Mann/Frau und ihre zahlreichen mythologischen Darstellungen. Da ich persönlich schon seit langem an der chinesischen Vorstellung von *yin* und *yang* als den beiden archetypischen, sich ergänzenden Polen interessiert war, die sie ausführlich in ihrem Buch beschrieben hatte, gab es zwischen uns viel Gemeinsames und viel Diskussionsstoff. Doch bald verlagerten unsere Gespräche sich auf die Jungsche Psychologie und ihre Parallelen zur modernen Physik.

Damals wußte ich schon aus meinem ersten Gespräch mit Stan Grof einiges über den kartesianisch-newtonschen Rahmen der Psychoanalyse, doch sehr wenig über Jungsche Psychologie. Aus den Gesprächen mit June Singer ergab sich die bemerkenswerte Erkenntnis, daß viele Unterschiede zwischen Freud und Jung eine Parallele finden in denen zwischen klassischer und moderner Physik. June Singer erzählte mir, Jung selbst, der in engem Kontakt zu mehreren führenden Physikern seiner Zeit gestanden habe, sei sich dieser Parallelen sehr wohl bewußt gewesen.

Freud hat die grundlegende kartesianische Orientierung seiner Theorie niemals aufgegeben und versucht, die Dynamik psychischer Prozesse in Begriffen spezifischer Mechanismen zu beschreiben. Jung dagegen versuchte, die menschliche Psyche in ihrer Gesamtheit zu begreifen, und befaßte sich besonders mit ihren Beziehungen zu einem weiteren Umfeld. Vor allem seine Vorstellung vom kollektiven Unbewußten impliziert eine Verbindung zwischen dem Individuum und der Menschheit insgesamt, die nicht innerhalb eines mechanistischen Rahmens verstanden werden kann. Jung verwendete auch Vorstellungen, die den in der Quantenphysik benutzten erstaunlich ähnlich sind. Für ihn war das Unbewußte ein Prozeß, an dem «kollektiv gegenwärtige dynamische Muster» mitwirken, die er Archetypen nannte. Für Jung sind diese Archetypen in ein Netz von Zusammenhängen eingebettet, in dem jeder Archetyp letzten Endes alle anderen einbezieht.

Natürlich faszinierten mich diese Ähnlichkeiten, und wir beschlossen, sie in einem gemeinsamen Seminar näher zu erforschen, das June Singer im Spätherbst an der Northwestern University organisierte. Ich halte diese Art, mit den Ideen von anderen bei gemeinsamen Seminaren vertraut zu werden, für sehr anregend, und während meiner intellektuellen Reise hatte ich das Glück, viele solche Gelegenheiten zu ausführlichem Gedankenaustausch zu erhalten.

Das Seminar mit June Singer fand im November statt, also nach meinen langen Gesprächen und gemeinsamen Workshops mit Stan Grof. So hatte ich zu diesem Zeitpunkt bereits mehr Verständnis für die innovativen Ideen in der zeitgenössischen Psychologie und Psychotherapie entwickelt, und unsere Diskussionen der Parallelen zwischen Physik und Jungscher Psychologie verliefen sehr angeregt und produktiv. Wir setzten sie am Abend mit einer Gruppe Jungscher Analytiker fort, die mit Frau Singer regelmäßige Übungssitzungen abhielten. Dabei konzentrierte unsere Unterhaltung sich bald auf Jungs Begriff psychischer Energie. Ich war sehr neugierig, ob Jung unter Energie dasselbe verstand wie die Naturwissenschaft – Energie als quantitatives Maß von Aktivität. Aber selbst nach sehr langen Diskussionen konnte mir diese Gruppe von Jungianern keine klare Antwort geben. Die Problematik erkannte ich erst einige Jahre später, als ich Jungs Essay «Über psychische Energie» las. Zurückblickend kann ich heute diese Erkenntnis als wichtigen Schritt bei der Entwicklung meiner eigenen Ideen betrachten.

Jung verwendete den Ausdruck «psychische Energie» tatsächlich im quantitativen naturwissenschaftlichen Sinn. Um jedoch Kontakt mit den Naturwissenschaften herzustellen, benutzte er in seinem Artikel zahlreiche Analogien, die zur Beschreibung lebender Organismen oft ganz unangebracht sind und die Theorie der psychischen Energie ziemlich verwirrend gestalten.

Zur Zeit unserer Diskussionen in Chicago war die neue Physik für mich immer noch ein ideales Modell für neuartige Konzeptionen in anderen wissenschaftlichen Disziplinen. Deshalb war ich damals nicht in der Lage, die Probleme in Jungs Theorie und in unserer Diskussion genau zu benennen. Erst Jahre später änderte sich mein Denken unter dem Einfluß von Gregory Bateson und anderen Systemtheoretikern. Nachdem ich aber das Systembild des Lebens in den Mittelpunkt meiner Synthese des neuen Paradigmas gestellt hatte, fiel mir die Einsicht ziemlich leicht, daß man Jungs Theorie der psychischen Energie in der modernen Systemsprache neu formulieren und dadurch mit den fortgeschrittensten gegenwärtigen Entwicklungen in den Wissenschaften vom Leben in Einklang bringen kann.

Die Wurzeln der Schizophrenie

Im April 1978 reiste ich wieder nach England, um dort mehrere Vorträge zu halten, und traf dort erneut mit Laing zusammen. Damals, etwa ein Jahr nach unserer ersten Begegnung, hatte ich nicht nur schon viel mit Stan Grof und anderen Psychologen und Psychotherapeuten diskutiert, sondern mich auch sehr für den begrifflichen Rahmen der medizinischen Wissenschaft interessiert und Vorträge gehalten, in denen ich den Paradigmenwechsel in der Physik und Medizin verglich. Ich schickte Laing einige Artikel, die ich zu diesem Thema geschrieben hatte, und fragte an, ob wir während meines Aufenthaltes in London ein weiteres Gespräch führen könnten. Vor allem wollte ich die Natur der Geisteskrankheit, insbesondere der Schizophrenie, diskutieren und hatte dafür eine ziemlich präzise Traktandenliste vorbereitet.

Ich traf Laing zunächst auf einer Party meiner Bekannten Jill Purce. Während des größten Teils des Abends saß er als Mittelpunkt auf dem Fußboden, etwa ein Dutzend Leute um sich herum. Er liebt es sehr, viele Zuhörer um sich zu haben, und dieses «Hofhalten» bringt seine Brillanz, seine sprühenden Einfälle und theatralische Ausdrucksweise erst richtig zur Entfaltung. Meine Begegnung mit Laing auf Jills Party verlief für mich ziemlich kurz und unerfreulich. Ich war sehr neugierig zu erfahren, was er von dem Material hielt, das ich ihm zugesandt hatte, doch verweigerte er sich jeder ernsthaften Unterhaltung. Statt dessen provozierte und reizte er mich mit allerlei spöttischen Bemerkungen. «Nun, Dr. Capra», sagte er etwa, «hier haben wir ein Puzzle für Sie. Wie würden Sie das erklären?» Während des ganzen Abends, der sich bis zu später Stunde hinzog, fühlte ich mich äußerst unbehaglich. Laing ging als einer der letzten. Beim Hinausgehen sah er mich mit boshaftem Lächeln an und sagte: «Also, dann am Donnerstag um ein Uhr.» Ich dachte mir: «O du meine Güte, das wird eine unangenehme Begegnung werden. Wie soll ich mich nur verhalten?»

Zwei Tage später traf ich Laing um ein Uhr in seinem Haus und spürte zu meiner großen Überraschung sofort, daß er jetzt ganz anders war als auf der Party. Wie bei unserer ersten Begegnung gab er sich freundlich, ja sogar offenherziger als zuvor. Wir gingen in ein nahe gelegenes griechisches Restaurant zum Mittagessen. Auf dem Wege dorthin sagte Laing: «Ich habe das Material gelesen, das Sie mir geschickt haben, und stimme mit allem überein, was Sie dort geschrieben haben. Wir können das also als Ausgangspunkt für unser Gespräch nehmen.» Ich war überglücklich. Erneut hatte Laing, eine hervorragende Autorität im medizinischen Bereich und vor allem für Geisteskrankheiten, meine ersten vorläufigen Anschauungen bestätigt, was mich sehr ermutigte.

Während des Essens zeigte Laing sich kooperativ und hilfreich, und unser Gespräch war im Gegensatz zum ersten auf bestimmte Themen konzentriert und sehr systematisch. Mein Ziel war, die Natur der Geisteskrankheiten näher zu erforschen. Von Stan Grof hatte ich gelernt, man könne Symptome geistiger Erkrankung als «gefrorene» Elemente eines Erfahrungsmusters ansehen, das vervollständigt werden muß, damit der Heilungsprozeß in Gang kommen kann. Laing stimmte mit dieser Anschauung voll überein. Seiner Ansicht nach bekommen die meisten heutigen Psychiater niemals die wahre Geschichte ihrer Patienten zu Gesicht, weil diese durch Tranquilizer eingefroren ist. In diesem gefrorenen Zustand muß die Persönlichkeit des Patienten einfach gebrochen und sein Verhalten unverständlich sein.

«Wahnsinn braucht aber nicht nur ein *Zusammen*bruch sein», sagte Laing. «Er kann auch ein *Durch*bruch zu sein!» Es bedürfe einer systemischen und erfahrungsmäßigen Perspektive, um zu erkennen, daß das Verhalten eines psychotischen Patienten keineswegs irrational ist, sondern im Gegenteil ganz vernünftig, wenn man es aus der existentiellen Position des Patienten betrachtet. Aus dieser Perspektive könne selbst das komplexeste psychotische Verhalten als vernünftige Überlebensstrategie erscheinen.

Als ich Laing um ein praktisches Beispiel solcher psychotischen Strategien bat, erläuterte er mir Batesons Beziehungsfallen-Theorie der Schizophrenie, die sein eigenes Denken sehr beeinflußt habe. Nach

Bateson ist die Situation der Beziehungsfalle das zentrale Charakteristikum im Kommunikationsmuster von Familien mit diagnostizierten schizophrenen Mitgliedern. Wie Laing erläuterte, stellt das von uns als schizophren etikettierte Verhalten die Strategie der betreffenden Person dar, in einer von ihr als unerträglich empfundenen Situation zu leben, «in einer Situation, in der sie sich weder bewegen noch unbeweglich bleiben kann, ohne das Gefühl zu haben, vom eigenen Inneren und von den Leuten um sie herum geschoben oder gezogen zu werden, einer Situation, in der sie nicht gewinnen kann, was immer sie tut». Bei einem Kind zum Beispiel kann die Beziehungsfalle dadurch zustande kommen, daß es von beiden Eltern oder von einem Elternteil widersprüchliche verbale und nichtverbale Botschaften erhält, die beide eine Strafandrohung oder Bedrohung der gefühlsmäßigen Sicherheit des Kindes beinhalten. Kommt es häufig zu solchen Situationen, dann kann die Struktur der Beziehungsfalle zu einer gewohnheitsmäßigen Erwartung im mentalen Leben des Kindes werden und schizophrene Erfahrungen und Verhaltensweisen hervorrufen.

Laings Beschreibung der Wurzeln der Schizophrenie machte mir klar, warum er glaubte, Geisteskrankheit lasse sich nur durch das Studium des gesellschaftlichen Systems verstehen, in das der Patient eingebettet ist. «Das Verhalten des diagnostizierten Patienten ist Teil eines viel umfassenderen Netzes gestörten Verhaltens, gestörter und störender Kommunikationsmuster. Es gibt keine schizophrene Person, sondern nur ein schizophrenes System.»

Obwohl unser Gespräch oft in technische Details ging, war es viel mehr als nur eine wissenschaftliche Diskussion. Wie bei unserer ersten Begegnung verstand es Laing auch diesmal, einen dramatischen Ablauf zu schaffen und damit ungewöhnliche Erfahrungen bei mir zu provozieren. Mit jeder Erklärung versuchte er nicht nur, mir Informationen, sondern auch eine Erfahrung zu vermitteln. Wie ich später erfuhr, ist Laing von direkter Erfahrung fasziniert, und er ist der festen Überzeugung, daß sie etwas ist, was man nicht beschreiben kann. Daher versucht er, Erfahrung zu *erzeugen*, indem er seinen Standpunkt mit Leidenschaft, Intensität und theatralischem Flair illustriert.

Bei der Beschreibung der Beziehungsfalle zum Beispiel illustrierte er diese am Beispiel eines Kindes, das von seinen Eltern widersprechende Anweisungen erhält: «Stellen Sie sich ein Kind in einem Geisteszustand vor, in dem es niemals weiß, ob die Mutter es streicheln oder schlagen will, wenn sie die Hand nach ihm ausstreckt.» Während er dies sagte, blickte Laing mich scharf an und hob langsam eine Hand bis unmittelbar vor mein Gesicht. Einige Sekunden lang wußte ich wirklich nicht, was nun passieren würde, und empfand einen plötzlichen Anfall von Angst, kombiniert mit Ungewißheit und Verwirrung. Natürlich war dies genau die Wirkung, die er erzeugen wollte, und natürlich hat er mich nach ein paar Sekunden weder geschlagen noch gestreichelt, sondern er lehnte sich zurück und trank einen Schluck Wein. Er hatte sein Argument mit großer Intensität und perfektem Timing illustriert.

Etwas später zeigte Laing mir, wie sich psychische Muster als physische Symptome manifestieren können. So neige jemand, der seine Gefühle stets verberge, dazu, den Atem zurückzuhalten, wodurch er eine asthmatische Kondition entwickeln könne. Laing demonstrierte sehr ausdrucksstark, wie dies geschehen kann, und ahmte einen Asthmaanfall so täuschend nach, daß die anderen Gäste im Restaurant sich nach ihm umdrehten und glaubten, mit ihm sei wirklich etwas nicht in Ordnung. Ich fühlte mich dabei höchst unbehaglich, doch hatte er nur erneut eine eindringliche Erfahrung geschaffen, um seine Darstellung zu illustrieren.

Unser Gespräch wandte sich jetzt von der Natur der Geisteskrankheit dem therapeutischen Prozeß zu. Laing behauptete, die beste Therapie bestehe oft darin, ein Umfeld für den Patienten zu schaffen, in dem seine Erfahrung sich wirklich entfalten könne. Dazu bedürfe es der Hilfe mitfühlender Menschen, die Erfahrungen mit solchen furchterregenden Reisen haben. «Statt Irrenhäuser benötigen wir Initiationsrituale, in denen die Person auf ihrer Reise durch den inneren Raum von Leuten geführt wird, die bereits dort gewesen und von dort zurückgekehrt sind.»

Laings Bemerkung über eine Heilungsreise «in das eigene Innere» erinnerte mich an ein sehr ähnliches Gespräch mit Stan Grof. Ich war daher besonders an Laings Ansichten über die Ähnlichkeit zwischen den geistigen Reisen von Schizophrenen und von Mystikern interessiert. Ich berichtete ihm, Grof habe mich darauf hingewiesen, daß psychotische Menschen die Wirklichkeit in transpersonalen Zuständen oft auf eine Weise erleben, die dem Erleben der Mystiker auffallend ähnlich ist. Und doch steht fest, daß Mystiker nicht geisteskrank sind. Grof sei der Ansicht, unsere Vorstellung von dem, was normal, und von dem, was pathologisch ist, sollte nicht auf der Natur und dem Inhalt der jeweiligen Erfahrung basieren, sondern auf dem Grad, zu dem man imstande ist, ungewöhnliche Erfahrungen ins eigene Leben zu integrieren. Laing war ganz derselben Meinung und bestätigte, daß die Erfahrungen vor allem von schizophrenen Menschen von denen der Mystiker oft nicht zu unterscheiden seien. «Mystiker und Schizophrene finden sich im selben Ozean», sagte er mit betontem Ernst. «Aber die Mystiker schwimmen, während die Schizophrenen ertrinken.»

Meine zweite Begegnung mit Laing markierte das Ende meiner Studien des Paradigmenwechsels in der Psychologie. Während des verbleibenden Jahres 1978 wandte ich mich anderen Wissenschaftsgebieten zu – einerseits der Medizin und Gesundheitsfürsorge, andererseits der Volkswirtschaft und Ökologie. Doch spielte meine Freundschaft mit Stan Grof weiterhin auch bei diesen Aktivitäten eine große Rolle. Im Sommer 1978 verbrachte ich einige Wochen allein in seinem Haus und arbeitete an meinem Manuskript, während er und Christina sich auf einer Vortragsreise befanden.

Diese Wochen brachten mir die vollkommenste Mischung aus Arbeit und Meditation, die ich je erlebt habe. Ich schlief auf der Couch im Wohnzimmer der Grofs, gewiegt vom langsamen und einschläfernden Rhythmus des Ozeans. Ich stand auf, lange bevor die Sonne über den Bergen auftauchte, praktizierte mein T'ai Chi mit Blick auf die ungeheure Weite des Pazifiks, machte mir dann mein Frühstück, das ich auf dem Balkon einnahm, sobald die ersten Sonnenstrahlen die Terrasse berührten. Dann ließ ich mich in einer Ecke des Raumes zur Arbeit nieder, warm und bequem gekleidet, während die frische Morgenbrise durch die offene Balkontür hereinströmte. Ich schob meinen kleinen Tisch immer so, daß ich im Schatten saß, während die Sonne höher stieg, und legte mit zunehmender Wärme ein Stück meiner Bekleidung nach dem anderen ab, bis ich unter der prallen Nachmittagssonne schwitzend nur noch in Shorts und T-Shirt dasaß. Ich arbeitete konzentriert weiter, bis die Sonne unterging und die Luft sich abkühlte, schob den Arbeitstisch nach und nach auf demselben Wege wieder zurück, bis ich, wieder ganz bekleidet, dort endete, wo ich am frühen Morgen angefangen hatte, und nunmehr die kühle Abendbrise genoß. Bei Sonnenuntergang pausierte ich für lange kontemplative Augenblicke. Am Abend machte ich Feuer im Kamin und zog mich mit einem Buch aus Stans umfangreicher Bibliothek auf die Couch zurück.

Auf diese Weise arbeitete ich stetig Tag für Tag, manchmal unter tagelangem Fasten. Gelegentlich unterbrach ich meine Arbeit und ging hinüber nach Esalen, um mich mit Gregory Bateson zu unterhalten. Ich hatte eine Sonnenuhr gebaut, um den flüchtigen Stunden auf der Spur zu bleiben, und ging vollkommen in den zyklischen Rhythmen auf, die meine Aktivitäten formten – der Wiederkehr von Nacht und Tag, von Ebbe und Flut, dem Wechsel zwischen kühler Seebrise und heißer Sommersonne. Im Hintergrund vernahm ich den endlosen Rhythmus der gegen die Felsen donnernden Wellen, der mich morgens weckte und abends in den Schlaf wiegte.

Die Konferenz von Saragossa

Zwei Jahre später, im September 1980, fand meine dritte, längste und intensivste Begegnung mit R. D. Laing statt. Es war während einer von der Europäischen Vereinigung für Humanistische Psychologie in Spanien veranstalteten Konferenz über «Die Psychotherapie der Zukunft». Damals hatte ich bereits einen beträchtlichen Teil von *Wendezeit* geschrieben und war entschlossen, eine Art Schlußpunkt zu setzen und keine neuen Informationen mehr in das Manuskript aufzunehmen. Dann jedoch erwies sich meine Begegnung mit Laing als so beunruhigend und herausfordernd, daß ich meine Entscheidung revidierte und einige wesentliche Aspekte unseres Gesprächs in den Text eingliederte.

Die Konferenz fand im Monasterio de Piedra statt, einem wunderschönen Kloster aus dem 12. Jahrhundert nahe Saragossa, das zu einem Hotel umgebaut war. Die Teilnehmerliste war sehr eindrucksvoll. Abgesehen von Laing gehörten dazu Stan Grof, Jean Houston und Rollo May. Auch Gregory Bateson wäre dabeigewesen, wäre er nicht zwei Monate zuvor verstorben. Die ganze Konferenz dauerte drei Wochen. Ich selbst blieb nur eine Woche dort, weil ich mitten in meiner Arbeit steckte und sie nicht für längere Zeit unterbrechen wollte. Während dieser Woche erlebte ich ein wunderbares Gefühl von Gemeinschaft und geistigem Abenteuer, getragen von der außergewöhnlichen Teilnehmergruppe und dem prachtvollen Konferenzrahmen. Die Vorträge wurden im alten Refektorium des Klosters gehalten, oft bei Kerzenlicht. Es gab Seminare in den Klostersälen und im Garten, informelle Diskussionen auf einer großen Terrasse bis spät in die Nacht.

Laing war der belebende Geist der gesamten Konferenz. Die meisten Geschehnisse und Diskussionen drehten sich um seine Ideen und die vielen Facetten seiner Persönlichkeit. Er war mit einem großen Anhang, bestehend aus Familienmitgliedern, Freunden, ehemaligen Patienten und Schülern und sogar einem kleinen Film-Team, zur Konferenz gekommen. Tag und Nacht unermüdlich aktiv, hielt er Vorlesungen und gab Seminare, arrangierte gefilmte Dialoge mit anderen Teilnehmern. An vielen Abenden organisierte er intensive Diskussionen mit kleinen Teilnehmergruppen, die gewöhnlich mit einem seiner langen Monologe endeten, wenn alle Welt bereits zu müde geworden war, sich weiter an dem Gespräch zu beteiligen. Oft setzte er sich abschließend an den Flügel, lange nach Mitternacht, und belohnte diejenigen, die noch ausgehalten hatten, mit ausgezeichneten Darbietungen von Cole-Porter- und Gershwin-Melodien.

Während jener Woche lernte ich Laing wirklich kennen. Bis dahin waren unsere Gespräche stets herzlich und unsere Diskussionen für mich sehr inspirierend gewesen. Aber erst während der Konferenz von Saragossa kam ich Laing auf persönlicher Ebene wirklich nahe. Als ich dort eintraf, lief ich ihm im alten Kreuzgang direkt über den Weg. Ich hatte ihn zwei Jahre nicht gesehen, und er begrüßte mich mit kräftiger, von Herzen kommender Umarmung. Dieser spontane Ausdruck von Zuneigung überraschte mich. Noch am selben Abend lud Laing mich ein, nach dem Essen ihm und einigen Freunden bei einem Glas Cognac und Diskussionen Gesellschaft zu leisten. Wir saßen auf der großen Terrasse, umfächelt von der wohltuenden Brise eines schönen mediterranen Sommerabends. Ich saß direkt neben Laing, mit dem Rücken gegen die weiße stuckverzierte Wand, vor uns ein ziemlich großer Kreis von Leuten.

Ronnie (wie ich, dem Beispiel seiner Freunde folgend, Laing inzwischen nannte) fragte mich, was ich in den vergangenen zwei Jahren getan hätte. Ich antwortete, ich hätte an meinem Buch gearbeitet und sei neuerdings an der Natur von Geist und Bewußtsein interessiert. Das nächste, was geschah, war, daß Laing mich heftig attackierte. «Wie können Sie als Naturwissenschaftler es überhaupt wagen, nach der Natur des Bewußtseins auch nur zu fragen?» bellte er entrüstet. «Sie haben absolut kein Recht, diese Frage zu stellen oder auch nur Wörter wie ‹Bewußtsein› oder ‹mystische Erfahrung› zu benutzen. Es ist einfach lächerlich, Naturwissenschaft und Buddhismus im selben Atemzug zu nennen.» Das war kein scherzhafter Angriff und keine bloße Hänselei wie seinerzeit auf der Londoner Party, sondern der Beginn einer ernsthaften, kraftvollen und anhaltenden Attacke auf meine Position als Naturwissenschaftler, in ärgerlichem und anklagendem Ton vorgetragen.

Ich war schockiert und auf einen solchen Ausbruch überhaupt nicht vorbereitet, hatte ich doch angenommen, Laing würde auf meiner Seite stehen! Das war doch auch tatsächlich so gewesen; um so entsetzter war ich, daß er mich auf diese Weise am Tage meiner Ankunft und nur wenige Stunden nach seiner herzlichen Begrüßung attackierte. Gleichzeitig jedoch fühlte ich mich intellektuell herausgefordert, weshalb mein Schock und meine Verwirrung bald einer intensiven geistigen Aktivität wichen, als ich versuchte, Laings Haltung zu begreifen, sie in Beziehung zu meiner eigenen zu bewerten und meine Antwort vorzubereiten. Und in der Tat: Als er mit seinen leidenschaftlichen Schmähreden gegen die Naturwissenschaft fortfuhr, die ich für ihn repräsentierte, wurde ich selbst zunehmend erregt. Ich habe eine intellektuelle Herausforderung stets genossen, und dies war die dramatischste, die mir bis dahin begegnet war. Erneut hatte Laing unserem Dialog einen dramatischen Rahmen gegeben. Ich saß nicht nur mit dem Rücken gegen die Wand der Terrasse, vor mir Ronnies Anhang von Freunden und Schülern, sondern befand mich durch seine pausenlosen Attacken auch metaphorisch mit dem Rücken an der Wand. Das machte mir jedoch nichts aus. Meine innere Erregtheit ließ plötzlich alle Spuren von Verlegenheit und Unbehagen sich auflösen.

Laings Attacke lief vor allem darauf hinaus, daß die heutige Naturwissenschaft keine brauchbare Methode besitze, sich mit Bewußtsein, Erfahrung, Wertvorstellungen, Ethik oder sonstigen qualitätsbezogenen Dingen zu beschäftigen. «Diese Situation ist von etwas abgeleitet, was sich zu Zeiten von Galilei und Giordano Bruno im europäischen Bewußtsein abspielte», begann er. «Diese beiden Männer sind gewissermaßen Galionsfiguren zweier Paradigmen. Bruno wurde gefoltert und verbrannt, weil er behauptete, es gebe unendliche Welten. Galilei hatte gefordert, die Wissenschaft solle die Welt so erforschen, als gebe es in ihr kein Bewußtsein und keine lebenden Geschöpfe. Die Naturwissenschaft solle sich nur mit quantifizierbaren Phänomenen befassen. Was man nicht messen und quantifizieren könne, sei nicht wissenschaftlich. In der Zeit nach Galilei erhielt diese Forderung dann die Bedeutung: ‹Was nicht quantifiziert werden kann, ist nicht wirklich.› Das war die tiefgreifendste Korrumpierung der griechischen Anschauung von der Natur als *physis*, was soviel heißt wie lebendig, stets in Umwandlung begriffen und nicht von uns getrennt. Galilei bietet uns eine tote Welt: weg mit Sehen, Klang, Geschmack, Gefühl und Geruch! Mit ihnen gingen auch Ästhetik und ethische Sensibilität dahin sowie Wertvorstellungen, Qualität, Seele, Bewußtsein, Geist. Die Erfahrung als solche wird aus dem Reich wissenschaftlicher Abhandlungen verdrängt. Kaum etwas anderes hat in den vergangenen vierhundert Jahren unsere Welt mehr verändert als Galileis kühnes Programm. Wir mußten die Welt in der Theorie zerstören, bevor wir sie auch in der Praxis zerstören konnten.»

Laings Kritik war wirklich vernichtend. Er machte eine kurze Pause und griff nach seinem Glas. Bevor ich noch etwas entgegnen konnte, lehnte er sich zu mir herüber und flüsterte, so daß niemand sonst es hören konnte: «Sie nehmen es mir doch nicht übel, wenn ich Sie derart als Zielscheibe benutze?» Mit dieser kleinen Bemerkung schuf er zwischen uns eine verschwörerische Stimmung und verlagerte den gesamten Kontext seiner Attacke. Ich hatte gerade noch Zeit, meinerseits zu flüstern: «Aber keineswegs.» Dann mußte ich mich voll auf meine Antwort konzentrieren.

Ich verteidigte mich, so gut es ging, festgenagelt, wie ich war, ohne richtige Zeit zum Überlegen. Ich stimmte Laings Analyse von Galileis Rolle in der Geschichte der Naturwissenschaften zu, wobei mir zugleich bewußt wurde, daß ich selbst mich viel mehr auf Descartes konzentriert und Galileis Betonung der Quantifizierbarkeit nicht in ihrer ganzen Tragweite erfaßt hatte. Ich stimmte Laing auch dahingehend zu, daß es in der heutigen Naturwissenschaft keinen Raum für Erfahrung, Wertvorstellungen und Ethik gebe. Ich selbst sei jedoch gerade darum bemüht, dahingehend zum Wandel der Naturwissenschaften beizutragen, daß Wertvorstellungen wieder in den wissenschaftlichen Rahmen der Zukunft eingegliedert werden könnten. Ein erster Schritt auf diesem Wege müsse eine Verlagerung vom mechanistischen und aufgesplitterten Ansatz der klassischen Naturwissenschaft zu einem ganzheitlichen Paradigma sein, das nicht mehr separate Entitäten, sondern Zusammenhänge betont. Das würde die Möglichkeit schaffen, auch Kontext und Sinn in die Wissenschaft einzubringen. Ich schloß mit der Feststellung, weitere Schritte als Antwort auf die Belange Laings könnten erst beginnen, wenn man diesen ganzheitlichen Rahmen geschaffen habe.

Laing war mit meiner Antwort nicht sofort einverstanden. Er wollte einen radikaleren Ansatz, der über den Intellekt insgesamt hinausging. «Gestern noch war das Universum eine gigantische Maschine, heute ist es ein Hologramm», sagte er sarkastisch. «Wer weiß, mit welcher intellektuellen Rassel wir morgen klappern werden.» So flogen die Argumente eine Weile hin und her. Mittendrin lehnte Laing sich zu mir herüber und sagte leise in vertraulichem Ton: «Wissen Sie, die Fragen, die ich Ihnen hier stelle, sind genau die, die ich mir selbst stelle. Es ist nicht so, daß ich Sie oder einen der anderen Wissenschaftler da draußen einfach attackiere. Ich stecke in derselben Klemme und könnte nicht so aufgebracht sein, wenn das nicht auch ein ganz persönliches Ringen für mich wäre.»

Die Diskussion zog sich bis spät in die Nacht hin, und als ich zu Bett ging, konnte ich noch lange Zeit nicht einschlafen. Laing hatte mich vor eine unerhörte Herausforderung gestellt. Zwei Jahre hatte ich damit verbracht, verschiedene Ansätze zur Erweiterung des Rahmens der Naturwissenschaften zu studieren und in ein System zu integrieren, einschließlich der Methoden von Laing sowie der von Jung, Bateson, Prigogine, Chew und vielen anderen. Nachdem ich viele Monate lang meine umfangreichen Notizen sorgfältig strukturiert hatte, standen jetzt die Umrisse eines radikal neuen begrifflichen Rahmens fest, und ich hatte gerade begonnen, diese ganze Arbeit in Buchform zu gießen. Und ausgerechnet zu diesem kritischen Zeitpunkt forderte Laing mich heraus, meinen Rahmen noch weiter zu spannen – weiter als alles, was ich bisher versucht hatte –, damit er auch noch Eigenschaften, Wertvorstellungen, Erfahrungen und Bewußtsein umfassen konnte. Sollte ich wirklich so weit gehen? Konnte ich es überhaupt? Und wenn nicht, wie sollte ich dann auf Laings Herausforderung reagieren? Die Wirkung dieses ersten Abends in Saragossa war für mich zu stark, als daß ich die ganze Sache einfach hätte fallenlassen können. Irgendwie *mußte* ich mich mit Laings Argumenten befassen, geistig und auch in meinem Buch. Aber wie sollte ich das anpacken?

Den größten Teil des folgenden Tages verbrachte ich damit, über mein Problem nachzudenken, und am Abend war ich bereit, Laing erneut gegenüberzutreten. Beim Abendessen sprach ich ihn an. «Ich habe viel über das nachgedacht, was Sie gestern abend gesagt haben, und möchte auf Ihre Kritik heute vollständiger und systematischer antworten. Hätten Sie Lust, sich bei einem Glas Cognac noch einmal mit mir zu unterhalten?» Laing sagte zu, und wir setzten uns im selben Kreis wie am Abend zuvor auf die Terrasse. «Heute möchte ich Ihnen so vollständig und systematisch, wie ich es kann, die Anschauung von Geist und Bewußtsein innerhalb des theoretischen Rahmens darstellen, den ich gegenwärtig entwickle und in meinem Buch darstellen werde. Sicherlich wird dieser Rahmen Ihrer Kritik nicht voll standhalten, doch halte ich ihn für einen notwendigen ersten Schritt in Richtung auf das Ziel. Aus seiner Sicht läßt sich tatsächlich schon erkennen, wie man künftig Erfahrung, Wertvorstellungen und Bewußtsein in die Naturwissenschaften eingliedern kann.»

Laing nickte nur und hörte aufmerksam und sehr konzentriert zu. Dann trug ich ihm in gedrängter, dennoch ziemlich ausführlicher Form meine Gedanken vor. Ich begann mit der Anschauung von lebenden Organismen als sich selbst organisierenden Systemen, erläuterte Prigogines Vorstellung von dissipativen Strukturen und betonte vor allem die Anschauung, daß die biologischen Formen Manifestationen von ihnen zugrunde liegenden Prozessen sind. Dann wob ich Batesons Auffassung vom Geist als der Dynamik der Selbstorganisation hinein und verknüpfte sie mit Jungs Vorstellung vom kollektiven Unbewußten. Nachdem ich auf diese Weise den Boden vorbereitet hatte, kam ich zur Frage des Bewußtseins. Zu diesem Zweck erläuterte ich zunächst, was ich unter «Bewußtsein» verstand: die durch Selbst-Bewußtsein charakterisierte Eigenschaft des Geistes. «Gewahrsein ist eine Eigenschaft des Geistes auf allen Ebenen seiner Komplexität. Selbst-Gewahrsein manifestiert sich, soweit wir wissen, nur bei höheren Tieren und entfaltet sich voll im menschlichen Geist; und diese Eigenschaft des Geistes ist es, die ich mit Bewußtsein meine.

Sehen wir uns nun die verschiedenen Theorien über das Bewußtsein an», fuhr ich fort, «dann zeigt sich, daß die meisten davon Variationen zweier scheinbar entgegengesetzter Ansichten sind. Eine von ihnen möchte ich die abendländische naturwissenschaftliche Anschauung nennen. Sie betrachtet die Materie als das Ursprüngliche und das Bewußtsein als eine Eigenschaft komplexer materieller Strukturen, die auf einer gewissen Ebene der biologischen Entwicklung in Erscheinung treten. Die meisten heutigen Neurologen vertreten diese Anschauung.»

Ich machte eine kurze Pause. Als ich sah, daß Laing nicht beabsichtigte, etwas dazu zu sagen, sprach ich weiter: «Die andere Anschauung vom Bewußtsein kann man die mystische nennen, da sie vor allem in mystischen Traditionen vertreten wird. Für sie ist Bewußtsein die primäre Wirklichkeit, das Wesen des Universums, der Urgrund allen Seins. Alles andere – alle Formen von Materie und alle Lebewesen – ist Manifestation des reinen Bewußtseins. Diese mystische Anschauung vom Bewußtsein beruht auf der Erfahrung der Wirklichkeit in nichtgewöhnlichen Bewußtseinszuständen, und diese Erfahrung, sagt man, sei unbeschreibbar. Sie ist...» – «Jede Erfahrung!» unterbrach mich Laing lautstark. Als er meinen ratlosen Blick bemerkte, wiederholte er: «Jede Erfahrung! Jede Erfahrung der Wirklichkeit ist unbeschreibbar. Schauen Sie doch einfach für einen Augenblick in die Runde und sehen, hören, riechen und fühlen Sie, wo Sie sind!»

Ich tat, wie er gesagt hatte, und wurde des milden Sommerabends, der weißen Wände der Terrasse vor dem Hintergrund der Bäume im Park, des Gesangs der Grillen, des am Himmel hängenden Halbmonds, des schwachen Klanges einer spanischen Gitarre in einiger Entfernung und der Nähe und Aufmerksamkeit der uns umgebenden Menschen gewahr. Ich erlebte eine Sinfonie von Farbschattierungen, Klängen, Düften und Empfindungen, während Laing fortfuhr: «Unser Bewußtsein kann in einem einzigen Augenblick an all dem teilhaben. Wir werden jedoch niemals imstande sein, diese Erfahrung zu beschreiben. Das ist nicht bloß bei mystischer Erfahrung der Fall; *jede* Erfahrung ist dieser Art.» Ich wußte, daß Laing recht hatte, und wußte auch sofort, daß dieser Punkt weiteres Nachdenken und weitere Diskussion erforderte, obwohl er sich nicht direkt auf meine Argumentation auswirkte, die ich jetzt folgendermaßen beendete:

«Okay, Ronnie, *jede* Erfahrung. Da jedoch die mystische Anschauung vom Bewußtsein auf unmittelbarer Erfahrung beruht, sollten wir nicht erwarten, daß die Naturwissenschaft sie in ihrem jetzigen Stadium bestätigt oder ihr widerspricht. Dennoch meine ich, daß die Systemanschauung vom Geist mit beiden Anschauungen vollkommen übereinstimmt und deshalb einen idealen Rahmen abgeben könnte, beide zu vereinigen.»

Ich machte eine kurze Pause, um meine Gedanken zu ordnen, und da Laing schwieg, sprach ich weiter, um meine Argumentation schlüssig zu beenden. «Das Systembild stimmt mit der konventionellen naturwissenschaftlichen Anschauung darin überein, daß das Bewußtsein eine Eigenschaft komplexer materieller Strukturen ist. Genauer gesagt, es ist eine Eigenschaft lebender Systeme von gewisser Komplexität. Andererseits sind die biologischen Strukturen dieser Systeme Manifestationen der ihnen zugrunde liegenden Prozesse. Welcher Prozesse? Nun, der Prozesse der Selbstorganisation, die wir als mentale Prozesse identifiziert haben. In diesem Sinne sind biologische Strukturen Manifestationen des Geistes. Weiten wir nun diese Art zu denken auf das Universum als Ganzes aus, dann ist die Annahme nicht an den Haaren herbeigezogen, daß *alle* seine Strukturen – von den subatomaren Teilchen zu den Galaxien und von den Bakterien bis zu den Menschen – Manifestationen der universalen Dynamik der Selbstorganisation sind, also des kosmischen Geistes. Und das ist mehr oder weniger die Anschauung der Mystik. Mir ist natürlich bewußt, daß es in dieser Argumentationskette einige Lücken gibt. Dennoch meine ich, daß das Systembild des Lebens einen sinnvollen Rahmen abgibt für die Vereinigung der traditionellen Ansätze zur Beantwortung der uralten Frage nach der Natur von Leben, Geist und Bewußtsein.»

Damit war ich am Ende und schwieg. Mein langer Monolog hatte mich sehr angestrengt. Erstmals hatte ich so klar und prägnant, wie ich es vermochte, meinen ganzen theoretischen Rahmen für Fragen nach Leben, Geist und Bewußtsein dargelegt. Ich hatte ihn dem erfahrensten und stärksten Kritiker vorgetragen, den ich kannte, und war dabei so inspiriert, spontan und hellwach gewesen, wie ich es nur zu sein vermochte. Das also war meine Antwort auf Laings Herausforderung vom Vorabend, und nach einer Weile fragte ich ihn: «Was halten Sie davon, Ronnie?»

Laing schwieg lange, zündete sich eine Zigarette an, nahm einen Schluck Cognac und gab dann einen Kommentar, wie ich ihn mir nicht besser hätte erhoffen können. «Ich muß darüber erst einmal nachdenken», sagte er einfach. «Das ist kein Thema, zu dem ich mir sofort eine Meinung bilden kann. Sie haben da einige neue Ideen eingebracht, die bedenkenswert sind.»

Mit dieser Bemerkung war zunächst einmal die Spannung gelöst, die während der letzten Stunde vorgeherrscht hatte, und wir verbrachten den Rest des Abends mit entspannter, geselliger Unterhaltung, an der sich auch viele andere Angehörige unserer Gruppe beteiligten. Wieder wurde bis in die Nacht hinein diskutiert, wobei Laing aus Werken von Thomas von Aquin, Nietzsche, Bateson und vielen anderen zitierte. Je später der Abend, desto müder wurde ich, während Laing lange Monologe aneinanderknüpfte, die zunehmend verwickelter wurden. Als er meine Müdigkeit und meinen Konzentrationsmangel bemerkte, wandte er sich mir zu und sagte mit freundlichem Lächeln: «Sie sehen, Fritjof, der Unterschied zwischen uns ist, daß Sie ein apollinischer Denker sind, während ich ein dionysischer bin.»

Den größten Teil der nächsten beiden Tage verbrachte ich mit Ronnie und seinen Freunden in entspannter und heiterer Stimmung, ohne unsere Diskussion je zu erwähnen. Laing lieh mir einen ersten Entwurf seines Manuskripts von *Die Stimme der Erfahrung*. Darin fand ich die heftige Anklage gegen die Naturwissenschaft, die er mir am ersten Abend an den Kopf geworfen hatte. Ich war von ihr so beeindruckt, daß ich sie abschrieb, um sie später in meinem Buch *Wendezeit* zu verwenden. Ein Jahr später, als ich mein Buch beendet hatte, zeigte Laing mir seine endgültige Fassung, wobei ich überrascht feststellte, daß dieser

Absatz fehlte. Als ich Laing von meiner Enttäuschung erzählte, lächelte er: «Wenn Sie diesen Absatz zitiert haben, Fritjof, dann werde ich ihn eben wieder einfügen.»*

Nach einigen Tagen der Entspannung und weiteren Nachdenkens fand ich eine Möglichkeit, Wertvorstellungen und Erfahrung in eine künftige Naturwissenschaft einzubauen. Nach dem Mittagessen lud ich daher Laing zu einer Tasse Kaffee in ein nahe gelegenes Café ein. Dort fragte ich, was ich für ihn bestellen könnte. «Einen schwarzen Kaffee, ein Bier und einen Cognac bitte.» Als diese ungewöhnliche Kombination serviert war, trank Laing zuerst das Bier und dann den Kaffee. Den Cognac rührte er zunächst nicht an.

Ich ergänzte nun meine am ersten Abend vorgetragenen Gedanken, sprach von der Methodologie der konventionellen Naturwissenschaft, Daten durch Beobachten und Messen zu sammeln, sie dann mit Hilfe von begrifflichen Modellen miteinander zu verknüpfen und das alles möglichst in mathematischer Sprache auszudrücken. Für die traditionelle Wissenschaft gelte die Quantifizierung aller Feststellungen als entscheidendes Kriterium der wissenschaftlichen Methode, betonte ich. Ich stimmte Laing zu, daß eine solche Naturwissenschaft sich nicht dazu eignet, die Natur des Bewußtseins zu begreifen, und nicht in der Lage sein werde, sich mit Eigenschaften und Werten zu befassen.

Laing zündete sich eine Zigarette an, griff nach seinem Cognac, schwenkte ihn eine Weile im Glas, trank ihn jedoch nicht. Ich sprach weiter: «Eine wahre Wissenschaft vom Bewußtsein müßte eine neue Art von Naturwissenschaft sein, die sich mehr mit Qualitäten als mit Quantitäten befaßt und mehr auf gemeinsamen Erfahrungen als auf verifizierbaren Messungen beruht. Die Daten einer solchen Naturwissenschaft würden Erfahrungsmuster sein, die sich weder quantifizieren noch analysieren lassen. Andererseits müßten die begrifflichen Modelle, die diese Daten miteinander verknüpfen, logisch stimmig sein wie alle wissenschaftlichen Modelle und könnten sogar quantitative Elemente enthalten. Eine solche neue Naturwissenschaft würde ihre Feststellungen immer dann quantifizieren, wenn es angebracht ist, würde jedoch auch in der Lage sein, sich mit Qualitäten und Werten auf der Grundlage menschlicher Erfahrungen zu befassen.»

Das immer noch unberührte Glas Cognac in der Hand, meldete sich

* Er hat es dann doch nicht getan. Das Zitat in *Wendezeit* stammt aus dem ersten Entwurf von Laings Manuskript.

Laing jetzt zu Wort. «Dazu möchte ich noch hinzufügen, daß die neue Naturwissenschaft, die neue Epistemologie, auf einem Wandel des Herzens, auf einer völligen Umkehr beruhen muß. Von der bisherigen Absicht, die Natur zu beherrschen und zu kontrollieren, müßte sie sich zur Anschauung eines Franz von Assisi wandeln, daß die ganze Schöpfung unser Gefährte, wenn nicht unsere Mutter ist. Das wäre dann ein Teil Ihrer ‹Wendezeit›. Danach erst können wir uns alternativen Wahrnehmungen zuwenden, die sich dann zeigen werden.»

Laing stellte weiterhin Überlegungen an über eine neue, der neuen Naturwissenschaft angemessene Sprache. Er hob die beschreibende Form der konventionellen wissenschaftlichen Sprache hervor, während die Sprache geteilter Erfahrung *bildhaft* sein müßte. Es wäre eine Sprache, verwandt mit Poesie oder gar Musik, die eine Erfahrung unmittelbar verbildlicht und dadurch gewissermaßen ihren qualitativen Charakter vermittelt. «Ich hege inzwischen immer mehr Zweifel, ob die Sprache ein notwendiges Paradigma für das Denken ist», sagte er nachdenklich. «Angenommen, wir denken in Musik – ist das dann noch eine Sprache?»

In diesem Augenblick kamen einige Bekannte ins Café und fragten, ob sie sich zu uns setzen dürften. Ich hatte nichts dagegen, und Ronnie forderte sie auf, Platz zu nehmen. «Lassen Sie mich den Neuankömmlingen kurz erklären, worüber wir gesprochen haben», sagte er. «Zunächst wiederhole ich, was Sie gerade gesagt haben.» Dann gab er eine brillante Zusammenfassung dessen, was ich drei Abende zuvor und während der letzten Stunde gesagt hatte. Er faßte den ganzen theoretischen Rahmen mit seinen eigenen Worten, in seinem unverkennbaren höchst persönlichen Stil zusammen, mit der für ihn charakteristischen Intensität und Leidenschaft. Nach dieser Darstellung hatte ich das deutliche Empfinden, daß wir beide jetzt tatsächlich im selben Ozean schwammen, um seine eigene Metapher zu verwenden.

Wir hatten mehrere Stunden im Café gesessen, als Laing plötzlich einfiel, daß er an diesem Nachmittag noch eine Vorlesung halten mußte. Wir gingen alle zum Refektorium, wo er einen inspirierenden Vortrag über sein neues Buch *Die Stimme der Erfahrung* hielt. Ohne Notizen sprach er länger als eine Stunde, lässig dastehend und mit beredten Gesten, das unberührte Glas Cognac, dieses eleganteste aller Requisiten, immer noch in der Hand. Ich verbrachte den Rest des Abends in Laings Gesellschaft, doch sah ich ihn nie an diesem Cognac nippen.

Mein Aufenthalt in Saragossa näherte sich dem Ende, doch stand noch ein Höhepunkt bevor. Während der beiden letzten Tage der zweiten Woche trafen Stan und Christina Grof im Monasterio ein. Ich hatte einige Tage zuvor eine kurze Einführung in ihr Werk gegeben, auf der Grundlage meiner Diskussionen mit Stan und meiner persönlichen Erfahrung mit dem «Grof-Atmen». Man sah ihrer Ankunft mit großen Erwartungen entgegen.

Da ich mich nun zum ersten Male mit meinen beiden Mentoren an einem Ort befand, konnte ich der Versuchung nicht widerstehen, ein Dreiecks-Gespräch zu arrangieren. Ich schlug eine Podiumsdiskussion zum Thema «Was ist die Natur des Bewußtseins?» vor. An dieser Diskussion zwischen uns dreien beteiligte sich noch ein Psychiater namens Roland Fischer. Sie fand am Nachmittag im bis auf den letzten Platz gefüllten Speisesaal statt, wobei Laing den Zeremonienmeister spielte.

Für mich war dies eine ausgezeichnete Gelegenheit, das zu überprüfen, zu verifizieren und zu festigen, was ich während der ganzen Woche in meinen langen Gesprächen mit Laing gelernt hatte, und zugleich zu erleben, wie er und Grof auf die Gedanken des jeweils anderen reagierten. Zu Beginn der Diskussion bat Laing uns drei, jeweils eine kurze einleitende Erklärung abzugeben. Grof und Fischer zeigten kurz die naturwissenschaftlichen und die mystischen Anschauungen vom Bewußtsein auf, sehr ähnlich, wie ich es einige Tage zuvor gegenüber Laing getan hatte. Ich fügte einen kurzen Überblick über das Systembild des Geistes hinzu und spezifizierte sorgfältig meine Terminologie. Besonders hob ich hervor, daß Gewahrsein für mich eine Eigenschaft des Geistes auf allen Ebenen des Lebens sei, Selbst-Gewahrsein jedoch das entscheidende Charakteristikum der Ebene, auf der Bewußtsein manifest wird.

Nach einem Augenblick des Nachdenkens wandte Laing sich mir zu. «Sie haben diese Begriffe – Geist, Bewußtsein, Gewahrsein, Selbstgewahrsein – sehr sorgfältig dargelegt. Könnten Sie uns nun noch sagen, wie Sie Materie definieren?»

Mir war sofort klar, daß er damit ein sehr schwieriges Problem anschnitt. Ich reagierte mit einer Gegenüberstellung der Anschauungen von Newton und Einstein. Für Newton bestand die Materie aus grundlegenden Bausteinen, alle aus derselben materiellen Substanz. Bei Einstein ist Masse eine Form von Energie, und Materie besteht aus Energiemustern, die sich ständig ineinander umwandeln. Ich mußte jedoch auch zugeben: Obwohl die Physiker sich darin einig sind, daß alle

Energie ein Maß von Aktivität ist, kennen sie keine Antwort auf die Frage: Was ist da eigentlich aktiv?

Nun wandte sich Laing an Grof und fragte ihn, ob er meine Definitionen akzeptiere. «Ich wurde in der naturwissenschaftlichen Anschauung erzogen, die mir an der medizinischen Fakultät vermittelt wurde», begann Grof. «Mit fortschreitender LSD-Forschung fand ich diese Haltung zunehmend unvertretbar. Meine Beobachtungen lassen Fritjofs Definitionen zudem recht problematisch erscheinen. So gibt es anscheinend bei psychedelischen Sitzungen eine kontinuierliche Linie vom menschlichen Bewußtsein zu sehr authentischen Erfahrungen animalischen Bewußtseins und über das Pflanzenbewußtsein bis hin zu Bewußtseinszuständen anorganischer Phänomene. Ich erwähne etwa das Bewußtsein des Ozeans, eines Tornados oder sogar eines Felsens. Auf allen diesen Ebenen kann man Zugang zu Informationen haben, die eindeutig über alles hinausgehen, was man normalerweise weiß.»

Laing sah mich fragend an. «Wo siedeln Sie Erfahrungen solcher Art an, die Menschen in tiefer Meditation, im Schamanismus und anderen Bewußtseinszuständen machen? Akzeptieren Sie diese so, wie sie geschildert werden, oder meinen Sie, für sie müßte eine andere Form der Beschreibung geschaffen werden? Wie integrieren Sie derlei Dinge in Ihre Weltanschauung?»

Ich gestand ein, daß es mir aus naturwissenschaftlicher Sicht gewiß schwerfallen würde, dem Felsen ein Bewußtsein zuzugestehen. Doch glaubte ich an die Möglichkeit einer künftigen Synthese zwischen der naturwissenschaftlichen und der mystischen Anschauung vom Bewußtsein. Dann schilderte ich nochmals in großen Zügen meinen Rahmen für diese Synthese. Abschließend erklärte ich: «Noch ein Wort zum Felsen. Wenn ich ihn als ein abgetrenntes Objekt ansehe, dann kann ich ihm keinerlei Bewußtsein zuerkennen. Betrachte ich ihn jedoch als Teil eines umfassenderen Systems, etwa des Universums, das geistig und bewußt ist, würde ich sagen, daß der Felsen wie alles andere an diesem umfassenderen Bewußtsein teilhat. Mystiker und Menschen mit transpersonalen Erfahrungen haben typischerweise diese umfassendere Perspektive.»

Grof stimmte dem zu. «Wenn Menschen das Bewußtsein einer Pflanze oder eines Felsen erfahren, dann betrachten sie die Welt nicht als angefüllt mit Objekten und fügen diesem kartesianischen Universum dann noch Geist hinzu. Sie gehen vielmehr von einem Gewebe bewußter Zustände aus, aus dem die kartesianische Wirklichkeit dann irgendwie hervortritt.

An dieser Stelle brachte Roland Fischer eine dritte Perspektive ein. Er erinnerte daran, daß das, was wir wahrnehmen, weitgehend durch interaktive Prozesse geschaffen wird. «Zum Beispiel ist der süße Geschmack eines Zuckerstückes weder eine Eigenschaft des Zuckers noch unsere persönliche. Wir erzeugen die Erfahrung ‹süß› im Prozeß der Interaktion mit dem Zucker.»

«Genau diese Beobachtung hat Heisenberg in bezug auf atomare Phänomene gemacht, von denen man in der klassischen Physik annahm, sie hätten unabhängige, objektive Eigenschaften», warf ich ein. «Heisenberg hat aufgezeigt, daß ein Elektron je nach der Art, wie man es beobachtet, als Teilchen oder als Welle erscheint. Stellt man ihm eine Teilchenfrage, wird es eine Teilchenantwort geben; auf eine Wellenfrage gibt es eine Wellenantwort. ‹Die Naturwissenschaft beschreibt nicht einfach die Natur; sie ist ein Teil des Zusammenwirkens zwischen der Natur und uns selbst›, schreibt Heisenberg.»

«Wenn das ganze Universum so ist wie der süße Geschmack», wandte Laing ein, «der weder im Beobachter noch im Beobachteten steckt, sondern in der Beziehung zwischen beiden, wie kann man dann vom Universum sprechen, als sei es ein beobachtetes Objekt? Sie sprechen so, als gebe es ein Universum, das sich dann irgendwie entfaltet.»

«Es ist sehr schwer, von der Entwicklung des gesamten Universums zu sprechen», gab ich zu, «weil die Vorstellung von Evolution Zeit impliziert. Spricht man jedoch vom Universum als Ganzem, muß man über die konventionelle Vorstellung von linearer Zeit hinausgehen. Aus demselben Grund hat es keinen Sinn zu sagen ‹Zuerst gab es die Materie und dann das Bewußtsein› oder umgekehrt, weil auch solche Feststellungen einen linearen Zeitbegriff implizieren, der auf kosmischer Ebene nicht angebracht ist.»

Nun wandte sich Laing an Grof mit einer weitausholenden Frage. «Stan, alle hier Anwesenden wissen, daß Sie einen großen Teil Ihres Lebens mit der Erforschung verschiedener Bewußtseinszustände verbracht haben. Dazu gehörten nichtgewöhnliche, veränderte und normale Geisteszustände. Was haben Sie dabei herausgefunden? Was haben Ihre Forschungen über Erfahrungen und Ihre eigenen Erfahrungen uns zu sagen, was wir auf andere Weise nicht wissen könnten?»

Nach kurzem Überlegen begann Grof: «Vor vielen Jahren arbeitete ich Tausende von Berichten über LSD-Sitzungen durch, um vor allem die Aussagen zu studieren, die sich mit fundamentalen kosmologischen und ontologischen Fragen befaßten – Was ist die Natur des Universums? Was ist der Ursprung und der Sinn des Lebens? In welcher Beziehung steht Bewußtsein zur Materie? Wer bin ich, und welches ist mein Platz im Gesamtentwurf aller Dinge? Beim Studium dieser Berichte überraschte mich, daß die scheinbar zusammenhanglosen Erfahrungen der LSD-Versuchspersonen sich in ein umfassendes metaphysisches System einordnen und integrieren ließen, ein System, das ich ‹psychedelische Kosmologie und Ontologie› genannt habe.

Der Rahmen dieses Systems unterscheidet sich radikal vom normalen Rahmen unseres Alltagslebens», fuhr Grof fort. «Er beruht auf dem Gedanken eines Universalen GEISTES oder Kosmischen Bewußtseins als der schöpferischen Kraft hinter dem großen kosmischen Entwurf. Alle von uns erfahrenen Phänomene werden verstanden als Experimente im Bewußtsein, ausgeführt vom Universalen GEIST im Rahmen eines unendlich einfallsreichen schöpferischen Spiels. Die mit der menschlichen Existenz verbundenen Probleme und verblüffenden Paradoxa scheinen knifflig ausgedachte Täuschungen zu sein, die der Universale GEIST ersonnen und ins kosmische Spiel eingebaut hat. Letzter Sinn der menschlichen Existenz ist, alle diese mit dem faszinierenden Bewußtseinsabenteuer assoziierten Geisteszustände voll zu erfahren und ein intelligenter Akteur und Spielgefährte im kosmischen Spiel zu sein. In diesem Rahmen ist Bewußtsein nicht etwas, was aus irgend etwas anderem abgeleitet oder erklärt werden kann. Es ist ein primäres, ursprüngliches Faktum der Existenz, aus dem alles andere hervortritt. Das, sehr knapp ausgedrückt, wäre mein Credo. Es ist ein Rahmen, in den ich tatsächlich alle meine Beobachtungen und Erfahrungen integrieren kann.»

Nach Grofs anregender Zusammenfassung der tiefsten Aspekte seiner psychedelischen Forschung herrschte lange Zeit Schweigen, das Laing schließlich mit einer äußerst poetischen Bemerkung brach: «Das Leben, wie ein Dom aus farbenprächtigem Glas, verfärbt den weißen Glanz der Ewigkeit.» Damals wußte ich noch nicht, daß er mit diesen Worten Shelley zitierte. Nach kurzer Pause wandte er sich wieder an Grof. «Dieser weiße Glanz der Ewigkeit gleichermaßen aus seinem eigenen Inneren: Ist es das, was Sie mit reinem Bewußtsein meinen? Natürlich gehen wir ein Risiko ein, wenn wir Worte benutzen, um diese Geheimnisse zu beschreiben. Man kann wirklich nicht viel über etwas sagen, das unaussprechlich ist.»

Grof stimmte ihm zu: «Für die Menschen in diesem besonderen Zustand war ihre Erfahrung stets unaussprechlich: Es gab für sie keine Möglichkeit, sie zu beschreiben. Aber dennoch drückten sie immer wieder das Gefühl aus, ans Ziel gekommen zu sein, daß alle Fragen beantwortet seien. Für sie bestand nicht mehr die Notwendigkeit, weiter Fragen zu stellen, und es gab nichts mehr zu erklären.»

Laing legte wieder eine Pause ein und wechselte dann das Thema: «Lassen Sie mich jetzt einmal die Ansichten eines Skeptikers aussprechen», sagte er zu Grof. «Vorhin sagten Sie, Menschen unter LSD-Einfluß könnten Zugang zu Wissen haben, das sie normalerweise nicht besitzen, beispielsweise Wissen um ihr Leben als Embryo, das sie aus ihren Erinnerungen oder Visionen gewinnen. Dennoch scheinen diese neo-gnostischen Visionen nichts zur wissenschaftlichen Embryologie beigetragen zu haben. Desgleichen scheint beispielsweise die psychedelische Erfahrung, in eine Blume hineingezogen zu werden oder selbst zu einer Blume zu werden, nicht das Geringste zur Wissenschaft der Botanik beigetragen zu haben. Glauben Sie nicht, sie hätten doch irgendeinen Beitrag leisten müssen, wenn sie mehr wären als überzeugende, subtile Illusionen?»

«Nicht unbedingt. Nach meinen Beobachtungen kann die Erfahrung, sich selbst als Embryo zu sehen, sehr viel zum eigenen Wissen um den embryonalen Zustand beitragen. Ich habe immer wieder erlebt, daß auf diesem Wege Informationen über embryonale Physiologie, Anatomie, Biochemie und so weiter kommuniziert wurde, die über das hinaus reichten, was die Leute wußten. Um jedoch wirklich zur Embryologie beitragen zu können, müßte die Person, die solche Erfahrungen hat, selbst Embryologe sein.»

«Nun hat es ja nicht wenige Ärzte gegeben, die LSD eingenommen haben», drängte Laing weiter. «Ich weiß nicht, ob ein hervorragender Embryologe unter ihnen war. Wie dem auch sei; wenn diese akademisch-fachlich geschulten Leute, etwa ich selbst, aus ihren psychedelischen Erfahrungen zurückkehren, scheint es doch keine Umsetzung in objektive wissenschaftliche Begriffe zu geben, die in einer wissenschaftlichen Arbeit über Embryologie publiziert werden könnten.»

«Ich halte das doch für möglich.»

«Nun, das formale Muster der Übereinstimmung zwischen den Formen der Transformation in gnostischen Visionen und den Formen der Transformation im embryonalen Leben ist in der Tat sehr aufallend. Selbst die Reihenfolge ist oft genau dieselbe. Die Orphiker beispielsweise wußten, daß das Haupt des Orpheus den Fluß hinunter in den Ozean trieb; aber offensichtlich haben sie nicht im Traum daran gedacht, daß wir alle als Kugeln im Mutterleib durch den Gebärmutterkanal in den Ozean des Uterus geschwommen sind. Dieser Zusammenhang wurde niemals hergestellt. Das Sonderbare ist, daß die Beschreibungen tatsächlicher embryonaler Zustände, wie wir sie beispielsweise in tibetischen Texten über Embryologie finden, nicht annähernd so genau sind wie die in mystischen Visionen. Sobald wir über das Mikroskop verfügten, konnten wir wirklich die Übereinstimmung zwischen embryonischen Formen und diesen kosmischen Visionen erkennen. Bevor wir das Mikroskop hatten und sie durch Betrachten von außen tatsächlich sehen konnten, wurde diese Übereinstimmung mit Visionen aus unserem Inneren niemals erfaßt.»

«Das könnte man auch von den tantrischen Modellen der Kosmologie sagen», fügte Grof hinzu. «Sie kommen den Modellen der modernen Astrophysiker oft äußerst nahe. Im Grunde sind die Astrophysiker erst seit einigen Jahrzehnten zu ähnlichen Vorstellungen gekommen.»

«In gewisser Weise kann es nicht überraschen», meinte Laing nachdenklich, «daß die tiefsten Strukturen unseres Bewußtseins den Strukturen draußen im Universum entsprechen. Und dennoch: Schamanen mögen auf dem Mond gewesen sein, doch haben sie niemals ein Stück Mondgestein zurückgebracht. Eigentlich kennen wir die Grenzen der Möglichkeiten unseres Bewußtseins selbst nicht. Wir scheinen auch nicht imstande zu sein, die Höhen und Tiefen unseres Geistes zu benennen. Ist das nicht seltsam?»

Nun meldete Grof sich wieder zu Wort. «Ronnie, vorhin sagten Sie, die inneren Visionen konnten nicht mit externen wissenschaftlichen Fakten in Beziehung gebracht werden, bevor es nicht die entsprechenden Werkzeuge dafür gab. Würden Sie zustimmen, daß wir jetzt, da wir über diese Werkzeuge verfügen, in der Lage sein sollten, Informationen aus inneren Bewußtseinszuständen mit Wissen zu verbinden, das wir durch objektive Naturwissenschaft und Technologie gewonnen haben, und zwar zu einer völlig neuen Sicht der Wirklichkeit?»

«Das ist richtig», stimmte Laing ihm zu. «Ich halte dieses Verknüpfen von Informationen für das erregendste Abenteuer des zeitgenössischen Geistes. Während einerseits alles schon immer von Anfang bis zum Ende da ist, gibt es auch einen Entwicklungsprozeß, und die Evolution besteht heute in der Arbeit an einer Synthese zwischen dem, was wir durch Betrachten der Dinge von außen sehen, und dem, was wir von innen her wissen können.»

Die Botschaft von R. D. Laing

Als ich am folgenden Tage Saragossa verließ, um in die Vereinigten Staaten zurückzukehren, konnte ich den Eindruck der Begegnung mit Ronnie Laing nicht einfach hinter mir lassen. Seine Stimme klang mir weiterhin im Ohr, und noch viele Wochen danach erinnerte ich mich wie unter einem Bann an jedes Wort unserer Gespräche. Das Erlebnis unserer Begegnungen war so intensiv, daß ich mehrere Wochen brauchte, bis ich mich innerlich wieder von Laing befreien konnte. Meine Begegnungen mit Bateson, Grof und vielen anderen waren erregend, inspirierend und erhellend gewesen. Die mit Laing waren das auch, doch darüber hinaus noch dramatisch. Laing wühlte mich auf, attackierte mich und forderte mein Denken bis in seinen Kern heraus. Dann jedoch akzeptierte er mich und billigte viele meiner vorläufigen Ideen. Schließlich hatte sich zwischen uns ein warmherziges, persönliches Verhältnis mit starkem Gefühl von Kameradschaft entwickelt, das bis zum heutigen Tage anhält.

Seit unseren Gesprächen in Saragossa habe ich Laing noch mehrfach in London besucht; außerdem trafen wir uns bei anderen Konferenzen, gemeinsamen Seminaren und Podiumsdiskussionen. Diese Gespräche haben mich bereichert und inspiriert und mein Verständnis von Laings Persönlichkeit, seinen Ideen und seiner Arbeit vertieft. Im Mittelpunkt unserer Gespräche in Saragossa hatte die Frage gestanden, wie man sich dem Thema Erfahrung innerhalb eines neuen naturwissenschaftlichen Rahmens nähern könnte, und im Laufe der folgenden Jahre habe ich dann die Bedeutung von Erfahrung als Schlüssel zum Verständnis von Laing begriffen. Ich meine, sein ganzes Leben läßt sich als leidenschaftliches Erkunden des «farbenprächtigen Doms» menschlicher Erfahrung begreifen – durch Philosophie, Religion, Musik und Dichtung; durch Meditation und bewußtseinsverändernde Drogen; durch das Schreiben, seine intimen Kontakte mit Schizophrenen und sein Ringen mit den Krankheitserscheinungen unserer Gesellschaft. Die Erfahrung ist es, sagt Laing mit Nachdruck, durch die wir uns anderen offenbaren, und die Erfahrung ist es, die unserem Leben Sinn verleiht. «Erfahrung webt Bedeutung und Fakten zu einem nahtlosen Gewand zusammen», sagte er während eines unserer Gespräche in Saragossa, und das Buch, an dem er damals gerade schrieb, hat den Titel *Die Stimme der Erfahrung*.

Erfahrung, so glaube ich, ist auch der Schlüssel zum Verständnis von Laings therapeutischer Arbeit. Die Geschichte, die er mir bei unserer ersten Begegnung in London von einem Patienten erzählte, der nach einer scheinbar ganz gewöhnlichen Unterhaltung in Tränen ausbrach und erklärte: «Zum ersten Male habe ich mich wie ein menschliches Wesen gefühlt», blieb noch jahrelang in meinem Gedächtnis lebendig. Als Laing und ich im Januar 1982 ein gemeinsames Seminar in San Francisco abhielten, begriff ich endlich, daß diese Geschichte eine perfekte Illustration der Methode war, mit der Laing arbeitet. Seine Therapie ist weitgehend nichtverbal; sie geht weit über therapeutische Technik hinaus und muß erfahren werden, um verstanden zu werden.

Während dieses Seminars erläuterte Laing unter anderem: «Psychotherapie heißt Erfahrung vermitteln, nicht objektive Informationen weitergeben.» Und dann illustrierte er diese Feststellung durch die Schilderung einer Situation, die den Wesensgehalt seiner Methode zu enthalten schien. «Es kommt jemand in mein Zimmer und steht reglos und stumm da. Ich halte ihn nicht gleich für einen stummen, katatonischen Schizophrenen. Wenn ich mir die Frage stelle: ‹Warum rührt er sich nicht und spricht nicht mit mir?›, dann brauche ich mich nicht gleich psychodynamischen, spekulativen Überlegungen hinzugeben. Ich sehe sofort: Hier steht ein Mensch vor mir, der vor Angst erstarrt ist! Die Angst hat ihn so im Griff, daß er wie steifgefroren ist. Warum ist er so schreckensstarr? Nun, ich weiß es nicht. Daher werde ich ihm durch mein eigenes Verhalten klarmachen, daß er von mir nichts zu befürchten hat.»

Auf die Frage, wie er diese Botschaft übermitteln würde, antwortete Laing, das könne man auf vielfältige Weise tun. «Vielleicht gehe ich nur im Zimmer umher; ich könnte auch einfach einschlafen; vielleicht lese ich auch ein Buch. Um ein erfolgreicher Therapeut zu sein, dem gegenüber eine solche Person gewissermaßen ‹auftaut›, muß ich ihm zeigen, daß *ich* vor *ihm* keine Angst habe. Wer vor seinen Patienten Angst hat, sollte sich gar nicht erst als Therapeut versuchen.»

Während Laing das erzählte, stellte ich mir vor, wie er vor seinem schizophrenen Patienten in Schlaf fiel, und mir wurde klar, daß er wahrscheinlich der einzige Psychiater auf der Welt ist, der so etwas wirklich tun würde. Er hat vor seelisch Kranken keine Angst, weil ihm ihre Erfahrung nicht fremd ist. Denn er selbst ist in die äußersten Winkel seines Bewußtseins gereist, hat ihre Ekstasen genauso erlebt wie ihre Ängste und wäre in der Lage, auf Grund eigener Erfahrung auf praktisch alles, was sein Patient vorbringen könnte, eine authentische Antwort zu geben. Diese Antwort ist üblicherweise vorwiegend nichtverbal, während einem Beobachter sein Gespräch mit dem Patienten höchst normal erscheinen würde. Er sagte, es würde tatsächlich schwerfallen, seine Gespräche mit Schizophrenen von denen mit normalen Menschen zu unterscheiden. «Sobald das Gespräch erst einmal in Gang gekommen ist, verschwindet vollkommen, was man einst als Schizophrenie bezeichnet hat.»

In seiner Therapie nutzt Laing also seinen reichen Erfahrungsschatz, seine großartige Intuition und Begabung, anderen Menschen ungeteilte Aufmerksamkeit zu schenken, um es psychisch kranken Patienten zu erlauben, sich in seiner Gegenwart frei und ungezwungen zu fühlen. Paradoxerweise bringt derselbe Ronnie Laing es fertig, daß «normale» Menschen sich in seiner Gegenwart unbehaglich fühlen. Darüber habe ich lange nachgedacht, ohne des Rätsels Lösung zu finden. Psychisch Kranke fühlen sich in Laings Gegenwart wohl, weil er ihnen zeigt, daß er keine Angst vor ihnen hat. Fühlen die sogenannten Normalen sich vielleicht unbehaglich, weil sie ihm angst machen? Nach Ansicht von Laing besteht unsere verrückte Gesellschaft aus diesen «normalen» Menschen, und er scheint dieselbe Intuition und Aufmerksamkeit einzusetzen, um sie zu beunruhigen und aufzurütteln.

Die beiden Schulen des Zen

Meine intensiven Gespräche mit Stanislav Grof und R. D. Laing liegen jetzt mehr als fünf Jahre zurück. Rückblickend bin ich versucht, den Einfluß dieser beiden außergewöhnlichen Persönlichkeiten auf mein Denken mit den beiden Schulen des Zen in der japanischen buddhistischen Tradition zu vergleichen, die radikal verschiedene Lehrmethoden haben. Die Rinzai- oder «plötzliche» Schule arbeitet mit langen Perioden intensiver Sammlung und anhaltender Spannung, die zu plötzlichen Einsichten führen, nicht selten ausgelöst durch unerwartete dramatische Handlungen des Meisters, etwa den Schlag mit einem Stock oder einem gellenden Schrei. Die Soto- oder «allmähliche» Schule vermeidet die Schockmethoden des Rinzai und ist auf das allmähliche Reifen des Schülers durch ruhiges Sitzen gerichtet.

Ich hatte das große Glück, jahrelang beide Arten von Unterweisung zu erhalten, und zwar abwechselnd durch zwei moderne Meister der

Wissenschaft vom Geist. Meine dramatischen Begegnungen mit Laing und meine friedlichen Gespräche mit Grof schenkten mir nicht nur tiefe Einsichten in die Ausdrucksformen des neuen Paradigmas im Bereich der Psychologie, sondern wirkten sich auch stark auf meine eigene persönliche Entwicklung aus. Die Unterweisung, die ich von beiden empfing, läßt sich sehr gut mit einigen Worten aus einer klassischen Charakterisierung des Zen-Buddhismus beschreiben: «Eine besondere Überlieferung außerhalb der Schriften, . . . unmittelbares Deuten auf des Menschen Geist.»

5. Teil: Die Suche nach dem Gleichgewicht

Carl Simonton – der Arzt als Heiler

Als die Idee der Erforschung des Paradigmenwechsels in verschiedenen Wissenschaftsdisziplinen außerhalb der Physik in mir reifte, wandte ich mich zuerst der Medizin zu. Dies war eine ganz natürliche Wahl, da mich schon lange bevor ich beabsichtigte, die *Wendezeit* zu schreiben, die Parallelen zwischen dem Paradigmenwechsel in der Physik und dem in der Medizin interessiert hatten. Als ich mir zum ersten Male des Entstehens eines neuen Paradigmas in der Medizin bewußt wurde, hatte ich noch nicht einmal *Das Tao der Physik* abgeschlossen. Die Einführung in eine neue, ganzheitliche Sicht der Gesundheit und des Heilens erhielt ich im Mai 1974 bei einer der bemerkenswertesten Konferenzen, an denen ich je teilgenommen habe. Es war eine einwöchige Klausurtagung, genannt «*May Lectures*» (Mai-Vorlesungen), die in der nahe London gelegenen Brunel-Universität stattfinden. Sponsoren waren einige britische und amerikanische Organisationen der Bewegung zur Entfaltung des menschlichen Potentials. Das Konferenzthema war «Neue Ansätze im Bereich von Gesundheit und Heilen – individuelle und gesellschaftliche». Zusätzlich zum eigentlichen Klausurprogramm, zu dem etwa fünfzig Teilnehmer aus Europa und Nordamerika geladen waren, hielten einige von ihnen in London öffentliche Vorträge.

Bei den Mai-Vorlesungen begegnete ich Carl Simonton, der wenige Jahre später einer meiner Hauptberater beim Schreiben der *Wendezeit* wurde. Außerdem führte ich dort erste Diskussionen mit mehreren anderen führenden Persönlichkeiten der aufblühenden Bewegung für ganzheitliche Gesundheit, mit denen ich dann noch viele Jahre in Kontakt blieb. Carl Simonton und seine Frau Stephanie stellten ihre revolutionäre Geist/Körper-Methode der Krebs-Therapie vor. Zu den anderen Teilnehmern gehörten: Rick Carlson, ein junger Rechtsanwalt, der soeben das Buch *The End of Medicine* veröffentlicht hatte, eine radikale Analyse der Krise in der Gesundheitsfürsorge; Moshe Feldenkrais, einer der einflußreichsten Lehrer auf dem Gebiet der «Körperarbeit»-Therapien; Elmer und Alyce Green, Vorkämpfer in der Biofeedback-Forschung; Emil Zmenak, ein kanadischer Chiropraktiker, der seine hervorragende Kenntnis des menschlichen Muskel- und Nervensystems mit eindrucksvollen Methoden der Muskelprüfung demonstrierte; Norman Shealy, der später die American Holistic Medical Association («Amerikanische Gesellschaft für Ganzheitliche Medizin») gründete. Ferner gehörten zu den Teilnehmern zahlreiche Forscher aus dem Bereich der Parapsychologie und Praktiker geistigen Heilens – ein Ausdruck des starken Interesses der Bewegung für die Entfaltung des menschlichen Potentials an den sogenannten paranormalen Phänomenen.

Diese Tagung zeichnete sich vor allem durch ein außerordentlich starkes Gefühl der Begeisterung aller Teilnehmer aus, hervorgerufen durch das kollektive Gewahrsein, daß in der abendländischen Naturwissenschaft und Philosophie ein tiefgreifender Wandel der Anschauungen im Gange war, der auf der Grundlage einer neuen Auffassung der menschlichen Natur in Gesundheit und Krankheit zu einer neuen Medizin führen mußte. Die versammelten Forscher, Heiler und Gesundheitsexperten waren sämtlich von den konventionellen medizinischen Methoden enttäuscht und hatten neue Ideen entwickelt und getestet, neuartige therapeutische Ansätze entwickelt. Die meisten hatten sich jedoch zuvor nie persönlich getroffen. Viele von ihnen waren bisher vom medizinischen Establishment verhöhnt und angegriffen worden und trafen nun zum ersten Mal auf einen großen Kreis Gleichgesinnter, die nicht nur intellektuell anregend waren, sondern einander auch moralisch und emotional unterstützten. Die Seminare, Diskussionen, Demonstrationen und informellen Treffen dauerten gewöhnlich bis spät in die Nacht. Sie waren getragen von einem überwältigenden Gefühl, an einem großen geistigen Abenteuer und einer Erweiterung des Bewußtseins teilzuhaben, sowie von einer tiefen Empfindung der Verbundenheit.

Der theoretische Rahmen, der am Ende dieser Konferenz in Umrissen sichtbar wurde, enthielt alle Elemente des weltanschaulichen Rahmens, den ich mehrere Jahre später bei meiner Arbeit an der *Wendezeit* erforschte, entwickelte und ausarbeitete. Die Teilnehmer waren darin einig, daß sich in den Naturwissenschaften ein Paradigmenwechsel von einer reduktionistischen und mechanistischen zu einer ganzheitlichen und ökologischen Betrachtung der menschlichen Natur vollzieht. Sie erkannten eindeutig, daß der mechanistische Ansatz in der Schulmedizin seine Wurzeln in der kartesianischen Vorstellung vom menschlichen

Körper als Uhrwerk hat und daß dies die Hauptursache der gegenwärtigen Krise in der Gesundheitsfürsorge ist. Sie äußerten sich auch sehr kritisch über unser System einer akuten, auf Krankenhausversorgung und Medikamenten beruhenden medizinischen Betreuung. Viele Teilnehmer waren der Ansicht, die moderne naturwissenschaftliche Medizin stoße an ihre Grenzen und sei nicht mehr in der Lage, die öffentliche Gesundheitsfürsorge zu verbessern oder auch nur aufrechtzuerhalten.

Die Diskussionen ließen deutlich erkennen, daß die künftige Gesundheitsfürsorge weit über den Bereich der Schulmedizin hinausgehen muß, wenn sie sich mit dem riesigen Netz von Phänomenen befassen soll, die sich auf die Gesundheit auswirken. Dazu muß die Erforschung der biologischen Aspekte der Krankheiten, bei der die medizinische Wissenschaft Hervorragendes leistet, keineswegs aufgegeben werden; ihre Ergebnisse müssen allerdings zu den allgemeinen physischen und psychischen Konditionen der Menschen in deren natürlicher und sozialer Umwelt in Beziehung gesetzt werden.

Aus den Diskussionen ergab sich ein Komplex ganz neuer Vorstellungen als Grundlage eines zukünftigen ganzheitlichen Systems der Gesundheitsfürsorge. Zu ihnen gehörte die Anerkennung der wechselseitigen Abhängigkeit von Geist und Körper in Gesundheit und Krankheit als Voraussetzung eines «psychosomatischen» Ansatzes bei allen Therapieformen. Weiterhin die Erkenntnis der fundamentalen Vernetzung zwischen Mensch und Umwelt und damit ein geschärftes Bewußtsein der sozialen und umweltbezogenen Aspekte der Gesundheit. Beide Formen der Verknüpfung – zwischen Geist und Körper und zwischen Organismus und Umwelt – wurden dabei häufig als Energiemuster beschrieben. Die indische Idee des *prana* und die chinesische Vorstellung vom *ch'i* wurden als Beispiele für traditionelle Begriffe für diese «subtilen Energien» oder «Lebensenergien» genannt. Diese alten Überlieferungen verstehen Krankheit als Ergebnis von Veränderungen in den Energiemustern und haben therapeutische Techniken zur Beeinflussung des Energiesystems des Körpers entwickelt. Unsere Erforschung dieser Ideen führte zu langen und faszinierenden Diskussionen über Yoga, paranormale Phänomene und andere esoterische Themen, die große Teile unserer Konferenz beherrschten.

Mein erregendstes und bewegendstes Erlebnis auf der Mai-Konferenz war meine Begegnung mit Carl und Stephanie Simonton. Ich erinnere mich, daß ich bei der ersten Mittagstafel an ihrem Tisch saß, ohne zu wissen, wer sie waren, und mich sehr darum bemühte, mit diesem jungen und sehr konventionell wirkenden Ehepaar aus Texas ins Gespräch zu kommen, das von meiner Welt der sechziger Jahre meilenweit entfernt schien. Mein erster Eindruck änderte sich aber grundlegend, als sie von ihrer gemeinsamen Arbeit zu sprechen begannen. Mir wurde klar, daß sie nur deshalb keinen Kontakt zur Gegenkultur gehabt hatten, weil sie ihr Leben ausschließlich ihrer neuen Krebstherapie widmeten, so daß ihnen für andere Dinge keine Zeit blieb. Zu ihrer Arbeit gehörte die Lektüre umfangreicher medizinischer und psychologischer Literatur, kontinuierliches Testen und Verbessern neuer Ideen und Techniken, ein frustrierendes Ringen um Anerkennung durch die Gemeinschaft der Mediziner und vor allem ein ständiger und sehr enger Kontakt mit einer kleinen Gruppe motivierter Patienten, die alle medizinisch als unheilbar galten.

Während ihrer Pilotstudien entwickelten die Simontons starke emotionale Bindungen an ihre Patienten, verbrachten zahllose Nächte an ihren Betten, lachten und weinten mit ihnen, freuten sich mit ihnen über Erfolge und standen ihnen mit liebevoller Zuwendung beim Sterben bei. Ich spürte, daß die noch sehr im Versuchsstadium befindlichen Vorstellungen der Simontons für die gesamte medizinische Wissenschaft von Bedeutung waren. Beide sprachen von ihren Patienten mit solcher Hingabe und Gefühlstiefe, daß ich zu Tränen gerührt war.

In seinem Vortrag stellte Carl Simonton die Hauptergebnisse seiner Forschung als in Strahlungstherapie ausgebildeter Krebsspezialist dar. «Mein zentrales Thema ist sehr umstritten», begann er. «Es ist die Rolle des Geistes bei der Verursachung und Heilung von Krebs.» Er berichtete, in der Fachliteratur gebe es eine Fülle von Hinweisen auf die Rolle des gefühlsmäßigen Stresses beim Beginn und der weiteren Entwicklung von Krebserkrankungen. Er präsentierte mehrere dramatische Fallstudien aus seiner eigenen Praxis, die seine These stützten. «Die Frage ist nicht, ob es einen Zusammenhang zwischen emotionalem Streß und Krebs *wirklich gibt*», schloß er, «sondern was genau das Bindeglied zwischen beiden ist.»

Simonton beschrieb dann bedeutsame Muster in den Lebensgeschichten und emotionalen Reaktionen von Krebspatienten, aus denen er auf das Vorhandensein einer «Krebspersönlichkeit» schloß. Das heißt, bei diesen Menschen besteht ein gewisses Verhaltensmuster als Reaktion auf Streß, das wesentlich zum Entstehen von Krebs beiträgt – ebenso wie es einen anderen Verhaltenstypus gibt, der wesentlich zum Entstehen von Herzkrankheiten beiträgt. «Ich habe die Existenz dieser Persönlichkeitsmerkmale in meiner Forschung verifiziert», berichtete Simonton. «Meine Überzeugung wurde durch eigene Erfahrung verstärkt. Ich selbst hatte Krebs im Alter von siebzehn Jahren und kann jetzt erkennen, wie meine damalige Persönlichkeit der klassischen Beschreibung ähnelte.»

Simontons Behandlungsmethode konzentrierte sich vor allem darauf, das persönliche Anschauungssystem des Patienten über Krebs zu verändern. Das volkstümliche Bild sieht im Krebs etwas, das von außen in den Körper eindringt und ihn angreift, wobei ein Prozeß in Gang gesetzt wird, auf den der Patient wenig oder gar keinen Einfluß hat. Im Gegensatz zu dieser weitverbreiteten Ansicht wurde Simonton durch eigene Erfahrung davon überzeugt, daß die Einstellung des Patienten und des Arztes für den Erfolg der Therapie entscheidend ist und das Selbstheilungspotential wirksam unterstützen kann.

«Die unkonventionellen Mittel, die ich zusätzlich zur Bestrahlung bei der Krebsbehandlung einsetze, sind Entspannung und geistige Vorstellungsbilder.» Simonton gibt seinen Patienten vollständige und detaillierte Informationen über ihren Krebs und die Behandlung. Dann fordert er sie auf, sich bei den regelmäßigen Therapiesitzungen den gesamten Vorgang auf ihre eigene Weise bildhaft vorzustellen. Diese Technik der Visualisierung aktiviert die Motivation der Patienten, gesundheitliche Besserung zu erlangen und das positive Verhalten zu entwickeln, das für den Heilungsprozeß entscheidend ist.

Stephanie Matthews-Simonton, eine ausgebildete Psychotherapeutin, vervollständigte die Vorlesung ihres Ehemannes mit detaillierten Berichten über psychologische Beratung und Gruppentherapie-Sitzungen, die sie gemeinsam entwickelt haben, um ihren Patienten zu helfen, die emotionalen Probleme, die Wurzeln ihrer Krankheit, zu identifizieren und zu lösen. Wie ihr Ehemann war auch Frau Matthews-Simonton in ihrer Darstellung systematisch und knapp und strahlte, als sie ihrer beider starke Hingabe für ihre Aufgabe schilderte.

Ich war den Simontons für das, was sie tun, so dankbar, daß ich mich am Ende der Konferenz anbot, ihnen als kleinen Beweis meiner Wertschätzung London zu zeigen. Sie nahmen das Angebot erfreut an, und ich verbrachte einen sehr angenehmen Tag mit ihnen bei Besichtigungen, einem Einkaufsbummel und Entspannung von den anstrengenden Diskussionen der vergangenen Woche.

Gespräche mit Margaret Lock

Die Mai-Vorlesungen führten mich in den neuen, faszinierenden Bereich der ganzheitlichen Medizin zu einem Zeitpunkt ein, als deren Urheber eben erst begannen, ihre Erkenntnisse und Fähigkeiten zu koordinieren und sich zu dem zusammenzuschließen, was später als Bewegung für ganzheitliche Gesundheit bekannt wurde. Die Diskussionen während jener Woche machten mir auch deutlich, daß der Wandel der Weltanschauung, den ich in *Das Tao der Physik* beschrieb, nur ein Teil einer viel umfassenderen kulturellen Wende war, und am Ende der Konferenzwoche hatte ich das erregende Empfinden, daß ich in den kommenden Jahren an dieser Wende aktiv mitwirken würde.

Für den Augenblick jedoch war ich noch voll und ganz damit beschäftigt, mein Buch zu vollenden. Deshalb dachte ich an die Erforschung des umfassenderen Zusammenhangs des Paradigmenwechsels erst zwei Jahre später, als ich in den Vereinigten Staaten meine Vorträge über die Parallelen zwischen moderner Physik und östlicher Mystik begann. Bei solchen Gelegenheiten traf ich Menschen aus sehr unterschiedlichen Wissenschaftsbereichen, die mich darauf hinwiesen, daß ein Wandel von mechanistischen zu ganzheitlichen Vorstellungen, ähnlich dem in der modernen Physik, auch in ihren Fachgebieten im Gange sei. Die meisten von ihnen waren Fachleute auf medizinischem Gebiet. So wurde meine Aufmerksamkeit erneut auf die Medizin und die Gesundheitsfürsorge gelenkt.

Der erste Anstoß zum systematischen Studium der Parallelen zwischen moderner Physik und Medizin kam von Margaret Lock, einer medizinischen Anthropologin, der ich in Berkeley während eines meiner Lehrgänge über *Das Tao der Physik* begegnete. Nach meinem Vortrag über Chews Bootstrap-Physik gab eine Frau mit unverkennbar englischem Akzent, die sich häufig an den Diskussionen in der Gruppe beteiligt hatte, dazu einen recht überraschenden Kommentar. «Wissen Sie», sagte sie mit ironischem Lächeln, «die Diagramme von Wechselwirkungen zwischen Elementarteilchen, dic Sie vorhin an die Tafel gezeichnet haben, erinnern mich sehr an Akupunktur-Diagramme. Ich frage mich, ob das mehr als eine nur oberflächliche Ähnlichkeit ist.» Natürlich fand ich diese Bemerkung sehr interessant. Als ich sie weiter nach ihren Kenntnissen der Akupunktur befragte, erzählte sie mir, sie habe ihre Doktorarbeit in medizinischer Anthropologie über die Verwendung chinesischer Medizin in Japan geschrieben und sei während meines Lehrgangs oft an die Philosophie erinnert worden, die Grundlage der chinesischen Medizin ist.

Hier erschloß sich mir eine hochinteressante Perspektive. Aus den Mai-Vorlesungen erinnerte ich mich der bedeutsamen Implikationen des Paradigmenwechsels in der Physik für die medizinische Wissenschaft. Mir war auch bekannt, daß die Weltanschauung der Neuen Physik in mancher Hinsicht der der klassischen chinesischen Philosophie ähnelt. Schließlich war mir bewußt, daß in der chinesischen Kultur wie in so vielen traditionellen Kulturen die Kenntnis des menschlichen Geistes und Körpers sowie die Praxis des Heilens integrale Teile der Naturphilosophie und der spirituellen Disziplin waren. Mein T'ai-Chi-Meister, der mich in dieser uralten chinesischen Kampfkunst unterrichtete – die mehr als alles andere eine Form der Meditation ist –, war ein ausgezeichneter Kenner von Heilkräutern und Akupunktur, der stets die Zusammenhänge zwischen den Grundsätzen des T'ai Chi und körperlicher und geistiger Gesundheit betonte. Margaret Lock lieferte jetzt ein wichtiges Glied in der Gedankenkette durch ihren Hinweis auf Parallelen zwischen der Philosophie der modernen Physik und der chinesischen Medizin. Natürlich war ich sehr interessiert, diese Ideen weiterzuverfolgen, und lud sie zu einem langen Gespräch bei einer Tasse Tee ein.

Margaret Lock gefiel mir vom ersten Augenblick an. Beim Tee stellte sich heraus, daß wir viel Gemeinsames hatten. Wir gehörten derselben Generation an, waren beide stark von den gesellschaftlichen Bewegungen der sechziger Jahre beeinflußt und sehr an östlichen Kulturen interessiert. Ich fühlte mich in ihrer Gegenwart sofort wohl, nicht nur, weil sie mich an gute Freunde in England erinnerte, sondern auch, weil unser beider Verstand auf sehr ähnliche Weise zu funktionieren schien. Margaret Lock denkt wie ich ganzheitlich und in Systemen und besitzt die Fähigkeit, Ideen zu einer Synthese zu verschmelzen, während sie gleichzeitig um intellektuelle Strenge und Klarheit des Ausdrucks bemüht ist.

Ihr Fachgebiet, die medizinische Anthropologie, war mir zu jener Zeit ganz neu. Heute gehört sie zu den führenden Experten in diesem Bereich. Ihre Untersuchung der Ausübung traditioneller ostasiatischer Medizin im modernen Japan war ein einzigartiger wissenschaftlicher Beitrag. Mit ihrem Ehemann und zwei Kindern lebte sie zwei Jahre lang in Kyōto, wo sie Dutzende von Ärzten, Patienten und deren Familien befragte (sie spricht fließend Japanisch). Sie besuchte Kliniken,

Kräuterapotheken, traditionelle medizinische Fakultäten und auch Heilungszeremonien in alten Tempeln und Schreinen, um den ganzen Bereich des traditionellen ostasiatischen medizinischen Systems zu beobachten und zu erleben. Ihre Arbeit fand in den Vereinigten Staaten große Aufmerksamkeit, nicht nur bei den Kollegen der Anthropologie, sondern auch bei der wachsenden Zahl von ganzheitlichen Heilpraktikern, die ihre sorgfältige und klare Darstellung der Wechselwirkungen zwischen der traditionellen ostasiatischen und der modernen abendländischen Medizin in Japan als reiche und wertvolle Informationsquelle schätzten.

Bei unserem ersten Gespräch war ich am meisten daran interessiert, mehr über die Parallelen zwischen der aus der modernen Physik sich entwickelnden Weltanschauung – vor allem aus meinem eigenen Forschungsbereich, der Bootstrap-Physik – und der klassischen chinesischen Anschauung von der menschlichen Natur und der Gesundheit zu erfahren.

«Die chinesische Vorstellung vom Körper war stets überwiegend funktionell», begann sie. «Es kam nicht so sehr auf anatomische Genauigkeit an, sondern vielmehr auf die Zusammenhänge zwischen allen Teilen.» Sie erklärte, daß die chinesische Vorstellung von einem physischen Organ sich auf ein ganzes funktionelles System bezieht, das in seiner Gesamtheit betrachtet werden muß. So schließt beispielsweise die Idee der Lungen nicht nur die Lungen selbst ein, sondern die gesamten Atmungsorgane, die Nase, die Haut und die mit diesen Organen assoziierten Ausscheidungen.

Dabei fiel mir ein, was ich bereits in den Büchern von Joseph Needham gelesen hatte, daß nämlich die chinesische Philosophie insgesamt sich mehr mit den Zusammenhängen zwischen Dingen als mit ihrer Reduzierung auf fundamentale Elemente beschäftigt. Margaret Lock stimmte mir zu und erwähnte in diesem Zusammenhang, daß die von Needham als «korrelatives Denken» bezeichnete chinesische Haltung auch die Betonung synchroner Muster statt kausaler Beziehungen einschloß. Needham sagt, daß nach chinesischer Anschauung die Dinge sich auf eine bestimmte Weise verhalten, weil ihre naturgegebenen Positionen im zusammenhängenden Universum dieses Verhalten unvermeidbar machen.

Mir war klar, daß eine solche Naturbetrachtung der der Neuen Physik sehr nahekommt, und ich wußte auch, daß die Ähnlichkeit noch durch die Tatsache verstärkt wird, daß die Chinesen das von ihnen studierte

Netz von Zusammenhängen als von Natur aus dynamisch betrachten. «Das gilt auch für die chinesische Medizin», bemerkte Lock. «Der individuelle Organismus wurde wie der Kosmos insgesamt im Zustand kontinuierlichen Fließens und Wandels gesehen, und die Chinesen glaubten, daß alle Entwicklungen in der Natur – in der physikalischen Welt ebenso wie in der psychischen und im gesellschaftlichen Bereich – zyklische Muster aufweisen.»

«Das wären dann die Fluktuationen zwischen Yin und Yang.»

«Genauso ist es. Und es ist wichtig zu begreifen, daß für den Chinesen nichts nur Yin oder nur Yang ist. Alle Naturphänomene sind Manifestationen kontinuierlicher Schwankungen zwischen den beiden Polen, und alle Übergänge finden allmählich und in ungebrochenem Fortschreiten statt. Die natürliche Ordnung ist ein dynamisches Gleichgewicht zwischen Yin und Yang.»

An dieser Stelle gerieten wir in eine lange Diskussion über die Bedeutungen dieser alten chinesischen Begriffe. Lock erzählte mir, eine der besten ihr bekannten Interpretationen stamme von Manfred Porkert, der die chinesische Medizin intensiv studiert habe. Sie riet mir dringend, das Werk von Porkert zu konsultieren. Zusammen mit Needham sei er einer der wenigen abendländischen Gelehrten, die die chinesischen Klassiker im Urtext lesen können. Nach Porkert entspricht Yin allem, was zusammenziehend, reagierend und erhaltend ist; Yang hat seine Entsprechung in allem, was expansiv, aggressiv und fordernd ist.

«Zusätzlich zum Yin-Yang-System», fuhr Lock fort, «verwenden die Chinesen ein System, das sie *Wu Hsing* nennen, um die großartige stukturierte Ordnung des Universums zu beschreiben. Es wird gewöhnlich als ‹die fünf Elemente› übersetzt, Porkert jedoch übersetzte es als ‹die fünf evolutiven Phasen›, was viel besser dem chinesischen Gedanken dynamischer Zusammenhänge entspricht.» Aus den fünf Phasen wurde ein kompliziertes System von Entsprechungen abgeleitet, das das ganze Universum einbezieht. Die Jahreszeiten, atmosphärische Einflüsse, Farben, Klänge, Teile des Körpers, Gefühlszustände, gesellschaftliche Beziehungen und zahlreiche andere Phänomene werden in fünf Kategorien eingeordnet, die in festen Beziehungen zu den fünf Phasen stehen. Als die Fünf-Phasen-Theorie mit den Yin-Yang-Zyklen verschmolzen wurde, entstand ein hochentwickeltes System, in dem jeder Aspekt des Universums als gut definierter Teil eines dynamisch strukturierten Ganzen beschrieben wird. Dieses System bildet, wie Frau Lock erläuterte, das theoretische Fundament für die Diagnose und Behandlung von Erkrankungen.

«Was ist denn nach chinesischer Ansicht eine Krankheit?» fragte ich.

«Krankheit ist ein Ungleichgewicht, das entsteht, wenn das Ch'i nicht richtig zirkuliert. Das ist, wie Sie wissen, eine andere wichtige Vorstellung in der chinesischen Naturphilosophie. Das Wort bedeutet wörtlich übersetzt ‹Hauch› oder ‹Äther› und wurde im alten China benutzt, um den Lebensatem oder die Energie zu beschreiben, die den Kosmos beseelt. Das Fließen und Fluktuieren von Ch'i hält den Menschen am Leben. Es gibt genau festgelegte Pfade des Ch'i, die wohlbekannten Meridiane, auf denen auch die Akupunkturpunkte liegen.» Lock fügte hinzu, aus abendländischer naturwissenschaftlicher Sicht gebe es inzwischen umfangreiche Belege dafür, daß die Akupunkturpunkte einen elektrischen Widerstand und eine Wärmeempfindlichkeit besitzen, die sich deutlich von denen anderer Punkte der Körperoberfläche unterscheiden, doch gebe es keinen wissenschaftlichen Beweis für die Existenz der Meridiane.

«Ein Schlüsselbegriff in der chinesischen Gesundheitslehre ist der des Gleichgewichts. Die klassischen Lehrbücher sagen, daß sich Krankheit manifestiert, wenn der Körper aus dem Gleichgewicht gerät und das Ch'i nicht natürlich zirkuliert.»

«Dann betrachten die Chinesen also eine Krankheit nicht, wie wir es gerne tun, als etwas, das von außen in den Körper eindringt?»

«Nein, das tun sie nicht. Auch wenn sie diesen Aspekt der Krankheitsverursachung anerkennen, wird Krankheit ihrer Ansicht nach von einem Muster von Ursachen ausgelöst, die zu Disharmonie und Ungleichgewicht führen. Sie sagen aber auch, die Natur aller Dinge, der menschliche Körper einbezogen, sei Homöostase. Mit anderen Worten, es gibt einen natürlichen Drang nach Rückkehr zum Gleichgewicht. Ins Gleichgewicht und aus dem Gleichgewicht zu geraten sei ein natürlicher Vorgang, der ständig während des ganzen Lebenszyklus geschieht, und die überlieferten Texte ziehen keine scharfe Trennungslinie zwischen Gesundheit und Krankheit. Beide gelten als natürlich und als Teil eines Kontinuums, als Aspekte desselben Fluktuationsprozesses, in dem der individuelle Organismus sich kontinuierlich in Beziehung zur sich wandelnden Umwelt wandelt.»

Ich war von dieser Vorstellung von Gesundheit sehr beeindruckt, und wie immer, wenn ich mich mit chinesischer Philosophie befasse, fühlte ich mich von der Schönheit dieser ökologischen Weisheit tief bewegt.

Margaret Lock gab mir recht, als ich bemerkte, die chinesische medizinische Philosophie sei wohl von ökologischem Gewahrsein inspiriert:

«O ja, absolut. Der menschliche Organismus wird stets als Teil der Natur gesehen, der ständig den Einflüssen der Naturkräfte unterworfen ist. In den klassischen Lehrbüchern wird den jahreszeitlichen Veränderungen besondere Aufmerksamkeit gewidmet und ihr Einfluß auf den Körper in allen Einzelheiten beschrieben. Ärzte und Laien verhalten sich äußerst sensibel gegenüber klimatischen Veränderungen und nutzen diese Sensibilität, um gewisse präventive Heilmittel anzuwenden. Selbst in Japan habe ich beobachtet, wie man bereits kleine Kinder lehrt, sorgsam die Veränderungen des Wetters und der Jahreszeiten zu beobachten und desgleichen die Reaktionen des Körpers auf diese Veränderungen.»

Diese zusammenfassende Beschreibung der Prinzipien der chinesischen medizinischen Wissenschaft verdeutlichte mir, warum die Chinesen, wie ich oft gehört habe, so großen Nachdruck auf die Vorbeugung von Erkrankungen legen. Ein System der Medizin, das Gleichgewicht und Harmonie mit der Umwelt als Grundlage der Gesundheit betrachtet, wird unvermeidlich Präventivmaßnahmen betonen.

Lock wies noch auf etwas anderes hin. «Nach chinesischer Anschauung hat jeder Mensch eigene Verantwortung, sich durch entsprechenden Umgang mit seinem Körper gesund zu erhalten, ferner durch Beachtung der Gesellschaft und durch ein Leben in Übereinstimmung mit den Gesetzen des Universums. Krankheit gilt als ein Signal, daß der einzelne seine Sorgfalt vernachlässigt hat.»

«Und welche Rolle spielt unter diesen Umständen der Arzt?»

«Eine ganz andere als im Abendland. In der abendländischen Medizin besitzt das größte Ansehen der Spezialist, der genaueste Kenntnisse über einen bestimmten Teil des Körpers besitzt. In der chinesischen Medizin ist der ideale Arzt ein Weiser, der weiß, wie alle Muster des Universums zusammenarbeiten, der jeden Patienten ganz individuell behandelt und den gesamten geistigen und physischen Zustand des Individuums und dessen Beziehung zur natürlichen und sozialen Umwelt berücksichtigt. Was die medizinische Behandlung anbelangt, so erwartet man, daß nur ein kleiner Teil davon vom Arzt angeregt wird und in Anwesenheit des Arztes stattfindet. Für Ärzte und Patienten sind therapeutische Verfahren eine Art Katalysator für den natürlichen Heilungsprozeß.»

Das chinesische Bild von Gesundheit und medizinischer Wissenschaft, das Lock bei diesem ersten Gespräch zeichnete, schien mir in voller

Übereinstimmung mit dem neuen Paradigma der modernen Physik zu stehen und auch in Harmonie mit vielen Ideen, an die ich mich aus den Mai-Vorlesungen erinnerte. Die Tatsache, daß ihr Rahmen einer fremden Kultur entnommen war, kümmerte mich nicht. Ich wußte, daß Lock als Anthropologin, die intensiv die Anwendung klassischer chinesischer Medizin in einem modernen städtischen Umfeld Japans studiert hatte, auch in der Lage sein würde, mir zu zeigen, wie ihre grundlegenden Prinzipien innerhalb einer ganzheitlichen Gesundheitsfürsorge in unserer Kultur angewendet werden können. Daher plante ich, diese Frage in künftigen Gesprächen mit ihr noch näher zu erforschen.

Die Begegnung mit Manfred Porkert

Von den chinesischen Vorstellungen, die Margaret Lock bei unserem ersten Gespräch geschildert hatte, faszinierte mich ganz besonders die vom Ch'i. Ich war diesem Begriff schon oft bei meinem Studium chinesischer Philosophie begegnet und auch vertraut mit seiner Bedeutung für die Kampfkünste. Ich wußte, daß es im allgemeinen als «Energie» oder «Lebensenergie» übersetzt wird, spürte jedoch, daß diese Ausdrücke die Vorstellung der Chinesen nicht angemessen wiedergeben. Ähnlich wie im Fall des Jungschen Ausdrucks «psychische Energie» war ich sehr daran interessiert, in welcher Beziehung Ch'i zum Energiebegriff in der Physik steht, der dort ein quantitatives Maß von Energie ist.

Dem Rat von Margaret Lock folgend, las ich einige Bücher von Porkert, fand sie jedoch schwer verständlich wegen der sehr speziellen, zumeist lateinischen Terminologie, die er geschaffen hatte, um die chinesischen medizinischen Ausdrücke zu übersetzen. Ich habe die chinesische Vorstellung vom Ch'i erst mehrere Jahre später verstanden, nachdem ich Systemtheorie studiert und mich ausführlich mit Bateson und Jantsch unterhalten hatte. Wie die chinesische Naturphilosophie und Medizin betrachtet die moderne Systemtheorie des Lebens einen lebenden Organismus aus der Perspektive vielfältiger, voneinander abhängiger Fluktuationen, und es schien mir, daß die Chinesen die Vorstellung vom Ch'i verwenden, um das Gesamtmuster dieser multiplen Fluktuationsprozesse zu beschreiben.

Als ich schließlich für mein Buch *Wendezeit* das Kapitel «Ganzheit und Gesundheit» schrieb, fügte ich eine Deutung von Ch'i ein, die mein vorläufiges Verständnis sowohl der altüberlieferten chinesischen medizinischen Wissenschaft wie des modernen Systembilds vom Leben reflektiert:

> Ch'i ist keine Substanz und hat auch nicht die rein quantitative Bedeutung unseres wissenschaftlichen Begriffes Energie. In der chinesischen Medizin wird das Wort auf sehr subtile Weise gebraucht, um die verschiedenen Muster des Fließens und Fluktuierens im menschlichen Körper zu beschreiben, aber auch den fortlaufenden Austausch zwischen Organismus und Umwelt. Ch'i bezieht sich nicht auf den Fluß einer besonderen Substanz, sondern scheint mehr das Prinzip des Fließens an sich darzustellen, das nach chinesischer Ansicht stets zyklisch ist.

Drei Jahre nachdem ich diesen Absatz geschrieben hatte, wurde ich zu einem Vortrag bei einer von der «Traditional Acupuncture Foundation» organisierten Konferenz eingeladen, bei der zu meiner großen Freude auch Manfred Porkert zu den Vortragenden gehörte. Bei unserer ersten Begegnung stellte ich überrascht fest, daß er nur wenige Jahre älter war als ich. Seine große Gelehrsamkeit und vielen Veröffentlichungen hatten mich glauben lassen, er müsse mindestens in den Siebzigern sein – ein verehrungswürdiger Gelehrter wie Joseph Needham. Und nun begegnete ich einem jugendlichen, dynamischen und charmanten Mann, der mich sofort in ein lebhaftes Gespräch verwickelte.

Natürlich wollte ich unbedingt die fundamentalen Vorstellungen der chinesischen Medizin mit Porkert diskutieren, ganz besonders die Idee des Ch'i, die mich schon seit Jahren fesselte. Meiner schon oft erprobten Methode folgend, bat ich ihn um eine öffentliche Diskussion dieses Themas. Er stimmte sofort zu, und am Tage darauf organisierten die Veranstalter einen Podiumsdialog zwischen uns beiden zum Thema «Die neue Sicht der Wirklichkeit und die Natur des Ch'i.»

Als ich Porkert vor einem Auditorium von mehreren hundert Leuten gegenübersaß, wurde mir plötzlich klar, wie töricht ich gewesen war, mich in eine solche Situation zu begeben. Schließlich verfügte ich nur über begrenzte Kenntnisse der chinesischen Medizin und Philosophie, und nun sollte ich darüber mit einem der bedeutendsten abendländischen Experten diskutieren. Und das nicht etwa bei einer Tasse Kaffee, sondern öffentlich vor einer großen Gruppe professioneller Akupunkteure. Dennoch war ich nicht eingeschüchtert. Anders als die bereits beschriebenen Gespräche mit bemerkenswerten Persönlichkeiten fand dieser Dialog zwei Jahre nach Vollendung meines Buches *Wendezeit* statt. Inzwischen hatte ich das Systembild des Lebens voll in meine Weltanschauung eingebaut und zum Kernstück meiner Darstellung des neuen Paradigmas gemacht. Nun war ich bereit und darauf bedacht, diesen neuen Rahmen zur Erforschung eines noch weiteren Spektrums von Vorstellungen zu nutzen. Es konnte keine bessere Gelegenheit zur Vergrößerung meines Verständnisses geben, als Porkerts ungeheures Wissen anzuzapfen.

Zu Beginn der Diskussion gab ich eine kurze Zusammenfassung des Systembilds des Lebens, wobei ich vor allem die Betonung von Organisationsmustern, die Bedeutung prozeßhaften Denkens und die zentrale Rolle der Fluktuation in der Dynamik lebender Systeme hervorhob.

Porkert bestätigte meine Anschauung, daß Fluktuation auch in der chinesischen Anschauung vom Leben als das grundlegende dynamische Phänomen betrachtet wird. Nachdem ich auf diese Weise den Boden vorbereitet hatte, kam ich zum Kern des Themas – der Natur des Ch'i:

«Fluktuation ist also anscheinend die fundamentale Dynamik, die chinesische Weise in der Natur beobachtet haben. Um ihre Beobachtungen in ein System einzuordnen, verwendeten sie den Begriff *ch'i,* der ein recht komplexer Begriff ist. Was ist Ch'i? Ich glaube, es ist ein im Chinesischen sehr verbreitetes Wort.»

«Ganz sicher ist es das. Es ist ein uraltes Wort.»

«Und was bedeutet es?»

«Es steht für eine zielgerichtete und strukturierte Manifestation von Bewegung; es ist *nicht* eine zufällige Manifestation von Bewegung.»

Diese Erläuterung schien ziemlich kompliziert, und ich versuchte, eine einfachere und konkretere Bedeutung zu finden: «Gibt es einen alltäglichen Kontext, in den man Ch'i ohne weiteres übertragen kann?»

Porkert schüttelte den Kopf. «Es gibt keine direkte Übersetzung. Deshalb vermeiden wir sie auch. Selbst Gelehrte, denen es sonst nicht viel ausmacht, abendländische Äquivalente zu verwenden, übersetzen Ch'i nicht.»

«Könnten Sie den Begriff wenigstens einkreisen und uns einige Bedeutungen nennen?»

«Gut, aber mit mehr kann ich nicht dienen. Ch'i kommt dem nahe, was unser Ausdruck ‹Energie› besagt. Es kommt ihm nahe, ist aber kein wirkliches Äquivalent. Ch'i impliziert immer eine Qualifikation, und zwar die Qualifikation von etwas Gerichtetem. Ch'i impliziert eine Ausrichtung, eine Bewegung in eine bestimmte Richtung. Diese Richtung kann auch explizit sein, etwa wenn die Chinesen *tsang ch'i* sagen. Dann meinen sie, daß Ch'i sich innerhalb der Funktionskreise bewegt, die man *tsang* nennt.»

Mir fiel auf, daß Porkert den Ausdruck «Funktionskreis» anstelle des konventionellen Begriffs «Organ» benutzt, um daß chinesische *tsang* zu übersetzen. Damit will er ausdrücken, das *tsang* sich mehr auf eine Anordnung funktioneller Zusammenhänge bezieht als auf einen isolierten Teil des Körpers. Ich wußte auch, daß diese Funktionskreise im chinesischen System mit Leitbahnen assoziiert sind, die man allgemein als «Meridiane» bezeichnet und für die Porkert den Begriff «Sinarterien» geprägt hat. Oft hatte ich gehört, die Meridiane seien die Energiekanäle des Ch'i, und war nun neugierig, Porkerts Meinung dazu zu hören.

«Hinter der Erwähnung dieser Leitbahnen scheint doch der Gedanke zu stehen», sagte ich, «daß etwas in diesen Leitbahnen fließt und daß dieses Etwas das Ch'i ist?»

«Unter anderem.»

«Ist Ch'i demnach eine Substanz, die fließt?»

«Nein, es ist gewiß keine Substanz.»

Bis jetzt hatte Porkert noch keiner meiner vorläufigen Vorstellungen vom Ch'i widersprochen. Nun wollte ich ihm die Deutung schildern, die ich aus der modernen Systemtheorie abgeleitet hatte.

«Aus der Sicht der Systemlehre», begann ich nach sorgfältiger Überlegung, «würde ich sagen, daß ein lebendes System durch multiple Fluktuationen gekennzeichnet ist. Diese Fluktuationen haben eine gewisse relative Intensität; Richtungen und viele andere Muster lassen sich ebenfalls beschreiben. Mir scheint, Ch'i besitzt etwas von unserem naturwissenschaftlichen Energiebegriff in dem Sinne, daß es mit einem Prozeß zu tun hat. Es hat jedoch keine quantitativen Eigenschaften, sondern scheint eine qualitative Beschreibung eines dynamischen Musters, eines Prozeßmusters zu sein.»

«Genauso ist es. In der Tat *überträgt* Ch'i Muster. In taoistischen Texten, die in gewisser Weise eine Parallele zur medizinischen Überlieferung sind und die ich zu Beginn meiner Forschung studierte, drückt der Begriff Ch'i diese Übermittlung und Konservierung von Mustern aus.»

«Mit Ch'i beschreibt man dynamische Muster. Ist es demnach nur ein theoretischer Begriff? Oder gibt es da draußen wirklich etwas, das Ch'i ist?»

«In diesem Sinne ist es ein theoretischer Begriff. In der chinesischen Medizin, Naturwissenschaft und Philosophie ist es ein rationales Konzept, das eine lange Entwicklungsgeschichte hat. In der Umgangssprache ist es das natürlich nicht.»

Ich war erfreut, daß Porkert im großen und ganzen meine Interpretation des Ch'i bestätigte. Er hatte den Begriff allerdings stärker präzisiert, indem er ihm die Bedeutung einer Gerichtetheit gab, was für mich ganz neu war. Um das noch deutlicher herauszuarbeiten, befragte ich ihn nochmals dazu.

«Sie erwähnten vorhin, der qualitative Aspekt von Ch'i liege in seiner Ausrichtung. Das scheint mir eine etwas enge Verwendung des Begriffes Qualität. Ganz allgemein kann Qualität natürlich vielerlei bedeuten.»

«Das stimmt. Ich habe den Ausdruck Qualität zwei Jahrzehnte lang einschränkend gebraucht, komplementär zu Quantität. In diesem Sinn entspricht Qualität einer definierten oder definierbaren Ausrichtung der Bewegung. Sehen Sie, wir befassen uns hier mit zwei verschiedenen Aspekten der Wirklichkeit. Da ist zunächst Masse, die statisch und fixiert ist, die Ausdehnung besitzt und akkumuliert wird. Andererseits gibt es Bewegung, die dynamisch ist und keine Ausdehnung hat. Für mich bezieht Qualität sich auf Bewegung, Prozesse, Funktionen oder Wandel, ganz besonders auf die vitalen Veränderungen, die für die Medizin von Bedeutung sind.»

«Dann ist also Richtung der entscheidende Aspekt von Qualität. Ist es der einzige?»

«Ja, der einzige.»

Da sich die Bedeutung von Ch'i immer deutlicher herauskristallisiert hatte, kam mir nun ein anderer fundamentaler Begriff der chinesischen Philosophie in den Sinn: die polaren Gegensätze Yin und Yang. Mir war bekannt, daß man in der gesamten chinesischen Kultur diesen Begriff benutzt, um der Vorstellung von zyklischen Mustern durch Schaffung zweier Pole, die den Zyklen des Wandels Grenzen setzen, eine definitive Struktur zu geben. Porkerts Bemerkungen über die qualitativen Aspekte des Ch'i brachten mich auf den Gedanken, daß eine Ausrichtung auch für Yin und Yang von entscheidender Bedeutung sein könnte.

«Aber natürlich», pflichtete Porkert mir bei. «Die Terminologie impliziert Ausrichtung, selbst im ursprünglichen, archaischen Sinn.

Ursprünglich bedeuteten Yin und Yang die beiden Aspekte eines Hügels, die schattige und die sonnenbeschienene Seite. Das impliziert die Richtung der Sonnenbewegung. Es bleibt derselbe Berg, doch verändert die Bewegung der Sonne die Aspekte. Und wenn man in der Medizin von Yin und Yang spricht, betrifft es dieselbe Person, dasselbe Individuum, doch ändern sich mit dem Vergehen der Zeit die funktionellen Aspekte.»

«Dann ist also die Qualität Richtung impliziert, wenn zyklische Bewegung mit den Ausdrücken Yin und Yang beschrieben wird. Und wenn viele Bewegungen ein dynamisches System bilden, dann erhält man ein dynamisches Muster – und das ist Ch'i?»

«So ist es.»

«Aber zur Beschreibung eines solchen dynamischen Musters genügt es doch nicht, die Richtungen zu spezifizieren. Man muß auch die Zusammenhänge beschreiben, um das vollständige Muster zu erhalten.»

«O ja. Ohne Zusammenhang gäbe es kein Ch'i, weil Ch'i nicht leere Luft ist. Ch'i ist das strukturierte Muster von Zusammenhängen, das in Begriffen einer Ausrichtung definiert wird.»

Ich meinte, dies sei wohl die größtmögliche Annäherung an eine Definition von Ch'i in abendländischen Begriffen, und Porkert stimmte mir zu. Während der restlichen Diskussionszeit kamen wir noch auf mehrere Parallelen zwischen dem Systembild des Lebens und der chinesischen medizinischen Theorie zu sprechen. Doch war keines der Themen für mich mehr so anregend wie unser gemeinsames Bemühen, den Begriff Ch'i zu klären. Es war eine intellektuelle Begegnung von großer Präzision und Schönheit, ein Tanz zweier Geister auf der Suche nach Verständigung, den wir beide außerordentlich genossen haben.

Lektionen der ostasiatischen Medizin

Zwischen meinem ersten Gespräch mit Margaret Lock und meiner Diskussion mit Manfred Porkert lagen sieben Jahre intensiven Studiums. Mit Hilfe von Freunden und Kollegen gelang es mir, nach und nach die verschiedenen Teile eines neuen gedanklichen Rahmens für eine ganzheitliche Einstellung zu Gesundheit und Heilen zusammenzufügen. Seit meiner Teilnahme an den Mai-Vorlesungen war die Notwendigkeit dafür für mich selbstverständlich. Und nach meiner Begegnung mit Margaret Lock zeichneten sich seine Umrisse im Laufe der Jahre langsam ab. In der endgültigen Fassung sollte daraus ein Systembild der Gesundheit analog zum Systembild des Lebens werden. Zu Beginn des Jahres 1976 war ich von dieser Formulierung jedoch noch weit entfernt.

Die Philosophie der klassischen chinesischen Medizin zog mich so an, weil sie voll mit der Weltanschauung übereinstimmte, die ich in *Das Tao der Physik* untersucht hatte. Die große Frage war natürlich, wieviel vom chinesischen System unserer abendländischen Kultur angepaßt werden kann. Es drängte mich, diese Frage mit Margaret Lock zu erörtern. Mehrere Wochen nach unserem ersten Gespräch lud ich sie erneut zum Tee ein, um mit ihr besonders über dieses Problem zu sprechen. Wir hatten uns inzwischen besser kennengelernt. Sie war Gastdozentin bei meinem Seminar «Jenseits der mechanistischen Weltanschauung» an der Universität Berkeley gewesen. Inzwischen hatte ich mich auch mit ihrem Ehemann und ihren Kindern angefreundet und viele Stunden ihren ergötzlichen Erzählungen über ihre Erfahrungen mit der japanischen Kultur gelauscht.

Margaret Lock warnte mich vor den Fallgruben beim Vergleich medizinischer Systeme unterschiedlicher Kulturen. «Jedes medizinische System, auch das unsere, ist ein Produkt seiner Geschichte und existiert innerhalb eines bestimmten umweltbedingten und kulturellen Gesamtzusammenhangs. Da dieser sich laufend verändert, ändert sich auch das medizinische System; es wird durch neue wirtschaftliche, politische und weltanschauliche Einflüsse modifiziert. Jedes System der Gesundheitsfürsorge ist daher zu einer bestimmten Zeit und innerhalb eines bestimmten Kontextes einmalig.»

Angesichts dieser Situation fragte ich mich, ob es überhaupt einen Sinn habe, medizinische Systeme anderer Kulturen zu studieren. «Ich würde den Nutzen der Übertragung eines medizinischen Systems in eine andere Gesellschaft sehr bezweifeln», meinte Lock. «In der Praxis haben wir immer wieder erlebt, wie die abendländische Medizin in Ländern der Dritten Welt versagt hat.»

«Vielleicht dient ein Vergleich zwischen Kulturen nicht so sehr dazu, andere Systeme als Modell für die eigene Kultur zu nutzen, sondern eher als einen Spiegel, in dem wir die Vor- und Nachteile der eigenen Auffassung besser erkennen können», wandte ich ein.

«Das könnte natürlich hilfreich sein», stimmte Lock mir zu. «Übrigens wird sich dabei herausstellen, daß nicht alle traditionellen Kulturen eine ganzheitliche Einstellung zur Gesundheitsfürsorge haben.»

Diese Bemerkung fand ich höchst interessant. «Selbst wenn die Methoden dieser traditionellen Kulturen nicht ganzheitlich waren», bemerkte ich, «dann könnten ihre dualistischen oder reduktionistischen Methoden sich doch von denen unterscheiden, die unsere gegenwärtige Schulmedizin beherrschen. Es könnte immerhin lehrreich sein, diese Unterschiede deutlich zu sehen.»

Margaret Lock schloß sich dieser Ansicht an. Zur besseren Erklärung erzählte sie von einer Heilungszeremonie in Afrika. Jemand war durch Zauberkraft krank geworden. Der traditionelle Heiler versammelte die ganze Dorfbevölkerung zu einer politischen Debatte, bei der sich verschiedene Gruppen bildeten, die einander beschuldigten und erlittenen Kränkungen Ausdruck gaben. Während der Debatte lag die kranke Person unbeachtet am Straßenrand. «Die gesamte Prozedur war überwiegend ein Gemeinschaftsereignis», kommentierte Lock. «Der Patient war nur das Symbol eines Konflikts innerhalb der Gemeinschaft, und das Heilen erfolgte in diesem Fall bestimmt nicht ganzheitlich.»

Diese Geschichte leitete über zu einer langen und faszinierenden Diskussion des Schamanismus, eines Gebietes, das Lock ziemlich genau studiert hatte, das mir jedoch völlig fremd war. Sie berichtete: «Ein Schamane ist ein Mann oder eine Frau, der/die nach Belieben in einen nicht-gewöhnlichen Bewußtseinszustand eintreten kann, um *im Namen der Mitglieder der Gemeinschaft* Kontakt mit der Geisterwelt aufzunehmen.» Der hervorgehobene Teil dieser Definition sei von absolut entscheidender Bedeutung, sagte sie. Außerdem betonte sie den engen Zusammenhang der gesellschaftlichen und kulturellen Umwelt des Patienten mit den schamanistischen Ideen über die Ursachen von Krankheiten. Die abendländische naturwissenschaftliche Medizin konzentriert sich auf die biologischen Mechanismen und physiologischen Prozesse, die Krankheitssymptome hervorbringen, der Schamane dagegen auf den sozio-kulturellen Kontext, in dem die Krankheit auftritt. Den eigentlichen Krankheitsprozeß ignoriert er entweder ganz oder hält ihn für zweitrangig. «Fragt man einen abendländischen Arzt nach den Ursachen einer Erkrankung, dann wird er von Bakterien oder physiologischen Störungen sprechen. Ein Schamane wird wahrscheinlich Rivalität, Eifersucht und Neid, Hexen und Zauberer, böse Handlungen eines

Mitglieds der Familie oder irgend etwas anführen, wo der Patient oder seine Verwandtschaft die moralische Ordnung nicht eingehalten haben.»

Diese Bemerkung blieb mir noch lange Zeit im Gedächtnis haften und verhalf mir mehrere Jahre später zu der Erkenntnis, daß das theoretische Problem im Kern unserer heutigen Gesundheitsfürsorge die Verwechslung von Krankheitsprozessen und Krankheitsursprüngen ist. Statt nach dem Warum einer Krankheit zu fragen und zu versuchen, die Verhältnisse zu ändern, die sie verursacht haben, konzentrieren die Schulmediziner ihre Aufmerksamkeit auf die Mechanismen, in denen die Krankheit sich äußert, damit sie auf diese einwirken können. Oft werden diese Mechanismen anstelle ihrer eigentlichen Ursachen als die zu bekämpfende Krankheit angesehen.

Bei ihrer Schilderung des Schamanismus erwähnte Lock oft «medizinische Modelle» traditioneller Kulturen, so wie sie es zuvor in unserem Gespräch über die klassische chinesische Medizin getan hatte. Das verwirrte mich. Denn bei den Mai-Vorlesungen wurde stets vom «medizinischen Modell» gesprochen, wenn die Teilnehmer damit die abendländische naturwissenschaftliche Medizin meinten. Daher bat ich Lock, die Terminologie zu verdeutlichen.

Sie schlug vor, ich sollte für die theoretischen Grundlagen der modernen naturwissenschaftlichen Medizin den Ausdruck «biomedizinisches Modell» verwenden, um die Betonung der biologischen Mechanismen hervorzuheben, die das moderne abendländische Modell von medizinischen Modellen anderer Kulturen ebenso unterscheidet wie von alternativen Modellen, die innerhalb unserer eigenen Kultur existieren.

«In den meisten Gesellschaften findet man einen Pluralismus medizinischer Systeme und Anschauungen», sagte sie. Selbst heute noch ist der Schamanismus in den meisten Ländern mit großen Ackerbaugebieten das wichtigste medizinische System. Er ist sogar in vielen Großstädten noch sehr lebendig, vor allem in solchen mit zahlenmäßig starken Einwanderergruppen.» Margaret Lock spricht lieber von «kosmopolitischer» als von «abendländischer» Medizin, und zwar wegen der globalen Ausdehnung des biomedizinischen Systems. Aus ähnlichen Gründen spricht sie lieber von «ostasiatischer» als von «klassischer chinesischer» Medizin.

Nun waren wir so weit gekommen, daß ich Lock die Frage stellen konnte, die mich am meisten interessierte: Wie können wir die Lehren aus dem Studium ostasiatischer Medizin nutzen, um ein System ganzheitlicher Gesundheitsfürsorge in unserer eigenen Kultur zu entwikkeln?

«Da stellen Sie im Grunde zwei Fragen, die einer näheren Prüfung bedürfen», antwortete sie. «In welchem Ausmaß ist das ostasiatische Modell ganzheitlich, und welcher seiner Aspekte, wenn überhaupt einer, kann unserem kulturellen Kontext angepaßt werden?» Erneut beeindruckte mich, wie klar und systematisch Lock das Problem anpackte, und ich bat sie, sich zunächst einmal zum ersten Aspekt des Problems zu äußern – zum Holismus in der ostasiatischen Medizin.

«Es wäre dabei sicherlich nützlich, zwischen zwei Arten von Holismus zu unterscheiden», bemerkte sie. «Im engeren Sinne bedeutet Holismus oder Ganzheitlichkeit doch, daß alle Aspekte des menschlichen Organismus als zusammenhängend und voneinander abhängig betrachtet werden. Im weiteren Sinne bedeutet Ganzheitlichkeit die Erkenntnis, daß der Organismus in ständigem Wechselspiel mit seiner natürlichen und gesellschaftlichen Umwelt steht.

Im ersten, engeren Sinn ist das ostasiatische System sicherlich ganzheitlich», fuhr Lock fort. «Die Praktiker dieses Systems glauben, daß ihre Behandlung nicht nur die Hauptsymptome der Krankheit des Patienten beseitigt, sondern sich auf den gesamten Organismus auswirkt, den sie als ein dynamisches Ganzes behandeln. Im umfassenderen Sinne ist das chinesische System jedoch nur in der Theorie ganzheitlich. Die gegenseitige Abhängigkeit von Organismus und Umwelt wird zwar bei der Diagnose berücksichtigt und in den medizinischen Lehrbüchern ausführlich diskutiert, bei der Therapie jedoch im allgemeinen vernachlässigt. Die meisten heutigen praktischen Ärzte haben die klassischen Lehrbücher überhaupt nicht gelesen; das taten überwiegend Gelehrte, die niemals praktisch als Arzt tätig waren.»

«Dann sind also ostasiatische Ärzte nur in ihrer Diagnose im umfassenderen, umweltbezogenen Sinn holistisch, nicht jedoch in ihrer Therapie?»

«So ist es. Bei Erstellung der Diagnose sprechen sie mit den Patienten lange über ihre Situation am Arbeitsplatz, ihre Familie und ihren Gemütszustand. Bei der Therapie jedoch konzentrieren sie sich auf Ratschläge für die Ernährung, pflanzliche Medizin und Akupunktur. Das heißt, sie beschränken sich auf Verfahren, die Vorgänge innerhalb des Körpers manipulieren. Das habe ich immer wieder beobachtet.»

«War das die Einstellung chinesischer Ärzte auch in der Vergangenheit?»

«Soviel wir wissen, ja. In der Praxis war das chinesische System in bezug auf die psychischen und sozialen Aspekte der Krankheit wahrscheinlich niemals ganzheitlich orientiert.»

«Und was war Ihrer Ansicht nach der Grund dafür?»

«Zum Teil sicherlich der starke Einfluß des Konfuzianismus auf alle Aspekte des chinesischen Lebens. Wie Sie wissen, dient das konfuzianische System vor allem der Aufrechterhaltung der gesellschaftlichen Ordnung. Nach konfuzianischer Anschauung kann eine Krankheit als Folge unzureichender Anpassung an die Regeln und Sitten der Gemeinschaft entstehen. Die einzige Gesundungsmöglichkeit besteht dann für das Individuum darin, sich so zu ändern, daß es wieder in die gesellschaftliche Ordnung hineinpaßte. Ich habe in Japan beobachtet, wie tief diese Haltung noch in der ostasiatischen Kultur verwurzelt ist. Sie bildet die Grundlage der modernen medizinischen Therapie in China wie in Japan.»

Mir wurde klar, daß hier ein wesentlicher Unterschied bestehen blieb zwischen dem ostasiatischen medizinischen System und der ganzheitlichen Einstellung, die zur Zeit im Abendland entsteht. Unser neuer Rahmen müßte unbedingt psychologisch orientierte Therapien und gesellschaftliche Aktivitäten als wichtige Aspekte einbeziehen, wenn er wirklich ganzheitlich sein soll. In diesem Punkt stimmten Margaret und ich, beide sehr durch unsere politischen Erlebnisse in den sechziger Jahren motiviert, voll überein.

Bei allen Gesprächen mit Margaret Lock wurde deutlich, wie weitgehend die der ostasiatischen Medizin zugrunde liegende Philosophie mit dem neuen Paradigma übereinstimmt, das zur Zeit innerhalb der abendländischen Naturwissenschaften entsteht. Ferner wurde mir klar, daß viele ihrer Charakteristika auch wichtige Aspekte unserer neuen ganzheitlichen Medizin sein müssen. Als Beispiel nenne ich die Anschauung von Gesundheit als einem Prozeß dynamischen Gleichgewichts, die besondere Beachtung des kontinuierlichen Zusammenspiels zwischen dem menschlichen Organismus und seiner Umwelt, sowie die Bedeutung der vorbeugenden Medizin. Doch wie sollten wir diese Aspekte in unser neues System der Gesundheitsfürsorge einbauen?

Ich war sicher, daß Margaret Locks eingehende Kenntnis der medizinischen Praxis im heutigen Japan für die Beantwortung dieser Frage sehr hilfreich sein würde. Sie hatte mir erzählt, moderne japanische Ärzte bedienten sich traditioneller ostasiatischer Vorstellungen und Praktiken, um Krankheiten zu behandeln, die sich von denen in unserer Gesellschaft kaum unterscheiden. Deshalb interessierte mich, welche Lehren sie aus ihren Beobachtungen gezogen hatte.

«Kombinieren moderne japanische Ärzte wirklich östliche und abendländische Methoden?» fragte ich sie.

«Nicht alle. Die Japaner haben das abendländische System vor etwa hundert Jahren übernommen. Die meisten Ärzte praktizieren heute kosmopolitische Medizin. Wie im Abendland herrscht aber auch dort wachsende Unzufriedenheit mit diesem System; etwa die Art von Kritik, die Sie während der Mai-Vorlesungen gehört haben, wird zunehmend auch in Japan geäußert. Als Reaktion darauf sind die Japaner jetzt damit beschäftigt, ihre eigenen traditionellen Praktiken neu zu überdenken. Sie meinen, die traditionelle ostasiatische Medizin könnte viele Funktionen erfüllen, die weit über die Möglichkeiten des biomedizinischen Modells hinausgehen. Die Ärzte, die dieser Bewegung angehören, kombinieren westliche und östliche Techniken. Man nennt sie übrigens Kanpō-Ärzte. Wörtlich übersetzt bedeutet *kanpō* ‹chinesische Methode›.»

Ich fragte Margaret Lock, was wir Abendländer denn nun dem japanischen Modell entlehnen könnten. Nach kurzem Nachdenken antwortete sie: «Einen Faktor halte ich für besonders wichtig. Wie in ganz Asien wird auch in Japan subjektives Wissen hoch eingeschätzt. Trotz ihrer gründlichen naturwissenschaftlichen Ausbildung sind japanische Ärzte bereit, subjektive Urteile zu akzeptieren – bei sich selbst und bei ihren Patienten –, ohne das als eine Bedrohung ihrer medizinischen Sachkunde oder persönlichen Integrität aufzufassen.»

«Welcher Art wären solche subjektiven Urteile?»

«Kanpō-Ärzte messen zum Beispiel nicht die Temperatur, sondern achten auf das subjektive Fiebergefühl ihrer Patienten. Sie legen auch nicht die Dauer einer Akupunkturbehandlung nach der Uhr fest, sondern bestimmen sie danach, wie der Patient sich fühlt.»

«Zweifellos ist die Wertschätzung subjektiven Wissens etwas, was wir vom Osten lernen können», fuhr Lock fort. «Wir sind inzwischen so besessen von reinem Verstandeswissen, Objektivität und Quantifizierung, daß wir sehr unsicher sind, sobald es um menschliche Werte und menschliche Erfahrung geht.»

«Dann ist also menschliche Erfahrung für Sie ein wichtiger Aspekt der Gesundheit?»

«Natürlich ist sie das! Sie ist sogar *der* zentrale Aspekt. Gesundheit als solche ist eine subjektive Erfahrung. Auch im Abendland nutzen die wirklich guten Ärzte Intuition und subjektives Wissen. In der Fachliteratur wird das jedoch nicht anerkannt und an den medizinischen Fakultäten nicht geschult.»

Margaret Lock behauptete, mehrere entscheidende Aspekte der ostasiatischen Medizin könnten in ein abendländisches ganzheitliches System eingebaut werden, wenn wir eine ausgeglichenere Haltung gegenüber verstandesmäßigem und intuitivem Wissen, der Naturwissenschaft und der hohen Kunst der Medizin einnehmen würden. In der neuen Sichtweise würde die Verantwortung für Gesundheit und Heilung nicht mehr überwiegend bei den Ärzten liegen. «In der traditionellen ostasiatischen Medizin hat der Arzt niemals die volle Verantwortung übernommen, sondern sie stets mit der Familie und der Regierung geteilt.»

«Wie würde das in unserer Gesellschaft funktionieren?»

«Auf der Ebene der alltäglichen Gesundheitsfürsorge sollten die Patienten selbst, ihre Familien und die Regierungen den Löwenanteil an der Verantwortung für die Gesundheit tragen. Auf der Ebene der akuten Versorgung in Krankenhäusern und bei Notfällen muß die meiste Verantwortung bei den Ärzten liegen. Aber selbst dort sollten die Ärzte die Selbstheilungskräfte des Körpers respektieren und nicht versuchen, den Heilungsprozeß zu dominieren.»

«Wie lange würde es Ihrer Ansicht nach dauern, eine solche neue Methode zu entwickeln», fragte ich zum Abschluß unseres langen Gesprächs.

Margaret lächelte ironisch. «Die Bewegung für ganzheitliche Gesundheit geht sicherlich in diese Richtung. Eine wahrhaft ganzheitliche Medizin setzt jedoch fundamentale Änderungen unserer Verhaltensweisen und gesellschaftlichenPraktiken, unserer Erziehung und Grundwerte voraus. Das geschieht nur sehr langsam und schrittweise, wenn überhaupt.»

Der Paradigmenwechsel in der Medizin

An Margaret Lock beeindruckten mich ihre klaren und präzisen Formulierungen, ihr scharfer mit einer umfassenden Perspektive kombinierter analytischer Verstand. Nach mehreren Begegnungen hatte ich das Gefühl, sie habe mir einen deutlichen Rahmen für die Erforschung des Paradigmenwechsels in der Medizin abgesteckt und die Zuversicht vermittelt, diese Arbeit systematisch durchführen zu können.

Damals war der Paradigmenwechsel in der Physik für mich noch das Vorbild für die anderen Naturwissenschaften, weshalb ich damit begann, die gedanklichen Rahmen von Physik und Medizin zu vergleichen. Die Mai-Vorlesungen hatten meine Ansicht über die Verwurzelung des mechanistischen, biomedizinischen Modells in der kartesianischen Vorstellung vom Körper als Maschine bestärkt, vergleichbar mit der Art, wie die klassische Physik auf Newtons Anschauung vom Universum als mechanischem System beruht. Es bestand kein Grund, das biomedizinische Modell aufzugeben – das war mir von Anfang an bewußt. Es konnte weiterhin eine nützliche Rolle für einen begrenzten Bereich von Gesundheitsproblemen innerhalb eines umfassenderen ganzheitlichen Rahmens spielen. Man hat ja auch Newtons Mechanik nie aufgegeben, die für einen begrenzten Bereich von Phänomenen innerhalb des größeren Rahmens der quantenrelativistischen Physik nützlich bleibt.

Die Aufgabe bestand also darin, diesen umfassenden Rahmen für Gesundheit und Heilen zu entwickeln. Er sollte die Möglichkeit geben, uns mit dem gesamten Netz von Phänomenen zu befassen, die auf die Gesundheit einwirken, und vor allem die wechselseitige Abhängigkeit von Geist und Körper in Gesundheit und Krankheit berücksichtigen. Mir fiel ein, welch entscheidende Rolle Carl Simonton dem emotionalen Streß beim Entstehen und der Entwicklung von Krebs beimißt. Damals kannte ich jedoch noch kein psychosomatisches Modell, das das Zusammenspiel von Körper und Geist in Einzelheiten beschreibt.

Ein weiterer wichtiger Aspekt des neuen Rahmens, das war mir klar, mußte die ökologische Anschauung sein, daß der menschliche Körper ständig mit seiner natürlichen und gesellschaftlichen Umwelt in Wechselwirkung steht. Dementsprechend verdienten Umwelt- und gesellschaftliche Einflüsse auf die Gesundheit besondere Aufmerksamkeit, und auch die Sozialpolitik würde im neuen System der Gesundheitsfürsorge eine wichtige Rolle spielen.

Mir war auch klar, daß der Begriff der Gesundheit selbst bei einem solchen ganzheitlichen Ansatz viel subtiler zu formulieren wäre als im biomedizinischen Modell, in dem ja Gesundheit als Abwesenheit von Krankheit definiert wird und man Krankheiten als Fehlfunktionen der biologischen Mechanismen betrachtet. In der ganzheitlichen Vorstellung würde man Gesundheit als Spiegelbild des gesamten Organismus sehen, also von Geist und Körper, und auch in ihrer Beziehung zum Umfeld des Organismus. Die neue Konzeption von Gesundheit mußte dynamisch sein: Gesundheit als ein Prozeß dynamischen Gleichgewichts bei voller Anerkennung der in lebenden Organismen vorhandenen Heilungskräfte. Ich wußte nicht, wie ich diese Vorstellungen genau formulieren sollte. Erst einige Jahre später lieferte mir das Systembild des Lebens die wissenschaftliche Sprache für eine genaue Formulierung des ganzheitlichen Modells von Gesundheit und Krankheit.

Bei der Therapie, das war klar, sollte Vorbeugung eine viel größere Rolle spielen, und der Mensch mußte seine Verantwortung für Gesundheit und Heilen mit dem Arzt und der Gesellschaft teilen. Bei den Mai-Vorlesungen wurde viel über eine große Vielfalt von alternativen Therapien gesprochen, die auf sehr unterschiedlichen Anschauungen von Gesundheit beruhen, und es war mir keineswegs klar, welche von ihnen in ein zusammenhängendes System der Gesundheitsfürsorge integriert werden konnten. Doch war die breite Vielfalt von Modellen, die sich erfolgreich mit unterschiedlichen Aspekten von Gesundheit befassen, für mich kein Problem. Ich nahm ihr gegenüber ganz natürlich eine «Bootstrap»-Haltung ein und entschied mich dafür, zunächst einmal diese verschiedenen therapeutischen Modelle näher zu untersuchen. Das war für mich ein intellektuelles Abenteuer, an dessen Ende, so hoffte ich, ein Mosaik gegenseitig stimmiger Methoden stehen würde.

Im September 1976 wurde ich eingeladen, einen Vortrag auf einer Konferenz unter dem Motto «Der Zustand der amerikanischen Medizin» zu halten. Sponsor war das Volkshochschulprogramm der Universität in Santa Cruz. Bei dieser Konferenz sollten Alternativen zum gegenwärtigen System der Gesundheitsfürsorge diskutiert werden. Sie bot mir die einzigartige Gelegenheit, die Umrisse des von mir gerade entwickelten Konzepts vorzutragen. Mein Vortrag über «Die Neue Physik als Modell für eine Neue Medizin» rief lebhafte Diskussionen unter Ärzten, Krankenpflegerinnen, Psychotherapeuten und anderen Fachleuten hervor. Die Folge war, daß ich als Vortragender zu ähnlichen Veranstaltungen eingeladen wurde, die mit zunehmender Häufigkeit von der schnell wachsenden Bewegung für ganzheitliche Gesundheit organisiert wurden. Aus diesen Konferenzen und Seminaren ergaben sich viele Diskussionen mit zahlreichen Fachleuten aus dem Gesundheitswesen, was mir sehr half, meinen theoretischen Rahmen mehr und mehr zu entwickeln und zu verfeinern.

Eine der ersten dieser Konferenzen über ganzheitliche Gesundheit fand im März 1977 in Toronto statt. Sie verschaffte mir nicht nur die Gelegenheit, den ersten längeren Vortrag von Stan Grof zu hören, sondern brachte mich auch erneut mit Carl und Stephanie Simonton zusammen. Beide begrüßten mich warmherzig und in freundlicher Erinnerung an die anregenden Tage, die wir zusammen bei den Mai-Vorlesungen verbracht hatten, sowie an den anschließenden vergnügten Bummel durch London.

Während der Toronto-Konferenz trugen die Simontons neue Einsichten und Ergebnisse ihrer Arbeit mit Krebs-Patienten vor. Wieder beeindruckten mich ihre Offenheit, ihr Mut und ihre große Hingabe an ihre Aufgabe. Als Carl über die theoretischen Grundlagen ihrer Behandlungsmethode sprach, erkannte ich, daß er in den vier Jahren seit den Mai-Vorlesungen beträchtliche Fortschritte gemacht hatte. Er war nicht nur von dem entscheidenden Zusammenhang zwischen Krebs und emotionalem Streß überzeugt, sondern hatte auch die Umrisse eines psychosomatischen Modells zur Beschreibung der komplexen wechselseitigen Abhängigkeit von Geist und Körper bei der Entwicklung der Krankheit und im Heilungsprozeß entworfen.

«Es gehört zu meinen Zielsetzungen», begann Simonton, «das volkstümliche Bild vom Krebs umzukehren, da es nicht den Ergebnissen der biologischen Forschung entspricht. Weithin hält man den Krebs für einen machtvollen Eindringling, der den Körper von außen angreift. In Wahrheit ist die Krebszelle keine machtvolle, sondern eine schwache Zelle. Sie dringt nicht von außen ein, sondern schiebt andere beiseite; sie ist auch nicht zum Angriff fähig. Krebszellen sind zwar groß, aber träge und ungeordnet.

Meine Arbeit hat mich davon überzeugt», fuhr Simonton fort, «daß man Krebs als eine systemische Störung ansehen muß. Er ist eine Krankheit, die zwar an bestimmten Stellen des Körpers in Erscheinung tritt, die dann aber die Fähigkeit besitzt, sich auszubreiten. Sie bezieht in Wirklichkeit den ganzen Organismus ein, den Geist ebenso wie den Körper. Der ursprüngliche Tumor ist nur die Spitze des Eisberges.»

Simontons psychosomatisches Modell beruht auf der sogenannten

Überwachungstheorie des Krebses, nach der jeder Organismus gelegentlich anomale, krebsartige Zellen erzeugt. In einem gesunden Organismus erkennt und zerstört das Immunsystem anomale Zellen. Ist es jedoch aus irgendeinem Grund nicht stark genug, dann vermehren sich die krebsartigen Zellen. Aus einer Masse anomaler Zellen entsteht dann ein Tumor.

«Nach dieser Theorie», so führte Simonton aus, «entsteht Krebs nicht durch einen Angriff von außen, sondern als Folge eines Zusammenbruchs im Inneren des Körpers. Die entscheidende Frage ist, was das Immunsystem zu einem bestimmten Zeitpunkt daran hindert, anomale Zellen zu erkennen und zu zerstören, wodurch es ihnen ermöglicht wird, sich zu einem lebensbedrohenden Tumor auszuwachsen.»

Simonton schilderte dann, wie nach seinem vorläufigen Modell psychische und physische Zustände beim Entstehen der Krankheit zusammenwirken. Dabei übt emotionaler Streß eine bemerkenswerte Wirkung in zwei Richtungen aus. Er schwächt das Immunsystem, und er stört das Gleichgewicht im Hormonhaushalt des Körpers, was wiederum zu verstärkter Produktion anomaler Zellen führt. So werden optimale Bedingungen für das Wachsen des Tumors geschaffen. Die Produktion bösartiger Zellen wird gerade zu dem Zeitpunkt gefördert, an dem der Körper am wenigsten in der Lage ist, sie zu zerstören.

Der Grundgedanke von Simontons Ansatz ist folgender: Beim Entstehen von Krebs wirken mehrere psychische und biologische Prozesse zusammen. Man kann diese Prozesse erkennen und verstehen, die Reihenfolge der Geschehnisse, die zur Krankheit führten, umkehren und den Körper damit wieder in einen gesunden Zustand zurückführen. Zu diesem Zweck hilft das Ehepaar Simonton den Patienten, sich des umfassenden Kontextes ihrer Krankheit bewußt zu werden, die größeren Streßfaktoren in ihrem Leben zu identifizieren und eine positive Haltung gegenüber der Wirksamkeit der Therapie und der Abwehrkraft des eigenen Körpers zu entwickeln.

«Sobald es gelungen ist, Hoffnung und Erwartung zu erzeugen», erläuterte Simonton seine Therapie, «setzt der Körper diese in biologische Prozesse um. Die beginnen dann, das Gleichgewicht wiederherzustellen und das Immunsystem neu zu kräftigen, wobei sie gewissermaßen dieselben Wege benutzen, auf denen die Krankheit gekommen ist. Die Produktion von Krebszellen geht zurück; zugleich verstärkt sich das Immunsystem, das dann die bösartigen Zellen wirksamer bekämpfen kann. Parallel dazu wenden wir eine kombinierte physisch/psychologische Therapie an, die den Organismus bei der Abtötung bösartiger Zellen unterstützt.»

Als Simonton seine Therapie darstellte, wurde mir mit wachsender innerer Erregung klar, daß er und seine Frau mit der Entwicklung einer Therapie beschäftigt waren, die der gesamten ganzheitlichen Medizin als Vorbild dienen konnte. Für die Simontons ist jede Krankheit ein Problem des ganzen Menschen. Ihre Therapie konzentriert sich daher nicht alleine auf die speziellen Krankheitssymptome, sondern nimmt sich des ganzen Menschen an. Sie ist multidimensional und bezieht sehr unterschiedliche Behandlungsstrategien ein – konventionelle medikamentöse Behandlung, Imagination, psychologische Beratung und anderes. Alle sollen den psychosomatischen Selbstheilungsprozeß des Körpers unterstützen. Die gewöhnlich als Gruppensitzung arrangierte Psychotherapie konzentriert sich auf die emotionalen Probleme des Patienten, trennt diese jedoch nicht von den umfassenderen Lebensmustern, weshalb sie gewöhnlich auch soziale, kulturelle, weltanschauliche und spirituelle Aspekte einbezieht.

Nach den Vorlesungen der Simontons war ich davon überzeugt, daß beide die idealen Berater bei meiner weiteren Erforschung von Gesundheit und Heilen sein würden, und ich beschloß, so engen Kontakt wie möglich zu ihnen zu halten. Doch sah ich ein, daß dies schwierig sein würde, da ihr Leben vollkommen mit Forschungsarbeit, Vorträgen auf Fachkongressen und ständiger Überwachung des Wohlergehens ihrer Patienten ausgefüllt war und sie für anderes kaum Zeit hatten.

Nach der Konferenz besuchten Carl Simonton und ich unseren Freund Emil Zmenak, den Chiropraktiker, den wir bei den Mai-Vorlesungen kennengelernt hatten. Wir verbrachten einen angenehmen Abend, erzählten einander aus unserem Leben und tauschten Erkenntnisse und Erfahrungen aus. Ich berichtete Carl, ich hätte begonnen, den Paradigmenwechsel in der Medizin zu erforschen und sei auf der Suche nach einem neuen theoretischen Rahmen für Gesundheit und Heilen. Seine Fortschritte bei der Formulierung seines Modells begeisterten mich, und ich sei an der Fortsetzung unseres Gedankenaustauschs sehr interessiert. Carl bekundete seinerseits Interesse an weiterer Zusammenarbeit, da er seit den Mai-Vorlesungen den Eindruck habe, wir alle hätten eine Art Auftrag, Kontakt zu halten und auf die eine oder andere Weise zusammenzuarbeiten. Er selbst sei zwar mit Arbeit überlastet, doch solle ich ihn benachrichtigen, sobald ich konkrete Vorstellungen über eine mögliche Zusammenarbeit hätte.

Die Begegnung mit Carl Simonton in Toronto inspirierte mich sehr und ermutigte mich in meinem Bemühen, die Steinchen des theoretischen Mosaiks zusammenzutragen, das einen neuen Rahmen für die Gesundheitsfürsorge abgeben sollte. In Simontons Vorlesung in Toronto erkannte ich viele Parallelen zur ostasiatischen Einstellung, vor allem in der Betonung der Wiederherstellung des Gleichgewichts und Stärkung des Selbstheilungspotentials des Organismus. Zugleich festigte Simonton meine Überzeugung, daß es möglich ist, den neuen ganzheitlichen Rahmen in der naturwissenschaftlichen Sprache des Abendlandes zu formulieren.

In den folgenden zwei Jahren, von März 1977 bis Mai 1979, befaßte ich mich eingehend mit dem Paradigmenwechsel in der Medizin und mit der nach und nach deutlicher erkennbaren ganzheitlichen Methode im Umgang mit Gesundheit und Heilen. Daneben studierte ich auch die Veränderungen grundlegender Ideen in Psychologie und Volkswirtschaft und entdeckte hochinteressante Zusammenhänge in Hinsicht auf einen Paradigmenwechsel in diesen drei Wissenschaftsbereichen.

Zunächst galt es für mich, die Kritik am mechanistischen biomedizinischen Modell und den gegenwärtigen Praktiken der Gesundheitsfürsorge so klar wie möglich zu identifizieren und darzustellen, weshalb ich systematisch nach diesbezüglicher Literatur zu suchen begann. Margaret Lock empfahl mir sechs Autoren, die ich dann auch sehr inspirierend und aufschlußreich fand: Victor Fuchs, Thomas McKeown, Ivan Illich, Vicente Navarro, René Dubos und Lewis Thomas.

Die Zusammenhänge zwischen der medizinischen Wissenschaft und der allgemeinen Gesundheitsfürsorge erschienen mir in neuem Licht, als ich die Werke dieser Autoren gelesen hatte: die klare Analyse der volkswirtschaftlichen Grundlagen des Gesundheitswesens in dem herausfordernden Buch von Fuchs *Who Shall Live?*; McKeowns detaillierte Schilderung der Geschichte der Infektionskrankheiten in seinem klassischen Werk *The Role of Medicine: Dream, Mirage, or Nemesis?;* Illichs deutliche Verurteilung der «Medikamentierung des Lebens» in seinem provozierenden Buch *Medical Nemesis* (deutsch: *Die Nemesis der Medizin*) und Navarros scharfe marxistische Kritik *Medicine Under Capitalism.* Diese Bücher überzeugten mich davon, daß Fortschritte der medizinischen Wissenschaft nicht zwangsläufig Fortschritte bei der Gesundheitsfürsorge bewirken, da das biomedizinische Modell nur für verhältnismäßig wenige der Faktoren Geltung hat, die sich auf die Gesundheit auswirken. Sie zeigten mir auch, daß biomedizinische Interventionen zwar in individuellen Notfällen überaus nützlich sein können, auf die allgemeine öffentliche Gesundheit aber wenig Einfluß haben.

Was sind dann aber die Hauptfaktoren, die auf die Gesundheit einwirken? Die eindeutigste und schönste Antwort auf diese Frage gaben mir die Bücher und Artikel von René Dubos. Er formuliert in moderner naturwissenschaftlicher Sprache viele Gedanken, denen ich erstmals in meinen Gesprächen mit Margaret Lock über ostasiatische medizinische Philosophie begegnet war: daß nämlich unsere Gesundheit vor allem von unserem persönlichen Verhalten, unserer Ernährung und der Art unserer natürlichen und gesellschaftlichen Umwelt bestimmt wird; daß der Ursprung einer Krankheit in einem Muster mehrerer verursachender Faktoren zu suchen ist; daß vollkommenes Freisein von Krankheit mit dem Lebensprozeß unvereinbar ist.

Am erstaunlichsten fand ich die Schriften von Lewis Thomas. Viele seiner Essays, vor allem die in dem Sammelwerk *Lives of a Cell* (deutsch: *Das Leben überlebt. Geheimnisse der Zellen*) reflektieren tiefes ökologisches Gewahrsein. Man findet darin herrliche, in hohem Maße poetische Stellen, in denen die wechselseitige Abhängigkeit aller lebenden Geschöpfe, die symbiotischen Beziehungen zwischen Tieren, Pflanzen und Mikroorganismen und die kooperativen Prinzipien beschrieben werden, nach denen das Leben sich auf allen Ebenen organisiert. In anderen Essays gibt Thomas wiederum seinem Glauben an die mechanistische Auffassung des biomedizinischen Modells Ausdruck, wenn er zum Beispiel schreibt: «Für jede Krankheit existiert ein einzelner Mechanismus, der über alle anderen dominiert. Kann man ihn finden und ihn gründlich einkreisen, dann kann man auch die Störung wieder beseitigen... Kurz ausgedrückt, ich bin der Ansicht, daß die Hauptkrankheiten des Menschen biologische Rätsel sind, die letzten Endes lösbar sind.»

Von den sechs mir empfohlenen Autoren, beeindruckte und inspirierte René Dubos mich am stärksten. In New York nahm ich in der Hoffnung auf eine persönliche Begegnung Kontakt mit ihm auf. Leider ist es nie zu einer Begegnung gekommen, doch führte Dubos mich freundlicherweise bei David Sobel ein, einem jungen Arzt in San Francisco, der gerade eine Anthologie über ganzheitliche Ansätze in der alten und zeitgenössischen Medizin zusammenstellte. Sein Buch mit dem Titel *Ways of Health*, das wenige Jahre später veröffentlicht wurde, enthält zwanzig Essays bedeutender Autoren über ganzheitliche Medizin, darunter einen von Manfred Porkert und drei von Dubos. Meiner

Ansicht nach ist es immer noch eines der besten Bücher zu diesem Thema.

Als ich Sobel besuchte, fand ich sein Arbeitszimmer vollgepackt mit Büchern und Artikeln, die er in vielen Jahren gesammelt hatte. Er gab mir einen gründlichen Einblick in seine wertvolle Sammlung und gestattete mir großzügig, die mich interessierenden Artikel zu fotokopieren. Ich verabschiedete mich dankbar von ihm und nahm eine dicke Tasche voller unschätzbaren Lesematerials mit. Damit hatte ich auf einen Schlag einen reichen Fundus an anregenden Ideen, aus deren Synthese ich einige Jahre später mein Modell entwickelte.

Während ich in den folgenden Monaten Sobels Material studierte, hielt ich weiterhin Vorträge über den Paradigmenwechsel in der Physik und der Medizin und diskutierte auf mehreren Konferenzen dieses Thema mit zahlreichen Fachleuten aus dem Bereich der Gesundheitsfürsorge. Diese Diskussionen lieferten mir ständig neue Ideen, darunter aus zwei Sachgebieten, die mir bis dahin ziemlich fremd geblieben waren. Das war zunächst einmal die feministische Kritik an der medizinischen Praxis, sehr überzeugend formuliert in zwei gutdokumentierten Büchern: *The Hidden Malpractice* von Gena Corea und *For Her Own Good* von Barbara Ehrenreich und Deirdre English. Das andere Sachgebiet war die scharfe Kritik von Elisabeth Kübler-Ross an der ärztlichen Einstellung zu Tod und Sterben. Ihre leidenschaftlichen Bücher und Vorträge zu diesem Thema weckten ein enormes Interesse an den existentiellen und spirituellen Dimensionen der Krankheit. Gleichzeitig halfen mir meine Diskussionen mit Stan Grof und R. D. Laing, die Kritik an der biomedizinischen Anschauung auf die Psychiatrie auszudehnen und tieferes Verständnis für Geisteskrankheiten und die vielfältigen Ebenen des menschlichen Bewußtseins zu gewinnen.

Mein Interesse an neuen Ansätzen für die Psychiatrie wurde auch durch meine Begegnung mit Antonio Dimalanta angeregt, einem jungen und sehr einfallsreichen Familientherapeuten, den ich an einer psychiatrischen Klinik in Chicago kennenlernte, wo ich einen Vortrag über *Das Tao der Physik* hielt. Nach meinem Vortrag erzählte mir Dimalanta, er sehe viele Parallelen zu meinen Ideen in seiner psychiatrischen Praxis. Vor allem hob er die Grenzen hervor, die durch den normalen Sprachgebrauch gesetzt sind, ferner die Rolle des Paradoxen und die Wichtigkeit intuitiver, nichtrationaler Methoden.

Dimalanta interessierte mich besonders, weil er sich leidenschaftlich darum bemühte, seine kühnen intuitiven Therapieansätze auch wissenschaftlich zu begründen. Als einer der ersten lenkte er meine Aufmerksamkeit auf die potentielle Rolle der Systemtheorie als gemeinsame Sprache zum Verständnis physischer, mentaler und gesellschaftlicher Aspekte der Gesundheit. Außerdem erzählte er mir, er habe zwar eben erst angefangen, seine Gedanken zu diesem Thema systematisch zusammenzufassen, habe aber bereits einige der neuen Systemvorstellungen in seine praktische Familientherapie einbauen können. Nach dieser Begegnung setzten Dimalanta und ich unsere Diskussion brieflich fort, was mir auf meiner Suche nach einer ganzheitlichen Einstellung zu Gesundheit und Heilen viele herausfordernde Ideen und neue Einsichten bescherte.

Bei einem meiner Vorträge in Berkeley begegnete ich Leonard Shlain. Er ist Chirurg in San Francisco und sehr an Philosophie, Naturwissenschaft und Kunst interessiert. Seine Freundschaft und das Interesse, das er meiner Arbeit entgegenbrachte, waren für mich von unschätzbarem Wert. Während meines Vortrags verwickelte Shlain mich in eine längere Diskussion über subtile Aspekte der Quantenphysik, und als wir danach bei einem Glas Bier zusammensaßen, gerieten wir bald in eine faszinierende Diskussion, in der wir Vergleiche zwischen dem uralten Taoismus und moderner Chirurgie zogen.

Zur damaligen Zeit hegte ich ein recht starkes Vorurteil gegenüber Chirurgen. Ich hatte gerade in Victor Fuchs' Buch einen kritischen Bericht über Chirurgie in Amerika gelesen, wonach der gegenwärtige «Überschuß» an Chirurgen nicht nur keinerlei Senkung ihrer Honorare nach sich zu ziehen scheint, sondern auch nach Ansicht vieler Kritiker ein Übermaß von chirurgischen Eingriffen zur Folge hat. In Shlain begegnete ich einem Chirurgen ganz anderer Art, einem Arzt mit viel Mitgefühl und Achtung vor dem Geheimnis des Lebens, der seinen Beruf nicht nur mit großer Sachkenntnis ausübt, sondern auch auf dem Fundament einer umfassenden philosophischen und wissenschaftlichen Sicht. Im Laufe der folgenden Monate und Jahre wurden wir gute Freunde und führten lange Diskussionen, die zahlreiche Fragen klärten und sehr dazu beitrugen, mein Verständnis des komplexen Bereichs der modernen Medizin zu verbessern.

Soziale und politische Dimensionen der Gesundheit

Im Frühjahr 1978 verbrachte ich als Hubert-Humphrey-Gastdozent sieben Wochen am Macalester College in St. Paul, Minnesota. Ich veranstaltete regelmäßige Seminare für Studenten der unteren Semester und hielt öffentliche Vorlesungen. Das gab mir eine ausgezeichnete Gelegenheit, das zusammenzufassen, was ich aus vielen Diskussionen und umfassender Lektüre über den Paradigmenwechsel in der Medizin gelernt hatte. Das College stellte mir ein großes und bequemes Appartement zur Verfügung, in dem ich ungestört arbeiten und meine Bücher, Artikel und Aufzeichnungen auf viele leere Regale und Tische verteilen konnte. Ich erinnere mich noch, daß ich beim Einzug einige afrikanische Holzfiguren vorfand. Ich wertete es als gutes Omen, als meine Gastgeber mir sagten, Alex Haley habe sie zurückgelassen, nachdem er dort mehrere Wochen an seinem berühmten Roman *Roots* gearbeitet hatte. In dieser Wohnung begann ich mit der eigentlichen Arbeit an der *Wendezeit* und der dazu erforderlichen Zusammenstellung und Ordnung der Aufzeichnungen und Quellen.

Diese sieben Wochen in St. Paul waren für mich eine sehr angenehme und innerlich bereichernde Zeit konzentrierten Studierens und Schreibens. Sie gaben mir aber auch Gelegenheit, viele interessante Leute zu treffen, nicht nur am College, sondern auch in den Zwillingsstädten St. Paul und Minneapolis. Besonders erfreut war ich, dort in einen großen Kreis von Künstlern und politisch engagierten Männern und Frauen eingeführt zu werden, bei denen ich den für Minnesota traditionellen Gemeinschaftsgeist erlebte.

Meine Diskussionen mit zahlreichen dieser politischen Aktivisten veränderten meine Perspektive. In den Gesprächen mit Simonton und anderen kalifornischen Gesundheitsexperten war es vor allem um die psychischen Dimensionen der Gesundheit und die psychosomatische Natur des Heilungsprozesses gegangen. Das ganz andere soziale und kulturelle Klima von Minnesota lenkte meine Aufmerksamkeit dagegen eher auf die umweltbedingten, sozialen und politischen Dimensionen der Gesundheit. Ich begann mit der Untersuchung der umweltbedingten Gesundheitsrisiken – Luftverschmutzung, saurer Regen, Giftmüll, Strahlungsrisiken und anderes – und erkannte sehr bald, daß sie nicht nur zufällige Nebenprodukte des technologischen

Fortschritts, sondern integrale Bestandteile eines vom Wachstum und Expansion besessenen Wirtschaftssystems sind.

Das veranlaßte mich, das wirtschaftliche, soziale und politische Umfeld der heutigen Gesundheitsfürsorge zu untersuchen. Dabei wuchs meine Erkenntnis, daß unser Gesellschafts- und Wirtschaftssystem als solches zu einer Gefahr für unsere Gesundheit geworden ist.

In Minnesota interessierte ich mich vor allem für die Landwirtschaft und deren Einfluß auf die Gesundheit auf vielen Ebenen. Ich las erschreckende Berichte über die verheerenden Auswirkungen des modernen Systems des mechanisierten, mit Chemikalien arbeitenden und energieintensiven Ackerbaus. Da ich selbst auf einem Bauernhof aufgewachsen bin, interessierte ich mich sehr für das Pro und Kontra der sogenannten Grünen Revolution aus der Sicht der Farmer selbst, und ich diskutierte viele Stunden mit Landwirten aller Altersklassen ihre Probleme. Ich besuchte sogar eine zweitägige Konferenz über biologischen und ökologischen Ackerbau, um mehr über diese neue Basisbewegung innerhalb der Landwirtschaft zu erfahren.

Diese Diskussionen erschlossen mir eine faszinierende Parallele zwischen Medizin und Landwirtschaft und halfen mir, die ganze Dynamik unserer Krise und kulturellen Transformation zu verstehen. Landwirte haben es wie Ärzte mit lebenden Organismen zu tun, auf die sich die mechanistischen Methoden unserer Wissenschaft und Technologie folgenschwer auswirken. Wie der menschliche Organismus ist auch der Boden ein lebendes System, in dem ein Zustand dynamischen Gleichgewichts erhalten werden muß, damit es gesund bleibt. Eine Störung des Gleichgewichts führt zum pathologischen Wachstum gewisser Komponenten – Bakterien oder Krebszellen im menschlichen Körper, Unkraut oder Schädlinge auf den Feldern. Es kommt zu Erkrankungen, und schließlich kann der ganze Organismus sterben und sich in anorganische Materie verwandeln. Diese Wirkungen sind für die moderne Landwirtschaft zu großen Problemen geworden, deren Anbaumethoden von den Unternehmen der Petrochemie gefördert werden. So wie die pharmazeutische Industrie Ärzte und Patienten konditioniert hat, daran zu glauben, der menschliche Körper bedürfe ständiger medizinischer Überwachung und der Behandlung mit Medikamenten, um gesund zu bleiben, macht die petrochemische Industrie die Farmer glauben, ihr Boden bedürfe, um fruchtbar zu bleiben, massiver Zuführung von Chemikalien unter der Aufsicht von Agrarwissenschaftlern und -technikern. In beiden Fällen haben diese Praktiken ernsthaft das natürliche Gleichgewicht des lebenden Systems gestört und auf diese Weise zahlreiche Krankheiten verursacht. Darüber hinaus sind beide Systeme direkt miteinander verknüpft, da jedes Ungleichgewicht im Boden die darauf wachsende Nahrung beeinflußt und damit die Gesundheit der Menschen, die sie verzehren.

Bei meinen langen Wochenendausflügen, auf denen ich Landwirte auf ihrem Grund und Boden besuchte und auf Langlaufskis von einer Farm zur anderen fuhr, zeigte sich, daß viele dieser Männer und Frauen ihre ökologische Weisheit bewahrt haben, die von einer Generation an die nächste weitergegeben wird. Trotz der massiven Indoktrinierung durch die Erdölgesellschaften ist ihnen bewußt, daß die chemische Ackerbaumethode für die Menschen und den Boden schädlich ist. Oft sind sie jedoch gezwungen, so zu wirtschaften, weil die moderne Landwirtschaft insgesamt – die Steuerstruktur, das Kreditsystem, das Pachtsystem und dergleichen – so organisiert ist, daß ihnen keine andere Wahl bleibt.

Die unmittelbare Begegnung mit der Tragödie der amerikanischen Landwirtschaft war für mich die vielleicht wichtigste Lektion meines Aufenthalts in Minnesota: Der pharmazeutischen und der chemischen Industrie gelang es deshalb, das Verhalten der Verbraucher ihrer Produkte so umfassend zu kontrollieren, weil die ihrer Technologie zugrunde liegende mechanistische Weltanschauung und das dazugehörige Wertsystem auch die Grundlage der wirtschaftlichen und politischen Motive der Verbraucher ist. Und obwohl ihre Methoden im allgemeinen anti-ökologisch und ungesund sind, werden diese Industrien standhaft vom wissenschaftlichen Establishment unterstützt, das sich ebenfalls dieser überholten Weltanschauung verschrieben hat. Für unser Wohlergehen und Überleben ist es nunmehr absolut lebenswichtig, diese Situation zu ändern. Der notwendige Wandel wird aber nur möglich sein, wenn wir als Gesellschaft in der Lage sind, eine Wende zu einer neuen, ganzheitlichen und ökologischen Sicht der Wirklichkeit herbeizuführen.

Körper und Geist

Als ich von meinem siebenwöchigen Aufenthalt am Macalester College nach Berkeley zurückkehrte, hatte ich meine Sammlung medizinischer Fachliteratur durchgearbeitet, systematische Aufzeichnungen zur Kritik am biomedizinischen Modell zusammengestellt sowie viel neues Material über die ökologischen und sozialen Dimensionen der Gesundheit zusammengetragen. Nun war ich bereit, mich mit den theoretischen und praktischen Alternativen zur konventionellen Gesundheitsfürsorge zu beschäftigen.

So warf ich mich auf die intensive Erforschung eines breiten Spektrums therapeutischer Modelle und Techniken. Das beanspruchte über ein Jahr und brachte mir eine Vielfalt neuer und ungewöhnlicher Erfahrungen. Während ich mit zahlreichen unorthodoxen Methoden experimentierte, setzte ich natürlich die dazugehörigen Diskussionen fort und integrierte sie in den theoretischen Rahmen, der sich in meinem Geist allmählich zu formen begann. Als Schlüssel dazu erwies sich mehr und mehr die Vorstellung des dynamischen Gleichgewichts. Ich erkannte, daß das Streben nach Wiederherstellung und Aufrechterhaltung des Gleichgewichts im Organismus allen von mir untersuchten therapeutischen Techniken gemeinsam war. Unterschiedliche Ansätze betonten natürlich unterschiedliche Aspekte des Gleichgewichts – das physische, biochemische, mentale oder emotionale Gleichgewicht, oder auch das Gleichgewicht auf der mehr esoterischen Ebene der «subtilen Energiemuster». Im Geiste der Bootstrap-Philosophie betrachtete ich alle diese Ansätze als unterschiedliche Teile desselben therapeutischen Mosaiks, akzeptierte für meinen ganzheitlichen Rahmen jedoch nur die Schulen, die die fundamentale wechselseitige Abhängigkeit der biologischen, mentalen und emotionalen Manifestationen der Gesundheit anerkennen.

Ganz neu war für mich die große Gruppe therapeutischer Techniken, die das psychosomatische Gleichgewicht mittels physischer Methoden zu erreichen suchen, allgemein als «Körperarbeit» bezeichnet. Indem ich mich auf den Massagetisch von Praktikern der Rolfing-, der Feldenkrais-Methode, der Trager-Technik und vieler anderer legte, begann ich eine aufregende Reise in die Bereiche der subtilen Beziehungen zwischen Muskelgeweben, Nervenfasern, Atmung und Emotionen. Ich erlebte die erstaunlichen, zuerst durch die Pionierarbeit von Wilhelm Reich aufgewiesenen Verknüpfungen zwischen emotionaler Erfahrung und muskulären Strukturen; und ich erkannte auch, daß man viele ostasiatischen Disziplinen – Yoga, T'ai Chi, Aikido und andere – als «Körperarbeit-Techniken» betrachten kann, die verschiedene Ebenen von Körper und Geist integrieren.

Als ich mit Theorie und Praxis von Körperarbeit vertrauter wurde, lernte ich auch, die subtilen Hinweise der «Körpersprache» zu beachten. Nach und nach sah ich den Körper insgesamt als eine Spiegelung oder Manifestation der Psyche. Lebhaft erinnere ich mich eines Abends, den ich in New York in animierter Diskussion mit Irmgard Bartenieff und einigen ihrer Schülerinnen verbrachte. Sie zeigten mir mit erstaunlicher Genauigkeit, wie wir mit jeder unserer Bewegungen etwas über uns selbst aussagen, selbst bei scheinbar so trivialen Gesten wie dem Griff nach einem Löffel oder dem Halten eines Glases. Frau Bartenieff wurde hoch in ihren Siebzigern noch Begründerin einer Schule für Bewegungstherapie auf der Grundlage des Werkes von Rudolf Laban, der eine genaue Methode und Terminologie zur Analyse menschlicher Bewegungen entwickelt hat. Im Laufe des Abends beobachteten Bartenieff und ihre Schüler genau meine Bewegungen und Gesten, die sie untereinander oft mit Fachausdrücken kommentierten, die ich nicht verstand. Während der Diskussion überraschten sie mich immer wieder mit einer erstaunlich genauen Kenntnis vieler Einzelheiten meiner Persönlichkeit und verschiedener Gefühlsmuster – in einem Ausmaß, das mich fast in Verlegenheit brachte.

Besonders lebhaft und ausdrucksvoll, verbal und in ihren Gesten, war Bartenieffs Assistentin Virginia Reed. Wir wurden später gute Freunde, und jedesmal, wenn ich in New York war, führten wir inspirierende Gespräche. Sie führte mich in das Werk von Reich ein, zeigte mir den Einfluß der Modern-Dance-Bewegung auf mehrere Schulen für Körperarbeit und ließ mich Rhythmus als bedeutsamen Aspekt der Gesundheit erkennen, einen Aspekt, der in engem Zusammenhang mit dem Begriff des dynamischen Gleichgewichts steht. Sie demonstrierte, daß unsere Interaktion und Kommunikation mit unserer Umwelt aus komplexen rhythmischen Mustern bestehen, die auf verschiedene Weise ineinander- und auseinanderfließen, und sie betonte die Idee der Krankheit als Mangel an Synchronismus und Integration.

Während der Zeit, als ich die faszinierende Welt der Körperarbeit erlebte, erforschte ich mit Stan Grof und R. D. Laing auch die Natur geistiger Gesundheit und die vielfältigen Bereiche des Unbewußten.

Indem ich meine Aufmerksamkeit mal auf die physischen, mal auf die mentalen Phänomene richtete, vermochte ich die kartesianische Spaltung zunächst einmal rein intuitiv zu überwinden, bevor ich einen wissenschaftlichen Rahmen für den psychosomatischen Ansatz in der Gesundheitsfürsorge formulieren konnte.

Zum Abschluß der Synthese meiner erfahrungsmäßigen Erforschung von Körper und Geist gelangte ich im Herbst 1978, als ich mit Stan und Christina Grof in Esalen mehrere Sitzungen mit «Grof-Atmung» machte. Die Grofs hatten diese mit phantasieanregender Musik und Körperarbeit kombinierte Technik der Hyperventilation in den Jahren davor entwickelt. Stan hatte sich oft begeistert über ihr Potential als kraftvolle Hilfe für die Psychotherapie und Selbsterforschung geäußert. Nach verhältnismäßig kurzen Perioden schnellen, tiefen Atmens tauchen dabei überraschend intensive Empfindungen verbunden mit unbewußten Emotionen und Erinnerungen auf, die ein breiteres Spektrum aufschlußreicher Erfahrungen auslösen können.

Die Grofs ermuntern ihre Klienten, sich soweit wie möglich jeder intellektuellen Analyse zu enthalten und sich statt dessen den auftauchenden Empfindungen und Emotionen zu überlassen. Durch geschickte und konzentrierte Körperarbeit helfen sie bei der Lösung auftauchender Probleme. Jahrelange Erfahrung hat sie gelehrt, die physischen Manifestationen von Erfahrungsmustern aufzuspüren. Sie sind in der Lage, solche Erfahrungen durch physische Verstärkung der manifesten Symptome und Empfindungen zu fördern und zu helfen, für sie die entsprechenden Ausdrucksformen zu finden – durch Klänge, Bewegungen, Gesten und sonstige nichtverbale Formen. Um diese Erfahrung möglichst vielen Menschen zugänglich zu machen, organisieren die Grofs Workshops, in denen bis zu dreißig Teilnehmer in Zweierteams in einem Raum arbeiten. Ein «Atmer» liegt bequem auf einem Teppich oder einer Matratze, während ein «Sitzer» die Erfahrung des Atmers erleichtert und ihn vor potentiellen Schäden schützt.

Meine erste persönliche Erfahrung mit der Grof-Atmung als ein «Sitzer» war ziemlich beunruhigend. Zwei Stunden lang kam ich mir vor wie in einem Irrenhaus. Die eindringliche Musik in dem nur schwach beleuchteten Raum begann mit einer sich langsam steigernden indischen Raga, die auf dem Höhepunkt in eine wilde brasilianische Samba überging, gefolgt von Passagen aus einer Wagner-Oper und einer Beethoven-Sinfonie. Sie schloß mit einem majestätischen gregorianischen Gesang. Die «Atmer» um mich herum stimmten mit eigenen

Lauten in die Musik ein – mit lautem Stöhnen, Schreien, Weinen, Lachen. In diesem Höllenlärm expressiver Klänge und sich windender Körper machten Stan und Christina Grof langsam die Runde, drückten hier auf jemandes Kopf, massierten dort einen Muskel und beobachteten sorgfältig die ganze Szene, ohne sich durch deren chaotische Oberfläche im geringsten irritieren zu lassen.

Nach dieser Initiation zögerte ich eine Weile, das Grof-Atmen selbst zu erleben. Als ich es dann schließlich doch tat, erschien mir die ganze Szene in völlig anderem Licht. Zunächst einmal war ich erstaunt, die ganze Sitzung auf zwei Ebenen gleichzeitig zu erleben. Auf der einen Ebene etwa fühlten meine Beine sich wie gelähmt an, und ich war nicht in der Lage, mich von den Hüften abwärts zu bewegen. Auf einer anderen Ebene jedoch blieb ich ganz und gar der Tatsache gewahr, daß dies eine von mir freiwillig herbeigeführte Erfahrung war. Ich wußte, daß ich jederzeit abbrechen konnte; ich hätte einfach aufstehen und den Raum verlassen können. Das gab mir das Gefühl großer Sicherheit und half mir, für lange Perioden in jenem nichtanalysierenden Erfahrungsmodus zu verharren.

Eines der machtvollsten und bewegendsten Erlebnisse in diesem der Selbsterforschung förderlichen Bewußtseinszustand war das der Musik und der anderen Klänge im Raum. Ich war in der Lage, verschiedene Arten von Musik – klassische, indische, Jazz – mit Empfindungen in verschiedenen Teilen meines Körpers zu assoziieren. Auf dem Höhepunkt eines Barockkonzerts bemerkte ich plötzlich, wie die Schreie und das Stöhnen meiner Mit-Atmer sich harmonisch mit den Violinen, Oboen und Bässen zu einer ungeheuren Sinfonie des menschlichen Erlebens vermischten.

Leben, Tod und die Medizin

Während ich mich mit alternativen therapeutischen Methoden beschäftigte, hielt ich mir stets Simontons Einstellung zum Krebs vor Augen, die mir oft half, die verschiedenen therapeutischen Modelle, mit denen ich mich befaßte, zu beurteilen. Im Frühjahr 1978 war ich sicher, daß Carl Simonton der beste Berater für Fragen der Medizin und Gesundheitsfürsorge für mich sein würde, und ich übermittelte ihm einen spezifischen Vorschlag, wie ich mir die Zusammenarbeit dachte. Zu meiner großen Enttäuschung beantwortete er meinen Brief nicht, auch nicht eine erinnernde Nachricht, die ich ihm ein paar Monate später schickte. Nach weiteren Monaten des Abwartens begann ich zögernd nach einem anderen Berater Ausschau zu halten, als Carl mich plötzlich anrief. Er sei auf dem Wege nach Kalifornien und wolle unsere Zusammenarbeit persönlich mit mir besprechen.

Natürlich war ich über diese gute Nachricht sehr glücklich, und als Simonton eingetroffen war, besuchte ich ihn an einem Ort nahe San Francisco, wohin er sich für ein verlängertes Wochenende mit einer Gruppe von Patienten zurückgezogen hatte. Dieser Besuch war für mich ein sehr bewegendes Erlebnis. Simonton bat mich, für diese Gruppe ein informelles Seminar über den Paradigmenwechsel in den Naturwissenschaften abzuhalten. Ich tat das natürlich gern, gab es mir doch die Chance, Carls einzigartige Interaktionen mit seinen Patienten persönlich zu erleben. Zunächst war ich etwas nervös bei dem Gedanken, vor einer Gruppe von Menschen zu sprechen, die in verschiedenen Stadien an Krebs erkrankt waren. Als ich dann jedoch vor ihnen stand, war es mir unmöglich, zwischen den Patienten, ihren Ehepartnern und Familienangehörigen zu unterscheiden, die stets an den Sitzungen der Simonton-Gruppen teilnehmen. Mir fiel sofort der warmherzige Zusammenhalt der Gruppe auf, deren Mitglieder viel Humor hatten und bester Stimmung waren. Diese Gruppe war von ähnlichem Geist beseelt wie die Gruppen, die Stan und Christina Grof während ihrer Erforschung des Bewußtseins in Esalen geleitet hatten.

Ich verbrachte auch einige Zeit mit Carl allein und erinnere mich ganz besonders einer langen Diskussion über die spirituellen Aspekte des Heilens, während wir uns in der Sauna entspannten. Schließlich verabredeten wir konkrete Pläne für unsere Zusammenarbeit. Carl erzählte mir, während des vergangenen Jahres sei er so sehr mit Forschungsarbeiten, therapeutischer Arbeit und Vortragsverpflichtungen überhäuft gewesen, daß er noch nicht einmal Zeit gehabt habe, seine Post zu lesen. Kurz bevor er jetzt nach Kalifornien gekommen war, besuchte er einen Krebs-Kongreß in Argentinien. Beim Verlassen seines Büros griff er sich einen Teil der an ihn gerichteten Post, um sie im Flugzeug zu lesen. «Das war das erste Mal in diesem Jahr, daß ich mir Zeit nahm, meine Post zu lesen», sagte er. «Ihr Brief war unter denen, die ich mitgenommen hatte.» Ich freute mich darüber, andererseits war mir klar, daß Simonton niemals die Zeit haben würde, wie meine anderen Berater Hintergrundpapiere für mich zu schreiben. Statt dessen schlug er mir großzügig vor, mich für mehrere Tage in meinem Heim in Berkeley zu besuchen, wo wir dann ausführlich miteinander diskutieren könnten.

Simonton besuchte mich im Dezember 1978. Dieser Besuch bildete den Höhepunkt meiner theoretischen Untersuchungen in den Bereichen Gesundheit und Heilen. Drei Tage lang diskutierten wir praktisch rund um die Uhr ein breites Spektrum von Themen. Wir unterhielten uns beim Frühstück, beim Lunch und beim Abendessen, machten lange Spaziergänge am Nachmittag und blieben bis spät in die Nacht auf. Gegen Mitternacht gingen wir gewöhnlich aus, um etwas zu essen und ein Glas Wein zu trinken. Die Intensität unseres Gedankenaustausches bescherte uns beiden zu unserer Freude viele neue Einsichten.

Carls Ehrlichkeit und persönliche Hingabe an seine Aufgabe beeindruckten mich erneut. Obwohl unsere Diskussionen theoretischer Art waren, sprach er stets in dem persönlichen Ton, der mir schon bei seinen Vorträgen aufgefallen war. Bei psychologischen Themen nahm er gewöhnlich sich selbst als Beispiel, und als wir verschiedene therapeutische Methoden erörterten, machte er deutlich, er würde von seinen Patienten niemals erwarten, etwas zu akzeptieren, was er nicht selbst ausprobiert hatte. Typisch für die persönliche Verbundenheit mit seiner Arbeit war seine Antwort auf meine Frage nach der Rolle der Ernährung bei der Krebstherapie: «Da bin ich mir jetzt sicherer als noch vor einem Jahr. Ich experimentiere persönlich mit verschiedenen Diätformen und bin überzeugt, daß die Ernährung im Laufe der nächsten Jahre bei unserer Therapie an Bedeutung gewinnen wird. Ich tue nur ungern etwas, wovon ich nicht wirklich überzeugt bin.» Simontons starkes persönliches Engagement war für mich ein Ansporn, mich ebenso persönlich in das Gespräch einzubringen. Daher brachten diese drei Tage mir nicht nur viele intellektuelle Erkenntnisse und Klarstellungen, sie trugen auch sehr viel zu meiner persönlichen Reifung und Bewußtseinserweiterung bei.

Am ersten Tage legte ich meine Kritik an der biomedizinischen Methode dar und bat Simonton um Kommentare und Klarstellungen. Er pflichtete meiner Behauptung bei, die zeitgenössische Theorie und Praxis der Medizin beruhe gänzlich auf kartesianischem Denken. Andererseits drängte er mich, die große Vielfalt der Einstellungen innerhalb der Gemeinschaft der Mediziner anzuerkennen. «Es gibt Hausärzte, die sich sehr um ihre Patienten kümmern, und es gibt Spezialisten, die das überhaupt nicht tun. Wir kennen Erfahrungen aus Krankenhäusern, die von großer Humanität, und andere, die von Unmenschlichkeit zeugen. Die medizinische Wissenschaft wird immer von Männern und Frauen mit unterschiedlicher Persönlichkeit, verschiedenen Einstellungen und Anschauungen praktiziert.»

Dennoch liege der modernen medizinischen Praxis ein gemeinsames Anschauungssystem und Paradigma zugrunde, gab Simonton zu. Als ich ihn bat, einige Charakteristika dieses Systems zu identifizieren, hob er besonders den Mangel an Achtung vor dem Selbstheilungspotential hervor. «In Amerika ist Medizin allopathisch», erklärte er. «Das bedeutet, sie verläßt sich grundlegend auf Medikamente und andere äußere Kräfte, die die Heilung herbeiführen sollen. Das Selbstheilungspotential im Patienten wird praktisch kaum beachtet. Diese allopathische Anschauung ist so weit verbreitet, daß sie nie auch nur zur Diskussion gestellt wird.»

Damit gerieten wir in ein langes Gespräch darüber, was in den medizinischen Fakultäten diskutiert wird und was nicht. Zu meiner großen Überraschung berichtete Simonton, viele Themen, die ich selbst als von entscheidender Bedeutung für die medizinische Wissenschaft ansah, seien während seiner medizinischen Ausbildung kaum erwähnt worden. «Die Frage ‹Was ist Gesundheit?› wurde niemals angesprochen, weil sie als philosophische Frage galt. Sehen Sie, wenn Sie eine medizinische Fakultät besuchen, befassen Sie sich nicht mit allgemeinen Vorstellungen. Eine Frage wie ‹Was ist Krankheit?› wird grundsätzlich nicht erörtert. Ebensowenig Fragen wie ‹Was ist die richtige Ernährung› oder ‹Was ist ein gutes Sexualleben›. Die medizinische Wissenschaft würde sich auch nicht mit Entspannung befassen, weil Entspannung für sie zu subjektiv ist. Vielleicht spricht man gerade noch von der Muskelentspannung, die sich mit einem Elektromyographen messen läßt, aber das ist auch schon alles.»

Daran erkannte ich eine weitere Folgeerscheinung der kartesianischen Spaltung zwischen Geist und Materie, die den Mediziner veranlaßt, sich ausschließlich auf die physischen Aspekte der Gesundheit zu konzentrieren und alles, was zum mentalen oder spirituellen Bereich gehört, unbeachtet zu lassen.

«Da haben Sie recht», stimmte Simonton mir zu. «Die medizinische Wissenschaft behauptet ja, eine objektive Wissenschaft zu sein. Sie vermeidet moralische Urteile und geht philosophischen und existentiellen Streitfragen aus dem Wege. Mit dieser Einstellung impliziert sie, daß diese Themen für sie nicht von Bedeutung sind.»

Die Erwähnung existentieller Fragen erinnerte mich an die von Elisabeth Kübler-Ross kritisierte Haltung vieler Mediziner gegenüber dem Tod und dem Vorgang des Sterbens. Carl stimmte mir voll und ganz zu. «Es ist sehr wichtig, im Zusammenhang mit der medizinischen Wissenschaft vom Tod zu sprechen», erklärte er nachdrücklich. «Bis vor kurzem hat unsere Gesellschaft den Tod verleugnet, und innerhalb der Ärzteschaft tun wir das immer noch. Leichen werden heimlich während der Nacht aus den Krankenhäusern abtransportiert. Für uns bedeutet Tod berufliches Versagen. Wir haben Tod als ein absolutes Phänomen betrachtet, ohne es näher zu qualifizieren.»

Auch bei diesem Gedanken war für mich der Zusammenhang mit der kartesianischen Spaltung offenkundig. «Bei einer Trennung von Geist und Körper», warf ich ein, «hätte es ja doch keinen Sinn, den Tod zu qualifizieren. Der ist dann nichts weiter als der totale Stillstand der Körper-Maschine.»

«Ja, zu dieser Haltung neigen wir Mediziner. Wir unterscheiden nicht zwischen einem guten und einem armseligen Tod.»

Da ich wußte, daß Simonton in seiner eigenen Praxis ständig mit dem Tod konfrontiert war, interessierte es mich, wie er selbst den Tod qualifizieren würde. «Eines der großen Probleme beim Krebs ist unsere Annahme, daß Menschen, die an Krebs sterben, nicht auf diese Weise zu sterben wünschen, daß sie gegen ihren Willen sterben. Viele Krebspatienten denken so.»

Ich war nicht ganz sicher, worauf Simonton hinauswollte. «Ich dachte immer, die Menschen ganz allgemein wollen einfach nicht sterben», warf ich ein.

«Das hat man uns zu glauben gelehrt», fuhr Simonton fort, «aber ich glaube nicht daran. Ich bin der Meinung, wir alle wollen leben und wollen sterben, an manchen Tagen mehr, an manchen weniger. Im Augenblick ist der Teil von mir, der leben will, ziemlich dominierend, und der Teil, der sterben will, ziemlich klein.»

«Dann gibt es also stets einen Teil von uns, der sterben will?»

«Ja, das glaube ich. Nun ergibt die Aussage ‹Ich möchte sterben› für mich keinen Sinn. Sinnvoll ist es jedoch, wenn ich sage, ich möchte vor etwas fliehen, etwa vor gewissen Verantwortungen. Und wenn kein anderer Fluchtweg offen ist, dann wird der Tod – oder zumindest Krankheit – erheblich akzeptabler.»

«Dann wäre also der Tod als Flucht ein armseliger Weg des Sterbens?»

«Ja, ich halte dies nicht für eine gesunde Art zu sterben. Ein anderer Teil, der sterben möchte», erläuterte Simonton, «ist der Teil, der zu bestrafen wünscht. Viele Menschen bestrafen sich selbst und andere durch Krankheit und Tod.»

Jetzt begann ich zu begreifen. «Dann kann es schließlich aber auch einen Teil von uns geben, der sagt: ‹Ich habe mein Leben gelebt, und jetzt ist es Zeit zu gehen.› Das wäre dann der spirituelle Teil.»

«Ja», erwiderte Simonton. «Und ich würde sagen, das wäre die gesunde Art zu sterben. Ich glaube sogar, es ist möglich, in einem solchen Kontext zu sterben, ohne krank zu sein. Doch haben wir das bisher nicht richtig untersucht. Wir kümmern uns nicht um Menschen, die ihr Leben voll ausleben und dann einen schönen, gesunden Tod sterben.»

Wieder einmal war ich von Carls zutiefst spiritueller Haltung beeindruckt, von einem Gewahrsein, das in seiner täglichen Ausübung der Kunst des Heilens nach und nach gereift sein muß.

Zum Abschluß unserer Diskussion über die biomedizinische Einstellung bat ich Simonton um seine Ansicht über die zukünftige biomedizinische Therapie. Er antwortete mit einem Hinweis auf seine eigene praktische Arbeit.

«Zunächst möchte ich anmerken, daß ich meine Patienten nicht persönlich medizinisch behandle», begann er. «Ich stelle nur sicher, daß es geschieht. Dabei beobachte ich, daß meine Patienten, sobald es ihnen bessergeht, eher weniger medizinische Behandlung verlangen. Da das medizinische System sie ohnehin für unheilbar erklärt hat, haben ihre Ärzte auch nichts dagegen, wenn der Patient die Initiative ergreift und die medikamentöse Behandlung auslaufen läßt.»

«Was würde geschehen, wenn man sie ganz wegfallen ließe?» fragte ich. «Was würde dann mit den Patienten geschehen?»

«Das wäre sehr schwierig», antwortete Simonton nachdenklich. «Wir müssen uns dessen bewußt sein, daß wir mit der Erwartung aufwachsen, Medikamente könnten uns heilen. Die Verabreichung von Medikamenten ist in unserer Kultur deshalb ein mächtiges Symbol. Ich meine, es wäre schlecht, sie auszuschalten, bevor die Kultur sich so weit entwickelt hat, daß wir bereit sind, ohne weiteres auf sie zu verzichten.»

«Wird das je der Fall sein?»

Simonton dachte einige Zeit nach, bevor er meine Frage behutsam beantwortete.

«Ich glaube, die medikamentöse Therapie wird noch lange Zeit, vielleicht für immer, für Menschen beibehalten werden, die darauf ansprechen. Je mehr die Gesellschaft sich wandelt, desto weniger Bedarf an medikamentöser Therapie wird jedoch bestehen. Je mehr wir von der Psyche verstehen, desto weniger werden wir von physischer Behandlung abhängig sein, und unter dem Einfluß des kulturellen Wandels wird die Wissenschaft der Medizin viel subtilere Formen entwickeln.»

Am Ende des ersten Tages stand mir mein theoretischer Rahmen auf Grund neuer Einsichten und lebendiger Erläuterungen viel klarer vor Augen. Am zweiten und dritten Tag versuchte ich, mein neuerworbenes Wissen durch Konzentration der Diskussion auf Simontons Krebstherapie zu vertiefen. Ich begann mit der Frage, was seine klinische Praxis ihn über die allgemeine Natur der Erkrankung gelehrt habe.

Die Rolle der Krankheit als ein «Problemlöser» sei für ihn eine bedeutsame Erkenntnis gewesen, antwortete Carl. Soziale und kulturelle Bedingungen machen es den Menschen oft unmöglich, streßbedingte Probleme auf gesunde Weise zu lösen, weshalb sie bewußt oder unbewußt eine Krankheit als Ausweg wählen.

«Gilt das auch für Depressionen oder andere Formen geistiger Erkrankung?» fragte ich.

«Absolut», antwortete Simonton. «Was mich an Geisteskrankheiten besonders fesselt, ist die Tatsache, daß die meisten Formen von Geisteskrankheit dazu neigen, bösartige Krankheitsformen auszuschließen. So hat man praktisch noch nie gehört, daß ein katatonisch Schizophrener krebskrank geworden ist.»

Diese Beobachtung war tatsächlich hochinteressant. «Das scheint den Schluß zuzulassen», überlegte ich laut, «daß der Mensch in einer streßgeplagten Lebenssituation oder Krise mehrere Optionen hat. Er kann unter anderem Krebs entwickeln oder auch katatonisch schizophren werden, aber nicht beides zugleich.»

«Das stimmt», bestätigte Simonton. «Das sind Entscheidungen, die sich gegenseitig fast ausschließen. Und es ergibt auch einen Sinn, wenn wir uns die psychische Dynamik der beiden Fälle ansehen. Katatonische Schizophrenie bedeutet einen weitgehenden Rückzug aus der Wirklichkeit. Die Schizophrenen schalten ihr eigenes Denken ebenso ab wie die Außenwelt. Auf diese Weise erleben sie nicht jene Frustrationen, jene Gefühle des Verlorenseins oder eine Reihe anderer Erfahrungen, die Krebs auslösen.»

«Das wären also zwei verschiedene ungesunde Wege, einer Lebenssituation voller Streß zu entkommen», faßte ich zusammen. «Der eine führt zu physischer, der andere zu geistiger Krankheit.»

«Genauso ist es, und wir sollten auch noch einen dritten Fluchtweg erkennen», fuhr Simonton fort. «Das ist der Weg sozialer Pathologien – Gewalt und rücksichtsloses Verhalten, Verbrechen, Drogenmißbrauch und dergleichen.»

«Würden sie diese nicht als Krankheit bezeichnen?»

«Doch, das würde ich. Man könnte sie wohl zutreffender als soziale Krankheiten bezeichnen. Gesellschaftsfeindliches Verhalten ist eine typische Reaktion auf Lebenssituationen voller Streß, und man muß es ebenfalls in Betracht ziehen, wenn wir über Gesundheit sprechen. Wird die zahlenmäßige Abnahme der Krankheiten durch gleichzeitige Zunahme der Verbrechensrate gewissermaßen aufgehoben, dann haben wir nichts getan, um die Gesundheit der Gesellschaft insgesamt zu verbessern.»

Diese umfassende und multidimensionale Betrachtungsweise beeindruckte mich sehr. Hatte ich Simonton richtig verstanden, dann behauptete er, der einzelne Mensch habe mehrere pathologische Fluchtwege offen, wenn er mit einer Streßsituation konfrontiert wird. Wird die Flucht in physische Krankheit durch erfolgreiche medikamentöse Intervention blockiert, dann könnte die betreffende Person sich ins Verbrechen oder in Geisteskrankheit flüchten.

«Das stimmt», schloß Simonton seine Ausführungen. «Und das ist eine viel sinnvollere Art der Betrachtung von Gesundheit als die enge medizinische Anschauungsweise. Dann erst wird die Frage interessant, ob die medizinische Wissenschaft erfolgreich war. Meines Erachtens ist es nicht fair, von Riesenfortschritten in der Medizin zu sprechen, ohne die anderen globalen Aspekte der Gesundheit zu berücksichtigen. Wenn wir imstande sind, die physischen Krankheiten zu reduzieren, gleichzeitig jedoch die Zahl der Geisteskrankheiten und der Verbrechen ansteigt, was zum Teufel haben wir dann geleistet?»

Auf meinen Einwurf, das sei für mich eine vollkommen neue und faszinierende Idee, antwortete Carl mit der für ihn typischen Ehrlichkeit: «Ich muß gestehen, für mich ist sie eigentlich auch neu. Ich habe sie vorher nie in Worte gefaßt.»

Nach dieser allgemeinen Diskussion über die Natur der Krankheit verbrachten wir viele Stunden mit einem Rückblick auf Theorie und Praxis von Simontons Krebstherapie. In unseren vorangegangenen Gesprächen hatte ich Krebs als eine für unser Zeitalter typische Krankheit erkennen gelernt, die viele Schlüsselaspekte der ganzheitlichen Anschauung von Gesundheit und Krankheit illustriert. Ich beabsichtigte, mein Kapitel über ganzheitliche Gesundheitsfürsorge mit der Beschreibung der Simonton-Methode abzuschließen, und war daher sehr darauf bedacht, noch viele Einzelheiten klarzustellen.

Als ich Carl fragte, wie sich seiner Ansicht nach das öffentliche Bild vom Krebs wandeln sollte, kam er nochmals auf die von uns zuvor diskutierte Anschauung von der Krankheit zurück.

«Ich wünschte, die Menschen würden einsehen, daß Krankheiten Problemlöser sind und daß Krebs einer der großen Problemlöser ist. Ferner möchte ich, daß die Leute erkennen, daß Krebs zum großen Teil ein Zusammenbruch der Immunstärke des Befallenen ist; ein beträchtlicher Teil der Gesundung besteht also darin, die grundlegende körperliche Widerstandskraft wieder aufzubauen. Deshalb sollte weniger Wert auf medizinische Intervention gelegt werden als auf die Kräftigung des Kranken. Schließlich würde ich es sehr begrüßen, wenn die Menschen einsähen, daß die Krebszelle nicht eine starke, sondern eine schwache Zelle ist.»

Ich bat Simonton, diesen letzten Punkt zu verdeutlichen. Er sagte, daß Krebszellen zwar dazu neigen, größer als normale Zellen zu sein, doch träge und wirr sind. Im Gegensatz zum volkstümlichen Bild des Krebses sind diese anomalen Zellen unfähig, in andere einzudringen oder sie anzugreifen; sie reproduzieren sich nur übermäßig.

«Die Vorstellung vom Krebs als übermächtiger Krankheit beruht auf einer ganzen Menge vorgefaßter Meinungen. Sehen Sie, die Leute sagen beispielsweise: ‹Meine Großmutter ist an Krebs gestorben und hat sich äußerst tapfer dagegen gewehrt; deshalb muß es eine starke Krankheit sein. Eine schwache Krankheit hätte meine Großmutter nicht töten können.› Beharrte man darauf, daß Krebs eine schwache Krankheit ist, dann müßten die Leute den Tod ihrer Großmutter vielleicht ganz anders sehen, und das wäre zu schmerzhaft. Da ist es für sie leichter, mich für verrückt zu erklären. Ich habe erlebt, wie durchaus aufgeklärte Leute sich darüber aufregten, daß Krebszellen schwache Zellen sein sollen. Und doch ist das eine solide biologische Tatsache.»

Diese Erläuterungen vermittelten mir einen Einblick, welch ungeheurer Wandel in den Anschauungen der Menschen erforderlich ist, damit sie Simontons Einstellung akzeptieren können. Ich konnte mir auch vorstellen, welchen Widerstand ihm Patienten und Kollegen entgegensetzen. «Was sonst müßte sich noch ändern?» drängte ich. Carl antwortete sehr schnell: «Die Vorstellung, daß jeder sterben muß, der Krebs hat, daß Krebs eine tödliche Krankheit und der Tod gewissermaßen nur eine Frage der Zeit ist.»

Auch dieses Umdenken würde schwer sein, dachte ich und fragte, mit welchen Beweisen Simonton denn aufwarten könne, um das weitverbreitete Bild vom tödlichen Krebs zu ändern. Man höre doch überall und immer nur, daß alle Welt an Krebs sterbe.

«Es stirbt aber nicht jeder», antwortete Simonton mit Nachdruck. «Selbst mit den heutigen groben Behandlungsmethoden überwinden dreißig bis vierzig Prozent der Krebskranken ihre Krankheit und haben dann keine Probleme mehr mit ihr.

Übrigens hat dieser Prozentsatz sich während der vergangenen vierzig Jahre nicht geändert», fügte er hinzu. «Das beweist, daß wir auf die Heilungsrate keinen Einfluß haben.»

Diese Erläuterungen lösten in mir eine Flut von Gedanken aus. Ich versuchte, die eben genannten statistischen Angaben in Begriffen von Carls eigener Theorie zu deuten: «Im Rahmen Ihres Modells würde das bedeuten, daß der Krebs für jene dreißig bis vierzig Prozent eine derart einschneidende Erfahrung ist, daß er sie zu drastischen Veränderungen ihres Lebensstils zwingt?»

Simonton zögerte. «Ich weiß nicht recht. Das ist eine interessante Frage.»

«Aber irgend etwas dieser Art muß es doch sein, sonst müßte der Krebs Ihrer Theorie zufolge doch wiederkehren.»

«Nicht unbedingt. Die betreffende Person könnte ihn durch eine andere Krankheit ersetzen und nicht zwangsläufig wieder Krebs bekommen.»

«Natürlich», warf ich ein, «könnte es auch sein, daß es ohnehin nur ein vorübergehendes Problem war.»

«Das stimmt. Ich bin der Ansicht, weniger gefährliche Tumore haben auch mit geringeren Traumen zu tun.»

«So daß auch das Problem verschwunden ist, sobald der Krebs geheilt ist.»

«Ja. Das halte ich durchaus für eine Möglichkeit. Umgekehrt halte ich es für möglich, daß einige Menschen sterben, nachdem das Problem bereits bewältigt ist, und zwar wegen der vom Krebs geschaffenen Probleme. Menschen haben Probleme; daraufhin entwickeln sie Krebs und werden dann in die Bösartigkeit des Krebses verstrickt. Die Probleme in ihrem Leben klären sich beträchtlich, und dennoch sterben sie.

Ich glaube, beide Seiten dieser Münze sind ernst zu nehmende Möglichkeiten.»

Mich beeindruckte, mit welcher Leichtigkeit Simonton in seiner Argumentation zwischen den physischen und den psychischen Aspekten der Krebserkrankung hin und her wechselte, und ich fragte mich, wie unsere Unterhaltung wohl in den Ohren seiner Medizinerkollegen klingen würde. «Was sagen denn medizinische Fachkreise heute über die Rolle von Emotionen beim Entstehen von Krebs?» fragte ich.

«Ich würde sagen, man steht dieser Idee heute aufgeschlossener gegenüber. In dieser Hinsicht hat es stetigen Fortschritt gegeben, schon allein, weil sich mehr und mehr herausgestellt hat, daß viele Krankheiten eine emotionale Komponente haben. Nehmen wir das Beispiel der Herzerkrankungen. Alle wichtigen wissenschaftlichen Veröffentlichungen der vergangenen sieben bis acht Jahre verweisen auf die Rolle der Psyche und der Persönlichkeitsfaktoren bei Herz-Kreislauf-Erkrankungen. Unsere Gesellschaft insgesamt ist dabei, ihre Haltung gegenüber diesen Krankheiten recht schnell zu ändern. Auch innerhalb der Ärzteschaft findet ein bedeutsamer Wandel statt. Da fällt es nunmehr viel leichter zu akzeptieren, daß auch die Entstehung von Krebs eine emotionale Komponente hat. Dieser Idee steht man heute also viel offener gegenüber.»

«Offenheit, aber noch keine Akzeptanz?»

«O nein, von Akzeptanz kann noch keine Rede sein. Sie müssen bedenken, daß die Ärzte ein großes Eigeninteresse daran haben, die bisherigen Denkweisen aufrechtzuerhalten. Hat die Psyche größere Bedeutung, dann muß der Arzt im Umgang mit dem Patienten auch dessen Psyche ansprechen. Dafür ist er aber nicht ausgebildet; deshalb ist es bequemer, die psychische Komponente einfach zu leugnen, als seine eigene Rolle zu ändern.»

Wird eigentlich in Fachkreisen die systemische Natur des Krebses erkannt, also die Tatsache, daß Krebs zwar eine Krankheit mit lokalisiertem Erscheinungsbild ist, jedoch als Störung des ganzen Systems verstanden werden muß? Auf diese Frage antwortete Simonton, es würde nicht fair sein, alle Ärzte in eine Kategorie einzuordnen. Krebsspezialisten sähen die Krankheit in einem erheblich umfassenderen Kontext, Chirurgen dagegen viel häufiger als isoliertes Problem. «Im großen und ganzen bewegen die Ärzte sich auf eine systemische Betrachtungsweise zu. Vor allem die Krebsspezialisten betrachten Krebs mehr und mehr als eine Krankheit des Systems.»

«Einschließlich der psychischen Aspekte?»

«Nein, nein, die Psyche lassen sie außer acht.»

«Welches ist denn unter diesen Umständen die landläufige Anschauung der Schulmedizin vom Krebs?»

Simonton antwortete, ohne zu zögern. «Da ist allgemein Verwirrung an der Tagesordnung. Beim jüngsten Weltkongreß über Krebs in Argentinien wurde offensichtlich, daß eine ungeheure Verwirrung herrscht. Unter den Spezialisten in aller Welt gibt es nur sehr wenig Übereinstimmung, dagegen viel Uneinigkeit und Streit. Man könnte sagen, das Management der Krebsheilkunde gleicht beinahe der Krankheit selbst – es ist zerrüttet und verwirrt.»

Unser Gespräch leitete jetzt über zu einer vorsichtigen Darstellung von Simontons Ideen über die psychosomatischen Prozesse, die zum Ausbruch und zur Entwicklung von Krebskrankheiten führen. Wir begannen mit den psychischen Mustern, die für Krebskranke typisch sind. Die großen Probleme, die für die Entstehung von Krebs relevant sind, wurzeln in Erfahrungen der frühen Kindheit, sagte Simonton. «Diese Erfahrungen sind abgespalten und wurden nicht ins Leben der betreffenden Personen integriert.»

Ich fand es interessant, daß Integration eine entscheidende Rolle auf der psychischen wie der biologischen Ebene zu spielen scheint. «Das ist richtig», stimmte Simonton mir zu. «Bei der biologischen Entstehung von Krebs haben wir eine der Integration entgegengesetzte Situation, eine des Zerfalls.» Dann beschrieb er mir, wie ein Krebspatient als Kind zu dem wird, als was er sich selbst wahrnimmt. «Die betreffende Person denkt vielleicht, sie sei nicht liebenswert und trägt diese bruchstückhafte Kindheitserfahrung das ganze Leben lang als eigene Identität weiter. Sie verwendet dann unerhört viel Energie darauf, diese Identität wahr werden zu lassen. Viele Menschen schaffen oft eine ganze Wirklichkeit, damit dieses bruchstückhafte Selbstbild bestätigt wird.»

«Und zwanzig oder vierzig Jahre später, wenn diese Wirklichkeit nicht mehr funktioniert, bekommen sie Krebs?»

«Ja, er entsteht, wenn diese Menschen nicht mehr ausreichend Energie darauf verwenden können, diese ‹Wirklichkeit› weiter funktionsfähig zu halten.

Natürlich», fügte Simonton nach kurzer Pause hinzu, «ist diese Neigung zur Isolierung statt Integration schmerzlicher Erlebnisse nicht nur ein Problem der Krebskranken, sondern von uns allen.»

«In der Psychotherapie versucht man doch, diese Erlebnisse zu integrieren, indem sie nochmals erlebt werden», warf ich ein. «Dahinter scheint der Gedanke zu stehen, daß das Wiedererleben des Traumas zu seiner Auflösung führt.»

«Das glaube ich nicht. Für mich ist der Schlüssel nicht das Wiedererleben vergangener Erfahrungen, obgleich das sicherlich sehr hilfreich ist, sondern die Rekonstruktion der Wirklichkeit. Eine Erfahrung intellektuell zu integrieren ist eine Sache, sie aber in die Praxis umzusetzen eine andere. Meine Lebensweise zu ändern ist der wirkliche Ausdruck veränderter Anschauungen. Für mich ist das der schwierige Teil der Psychotherapie: unsere Einsichten in Handlungen umzusetzen.»

«Dann ist für Sie also der Schlüssel zu einer erfolgreichen Therapie, daß jeder Erkenntnis auch entsprechendes Handeln folgt?»

«Ja, und das gilt auch für die Meditation. Komme ich beim Meditieren zu einer Erkenntnis über etwas, das zu tun mir sehr wichtig scheint, dann ist entsprechendes Handeln die beste Reaktion. Nun mag es nicht möglich sein, unmittelbar zu handeln. Ich würde meine Meditation nicht unterbrechen, um sofort zu handeln, doch sollte ich handeln, sobald es vernünftigerweise möglich ist. Tue ich es nicht, dann werden solche Erkenntnisse aufhören, das ist meine feste Überzeugung.»

«Weil das Unbewußte dann aufgibt?»

«Richtig. Es wird sich sagen: ‹Es hat keinen Zweck, ihm etwas mitzuteilen. Er hört ja doch nicht darauf.› Ich meine, so etwas geschieht nicht nur bei Meditation, sondern auch im Alltag. Erhalte ich ganz plötzlich eine tiefe Einsicht in das, was in meinem Leben geschieht, und sehe einen Weg, es zu ändern, ändere es dann aber nicht, dann werden solche Einsichten nicht wiederkehren.»

«Das gilt also für alle Arten von Erkenntnissen, ganz gleich, ob man sie durch Meditation, Therapie oder sonstige Kanäle gewinnt?»

«Ja. Versäumt man, auf sie zu reagieren, dann werden sie aufhören, ganz gleich, wieviel Therapie man anwendet.»

Im Zuge unseres Gesprächs ergaben sich zu meiner Freude mehr und mehr Zusammenhänge zwischen den verschiedenen Elementen meines neuen begrifflichen Rahmens. Zwar sprachen wir weiterhin über Simontons Anschauungen über Krebs, doch kamen wir dabei ständig auf Themen, die für jede ganzheitliche Auffassung von Gesundheit und Heilen von großem Belang sind. Ausführlich erörterten wir die Frage des emotionalen Stresses. Simonton bezeichnete das Unterdrücken von Emotionen als einen entscheidenden Faktor bei der Entstehung von Krebs ganz allgemein und von Lungenkrebs im besonderen. Ich erinnerte mich, wie R. D. Laing mir einige Monate zuvor eindrucksvoll den Zusammenhang zwischen dem Unterdrücken von Emotionen und Asthma demonstriert hatte, und ich fragte Simonton, ob diese emotionalen Muster seiner Ansicht nach mit dem Atmen zusammenhingen.

«Ja, das glaube ich, obwohl ich nicht weiß, wie beides zusammenhängt. Deshalb ist das Atmen in vielen meditativen Übungen so wichtig.»

Ich erzählte von meinen Gesprächen mit Virginia Reed und der Idee, daß Rhythmus einen wichtigen Aspekt der Gesundheit darstelle. Bei der Betrachtung der Manifestationen rhythmischer Muster wäre das Atmen das nächstliegende. Persönliche Eigenschaften könnten sich im Atmen des Individuums spiegeln, überlegte ich, und es könnte ein wirksames Hilfsmittel sein, ein entsprechendes Atemprofil zu erstellen.

«Das glaube ich auch», meinte Simonton nachdenklich, «vor allem wenn man die betreffende Person Streß aussetzt und dann feststellt, wie das Atemmuster bei Streß aussieht. Damit wäre ich absolut einverstanden, und man könnte dasselbe wahrscheinlich auch mit dem Puls tun.»

«Genau das tun übrigens die Chinesen», warf ich ein. «Bei ihrer Pulsdiagnose stellen sie einen Zusammenhang her zwischen dem Pulsschlag und verschiedenen Energieströmen, die den Zustand des ganzen Organismus reflektieren.»

Simonton nickte zustimmend: «Das ergibt ebenfalls Sinn. Erhalte ich beispielsweise alarmierende Reize und reagiere darauf nicht nach außen, dann blockiere ich das Fließen von Energie. Und das müßte sich meines Erachtens auf mein ganzes System auswirken.»

Im letzten Teil unserer Gespräche erörterten wir vielfältige Aspekte der Krebstherapie, die sich aus Simontons naturwissenschaftlichem Modell ergeben. Wir sprachen über die dahinterstehende Philosophie und darüber, wie die Patienten die Therapie erleben. Kernstück der Simontonschen Methode ist die These, daß die Menschen bewußt oder unbewußt beim Entstehen ihrer Krankheit mitwirken und daß die Reihenfolge der zur Krankheit führenden psychosomatischen Prozesse umgekehrt werden kann. Von mehreren Ärzten hatte ich gehört, die Anschauung von der Mitwirkung des Patienten beim Entstehen von Krebs sei problematisch, da beim Patienten dadurch schädliche Schuldgefühle ausgelöst werden können. Deshalb fragte ich Carl, wie er mit diesem Problem fertig werde.

«Meines Erachtens stellt sich das Problem so dar», begann ich. «Man will den Patienten überzeugen, daß er am Heilungsprozeß mitwirken kann – das ist die Hauptsache. Dazu gehört aber auch, daß er an der Erkrankung ebenfalls mitgewirkt hat – was er nicht akzeptieren will.»

«Richtig.»

«Wenn man ihn also in eine bestimmte Richtung drängt, kann das psychologische Probleme in einer anderen erzeugen.»

«Auch das ist richtig», stimmte Simonton mir zu. «Soll der Patient jedoch sein Leben umstrukturieren, dann muß er unbedingt wissen, was geschehen ist, und wie er krank geworden ist. Es ist für ihn wichtig, sein Leben zurückzuverfolgen und die darin aufgetretenen ungesunden Aspekte zu analysieren. Für den therapeutischen Prozeß kommt es also darauf an, daß der Patient einen Standpunkt der Eigenverantwortung übernimmt, um besser erkennen zu können, welche Veränderungen erforderlich sind. Es ist klar, daß die Vorstellung von der Mitwirkung des Patienten mancherlei Konsequenzen hat.»

«Doch wie gehen Sie mit eventuellen Schuldgefühlen um?»

«Natürlich darf man auf keinen Fall den Abwehrmechanismus eines Menschen niederreißen. Bei neuen Patienten stellen wir das Konzept der Mitwirkung nicht stark heraus, sondern bringen es ihnen eher hypothetisch nahe. An sich ist es recht leicht, es ihnen verständlich zu machen, wenn man sich von Streß begleitete Geschehnisse ansieht und neue Wege zu ihrer Handhabung zu finden sucht. Das hält fast jeder für sinnvoll.»

«Und damit ist dann auch die Mitwirkung der Patienten impliziert.»

«Ja. Und wenn diese dann stärker interessiert sind und Fragen stellen, dann kann man ihnen die Rolle des Immunsystems zeigen, kann die experimentellen Beweise erwähnen, und alles das, ohne sie zu stark zu fordern. Wir bemühen uns stets, starke Konfrontation mit einem Patienten zu vermeiden, der psychologisch dafür nicht gerüstet ist. Das wäre sehr schädlich, weil die Patienten die Werkzeuge verlieren würden, die sie sich geschaffen haben, um ihr Leben zu bewältigen, ohne daß sie sie durch andere Werkzeuge ersetzen können. Mit fortschreitender Reife werden sie in der Lage sein, ihr Abwehrsystem zu modifizieren und sich auf neuartige Weise zu schützen.»

Ich fand dieses Thema der Mitwirkung des Patienten auch rein theoretisch sehr interessant und äußerte dazu folgende Ansicht: Vielleicht könnte man sagen, daß beim Entstehen von Krebs die unbewußte Psyche der betreffenden Person mitwirkt, nicht aber das bewußte Ego, weil der Patient ja keine bewußte Entscheidung trifft, krank zu werden.

Simonton war anderer Ansicht. «Ich glaube nicht an die zentrale Rolle des Ego, meine aber, daß es doch mitwirkt», antwortete er. «Je häufiger ich mit Patienten spreche, desto deutlicher wird mir, daß sie ab und zu schon etwas ahnen. Doch ist das Ego nicht auf zentrale Weise beteiligt.»

«Andererseits ist das Ego doch beim Heilungsprozeß zentral beteiligt», setzte ich meinen Gedankengang fort. «Das scheint mir Ihre Methode zu sein, beim Heilungsprozeß den bewußten Teil der Psyche ins Spiel zu bringen.»

Bei dieser Bemerkung dachte ich an die Methoden spiritueller Meister, etwa von Zen-Meistern, die sich einer Vielfalt einfallsreicher Methoden bedienen, um das Unbewußte ihrer Schüler unmittelbar anzusprechen. «Sie tun so etwas wohl nicht?» fragte ich Simonton. «Oder benutzen Sie auch irgendwelche Tricks, um Patienten in bestimmte Situationen zu bringen?»

Carl lächelte. «O ja, da kenne ich einige.»

«Und welcher Art sind sie?» bohrte ich weiter.

«Ich arbeite mit Metaphern. So erzähle ich Patienten immer und immer wieder metaphorisch, daß wir ihnen ihre Krankheit nicht wegnehmen werden, ehe sie nicht bereit sind, sie auch wirklich loszulassen, und daß ihre Krankheit allerlei nützlichen Zwecken dient. Eine solche Unterhaltung macht auf das bewußte Ego keinen besonderen Eindruck. Sie wendet sich im Grunde an das Unbewußte, und das ist sehr wichtig, um eine Reihe von Ängsten zu besänftigen.»

Es erschien mir in der Tat seltsam, daß ein Arzt einem Patienten versichert, er werde ihn nicht verfrüht von seiner Krankheit befreien. Es ergab für mich jedoch mehr Sinn, als Simonton das näher erläuterte. «Meine Patienten reagieren oft richtig entsetzt, wenn man ihnen nach erfolgreicher medizinischer Behandlung und Visualisierungssitzungen sagt, jetzt zeigten sich bei ihnen keine Anzeichen der Krankheit mehr. Das kommt wirklich häufig vor. Sie sind entsetzt! Gingen wir der Sache mit unseren Patienten auf den Grund, dann gaben sie oft zu, erkannt zu haben, daß sie ihren Krebs tatsächlich aus einem bestimmten Grund entwickelt und als Krücke zur Gestaltung ihres Lebens benutzt hatten. Und nun wird ihnen ganz unvermittelt gesagt, sie hätten keinen Tumor mehr, und sie haben ihn auch nicht durch ein anderes Werkzeug ersetzt. Das ist für sie ein großer Verlust.»

«Und damit sind sie erneut mit ihrer streßbeladenen Lebenssituation konfrontiert.»

«Ja, und diesmal ohne Tumor. Sie sind auf Wohlbefinden nicht vorbereitet, nicht bereit, auf gesunde Weise zu reagieren. Ihre Familie und die sie umgebende Gesellschaft sind ebenfalls nicht darauf vorbereitet, sie jetzt anders zu behandeln, und so weiter.»

«In diesem Fall haben Sie also nur die Symptome aus der Welt geschafft, ohne das grundlegende Problem anzupacken. Es ist fast so, als nehme man ein Medikament, um Halsschmerzen loszuwerden.»

«So ist es.»

«Und was geschieht dann?»

«Sie werden rückfällig, und das ist eine äußerst beunruhigende Episode. Sie hatten sich nämlich immer selbst gesagt: ‹Wenn ich erst meinen Tumor los bin, dann ist alles okay.› Nun sind sie ihn los, und sie fühlen sich schlechter als zuvor, so daß sie jede Hoffnung verlieren. Mit dem Krebs waren sie unglücklich, und ohne ihn sind sie noch unglücklicher. Es gefiel ihnen nicht, mit dem Krebs zu leben, ohne ihn gefällt ihnen das Leben noch weniger.»

Als Simonton diese Situation beschrieb, erkannte ich, daß seine Krebstherapie viel mehr bedeutet als die gewöhnlich mit seinem Namen assoziierte imaginative Technik. Für Simonton ist die physische Krankheit eine Manifestation der ihr zugrunde liegenden psychosomatischen Prozesse, die durch sehr unterschiedliche psychische und soziale Probleme erzeugt werden können. Solange diese Probleme nicht gelöst sind, geht es dem Patienten nicht gut, auch wenn der Tumor vorübergehend verschwindet. Visualisierung steht zwar im Mittelpunkt von Simontons Therapie, doch besteht das Wesentliche seiner Methode darin, die zugrunde liegenden psychischen Muster durch psychologische Beratung und Psychotherapie zu beeinflussen.

Auf meine Frage, ob Carl psychologische Beratung für ein wichtiges therapeutisches Werkzeug auch bei anderen Krankheiten halte, antwortete er sofort. «Ja, natürlich», sagte er mit Nachdruck. «Man sollte deutlich machen, daß wir es den Menschen oft nicht zugestehen, solche Beratung zu suchen. In großen Teilen unserer Gesellschaft gilt Psychotherapie immer noch als inakzeptabel. Zwar wird sie schon mehr akzeptiert als noch vor einigen Jahren, jedoch immer noch nicht genug. Dieses Vorurteil wurde mir bereits auf der medizinischen Fakultät beigebracht. Inzwischen ist mir jedoch klargeworden, daß psychologische Beratung ein wesentlicher Bestandteil des künftigen ganzheitlichen Gesundheitssystems sein muß. Bis wir einmal neue, gesündere Lebensweisen entwickelt haben, wird sie auch für die kommende Generation hervorragende Bedeutung haben.»

«Bedeutet dies, daß es mehr Psychotherapeuten geben wird?»

«Nicht unbedingt. Berater brauchen nicht unbedingt promovierte Akademiker zu sein. Sie müssen nur im Beraten gut geschult sein.»

«War das nicht früher die Funktion der Kirche und der Großfamilie?»

«Das stimmt. Sehen Sie, ein gewisses Geschick auf diesem Gebiet ist nicht schwer zu erwerben. Wie man zum Beispiel anderen Menschen grundlegendes Selbstbewußtsein beibringt, das ist eine Fertigkeit, die sich leicht erlernen läßt. Das gilt auch für den Umgang mit Ablehnungen aller Art oder mit Schuldgefühlen. Für solche Situationen gibt es brauchbare Standardtechniken. Das Wichtigste ist jedoch: Allein daß ein Mensch mit jemandem über seine Probleme sprechen kann, ist schon eine große Hilfe. Das führt ihn aus seinem Gefühl der Hilflosigkeit heraus, das so verheerend ist.»

Am Ende unserer intensiven dreitägigen Gespräche war ich von der wahrhaft ganzheitlichen Natur des theoretischen Modells und den vielen Facetten der Simontonschen Therapie tief beeindruckt. Mir war klargeworden, daß Simontons Einstellung zum Krebs weitreichende Implikationen auch für viele andere Bereiche von Gesundheit und Heilen haben wird. Zugleich war mir jedoch bewußt, wie radikal sie ist und wie lange es noch dauern wird, bis sie von Krebspatienten, vom ärztlichen Establishment und von der Gesellschaft insgesamt angenommen werden wird.

Beim Nachdenken über die Kontraste zwischen Simontons Denkweise und den weitverbreiteten Anschauungen der Ärzteschaft kam mir eine Bemerkung in den Sinn, auf die ich in einem Buch von Lewis Thomas gestoßen war – daß jede Krankheit von einem zentralen biologischen Mechanismus beherrscht wird und das passende Heilmittel leicht zu finden ist, sobald man diesen Mechanismus entdeckt hat. Carl sagte mir, diese Anschauung sei unter Krebsspezialisten weit verbreitet. Ich fragte ihn, ob *er* daran glaube, daß man einen beherrschenden biologischen Mechanismus für den Krebs finden werde. Ich glaubte zu wissen, was er antworten würde, doch war ich von seiner Antwort überrascht. «Ich halte das durchaus für möglich, glaube aber nicht, daß es für unsere Gesellschaft segensreich sein würde.»

«Weil die Menschen dann eben eine andere Krankheit finden würden?»

«Genau das. Unsere Psyche würde den Krebs durch etwas anderes ersetzen. Ein Blick auf die Geschichte von Krankheitsmustern zeigt, daß wir so etwas in der Vergangenheit immer wieder getan haben. Ob es die Pest, die Tuberkulose, die Kinderlähmung war – welche Krankheit auch immer –, sobald wir sie in den Griff bekommen hatten, fiel uns bald etwas Neues ein.»

Das war wie so vieles bei Simonton eine radikale Anschauung, die für mich jedoch im Lichte unserer Gespräche durchaus einen Sinn ergab. «Dann würde also die Entdeckung eines biologischen Mechanismus Ihre Arbeit nicht wertlos machen?» fragte ich.

«Nein, das würde sie nicht», lautete die ruhige Antwort. «Mein grundlegendes Modell würde seine Gültigkeit behalten. Entwickeln und praktizieren wir es jetzt, ganz gleich ob ein biologischer Mechanismus gefunden wird oder nicht, dann haben wir die Chance, das Bewußtsein der Menschen wirklich zu verändern. Wir können im Zusammenhang mit dieser Krankheit eine bedeutende evolutionäre Veränderung in unserer Sicht der Gesundheit bewirken.»

Ganzheit und Gesundheit

Meine Diskussionen mit Carl Simonton hatten mir so viele wichtige neue Einsichten und Klarstellungen vermittelt, daß ich mich nunmehr in der Lage fühlte, in den kommenden Wochen die während drei Jahren zusammengetragenen Notizen zu einem zusammenhängenden theoretischen Rahmen zu verbinden. Im Zuge der Erforschung der vielfältigen Aspekte der ganzheitlichen Gesundheitsfürsorge hatte ich begonnen, mich für die Systemtheorie als möglicher gemeinsamer Sprache zur Beschreibung der biologischen, psychischen und sozialen Dimensionen der Gesundheit zu interessieren. Als ich nun meine Notizen durcharbeitete, begann ich demzufolge ein Systembild der Gesundheit entsprechend dem Systembild lebender Organismen zu formulieren. Meine erste Formulierung beruhte auf dem Bild lebender Organismen als kybernetische Systeme, charakterisiert durch vielfältige, wechselseitig abhängige Fluktuationen. In diesem Modell wird der gesunde Organismus als im Zustand der Homöostase, eines dynamischen Gleichgewichts, gesehen. Gesundheit wird mit Flexibilität assoziiert, Streß mit mangelndem Gleichgewicht und Verlust an Flexibilität.

Dieses erste kybernetische Modell gestattete es, viele von mir im Laufe der Jahre als wichtig erkannte Aspekte der Gesundheit zu integrieren. Dieses kybernetische Modell hatte jedoch auch ernste Mängel. So war es beispielsweise unmöglich, den Begriff des Wandels darin einzubauen. Das kybernetische System kehrt zwar nach einer Störung wieder in einen Gleichgewichtszustand zurück, bietet jedoch keinen Platz für Entwicklung, Wachstum oder Evolution. Außerdem, das war mir klar, mußten ja auch die psychischen Dimensionen der Wechselwirkungen zwischen dem Organismus und seiner Umwelt berücksichtigt werden; doch sah ich keinen Weg, sie in dieses Modell zu integrieren. Auch wenn das kybernetische Modell subtiler war als das konventionelle biomedizinische, blieb es doch letzten Endes mechanistisch und gab mir keine Möglichkeit, die kartesianische Spaltung zu überwinden.

Damals, im Januar 1979, sah ich für diese schwerwiegenden Probleme keine Lösung. Ich arbeitete weiter an der Synthese meines theoretischen Rahmens, in voller Kenntnis seiner Unzulänglichkeiten und in der Hoffnung, irgendwann doch ein kybernetisches Modell der Gesundheit entwickeln zu können, das auch die psychischen und sozialen Dimensionen einbezieht. Ein Jahr später jedoch veränderte sich diese ziemlich unbefriedigende Situation schlagartig, als ich Prigogines Theorie der selbstorganisierenden Systeme studierte und sie mit Batesons Geistbegriff verknüpfte. Nach ausführlichen Gesprächen mit Erich Jantsch, Gregory Bateson und Bob Livingston war ich schließlich in der Lage, ein Systembild des Lebens zu formulieren, das alle Vorteile meines früheren kybernetischen Modells enthielt, jedoch auch Batesons revolutionäre Synthese von Geist, Materie und Leben einbezog.

Auf diese Weise fand alles plötzlich den richtigen Platz. Von Prigogine und Jantsch hatte ich gelernt, daß lebende, selbstorganisierende Systeme nicht nur dazu neigen, ihren Zustand dynamischen Gleichgewichts zu bewahren, sondern auch noch die entgegengesetzte, jedoch komplementäre Tendenz haben, sich selbst zu überschreiten, kreativ über ihre Grenzen hinauszugreifen und neue Strukturen und neue Organisationsformen zu schaffen. Die Anwendung dieser Anschauung auf das Phänomen des Heilens zeigte mir, daß die in jedem Organismus vorhandenen heilenden Kräfte in zwei verschiedenen Richtungen tätig werden können. Nach einer Störung kann der Organismus durch verschiedene Prozesse der Selbsterhaltung mehr oder weniger zu seinem früheren Zustand zurückkehren. Praktische Beispiele für dieses Phänomen finden wir in den geringfügigen Krankheiten unseres Alltagslebens, die sich gewöhnlich von selbst heilen. Andererseits kann der Organismus auch einen Prozeß der Selbstumwandlung und Selbstüberschreitung erleben, einschließlich Phasen der Krise, wodurch er schließlich in einen ganz neuen Gleichgewichtszustand gerät.

Diese neue Erkenntnis bewegte mich sehr. Meine innere Spannung wuchs noch mit der Einsicht, welche tiefgreifenden Implikationen Batesons Geistbegriff für mein Systembild der Gesundheit hatte. Nach dem Vorbild von Jantsch hatte ich Batesons Definition des geistigen Prozesses als Dynamik der Selbstorganisation zusammengefaßt. Für Bateson ist die organisierende Tätigkeit eines lebenden Systems eine mentale Tätigkeit, und all seine Interaktionen mit seiner Umwelt sind mentale Interaktionen. Mir war klargeworden, daß dieser neue, revolutionäre Geistbegriff der erste war, der die kartesianische Spaltung wirklich überwand. Geist und Leben sind hier untrennbar miteinander verbunden, wobei Geist – oder, genauer ausgedrückt, der mentale Prozeß – der Materie auf allen Ebenen des Lebens immanent ist.

Batesons Geistbegriff verlieh meinem Systembild der Gesundheit die Tiefe und den umfassenden Geltungsbereich, die ihm vorher mangelten. Für mich war es offenkundig, daß Krankwerden und Heilung integrale Bestandteile der Selbstorganisation eines Organismus sind. Ich kam zu der aufregenden Einsicht, daß die Prozesse des Erkrankens und der Heilung im wesentlichen mentale Prozesse sind, da jede selbstorganisierende Aktivität eine mentale Aktivität ist. Da eine mentale Aktivität ein auf vielen Ebenen ablaufendes Muster von Prozessen darstellt, die zum größten Teil im unbewußten Bereich stattfinden, sind wir uns nicht immer vollkommen bewußt, wie wir in eine Krankheit hinein- und wieder aus ihr herausgeraten, was aber nichts an der Tatsache ändert, daß Krankheit im wesentlichen ein mentales Phänomen ist. Deshalb, so wurde mir deutlich, sind alle Störungen in dem Sinne psychosomatisch, als sie ein kontinuierliches Zusammenspiel von Geist und Körper bei ihrem Entstehen, ihrer Entwicklung und Heilung beinhalten.

Das neue Systembild von Gesundheit und Krankheit verschaffte mir einen soliden Rahmen für einen wirklich ganzheitlichen Ansatz für die Gesundheitsfürsorge. Wie ich gehofft hatte, war es mir nunmehr möglich, alles zu integrieren: meine Notizen über Simontons Krebstherapie, chinesische Heilkunde, Streß, die Zusammenhänge zwischen medizinischer Wissenschaft und Gesundheit, die sozialen und politischen Aspekte der Gesundheitsfürsorge, präventive Medizin, Geisteskrankheiten und Psychiatrie, Familientherapie, zahlreiche therapeutische Techniken und viele andere Themen. Als ich das entsprechende Kapitel von

Wendezeit mit der Überschrift «Ganzheit und Gesundheit» schrieb (im Herbst 1980), wurde es zum längsten Kapitel dieses Buches und zur detailliertesten und konkretesten Darstellung eines spezifischen Teiles des entstehenden neuen Paradigmas.

Meine lange Suche nach einer neuen, ganzheitlichen Einstellung zur Gesundheit wurde sehr früh durch die Mai-Vorlesungen im Jahre 1974 inspiriert und nahm dann vier Jahre intensiven Forschens von 1976 bis 1980 in Anspruch. Diese Jahre waren nicht nur erfüllt von anregenden Begegnungen mit vielen bemerkenswerten Männern und Frauen sowie erregenden intellektuellen Einsichten. Es waren auch Jahre, in denen meine eigenen Anschauungen über Gesundheit, meine ganze Weltanschauung und mein Lebensstil sich wesentlich veränderten. Wie Carl Simonton war mir von Anfang an klar, daß ich mich nicht darauf beschränken konnte, neue Wege zu Gesundheit und Heilung auf rein theoretischer Ebene zu erkunden, sondern diese Einsichten auch auf mein persönliches Leben anwenden mußte. Je tiefer ich forschte, desto umfassender änderte ich auch meine eigene Gesundheitsfürsorge. Jahrelang nahm ich kein einziges Medikament ein, obwohl ich natürlich bereit war, dies in Notfällen zu tun. Ich gewöhnte mir eine regelmäßige Disziplin von Entspannungs- und Körperübungen an, änderte meine Ernährung und reinigte meinen Körper zweimal jährlich durch Fastenkuren mit Obstsäften. Ich praktizierte vorbeugende Gesundheitsfürsorge durch Techniken der Chiropraktik und sonstige Körperarbeit. Ferner arbeitete ich gezielt mit Träumen und erlebte an mir selbst die vielen therapeutischen Verfahren, die ich studierte.

Diese Veränderungen hatten tiefgreifende Auswirkungen auf meine Gesundheit. In meiner Kindheit und als Jugendlicher war ich stets zu schlank gewesen. Jetzt nahm ich um fast zehn Pfund zu, trotz jahrelanger anstrengender und streßbetonter intellektueller Tätigkeit, und hielt dann dieses Gewicht. Ich wurde außerordentlich sensibel gegenüber körperlichen Veränderungen und konnte durch Änderungen in der Ernährung, körperliche Übungen, Entspannung und Schlaf verhindern, daß übermäßiger Streß sich in Krankheit verwandelte. Während dieser Jahre war ich praktisch niemals krank und hatte auch keine Anfälle von Erkältung und Grippe, wie ich es früher gewohnt war.

Heute praktiziere ich nicht mehr alle diese Methoden vorbeugender Gesundheitsfürsorge. Die wichtigsten habe ich jedoch beibehalten, und sie sind zu selbstverständlichen Bestandteilen meines Lebens geworden. So hat also meine lange Forschungsarbeit auf dem Gebiet der Gesundheit nicht nur meine Kenntnisse und meine Weltanschauung erweitert, sondern mir auch außerordentlichen persönlichen Gewinn gebracht, wofür ich allen Gesundheitsexperten, mit denen ich zusammenarbeitete, stets dankbar sein werde. Meine lange Suche nach Ausgeglichenheit wurde mit einem neuen und anregenden theoretischen Rahmen belohnt, bei gleichzeitiger Stärkung meines eigenen körperlichen und geistigen Gleichgewichts.

6. Teil: Alternativen für unsere Zukunft

Die Rückkehr zum menschlichen Maß

Im Sommer 1973, als ich gerade mit der Arbeit an *Das Tao der Physik* begonnen hatte, saß ich eines Morgens in der Londoner Untergrundbahn und las den *Guardian*. Während der Zug durch die staubigen Tunnels der Northern Line ratterte, fiel mein Blick auf die Worte «buddhistische Ökonomie». Sie standen in der Besprechung des Buches eines britischen Ökonomen und ehemaligen Beraters des National Coal Board, der jetzt, wie der Rezensent es formulierte, «eine Art von Wirtschafts-Guru ist, der etwas lehrt, was er ‹buddhistische Ökonomie› nennt». Sein gerade publiziertes Buch hieß *Small is Beautiful* (deutsch: *Die Rückkehr zum menschlichen Maß*), der Name des Autors war E. F. Schumacher. Ich war gleich so gefesselt, daß ich weiterlas. Während ich selbst über «buddhistische Physik» schrieb, hatte offensichtlich jemand anders einen weiteren Zusammenhang zwischen abendländischer Wissenschaft und östlicher Philosophie hergestellt.

Die Besprechung äußerte Skepsis, faßte jedoch Schumachers Ansichten recht gut zusammen. «Wie kann man behaupten, die amerikanische Volkswirtschaft sei leistungsfähig, wenn sie vierzig Prozent der Rohstoffressourcen der Welt verwendet, um damit sechs Prozent der Weltbevölkerung zu unterhalten, ohne spürbare Verbesserung auf der Ebene menschlichen Glücks, Wohlergehens, des Friedens oder der Kultur?» So wurden die Anschauungen Schumachers vom Rezensenten zusammengefaßt. Diese Worte klangen mir sehr vertraut. Ich hatte während meines zweijährigen Aufenthalts in Kalifornien begonnen, mich für Volkswirtschaft zu interessieren, als ich die ungesunden und unangenehmen Auswirkungen der Wirtschaftspolitik und ihrer Praktiken auf mein Leben erkannte. Als ich Kalifornien 1970 verließ, schrieb ich einen Essay über die Hippie-Bewegung, der die folgenden Absätze enthielt:

> Wer die Hippies verstehen will, muß die Gesellschaft verstehen, aus der sie ausgestiegen sind und gegen die ihr Protest sich richtet. Für die

> meisten Amerikaner ist der «American Way of Life», die amerikanische Lebensart, ihre eigentliche Religion. Ihr Gott ist das Geld, ihre Liturgie Profitmaximierung. Die amerikanische Flagge ist zum Symbol dieser Lebensart geworden und wird mit religiösem Eifer verehrt...
>
> Die amerikanische Gesellschaft ist total auf Arbeit, Profit und materiellen Konsum ausgerichtet. Das vorherrschende Ziel der Menschen ist, soviel Geld wie möglich zu machen, damit sie all den Kram kaufen können, den sie mit einem hohen Lebensstandard assoziieren. Gleichzeitig halten sie sich für gute Amerikaner, weil sie damit zur Expansion ihrer Wirtschaft beitragen. Sie erkennen nicht, daß ihre Profitmaximierung zur ständigen Verschlechterung der von ihnen gekauften Waren führt. So gilt beispielsweise die optische Erscheinung von Lebensmitteln als höchst bedeutsam zur Profitsteigerung, während die Qualität der Lebensmittel sich wegen vielfacher Manipulation laufend verschlechtert. In den Supermärkten werden künstlich gefärbte Orangen und Brot gebacken mit chemischen Treibmitteln angeboten. Yoghurt enthält chemische Stoffe zur Färbung und Geschmacksveränderung, Tomaten werden mit Wachs besprüht, damit sie schön glänzen. Ähnliches geschieht mit Bekleidung, Haushaltsgeräten, Kraftwagen und anderen Waren. Obwohl die Amerikaner mehr und mehr Geld verdienen, werden sie nicht reicher, sondern im Gegenteil ärmer.
>
> Die expandierende Wirtschaft zerstört die Schönheit der Naturlandschaft durch häßliche Bauten, verschmutzt die Luft, vergiftet die Flüsse und Seen. Den Bürgern wird durch pausenlose psychologische Konditionierung ihr Gefühl für Schönheit geraubt, während die Wirtschaft nach und nach die Schönheit ihrer Umwelt zerstört.

Ich schrieb das im zornigen Tonfall der sechziger Jahre nieder, drückte dabei jedoch viele Gedanken aus, auf die ich später in Schumachers Buch stieß. Zu jener Zeit beruhte meine Kritik am modernen Wirtschaftssystem ganz und gar auf persönlicher Erfahrung, und ich kannte keine Alternativen. Wie viele meiner Freunde spürte ich nur, daß eine auf unbegrenztem Konsum, übermäßigem Wettbewerb und der Reduzierung aller Qualität auf Quantität beruhende Volkswirtschaft langfristig unhaltbar ist und früher oder später zusammenbrechen muß. Als mein Vater mich 1969 in Kalifornien besuchte, erklärte er mir in einem langen Gespräch, das gegenwärtige Wirtschaftssystem sei trotz seiner Mängel das einzig verfügbare und ich könnte mir meine Kritik sparen, da ich keine Alternativen anzubieten hätte. Damals konnte ich dem Argument nichts entgegensetzen, doch spürte ich seit jenem Gespräch, daß ich eines Tages auf irgendeine Art am Entstehen eines alternativen Wirtschaftssystems mitwirken würde.

Als ich daher an jenem Morgen in der U-Bahn die Rezension über das Buch von Schumacher las, erkannte ich sofort seine Bedeutung und sein Potential zur Revolutionierung des wirtschaftlichen Denkens. Jedoch war ich damals zu sehr in meine Arbeit am *Tao der Physik* vertieft, als daß ich Zeit für Bücher über ein anderes Thema gehabt hätte. Erst einige Jahre später konnte ich in Ruhe *Die Rückkehr zum menschlichen Maß* lesen. Inzwischen war Schumacher in den Vereinigten Staaten sehr bekannt, vor allem in Kalifornien, wo Gouverneur Jerry Brown sich zu Schumachers Wirtschaftsphilosophie bekannte.

Die Rückkehr zum menschlichen Mâß beruht auf einer Reihe von Arbeitspapieren und Essays, die zum größten Teil während der fünfziger und sechziger Jahre geschrieben wurden. Unter dem Einfluß von Gandhi und der Begegnung mit dem Buddhismus während eines längeren Aufenthalts in Burma setzte Schumacher sich für eine gewaltfreie Volkswirtschaft ein, die mit der Natur kooperiert, statt sie auszubeuten. Schon Mitte der fünfziger Jahre befürwortete er die Nutzung erneuerbarer Ressourcen, also zu einer Zeit, in der der technologische Optimismus auf dem Höhepunkt war, als man überall nur von Wachstum und Expansion sprach und die natürlichen Rohstoffreserven unbegrenzt schienen. Gegen diese mächtige kulturelle Strömung erhob Fritz Schumacher, der Prophet der zwei Jahrzehnte später aufkommenden Ökologiebewegung, seine Stimme der Weisheit. Dabei betonte er die Bedeutung des menschlichen Maßes, der Qualität, «guter Arbeit», einer auf Dauerhaftigkeit angelegten Volkswirtschaft auf der Grundlage gesunder ökologischer Prinzipien sowie einer «Technologie mit menschlichem Antlitz».

Der Kern von Schumachers Wirtschaftsphilosophie ist, ins ökonomische Denken bewußt Wertvorstellungen einzuführen. Er kritisiert seine Kollegen unter den Ökonomen, weil sie nicht erkennen, daß jede Wirtschaftstheorie auf einem gewissen Wertesystems und einer bestimmten Anschauung von der menschlichen Natur beruht. Ändert sich diese Anschauung, sagt Schumacher, dann müssen sich zugleich auch alle Wirtschaftstheorien ändern. Diesen Standpunkt erläutert er mit großer Beredsamkeit durch den Vergleich zweier Wirtschaftssysteme mit völlig unterschiedlichen Wertvorstellungen und Zielsetzungen. Das eine ist unser gegenwärtiges materialistisches System, in dem der Lebensstandard an der Menge des jährlichen Konsums gemessen wird und das daher bei einem optimalen Produktionsmuster einen maximalen Konsum zu erreichen versucht. Das andere ist das System der buddhistischen Volkswirtschaft, beruhend auf der Vorstellung vom «rechten Leben» und dem «Mittleren Weg». Hier besteht das Ziel darin, ein Maximum von menschlichem Wohlergehen mit einem optimalen Muster des Konsums zu erreichen.

Als ich drei Jahre nach dem Erscheinen *Die Rückkehr zum menschlichen Maß* las, zu einem Zeitpunkt also, an dem ich mich gerade an die Untersuchung des Paradigmenwechsels auf verschiedenen Gebieten machte, fand ich in Schumachers Buch nicht nur eine beredte und detaillierte Bestätigung meiner intuitiven Kritik am amerikanischen Wirtschaftssystem, sondern zu meiner noch größeren Freude auch eine klare Formulierung der Grundprämisse, die ich für mein Forschungsprojekt übernommen hatte. Die heutige Volkswirtschaftslehre, betont Schumacher, ist ein Überbleibsel aus dem Denken des 19. Jahrhunderts und absolut unfähig, eines der wirklichen heutigen Probleme zu lösen. Sie ist fragmentarisch und reduktionistisch, beschränkt sich auf rein quantitative Analyse und lehnt es ab, sich mit der wahren Natur der Dinge zu beschäftigen. Schumachers Anklage gegen die Fragmentierung und das Fehlen echter Wertvorstellungen bezieht auch die Technologie mit ein, die, wie er es pointiert ausdrückt, die Menschen der schöpferischen und nützlichen Arbeit beraubt, die sie am meisten schätzen, ihnen aber viel bruchstückhafte und entfremdende Arbeit verschafft, die sie überhaupt nicht mögen.

Für Schumacher ist das gegenwärtige Wirtschaftsdenken von unqualifiziertem Wachstum besessen. Wirtschaftliche Expansion ist zum alles beherrschenden Interesse aller modernen Gesellschaften geworden, und jeder Zuwachs des BSP wird für gut gehalten. «Der Gedanke, es könne auch krankhaftes, ungesundes Wachstum geben, das stört oder zerstört, gilt (dem modernen Ökonomen) als perverse Idee, die man gar nicht erst hochkommen lassen darf», sagt Schumacher in einer sarkastischen Kritik. Auch er hält Wachstum für ein wesentliches Merkmal des Lebens, doch muß alles wirtschaftliche Wachstum qualifiziert sein. Während einige Dinge wachsen, sollten andere abnehmen, meint er. Es erfordere nur einen einfachen Akt der Einsicht, um zu erkennen, daß unendliches Wachstum materiellen Konsums in einer endlichen Welt eine Unmöglichkeit ist.

Schließlich behauptet Schumacher, es liege in der Natur der Methodologie moderner Volkswirtschaftslehren und in der des Wertesystems, das der modernen Technologie zugrunde liegt, unsere Abhängigkeit von der Natur einfach zu ignorieren. «Ökologie sollte Pflichtfach für alle Volkswirte werden», fordert Schumacher und bemerkt, daß unser wirtschaftliches und technologisches Denken im Gegensatz zu allen natürlichen Systemen, die sich selbst im Gleichgewicht halten, sich von alleine anpassen und selbst reinigen, keine selbstbeschränkenden Prinzipien kennt. «Im subtilen System der Natur», schließt Schumacher, «benimmt sich die Technologie und vor allem die Super-Technologie der modernen Welt wie ein Fremdkörper, und es gibt heute zahlreiche Anzeichen dafür, daß dieser Fremdkörper abgestoßen wird.»

Schumachers Buch enthält nicht nur gutformulierte und beredte Kritik, sondern auch die Umrisse seiner alternativen Vision. Es ist eine radikale Alternative. Schumacher fordert ein ganz neues Denken, das auf die Bedürfnisse der Menschen Rücksicht nimmt, eine Volkswirtschaft, «als ob es auf die Menschen ankomme». Der Mensch könne jedoch er selbst nur in kleinen, überschaubaren Gruppen sein. Daher müssen wir lernen, in Begriffen kleiner, leicht zu lenkender Einheiten denken – also *«small is beautiful»*.

Schumacher weiß, daß ein solcher Wandel eine tiefgreifende Neuorientierung von Wissenschaft und Technologie erfordert. Er verlangt nichts weniger, als Weisheit in die Struktur unserer wissenschaftlichen Methodologie und unserer technologischen Einstellung selbst einzubauen. «Weisheit erfordert eine neue Orientierung von Naturwissenschaft und Technologie in Richtung auf das Organische, das Sanfte, das Gewaltfreie, das Elegante und das Schöne.»

Die Begegnung mit E. F. Schumacher

Ich war von Schumachers Buch begeistert, lieferte es mir doch eine deutliche Bestätigung meiner eigenen grundlegenden These im Rahmen der Ökonomie, eines Gebietes, von dem ich keine detaillierten Kenntnisse besaß. Darüber hinaus hatte Schumacher mir den ersten Entwurf einer alternativen Lösung aufgezeigt, der mit der in der neuen

Physik auftretenden ganzheitlichen Weltanschauung übereinzustimmen schien, zumindest insoweit sie eine ökologische Perspektive enthielt. Deshalb dachte ich bei meinen Überlegungen, für mein Buchprojekt eine Beratergruppe zusammenzustellen, auch an Schumacher. Als ich im Mai 1977 für drei Wochen nach London ging, bat ich ihn brieflich um ein Gespräch zur Erörterung meines Projektes.

Es war derselbe Londoner Aufenthalt, bei dem ich auch R. D. Laing zum ersten Mal begegnete. Rückblickend kann ich nicht umhin, in beiden Begegnungen auffallende Ähnlichkeiten zu entdecken. Beide Persönlichkeiten empfingen mich sehr freundlich, aber beide waren hinsichtlich der Rolle der Physik für den Paradigmenwechsel anderer Ansicht als ich – Schumacher sofort, Laing drei Jahre später in Saragossa. In beiden Fällen schienen die Meinungsverschiedenheiten zunächst unüberwindlich, wurden jedoch im Laufe nachfolgender Diskussionen überwunden, die viel zu meiner Bewußtseinserweiterung und persönlichen Reifung beitrugen.

Schumacher antwortete freundlich und bat mich, ihn von London aus anzurufen, um eine Begegnung in Caterham zu verabreden, der kleinen Stadt in Surrey, wo er wohnte. Als ich anrief, lud er mich zum Tee ein und erbot sich, mich vom Bahnhof abzuholen. Einige Tage später bestieg ich an einem wunderschönen Frühlingsnachmittag den Zug. Bei der Fahrt durch die üppig grüne Landschaft war ich einerseits erwartungsvoll aufgeregt, andererseits ruhig und friedlich gestimmt.

Meine Stimmung wurde noch entspannter, als ich Fritz Schumacher im Bahnhof Caterham traf. Er gab sich zwanglos und charmant – ein hochgewachsener Gentleman in den Sechzigern, mit längerem, weißem Haar, gütigem, offenem Gesichtsausdruck und sanften Augen unter buschigen weißen Brauen. Er begrüßte mich warmherzig und schlug vor, zu Fuß zu seinem Haus zu gehen. Als wir gemächlich dahinschlenderten, konnte ich in Gedanken der Charakterisierung Schumachers als «Wirtschafts-Guru» nur zustimmen.

Schumacher war von Geburt Deutscher, gegen Ende des Zweiten Weltkrieges jedoch britischer Staatsbürger geworden. Er sprach mit sehr elegantem deutsch-englischem Akzent. Obwohl er wußte, daß ich Österreicher bin, führte er das ganze Gespräch in englischer Sprache. Als wir später über Deutschland sprachen, schalteten wir bei manchen Sätzen und Ausdrücken ganz natürlich auf Deutsch um. Nach diesem Abschweifen in unser beider Muttersprache setzte er jedoch die Unterhaltung stets in englisch fort. Dieser subtile Gebrauch der Sprache schuf zwischen uns ein Gefühl der Kameradschaft. Einerseits war uns ein gewisser deutscher Stil des Ausdrucks gemeinsam; gleichzeitig jedoch unterhielten wir uns als Weltbürger, die seit langem ihre heimische Kultur überschritten hatten.

Schumachers Haus war idyllisch, weiträumig in edwardianischem Stil angelegt und sehr bequem, sich dem umgebenden Garten öffnend. Als wir uns zum Tee setzten, umgab uns die ganze Fülle der Natur. Der riesige Garten war üppig und verwildert. In den blühenden Bäumen schwirrten Insekten und Vögel; ein ganzes Ökosystem wärmte sich in der Frühlingssonne. In dieser friedlichen Oase schien die Welt noch heil. Schumacher sprach begeistert von seinem Garten. Viele Jahre lang hatte er Kompost bereitet und mit verschiedenen biologischen Anbautechniken experimentiert. Dies war wohl sein Zugang zur Ökologie gewesen – eine auf Erfahrung gründende praktische Einstellung, die er mit seiner theoretischen Analyse zu einer umfassenden Lebensphilosophie verband.

Nach dem Tee wurde die Diskussion in seinem Arbeitszimmer langsam ernsthaft. Ich eröffnete sie mit einer Schilderung des Grundthemas meines Buches, etwa in der Art, wie ich es einige Tage später gegenüber R. D. Laing tat. An den Anfang meiner Ausführungen stellte ich die Bemerkung, unsere gesellschaftlichen Institutionen seien nicht in der Lage, die großen Probleme unserer Zeit zu lösen, weil sie immer noch den Vorstellungen einer überholten Weltanschauung anhingen, der mechanistischen Anschauung der Naturwissenschaft des 17. Jahrhunderts. Ebenso wie die Geistes- und die Sozialwissenschaften hätten die Naturwissenschaften sich selbst nach dem Vorbild der klassischen Newtonschen Physik modelliert. Nun würden jedoch die Grenzen des Newtonschen Weltbildes in den vielfältigen Aspekten der globalen Krise manifest. Wenn auch das Newtonsche Modell in unseren akademischen Institutionen und der Gesellschaft insgesamt immer noch das vorherrschende Paradigma sei, berichtete ich, so seien die Physiker doch inzwischen weit darüber hinausgegangen. Dann beschrieb ich die Weltanschauung, die ich aus der Neuen Physik entstehen sah – ihre Betonung der Vernetzung, der Zusammenhänge, dynamischen Muster und kontinuierlichen Veränderungen und des Wandels. Meiner festen Überzeugung nach müßten auch die anderen Wissenschaften ihre Philosophie entsprechend ändern, um Übereinstimmung mit dieser neuen Weltanschauung zu erlangen. Ein solcher radikaler Wandel wäre auch der einzige Weg zur Änderung unserer drängenden wirtschaftlichen, sozialen und Umweltprobleme.

Ich stellte meine These überlegt und präzise dar. Als ich geendet hatte, erwartete ich, daß Schumacher mir in den wesentlichen Punkten zustimmen würde. Schließlich hatte er in seinem Buch ähnliche Gedanken geäußert, und ich hoffte zuversichtlich, er werde mir behilflich sein, meine These konkreter zu formulieren.

Schumacher blickte mich freundlich an und sagte langsam: «Wir sollten sorgsam darauf achten, einen Frontalzusammenstoß zu vermeiden.» Diese Bemerkung verschlug mir die Sprache, und als er meine Verblüffung bemerkte, antwortete er lächelnd. «Mit Ihrem Ruf nach kulturellem Wandel stimme ich überein. Diese Forderung habe auch ich oft erhoben. Eine Epoche nähert sich ihrem Ende, und ein fundamentaler Wandel wird notwendig. Ich glaube jedoch nicht, daß die Physik uns in dieser Angelegenheit leiten kann.»

Dann verwies Schumacher auf den Unterschied zwischen dem, was er «Wissenschaft für das Begreifen» und «Wissenschaft zum Manipulieren» nannte. Die erstere habe man oft Weisheit genannt, da sie die Erleuchtung und Befreiung des einzelnen Menschen zum Ziele habe, während der Zweck der zweiten Wissenschaft Macht sei. Im Laufe der naturwissenschaftlichen Revolution des 17. Jahrhunderts habe sich der Zweck der Wissenschaft von der Weisheit zur Macht verschoben. «Wissen ist Macht», zitierte er Francis Bacon. Seit jener Zeit sei der Name «Naturwissenschaft» der manipulierenden Wissenschaft vorbehalten geblieben.

«Die fortschreitende Ausschaltung der Weisheit hat die schnelle Anhäufung von Wissen zu einer gefährlichen Bedrohung gemacht», erklärte Schumacher mit Nachdruck. «Die abendländische Zivilisation beruht auf dem philosophischen Irrtum, die manipulierende Wissenschaft sei die Wahrheit, und die Physik hat diesen Irrtum verursacht und verewigt. Die Physik hat uns in unsere heutigen Schwierigkeiten gestürzt. Der großartige Kosmos ist heute nichts weiter als ein Chaos von Elementarteilchen ohne Zweck und Sinn, und die Folgerungen dieser materialistischen Anschauung sind überall spürbar. Unsere Naturwissenschaft befaßt sich überwiegend mit Wissen, das zum Manipulieren verwendet wird, und die Manipulation der Natur führt unweigerlich zur Manipulation des Menschen.

Nein», schloß Schumacher mit betrübtem Lächeln, «ich glaube ganz und gar nicht, daß die Physik uns bei der Lösung unserer heutigen Probleme helfen kann.»

Schumachers leidenschaftliches Plädoyer beeindruckte mich sehr. Hier wurde mir erstmals die Rolle Bacons bei der Verlagerung des

Zwecks der Naturwissenschaft von Weisheit zur Manipulation bewußt. Wenige Monate später stieß ich auf eine detaillierte feministische Analyse dieser überaus entscheidenden Entwicklung, und die Besessenheit der Naturwissenschaftler von Macht und Kontrolle wurde auch zu einem der Hauptthemen meiner Gespräche mit Laing. Im Augenblick meiner Unterhaltung mit Schumacher in seinem Arbeitszimmer in Caterham hatte ich diesen strittigen Themen noch nicht viel Überlegung gewidmet. Mir war nur tief im Inneren bewußt, daß man Naturwissenschaft auch ganz anders ausüben und daß vor allem die Physik «ein Weg mit Herz» sein kann, wie ich im einleitenden Kapitel von *Das Tao der Physik* geschrieben hatte.

Bei der Verteidigung meines Standpunktes wies ich Schumacher darauf hin, daß die heutigen Physiker nicht mehr glauben, sie hätten es mit der absoluten Wahrheit zu tun. «Wir sind da sehr viel bescheidener geworden», sagte ich. «Heute wissen wir, daß alles, was wir über die Natur sagen, in Begriffen begrenzter und nur annähernder Modelle ausgedrückt wird. Zu diesem neuen Verständnis gehört auch die Erkenntnis, daß die Neue Physik nur ein Teil einer neuen Sicht der Wirklichkeit ist, die jetzt in vielen Wissensgebieten aufkommt.»

Ich schloß mit der Feststellung, die Physik könne dennoch anderen Naturwissenschaftlern eine Hilfe sein, die aus Angst, sich unwissenschaftlich zu verhalten, oft zögerten, einen ganzheitlichen und ökologischen Rahmen zu akzeptieren. Die neuesten Entwicklungen in der Physik könnten diesen Wissenschaftlern zeigen, daß ein solcher Rahmen keinesfalls unwissenschaftlich sei. Im Gegenteil: Er stimmt mit den fortschrittlichsten naturwissenschaftlichen Theorien von der physikalischen Wirklichkeit überein.

Schumacher antwortete, auch wenn er den Nutzen der Vernetzung und des Prozeß-Denkens in der Neuen Physik anerkenne, könne er doch in einer auf mathematischen Modellen basierenden Naturwissenschaft keinen Raum für Qualität erblicken. «Die ganze Vorstellung eines mathematischen Modells muß in Frage gestellt werden», betonte er. «Der Preis für eine solche Art von Modellbau ist der Verlust an Qualität, also genau dessen, worauf es am meisten ankommt.»

Ein sehr ähnliches Argument war drei Jahre später in Saragossa ein Eckstein von Laings leidenschaftlicher Attacke. Bis dahin hatte ich jedoch schon die Gedanken von Bateson, Grof und anderen Naturwissenschaftlern aufgenommen und innerlich verarbeitet, Gedanken also, die stark die Rolle von Qualität, Erfahrung und Bewußtsein in der modernen Naturwissenschaft reflektieren. Dementsprechend war ich in der Lage, auf Laings Kritik eine glaubwürdige Antwort zu geben. Bei meinem Gespräch mit Schumacher standen mir erst einige Elemente dieser Antwort zur Verfügung.

Ich wies darauf hin, daß Quantifizierung, Kontrolle und Manipulation nur einen Aspekt der modernen Naturwissenschaft darstellen. Der andere, gleichermaßen wichtige Aspekt hänge mit dem Erkennen von Mustern zusammen. Neue Physik, das bedeute insbesondere die Verlagerung von isolierten Bausteinen oder Strukturen zu Mustern von Zusammenhängen. «Diese Vorstellung eines Musters von Zusammenhängen», gab ich zu bedenken, «scheint doch irgendwie dem Gedanken der Qualität näherzustehen. Meines Erachtens kommt eine Naturwissenschaft, die sich überwiegend mit vernetzten dynamischen Mustern befaßt, dem näher, was Sie ‹Wissenschaft für das Begreifen› nennen.»

Schumacher antwortete nicht sofort. Eine Weile schien er in Gedanken verloren, dann aber blickte er mich lächelnd an. «Sie müssen wissen, wir hatten einen Physiker in unserer Familie, mit dem ich oft auf diese Weise diskutiert habe», sagte er. Ich erwartete, er würde von irgendeinem Neffen oder Vetter mit Physikstudium sprechen. Bevor ich jedoch eine höfliche Zwischenbemerkung machen konnte, überraschte Schumacher mich mit dem Namen meines Helden: «Werner Heisenberg. Er war mit meiner Schwester verheiratet.» Von diesem engen Familienband zwischen den beiden revolutionären und einflußreichen Denkern hatte ich keine Ahnung gehabt. Nun erzählte ich, wie sehr ich von Heisenberg beeinflußt war sowie von meinen Begegnungen und Gesprächen mit ihm in den vergangenen Jahren.

Schumacher schilderte die Schwierigkeiten seiner Diskussionen mit Heisenberg und warum er meine Anschauung nicht teilte. «Die Physik kann uns nicht die gewünschte Anleitung zur Lösung der Gegenwartsprobleme geben», begann er. «Sie hat keine philosophischen Auswirkungen, weil sie nicht die qualitative Vorstellung höherer und tieferer Ebenen des Seins vermitteln kann. Mit Einsteins Feststellung, alles sei relativ, ist die vertikale Dimension aus der Naturwissenschaft verschwunden und mit ihr das Verlangen nach absoluten Normen für Gut und Böse.»

Während der folgenden ausführlichen Diskussion erläuterte Schumacher seinen Glauben an eine fundamentale hierarchische Ordnung aus vier Ebenen des Seins – mineralisch, pflanzlich, tierisch und menschlich –

mit den vier charakteristischen Elementen Materie, Leben, Bewußtsein und Selbstgewahrsein. Sie manifestieren sich derart, daß jede Ebene nicht nur ihr eigenes charakteristisches Element besitzt, sondern auch die Elemente aller niederen Ebenen. Das war natürlich die uralte Idee von der Großen Kette des Seins, von Schumacher in moderner Sprache und mit beträchtlicher Subtilität dargestellt. Doch behauptete er, die vier Elemente seien unveränderliche und unerklärbare Geheimnisse. Die Unterschiede zwischen ihnen stellten fundamentale Sprünge in der vertikalen Dimension dar, «ontologische Unstetigkeiten», wie er es formulierte. «Aus diesem Grunde kann die Physik keine philosophische Wirkung haben», wiederholte er. «Sie kann sich nicht mit dem Ganzen beschäftigen, sondern befaßt sich nur mit der untersten Ebene.»

Da allerdings unterschieden sich unsere Anschauungen von der Wirklichkeit fundamental. Ich stimmte zwar zu, daß die Physik auf eine besondere Ebene der Phänomene beschränkt ist, doch hielt ich die Unterschiede zwischen den Ebenen nicht für absolut. Für mich sind sie vor allem Ebenen der Komplexität, nicht voneinander getrennt, sondern miteinander verknüpft und voneinander abhängig. Im Sinne meiner Mentoren Chew und Heisenberg behauptete ich ferner, *wie* wir die Wirklichkeit in Objekte, Ebenen oder sonstige Entitäten aufgliederten, das hänge weitgehend von unseren Beobachtungsmethoden ab. *Was* wir sehen, hänge davon ab, *wie* wir sehen; Muster der Materie reflektierten die Muster unseres Geistes.

Abschließend vertrat ich die Überzeugung, die künftige Naturwissenschaft werde in der Lage sein, den gesamten Bereich natürlicher Phänomene vereinheitlicht zu behandeln, und zwar durch Verwendung unterschiedlicher, jedoch miteinander vereinbarer Konzepte zur Beschreibung verschiedener Aspekte und Ebenen der Wirklichkeit. Leider konnte ich diese Überzeugung während jener Diskussion im Mai 1977 nicht mit konkreten Beispielen untermauern. Insbesondere kannte ich damals noch nicht die gerade aufkommende Theorie der lebenden, selbstorganisierenden Systeme, die einen Riesenschritt in Richtung einer einheitlichen Beschreibung von Leben, Geist und Materie darstellt. Doch erläuterte ich meinen Standpunkt immerhin so, daß wir das Thema ohne weitere Diskussion abschließen konnten, einig darin, daß zwischen unseren philosophischen Einstellungen grundlegende Unterschiede bestünden, wobei jeder die Anschauung des anderen respektierte.

Ökonomie, Ökologie und Politik

Danach ging unser Gespräch von einer intensiven Diskussion in eine lebhafte, jedoch wesentlich entspanntere Unterhaltung über. Schumacher übernahm dabei weitgehend die Rolle eines Lehrers und Geschichtenerzählers, dem ich aufmerksam lauschte, wobei ich die Unterhaltung durch gelegentlich eingestreute Fragen und Kommentare in Fluß hielt. Zwischendurch kamen immer wieder Schumachers Kinder ins Zimmer, vor allem ein kleiner Junge von höchstens drei oder vier Jahren, dem er sehr zugetan schien. Ich erinnere mich, daß mich die vielen Söhne und Töchter etwas verwirrten, zumal einige um eine ganze Generation voneinander getrennt schienen. Irgendwie schien es mir ungereimt, daß der Autor von *Small is Beautiful* eine so große Familie hatte. Später erfuhr ich, daß er zweimal geheiratet und aus jeder Ehe vier Kinder hatte.

Bei unserem Gespräch über die Rolle der Physik und das Wesen der Naturwissenschaften war mir klargeworden, daß wir so unterschiedliche Grundauffassungen hatten, daß ich Schumacher wohl kaum bitten konnte, mich bei meinem Buchprojekt zu beraten. Andererseits wollte ich an jenem Nachmittag soviel wie möglich von ihm lernen, weshalb ich ihn in eine lange Unterhaltung über Ökonomie, Ökologie und Politik verwickelte.

Ich fragte, ob es einen neuen theoretischen Rahmen gebe, der es uns ermöglichen würde, unsere Wirtschaftsprobleme zu lösen. «Nein», antwortete er, ohne zu zögern. «Wir brauchen ein ganz neues Denkmodell, doch verfügen wir heute nicht über entsprechende Wirtschaftsmodelle. Beim National Coal Board haben wir diese Erfahrung immer wieder gemacht; wir waren viel mehr auf Experimente als auf echtes Verstehen angewiesen.

Da unser Wissen gering und Stückwerk ist», fuhr Schumacher fort, «müssen wir in kleinen Schritten vorangehen. Wir müssen Platz für *Nichtwissen* lassen, einen kleinen Schritt tun, auf Rückmeldung warten und dann wieder voranschreiten. Im Kleinen liegt Weisheit.» Schumacher behauptete, die größte Gefahr ergebe sich aus der rücksichtslosen Anwendung von bruchstückhaftem Wissen in riesigem Maßstab, wobei er als gefährlichstes Beispiel einer solch unklugen Anwendung die Kernenergie nannte. Wichtig seien Technologien, die den Menschen *dienen*, statt sie zu vernichten. Das gelte ganz besonders für Länder der dritten Welt, in denen «Zwischentechnologien», wie er sie nannte, oft die geeignetste Form sein würden.

«Was genau ist Zwischentechnologie?» fragte ich.

«Zwischentechnologie ist der Finger, der auf den Mond weist», antwortete Schumacher lächelnd mit der bekannten buddhistischen Redewendung. «Der Mond selbst kann nicht vollkommen beschrieben werden, doch kann man im Rahmen einer besonderen Situation auf ihn hinweisen.»

Als praktisches Beispiel erzählte Schumacher mir, wie er einem indischen Dorf geholfen habe, Stahlbänder für seine Ochsenkarren herzustellen. «Damit ein Ochsenkarren gut funktioniert, müssen die Räder Stahlreifen haben. Unsere Vorväter konnten Stahl passend in kleinem Maßstab biegen. Wir haben vergessen, wie man das macht, ausgenommen mit unseren großen Maschinen in Sheffield. Und wie haben unsere Vorväter es gemacht?

Sie besaßen dafür ein raffiniert ausgedachtes Werkzeug», fuhr Schumacher lebhaft fort. «Wir haben eines dieser Werkzeuge in einem französischen Dorf gefunden. Es war ausgezeichnet erdacht, aber unbeholfen fabriziert. Wir nahmen es mit nach England in unser College für Landmaschinenbau und sagten: ‹Nun mal ran, Jungs, jetzt zeigt mal, was ihr könnt!› Das Ergebnis war ein Werkzeug nach demselben einfallsreichen Design, jedoch auf unseren heutigen Stand des Know-how gebracht. Es kostet fünf Pfund Sterling, kann von jedem Dorfschmied hergestellt werden, braucht keinen elektrischen Strom und kann von jedermann benutzt werden. Das ist Zwischentechnologie.»

Je länger ich Schumacher zuhörte, desto klarer wurde mir, daß er weniger ein Mann großer ideenreicher Entwürfe als ein Mensch von Weisheit und entsprechendem Handeln war. Er hatte einen Schatz von Werten und Prinzipien erworben, die er auf höchst einfallsreiche Weise zur Lösung einer Vielfalt von wirtschaftlichen und technologischen Problemen einzusetzen wußte. Das Geheimnis seiner großen Popularität lag in seiner Botschaft des Optimismus und der Hoffnung. Er behauptete, alles, was die Menschen wirklich benötigen, könne in geringer Stückzahl auf einfache und doch wirkungsvolle Weise hergestellt werden, mit geringem Anfangskapital und ohne Vergewaltigung der Umwelt. Mit Hunderten von Beispielen und kleinen Erfolgsgeschichten versicherte er, seine «Volkswirtschaft, als komme es auf die Menschen an» und seine «Technologie mit menschlichem Antlitz» könnten von ganz normalen Menschen verwirklicht werden. Entsprechendes Handeln könnte und sollte sofort beginnen.

Bei unserer Unterhaltung kam Schumacher oft zurück auf die gegenseitige Abhängigkeit aller Phänomene und die unerhörte Komplexität der natürlichen Pfade und Prozesse, in die wir eingebettet sind. Über dieses grundlegende ökologische Gewahrsein herrschte zwischen uns ebenso volle Übereinstimmung wie über unsere gemeinsame Anschauung, daß der Begriff der Komplementarität – der dynamischen Einheit der Gegensätze – für das Verständnis des Lebens von entscheidender Bedeutung ist. Schumacher formulierte das so: «Der entscheidende Punkt im Wirtschaftsleben, ja, im Leben ganz allgemein, ist, daß es ständig die lebendige Versöhnung von Gegensätzen erfordert.» Er erläuterte diese Einsicht an dem universalen Paar entgegengesetzter Prozesse, das sich in allen ökologischen Zyklen manifestiert – Wachsen und Vergehen, «die eigentlichen Kennzeichen des Lebens», wie er es ausdrückte.

In ähnlicher Weise gebe es auch im gesellschaftlichen und wirtschaftlichen Leben viele Probleme von Gegensätzen, die nicht gelöst, aber durch Weisheit transzendiert werden können. «Die Gesellschaft braucht Stabilität *und* Wandel, Ordnung *und* Freiheit, Tradition *und* Innovation, Planung *und* Laissez-faire. Unsere Gesundheit und unser Glück hängen von der gleichzeitigen Verfolgung einander entgegengesetzter Aktivitäten oder Ziele ab.»

Zum Schluß unseres Gesprächs fragte ich Schumacher, ob er Politiker kenne, die seine Anschauungen schätzen. Er antwortete, die Ignoranz europäischer Politiker sei erschreckend, und ich spürte, daß er dabei besonders auf mangelnde Einsicht in seiner deutschen Heimat anspielte. «Selbst Politiker in hohen Stellungen sind überaus ignorant», klagte er. «Da haben wir es mit Blinden zu tun, die Blinde führen.»

«Und wie steht es in den Vereinigten Staaten?» fragte ich.

Da sehe die Situation etwas hoffnungsvoller aus, meinte Schumacher. Bei einer Vortragsreise sei er unlängst überall begeistert von den Zuhörern aufgenommen worden. Dabei sei er auch mehreren Politikern begegnet und habe mehr Verständnis gefunden als in Europa. Den Höhepunkt dieser Begegnungen bildete ein Empfang im Weißen Haus durch Präsident Carter, von dem Schumacher mit großer Bewunderung sprach. Carter schien ehrliches Interesse an Schumachers Ideen zu haben und bereit zu sein, von ihm zu lernen. Aus dem Tonfall zu schließen, in dem Schumacher von Carter sprach, scheinen die beiden einen guten Rapport gehabt und auf vielen Ebenen aufrichtig kommuniziert zu haben.

Als ich erwähnte, daß meiner Erfahrung nach Jerry Brown der

amerikanische Politiker sei, der für ökologisches Bewußtsein und ganzheitliches Denken ganz allgemein am aufgeschlossensten sei, pflichtete Schumacher mir bei. Er schätzte Browns lebhaften und kreativen Verstand sehr, und ich hatte den Eindruck, er mochte ihn besonders. «Das stimmt», antwortete er, als ich das aussprach. «Sie müssen wissen, Brown ist so alt wie mein ältester Sohn. Ich habe regelrecht väterliche Gefühle für ihn.»

Bevor Schumacher mich am Bahnhof verabschiedete, machte er mit mir noch einen Rundgang durch seinen wunderschönen, naturbelassenen Garten, wobei er auf eines seiner Lieblingsthemen zu sprechen kam, den organischen Gartenbau. Mit großer Begeisterung sprach er vom Pflanzen von Bäumen als der wirkungsvollsten Tat, die man zur Bekämpfung des Hungers in der Welt tun könne. «Bäume sind leichter zu pflegen als Feldfrüchte», erklärte er. «Sie erhalten den Lebensraum zahlreicher Spezies, sie erzeugen den lebenswichtigen Sauerstoff und ernähren Tiere und Menschen.

Wußten Sie, daß Bäume Bohnen und Nüsse mit hohem Proteingehalt erzeugen können?» fragte er. Er habe erst vor kurzem einige Dutzend dieser proteinerzeugenden Bäume angepflanzt und arbeite daran, diese Idee in ganz Großbritannien zu fördern.

Mein Besuch näherte sich nun dem Ende, und ich dankte Schumacher, daß er mir einen so inspirierenden und intellektuell herausfordernden Nachmittag geschenkt hatte. «Es war mir ein großes Vergnügen», antwortete er, und nach einem nachdenklichen Augenblick fügte er hinzu: «Eigentlich unterscheiden wir uns nur in der Methode, jedoch nicht in den grundlegenden Ideen.»

Auf dem Weg zum Bahnhof erwähnte ich, daß ich vier Jahre lang in London gelebt und in England noch viele Freunde hatte. Nach zweijähriger Abwesenheit habe mich bei meinem jetzigen Aufenthalt am stärksten der auffallende Unterschied zwischen den düsteren Berichten über den Zustand der britischen Volkswirtschaft in den Zeitungen und der fröhlichen und optimistischen Stimmung meiner Freunde in London und anderen Teilen des Landes überrascht. «Sie haben recht», meinte Schumacher. «Die Menschen in England leben nach neuen Wertvorstellungen. Sie arbeiten weniger und leben besser, doch unsere Industriemanager haben das noch nicht begriffen.

Arbeiten Sie weniger, und leben Sie besser!» Das waren die letzten Worte, die Schumacher mir meiner Erinnerung nach auf dem Bahnhof von Caterham sagte. Er tat das mit Nachdruck, als sei es etwas sehr

Wichtiges, woran ich stets denken sollte. Vier Monate später erfuhr ich zu meinem großen Schrecken, daß Schumacher während einer Vortragsreise in der Schweiz gestorben war, augenscheinlich an einem Herzanfall. Seine Mahnung «Arbeiten Sie weniger, und leben Sie besser!» erhielt damit eine ominöse Bedeutung. Vielleicht hatte er dabei mehr an sich selbst als an mich gedacht. Als dann einige Jahre später mein eigener Zeitplan für Vorlesungen ziemlich hektisch wurde, dachte ich oft an die letzten Worte des sanftmütigen Weisen in Caterham zurück. Diese Erinnerung half mir beträchtlich in meinem Bemühen, meine professionellen Verpflichtungen gegenüber den einfachen Freuden des Lebens nicht die Überhand gewinnen zu lassen.

Während der Rückfahrt nach London mit der Eisenbahn versuchte ich, meine Gespräche mit Schumacher zu bewerten. Wie ich nach der Lektüre seines Buches schon vermutet hatte, erwies Schumacher sich als brillanter Denker mit globaler Perspektive und als schöpferischer und kritischer Geist. Wichtiger war noch, daß er mich durch seine große Weisheit und Güte beeindruckte, durch seine gelassene Spontaneität, seinen stillen Optimismus und seinen sanften Humor. Zwei Monate vor meinem Besuch in Caterham war ich in einem Gespräch mit Stan Grof zu einer wichtigen Einsicht gekommen. Mir war der fundamentale Zusammenhang zwischen ökologischem Gewahrsein und Spiritualität aufgegangen. Nach mehreren Stunden in Gesellschaft von Schumacher spürte ich, daß er diesen Zusammenhang personifizierte. In unserer Unterhaltung sprachen wir kaum über Religion, doch spürte ich stark, daß Schumachers Lebensanschauung die eines zutiefst spirituellen Menschen war.

Ungeachtet meiner großen Bewunderung für diesen Mann war mir klar, daß es beträchtliche Unterschiede zwischen unseren Anschauungen gab. Als ich mir unsere Diskussion über das Wesen der Naturwissenschaft noch einmal vergegenwärtigte, kam ich zu der Schlußfolgerung, daß diese Unterschiede in Schumachers Glauben an eine fundamentale hierarchische Ordnung wurzelten, an die «vertikale Dimension», wie er es nannte. Meine eigene Naturphilosophie war durch Chews vernetztes Denken und später auch durch Batesons wissenschaftlichen Monismus geformt. Ferner war sie stark durch die nichthierarchischen Perspektiven der buddhistischen und taoistischen Philosophie beeinflußt. Im Gegensatz dazu hatte Schumacher einen ziemlich starren, fast scholastischen philosophischen Rahmen entworfen. Das hatte mich doch sehr überrascht. Ich war nach Caterham gefahren, um einen buddhistischen Ökonomen zu treffen. Statt dessen fand ich mich in eine Debatte mit einem traditionellen christlichen Humanisten verwickelt.

Germaine Greer – die feministische Perspektive

Während der folgenden Monate dachte ich viel über Schumachers Lebensphilosophie nach. Kurz nach seinem Tode war sein zweites Buch *Rat für die Ratlosen. Vom sinnerfüllten Leben* erschienen, ein brillantes Kompendium seiner Weltanschauung, seine *summa* sozusagen. Mir gegenüber hatte er noch erwähnt, er habe ein philosophisches Werk vollendet, das ihm viel bedeute. Ich war nicht überrascht, darin gut ausgearbeitete und knappe Abhandlungen vieler Themen zu finden, über die er mit mir gesprochen hatte. Das Buch bestätigte den Eindruck, den ich bei dem Besuch in Caterham von ihm bekommen hatte. Abschließend kam ich zu der Schlußfolgerung, daß Schumachers fester Glaube an fundamentale hierarchische Ebenen mit seiner stillschweigenden Akzeptanz der patriarchalischen Ordnung zusammenhing. Bei unserem Gespräch hatten wir dieses Thema nicht berührt, doch war mir aufgefallen, daß er sich oft einer patriarchalischen Ausdrucksweise bediente, und ich spürte auch, daß sein Status und sein Verhalten in seiner großen Familie die eines traditionellen Patriarchen waren.

Zum Zeitpunkt meiner Begegnung mit Schumacher war ich schon sehr empfindlich gegenüber sexistischer Sprache und sexistischem Verhalten. Ich hatte mir bereits die feministische Perspektive zu eigen gemacht, die in den darauffolgenden Jahren meine Erforschung des neuen Paradigmas und auch meinen persönlichen Reifungsprozeß sehr stark beeinflußte.

Auf den Feminismus oder, besser, «die Befreiung der Frau», wie es damals hieß, stieß ich erstmals im Jahre 1974, als ich in London den Klassiker *The Female Eunuch* (deutsch: *Die heimliche Kastration*) von Germaine Greer las. Das Buch war drei Jahre nach dem ersten Erscheinen zu einem Bestseller geworden und wurde allgemein als das zugleich subtilste wie subversivste Manifest einer neuen, radikalen und erregenden Bewegung gepriesen – der «zweiten Welle» des Feminismus.

Germaine Greer hat mir die Augen für eine umfassende Thematik geöffnet, von der ich bis dahin nicht die geringste Ahnung hatte. Zwar waren mir das Anliegen der Bewegung zur Befreiung der Frau und deren wichtigste Anklagen vertraut: die weitverbreitete Diskriminierung der Frau, die täglichen Ungerechtigkeiten und beiläufigen Kränkungen, die anhaltende Ausbeutung in einer von Männern beherrschten Gesellschaft. Germaine Greer ging jedoch darüber hinaus. In beredter und bestechender Prosa, in kraftvoller und zugleich kultivierter Sprache stellte sie die Grundannahmen über die weibliche Natur in unserer männerorientierten Kultur in Frage. Kapitel für Kapitel analysiert und erläutert sie, wie Frauen dazu konditioniert wurden, die patriarchalischen Stereotypen über sich selbst zu akzeptieren, sich selbst – ihren Körper, ihre Sexualität, ihren Intellekt, ihre Emotionen, ihre ganze Fraulichkeit – durch die Augen des Mannes zu sehen. Mit dieser gründlichen und ständigen Konditionierung hat man Körper und Seele der Frau entstellt, schreibt Germaine Greer. Die Frau sei von der patriarchalischen Gewalt kastriert worden; sie sei zum weiblichen Eunuchen geworden.

Dieses Buch erregte großen Ärger und Begeisterung. Die Verfasserin verkündete, die erste Pflicht einer Frau gelte nicht ihrem Ehemann und ihren Kindern, sondern sich selbst. Sie drängte ihre Schwestern, sich selbst auf dem feministischen Weg der Selbstentdeckung zu befreien. Dieser Appell war so radikal, daß die Strategie dieses Weges erst noch entworfen werden mußte. Selbst ich als Mann wurde von diesen Mahnungen inspiriert, da sie mich erkennen ließen, daß die Befreiung der Frau auch die der Männer bedeuten würde. Ich empfand die Freude und Erregung einer neuen Bewußtseinserweiterung; und in der Tat hat Germaine Greer selbst zu Beginn ihres Buches von dieser Freude geschrieben. «Freiheit ist furchterregend, aber zugleich auch begeisternd», behauptet sie. «Ein Kampf, der nicht fröhlich ausgetragen wird, ist der falsche Kampf.»

Die erste Feministin unter meinen persönlichen Bekannten war Lyn Gambles, eine englische Produzentin von Dokumentarfilmen, die ich in der Zeit traf, als ich Germaine Greer las. Ich erinnere mich vieler Diskussionen mit ihr in den zahlreichen alternativen Restaurants und Cafés, die damals an allen Ecken und Enden Londons aufblühten. Sie war mit der feministischen Literatur bestens vertraut und in der Frauenbewegung aktiv, doch waren unsere Gespräche niemals antagonistisch. Sie ließ mich gern an ihren Einsichten teilhaben, und wir erforschten gemeinsam neue Denkformen, neue Werte und neue Wege, Zusammenhänge herzustellen. Beide waren wir außerordentlich von der befreienden Kraft des neuen feministischen Bewußtseins angetan.

Nach meiner Umsiedlung nach Kalifornien im Jahre 1975 beschäftigte ich mich weiterhin mit feministischen Problemen, während meine Pläne zur Erforschung des Paradigmenwechsels langsam reiften. Zu jener Zeit begann ich die erste Gesprächsrunde mit meinen Beratern. In Berkeley, einem Hauptzentrum der amerikanischen Frauenbewegung, war es leicht, feministische Literatur aufzutreiben und mit feministischen Aktivistinnen zu diskutieren. Von den jahrelangen Diskussionen sind mir besonders die mit Carolyn Merchant im Gedächtnis geblieben, einer Historikerin der Naturwissenschaften an der Universität von Kalifornien in Berkeley. Ich war ihr einige Jahre zuvor im Rahmen einer Konferenz über die Geschichte der Quantenphysik in Europa zum ersten Mal begegnet.

Zu jener Zeit beschäftigte sie sich hauptsächlich mit Leibniz, weshalb wir während der Konferenz mehrere Gespräche über Ähnlichkeiten und Unterschiede zwischen Chews Bootstrap-Physik und den Anschauungen von Leibniz in dessen *Monadologie* führten. Fünf Jahre später sah ich Carolyn Merchant in Berkeley wieder. Sie erzählte mir begeistert von ihrem neuen Forschungsbereich, der Geschichte der naturwissenschaftlichen Revolution im England des 17. Jahrhunderts. Dabei erschloß sie nicht nur anregende neue Perspektiven, sondern zeigte auch weitreichende Implikationen für den Feminismus, die Ökologie und unsere gesamte kulturelle Transformation auf.

Carolyn Merchant – Feminismus und Ökologie

Carolyn Merchant veröffentlichte ihre Forschungsergebnisse später in dem Buch *Der Tod der Natur*. Darin befaßt sie sich mit der überragenden Rolle von Francis Bacon bei der Verlagerung der naturwissenschaftlichen Zielsetzungen von der Weisheit zur Manipulation. Als sie mir von ihrer Arbeit berichtete, erkannte ich sofort deren Bedeutung. Wenige Monate zuvor hatte ich Schumacher besucht, dessen leidenschaftliche Verdammung des manipulativen Wesens der modernen Naturwissenschaften mir noch sehr gegenwärtig war.

In ihren Arbeitspapieren, die Merchant mir zu lesen gab, zeigte sie auf, daß Francis Bacon eine höchst bedeutsame Verknüpfung zwischen zwei Hauptzweigen des alten Paradigmas personifiziert: der mechanistischen Vorstellung von der Wirklichkeit und der maskulinen Besessenheit von Herrschaft und Kontrolle innerhalb einer patriarchalischen Kultur. Bacon formulierte als erster eine klare Theorie der empirischen Naturwissenschaft und propagierte seine neue Untersuchungsmethode mit leidenschaftlichen und oft ausgesprochen bösartigen Formulierungen. Seine gewalttätige Sprache, die Merchant in ihren Ausarbeitungen mit vielen Zitaten belegte, schockierte mich. Man solle die Natur «auf ihren Wegen mit Hunden hetzen», man solle «sie sich gefügig und zur Sklavin machen», schrieb Bacon. Die Natur sollte «unter Druck gesetzt werden», und das Ziel des Wissenschaftlers sei es, «die Natur auf die Folter zu spannen, bis sie ihre Geheimnisse preisgibt».

In ihrer Analyse verwies Carolyn Merchant darauf, daß Bacon sich der traditionellen Vorstellung von der Natur als weiblichem Wesen bediente und daß seine Anschauung, man solle der Natur mit Hilfe mechanischer Folterwerkzeuge ihre Geheimnisse entreißen, stark an die weitverbreitete Folterung von Frauen während der Hexenprozesse des frühen 17. Jahrhunderts erinnert. Sie zeigte ferner auf, daß Francis Bacon als Generalstaatsanwalt von König James I. mit diesen Hexenverfolgungen sehr vertraut war und daß er seine im Gerichtssaal verwendeten Metaphern auch auf seine wissenschaftlichen Schriften übertrug.

Diese Analyse stellt einen ganz entscheidenden und erschreckenden Zusammenhang zwischen mechanistischer Naturwissenschaft und patriarchalischen Werten her. Sie beeindruckte mich sehr und machte mir den ungeheuren Einfluß des «Geistes von Bacon» auf die gesamte Entwicklung der modernen Naturwissenschaft und Technologie bewußt. Seit der Antike gehörten Weisheit, Verständnis der natürlichen Ordnung und ein Leben in Harmonie mit der Natur zu den Zielen der Naturwissenschaft. Im 17. Jahrhundert wandelte sich diese Haltung radikal in ihr Gegenteil. Seit Bacon ist es das Ziel der Naturwissenschaft, Wissen zu erringen, um die Natur zu kontrollieren und zu beherrschen, und heute werden die Naturwissenschaft und die Technologie überwiegend für Zwecke genutzt, die gefährlich, schädlich und zutiefst anti-ökologisch sind.

Viele Stunden lang diskutierte ich mit Carolyn Merchant die allgemeineren Implikationen ihrer Arbeit. Sie zeigte mir, daß der Zusammenhang zwischen mechanistischer Weltanschauung und der patriarchalischen Idee, daß *der* Naturwissenschaftl*er die* Natur beherrschen solle, nicht nur in den Werken von Bacon anzutreffen ist, sondern in geringerem Maße auch in denen von René Descartes, Isaac Newton, Thomas Hobbes und anderen «Gründervätern» der modernen Naturwissenschaft. Seit dem Aufstieg der mechanistischen Naturwissenschaft sei die Ausbeutung der Natur Hand in Hand mit der Ausbeutung der Frau gegangen, erläuterte mir Carolyn Merchant. Auf diese Weise verbindet die traditionelle Gleichsetzung von Frau und Natur die Geschichte der Frau mit der Geschichte der Umwelt, und sie ist auch die Quelle einer natürlichen Verwandtschaft zwischen Feminismus und Ökologie. So wies Carolyn Merchant mich auf einen äußerst bedeutsamen Aspekt unseres kulturellen Wandels hin. Sie lenkte als erste meine Aufmerksamkeit auf diese natürliche Verwandtschaft zwischen Feminismus und Ökologie, die zu erforschen ich seither nicht aufgehört habe.

Adrienne Rich, die radikale Feministin

Die nächste wichtige Phase der Schärfung meines feministischen Bewußtseins begann im Frühjahr 1978 während meines siebenwöchigen Aufenthaltes in Minnesota. In Minneapolis wurde ich mit Miriam Monasch bekannt, einer Bühnenschauspielerin, Verfasserin von Theaterstücken und politisch engagierten Künstlerin. Sie führte mich in einen großen Kreis von Künstlerinnen und sozialen Aktivisten ein. Miriam war auch die erste radikale Feministin, der ich begegnete. Sie fand mein Interesse für feministische Fragen zwar höchst lobenswert, wies aber auch darauf hin, daß viele meiner Verhaltensmuster noch sehr sexistisch seien. Um dem abzuhelfen, empfahl sie mir die Lektüre des Buches *Of Woman Born* (deutsch: *Von Frauen geboren. Mutterschaft als Erfahrung und Institution*) von Adrienne Rich.

Dieses Buch hat meine ganze Wahrnehmung des gesellschaftlichen und kulturellen Wandels verändert. Ich las es während der folgenden Monate mehrmals und verschenkte zahlreiche Exemplare an Freunde und Bekannte. *Von Frauen geboren* wurde zu meiner feministischen Bibel, und seit jener Zeit ist das Ringen um die Darstellung und Förderung des feministischen Bewußtseins zu einem festen Bestandteil meiner Arbeit und meines Lebens geworden.

Germaine Greer hatte mir gezeigt, wie unser Bild von der weiblichen Natur durch patriarchalische Stereotypen konditioniert wurde. Adrienne Rich bestätigte und weitete diese feministische Kritik radikal auf die Wahrnehmung der gesamten menschlichen Kondition aus. Sie geleitet den Leser in einer umfassenden, gelehrten und doch leidenschaftlichen Diskussion der weiblichen Biologie und Psychologie durch Geburt und Mutterschaft, Familiendynamik, gesellschaftliche Organisation, Kulturgeschichte, Ethik, Kunst und Religion und entfaltet dabei vor unseren Augen die ganze Macht des Patriarchats. «Das Patriarchat ist die Macht der Väter», beginnt Rich ihre Analyse. «Es ist ein familiensoziales, ideologisches und politisches System, in dem der Mann mit Gewalt, direktem Druck oder durch Rituale, Traditionen, Gesetze und Sprache, durch Etikette, Erziehung und Arbeitsteilung bestimmt, welche Rolle die Frau spielen oder nicht spielen soll. In diesem System ist das Weibliche dem Männlichen in jeder Hinsicht untergeordnet.»

Beim Durcharbeiten des umfangreichen Materials von Adrienne Rich erlebte ich einen radikalen Wahrnehmungswandel, der mich in intellektuelle sowie emotionale Verwirrung stürzte. Mir wurde klar, daß die volle Gewalt des Patriarchats äußerst schwer zu erfassen ist, weil es einfach alles durchdringt. Es hat unsere grundlegendsten Gedanken über die menschliche Natur und unsere Beziehungen zum Universum beeinflußt – in der patriarchalischen Sprache ausgedrückt etwa als die Natur *des* Wissenschaftl*ers*, Künstl*ers* oder Philoso*phen* und *seiner* Beziehung zum Universum. Es ist dies das einzige System, das bis in jüngste Zeit noch nie offen in Frage gestellt wurde und dessen Doktrinen so universal akzeptiert sind, daß sie Naturgesetze zu sein schienen; in der Tat wurden sie gewöhnlich auch als solche hingestellt.

Diese Wahrnehmungskrise war für mich der Erfahrung der Physiker nicht unähnlich, die in den 1920er Jahren die Quantenphysik entwickelten, wie Heisenberg es mir so lebendig beschrieben hatte. Wie jene Physiker erlebte ich jetzt, daß ich meine eigenen tiefsten Anschauungen von der Wirklichkeit in Frage stellte. Nur waren es jetzt nicht Anschauungen von der physikalischen Wirklichkeit, sondern von der menschlichen Gesellschaft und Kultur. Dieser Prozeß des Infragestellens und des Erforschens hatte für mich sehr persönliche Folgen. Die Lektüre des Buches von Germaine Greer hatte mir eine neue Wahrnehmung der weiblichen Natur vermittelt. Adrienne Rich aber zwang mich, meine eigene menschliche Natur, meine Rolle in der Gesellschaft und in meiner kulturellen Tradition kritisch zu überdenken. Ich erinnere mich an jene Monate als eine Zeit großer Unsicherheit und häufigen Zornes. Ich wurde mir einiger meiner eigenen patriarchalischen Wertvorstellungen und Verhaltensmuster sehr bewußt und stritt mich heftig mit Freunden, wenn ich sie ähnlichen sexistischen Verhaltens beschuldigte.

Zugleich hatte diese radikale feministische Kritik für mich eine starke intellektuelle Faszination, was bis heute so geblieben ist. Es ist die Faszination, die man bei jenen seltenen Gelegenheiten erlebt, wenn man eine ganz neue Form der Fragestellung entdeckt. Man sagt, Studenten der Philosophie entdecken eine solche neue Form, wenn sie Plato, Studenten der Gesellschaftswissenschaften, wenn sie Marx lesen. Für mich war die Entdeckung der feministischen Perspektive ein Erlebnis vergleichbarer Tiefe, Beunruhigung und Anziehung. Es war die Herausforderung, neu zu definieren, was es heißt, Mensch zu sein.

Als Intellektueller bewegte mich besonders die Wirkung des feministischen Bewußtseins auf unsere Art zu denken. Adrienne Rich hält unsere intellektuellen Systeme für unzureichend, weil sie von Männern geschaffen wurden und ihnen deshalb die Ganzheit mangelt, zu der das weibliche Bewußtsein fähig ist. «Die Frau wirklich befreien bedeutet, das Denken selbst verändern: das, was man das Unbewußte, das Subjektive, das Gefühlsmäßige genannt hat, wieder mit dem Strukturellen, Rationalen und Intellektuellen zu integrieren.» Diese Worte erzeugten bei mir starke Resonanz, da ja mein Hauptziel beim Abfassen des *Tao der Physik* gewesen war, die rationalen und intuitiven Formen des Bewußtseins wieder zu integrieren.

Zwischen Adrienne Richs Erörterung des weiblichen Bewußtseins und meiner Erforschung der mystischen Überlieferungen ließ sich noch ein weiterer Zusammenhang herstellen. Ich hatte gelernt, daß körperliches Erleben in vielen Überlieferungen als Schlüssel zum mystischen Erleben der Wirklichkeit gilt und daß viele spirituelle Praktiken den Körper ganz speziell zu diesem Zweck trainieren. Und genau das empfahl Adrienne Rich den Frauen in einer der radikalsten und visionärsten Passagen ihres Buches:

> Wenn ich die Anschauung vertrete, daß wir Frauen noch keineswegs unseren biologischen Untergrund, das Wunderbare und Paradoxe des weiblichen Körpers und dessen spirituelle und politische Bedeutungen erforscht oder verstanden haben, dann werfe ich wirklich die Frage auf, ob die Frau nicht endlich beginnen sollte, durch den Körper zu denken und das zu verknüpfen, was auf so grausame Weise auseinandergerissen wurde.

Man hat mich oft gefragt, warum es mir leichter als anderen Männern gefallen ist, mich zum Feminismus zu bekennen. Darüber habe ich in jenen Monaten intensiven Forschens im Frühjahr 1978 viel nachgedacht. Bei der Suche nach einer Antwort versetzte ich mich zurück in die 1960er Jahre und erinnerte mich, was es für eine tiefe Erfahrung war, durch das Tragen langer Haare, von Schmuck und farbenprächtiger Kleidung meine feminine Seite zum Ausdruck bringen zu können. Ich dachte an die weiblichen Rockstars jener Periode – Joan Baez, Joni Mitchell, Grace Slick und viele andere –, die eine neugefundene Unabhängigkeit verkündeten. Und ich erkannte, daß die Hippie-Bewegung ohne Zweifel die patriarchalischen Stereotypen von männlicher und weiblicher Natur unterminiert hatte. Doch beantwortete auch das nicht voll die Frage, warum gerade ich persönlich gegenüber dem in den siebziger Jahren aufblühenden feministischen Bewußtsein so aufgeschlossen war.

Die Antwort ergab sich schließlich im Laufe meiner gleichzeitigen Diskussionen der Psychologie und Psychoanalyse mit Stan Grof und R. D. Laing. Denn sie veranlaßten mich natürlich, mögliche Einflüsse aus meiner eigenen Kindheit zu untersuchen, wobei ich entdeckte, daß die Struktur der Familie, in der ich zwischen dem vierten und zwölften Lebensjahr aufwuchs, entscheidenden Einfluß auf meine Haltung gegenüber dem Feminismus als Erwachsener hatte. Während jener acht Jahre lebten meine Eltern, mein Bruder und ich im Hause meiner Großmutter im südlichen Österreich. Wir waren aus unserem Wiener Heim auf ihr wirtschaftlich autarkes Landgut gezogen, um den Verwüstungen des Zweiten Weltkrieges zu entfliehen. Unser Haushalt bestand aus der Großfamilie – meine Großmutter, meine Eltern, zwei Tanten und Onkel und sieben Kinder; dazu kamen mehrere andere Kinder und Erwachsene, die als Flüchtlinge dort lebten und zum Haushalt gehörten.

Diese große Familie wurde von drei Frauen gelenkt. Meine Großmutter war Oberhaupt und spirituelle Autorität. Das Grundstück und die ganze Familie waren unter ihrem Namen bekannt. Wenn mich also jemand nach meinem Namen fragte, antwortete ich mit «Teuffenbach», dem Namen meiner Großmutter und Mädchennamen meiner Mutter. Die ältere Schwester meiner Mutter arbeitete auf den Feldern und sorgte für unsere materielle Sicherheit. Meine Mutter, Dichterin und Schriftstellerin, war für die Erziehung aller Kinder verantwortlich, achtete auf unser geistiges Reifen und lehrte uns die Regeln gesellschaftlicher Etikette.

Diese drei Frauen arbeiteten harmonisch und wirkungsvoll zusammen. Sie machten die meisten Entscheidungen über unser Leben unter sich aus. Die Männer spielten eine zweitrangige Rolle, zum Teil wegen ihrer langen Abwesenheit im Kriege, aber auch wegen des starken Charakters der Frauen. Mir ist noch lebhaft in Erinnerung, wie meine Tante jeden Tag nach dem Mittagessen auf den Balkon des Speisezimmers hinaustrat und den im Hof darunter versammelten Landarbeitern und sonstigen Beschäftigten mit kräftiger Stimme klare Anweisungen erteilte. Seit jener Zeit hat mir der Gedanke, Frauen in führenden Positionen zu sehen, nie Probleme bereitet. Während des größten Teils meiner Kindheit habe ich ein äußerst gut funktionierendes matriarchalisches System erlebt. Wahrscheinlich war es diese Erfahrung, die fünfundzwanzig Jahre später die Grundlage für meine Akzeptanz der feministischen Perspektive war.

Charlene Spretnak – Feminismus, Spiritualität und Ökologie

In den Jahren 1978 und 1979 nahm ich nach und nach die Grundzüge der von Adrienne Rich in ihrem kraftvollen Buch *Von Frauen geboren* dargestellten radikalen feministischen Kritik in mich auf. Durch Diskussionen mit feministischen Autorinnen und Aktivistinnen und als Folge des allmählichen Reifens meines eigenen feministischen Bewußtseins entwickelte und verfeinerte ich viele dieser Ideen und machte sie zu einem festen Bestandteil meiner Weltanschauung. Vor allem wurde ich immer mehr der bedeutenden Zusammenhänge zwischen der feministischen Perspektive und anderen Aspekten des neu entstehenden Paradigmas gewahr. Ich begann die Rolle des Feminismus als einer der großen

Kräfte der kulturellen Transformation und der Frauenbewegung als Katalysator für das Zusammenwachsen verschiedener sozialer Bewegungen zu erkennen.

Während der vergangenen sieben Jahre wurde diese Erkenntnis und mein Denken über feministische Themen ganz allgemein besonders geprägt durch meine berufliche Verbindung und Freundschaft mit einer der führenden feministischen Theoretikerinnen der Gegenwart, durch Charlene Spretnak. Ihr Werk verdeutlicht beispielhaft das Zusammenwachsen dreier Hauptströmungen innerhalb unserer Kultur: Feminismus, Spiritualität und Ökologie. Spretnaks Hauptinteresse gilt der Spiritualität. Sie erforschte die vielfältigen Facetten dessen, was sie «Spiritualität der Frau» nennt, wobei sie sich auf ihr Studium einer Vielfalt religiöser Überlieferungen, ihre jahrelange Erfahrung mit buddhistischer Meditation und weibliches Erfahrungswissen stützt.

Spretnak behauptet, die Versäumnisse und Mängel der patriarchalischen Religion würden jetzt zunehmend in Erscheinung treten. Im Gefolge des Niedergangs des Patriarchats werde unsere Kultur sehr unterschiedliche, post-patriarchalische Formen von Spiritualität entwikkeln. Die weibliche Spiritualität mit ihrer Betonung der Einheit alles Seienden sowie der zyklischen Erneuerungsrhythmen sieht sie als Wegweiser in eine solche neue Richtung. Die Spiritualität der Frau, wie Spretnak sie sieht, beruht auf der Erfahrung, daß alle wesentlichen Prozesse des Lebens miteinander verknüpft sind. Somit ist sie zutiefst ökologisch und zeigt Anklänge an die Spiritualität der amerikanischen Indianer, den Taoismus und andere, das Leben betonende und irdisch orientierte spirituelle Überlieferungen.

Charlene Spretnak begann ihre Tätigkeit als «kulturelle Feministin» mit der Untersuchung von vorpatriarchalischen Mythen und Rituale der griechischen Antike und deren Implikationen für die heutige feministische Bewegung. Ihre Forschungsergebnisse veröffentlichte sie in dem wissenschaftlichen Essay *Lost Goddesses of Early Greece* (Vergessene Göttinnen des alten Griechenland). Dieses bemerkenswerte Buch enthält neben einer konzisen Diskussion des Themas wunderschöne poetische Wiedergaben von Mythen über vorhellenische Göttinnen, die Spretnak aus den verschiedensten Quellen zusammengetragen und wieder in ihre ursprüngliche Form gebracht hat.

Im wissenschaftlichen Teil untermauert die Verfasserin überzeugend ihre These, es gebe an der patriarchalischen Religion nichts «natürliches», mit zahlreichen Zitaten aus der archäologischen und anthropologischen Literatur. Gemessen an der Gesamtevolution der menschlichen Kultur ist diese Religion relativ jung. Für mehr als zwanzig Jahrtausende gingen ihr Göttinnen-Religionen voraus, in deren Zentrum ein «Mutterkult» stand. Spretnak zeigt, daß die von Hesiod und Homer im achten Jahrhundert vor Christus aufgezeichneten klassischen Mythen das Ringen zwischen der frühen mutter-orientierten Kultur und der neuen patriarchalischen Religion und Gesellschaftsordnung reflektieren und daß die vor-hellenische Göttinnenmythologie entstellt in das neue System übernommen wurde. Sie verweist ferner darauf, daß die in verschiedenen Regionen Griechenlands verehrten Göttinnen ihrerseits abgeleitete Formen der Großen Göttin sind, die viele Jahrtausende in den meisten Teilen der Welt die höchste Gottheit war.

Als ich Charlene Spretnak Anfang 1979 begegnete, war ich von der Klarheit ihres Denkens und der Stärke ihrer Argumente beeindruckt. Damals begann ich gerade mit der Arbeit an der *Wendezeit*, während sie damit beschäftigt war, ihre Anthologie *The Politics of Women's Spirituality* zusammenzustellen, die inzwischen zu einem feministischen Klassiker geworden ist. Wir erkannten beide viele Ähnlichkeiten zwischen unseren theoretischen Ansätzen und fanden jeweils in der Arbeit des anderen Bestätigung und Anregung. Im Laufe der Jahre wurden Charlene und ich gute Freunde; wir schrieben gemeinsam ein Buch und arbeiteten zusammen an mehreren anderen Projekten. Wir ermunterten und unterstützten uns gegenseitig in Freud und Leid des Autorendaseins.

Als Charlene mir das Erlebnis der weiblichen Spiritualität beschrieb, wurde mir klar, daß diese in tief ökologischem Gewahrsein gründet – dem intuitiven Gewahrsein des Einsseins allen Lebens, der wechselseitigen Abhängigkeit seiner vielfältigen Manifestationen und seiner Zyklen der Wandlung und Transformation. Für Spretnak ist die weibliche Spiritualität das entscheidende Bindeglied zwischen Feminismus und Ökologie. Mit dem Ausdruck «Öko-Feminismus» beschreibt sie das Verschmelzen der beiden Bewegungen, stellt sie die tiefgreifenden Implikationen des feministischen Bewußtseins für das neue ökologische Paradigma besonders heraus.

Spretnak hat auf die von Adrienne Rich formulierte Herausforderung reagiert und im einzelnen «die spirituelle und politische Bedeutung» der Fähigkeit der Frau erforscht, «durch den Körper zu denken». In ihrem Buch *The Politics of Women's Spirituality* spricht sie von den Erfahrungen, die sich aus der weiblichen Sexualität, Schwangerschaft, dem

Geburtsvorgang und der Mutterschaft ergeben, als von «Körper-Parabeln» der wesentlichen Verknüpfung allen Lebens und des Eingebettetseins in die zyklischen Prozesse der Natur. Sie erörtert auch patriarchalische Auffassungen und Interpretationen der Unterschiede zwischen den Geschlechtern, wobei sie neueste Forschungsergebnisse über die wirklichen psychischen Unterschiede zwischen Mann und Frau zitiert, etwa das Vorherrschen der Wahrnehmung in Zusammenhängen und der integrierenden Fähigkeiten bei der Frau und der analytischen Fähigkeiten beim Mann. Meine wichtigste Einsicht aus zahlreichen Diskussionen mit Charlene Spretnak war die, daß weibliches Denken eine Manifestation ganzheitlichen Denkens ist und weibliches Erfahrungswissen eine Hauptquelle des neu entstehenden ökologischen Paradigmas sein kann.

Hazel Henderson – Kritik der Ökonomie

Als ich 1977 Fritz Schumacher besuchte, hatte ich noch keine Ahnung von der großen Tiefe und den weitreichenden Implikationen der feministischen Perspektive. Dennoch spürte ich sofort, daß der Hauptunterschied zwischen Schumachers und meiner Anschauung – sein Glaube an fundamentale hierarchische Ebenen der Naturphänomene – irgendwie mit seiner stillschweigenden Akzeptanz der patriarchalischen Ordnung zusammenhing. In den folgenden Monaten überlegte ich weiterhin, wer mich wohl im Bereich der Ökonomie beraten könnte, und machte mir gewisse Vorstellungen davon, wie diese Person beschaffen sein müßte. Es sollte jemand sein, der, wie Schumacher, imstande war, in nichtakademischer Sprache die grundlegenden Fallgruben des gegenwärtigen volkswirtschaftlichen Denkens darzustellen und Alternativen auf der Grundlage klarer ökologischer Grundsätze aufzuzeigen. Außerdem sollte die beratende Persönlichkeit auch Verständnis für die feministische Perspektive zeigen und sie bei der Analyse der wirtschaftlichen, technologischen und politischen Probleme anwenden. Es lag auf der Hand, daß dies wohl eine radikale Ökonomin/Ökologin, also eine Frau, sein mußte. Zwar hatte ich wenig Hoffnung, die «Ratgeberin meiner Träume» zu finden; da ich jedoch gelernt hatte, meiner Intuition und meinem «Fließen mit dem

Tao» zu vertrauen, unternahm ich keine systematische Suche, sondern hielt nur Augen und Ohren offen. Und siehe da, das Wunder geschah.

Im Spätherbst jenes Jahres, während ich im ganzen Land Vorträge hielt und mich geistig auf die Erforschung des Paradigmenwechsels in Medizin und Psychologie konzentrierte, hörte ich wiederholt von einer autodidaktischen Zukunftsforscherin, Umweltexpertin und Bilderstürmerin mit dem Namen Hazel Henderson. Diese außergewöhnliche Frau forderte Nationalökonomen, Politiker und Konzernmanager mit wohlfundierter und radikaler Kritik ihrer grundlegenden Anschauungen und Wertvorstellungen heraus. «Hazel Henderson *müssen* Sie einfach treffen», wurde mir immer wieder gesagt. «Sie beide haben so vieles gemeinsam.» Es klang fast zu gut, um wahr zu sein. Ich beschloß, mehr über sie in Erfahrung zu bringen, sobald ich Zeit hatte, mich wieder auf volkswirtschaftliche Themen zu konzentrieren.

Im Frühjahr 1978 kaufte ich Hendersons Buch *Creating Alternative Futures*, eine eben erst veröffentlichte Sammlung ihrer Essays. Gleich zu Beginn dieser Lektüre spürte ich, daß ich hier genau die Person gefunden hatte, nach der ich suchte. E. F. Schumacher, den Henderson gut kannte und als ihren Mentor betrachtete, wie ich später erfuhr, hatte ein begeistertes Vorwort geschrieben. Das einleitende Kapitel ließ keinen Zweifel daran, daß unser beider Denken sich tatsächlich sehr ähnlich war. Henderson behauptet mit großem Nachdruck, «daß das kartesianische System bankrott ist» und daß unsere wirtschaftlichen, politischen und technologischen Probleme letzten Endes eine Folge «der Unzulänglichkeit der kartesianischen Weltanschauung und des maskulin-orientierten Stils» unserer gesellschaftlichen Organisationen sind. Mehr Übereinstimmung mit meinen eigenen Anschauungen konnte ich wirklich nicht verlangen; doch war ich noch mehr überrascht und erfreut, als ich weiterlas. In ihrem einleitenden Essay behauptet Henderson nämlich, die vielen Paradoxe, die die Grenzen der gegenwärtigen Wirtschaftskonzepte aufzeigen, spielten dieselbe Rolle wie die von Heisenberg entdeckten Paradoxe der Quantenphysik, und in diesem Zusammenhang nimmt sie sogar auf meine eigene Arbeit Bezug. Ich verstand dies als gutes Omen und fragte sofort brieflich bei ihr an, ob sie mich wohl in ökonomischen Fragen beraten würde.

In einem anderen Kapitel von *Creating Alternative Futures* stieß ich auf eine Stelle, die auf wunderschöne Weise die Intuition zusammenfaßte, die mich veranlaßt hatte, den Paradigmenwechsel in verschiedenen Wissensgebieten systematisch zu untersuchen. Henderson spricht von unserer gegenwärtigen Aufeinanderfolge von Krisen und sagt dann: «Ob wir sie als ‹Energiekrise›, ‹Umweltkrise›, ‹Urbanisierungskrise› oder ‹Bevölkerungskrise› bezeichnen, wir sollten das Ausmaß erkennen, in dem sie in der umfassenderen Krise unserer unzulänglichen, engen Wahrnehmung der Wirklichkeit wurzeln.» Diese Stelle war es, die mich drei Jahre später im Vorwort zu meinem Buch *Wendezeit* zu dem Satz inspirierte: «Die Grundthese dieses Buches ist, daß all das nur verschiedene Facetten ein und derselben Krise sind und daß es sich dabei im wesentlichen um eine Krise der Wahrnehmung handelt.»

Beim flüchtigen Durchblättern einiger Kapitel von Hendersons Buch fiel mir sofort auf, daß die wichtigsten Thesen ihrer Kritik vollständig mit denen von Schumacher übereinstimmen und im Grunde von dessen Werk inspiriert sind. Wie Schumacher kritisiert Henderson das Bruchstückhafte an unserem gegenwärtigen wirtschaftlichen Denken, das Fehlen von Wertvorstellungen, die Besessenheit der Ökonomen von unqualifiziertem wirtschaftlichen Wachstum sowie ihr Versäumnis, unsere Abhängigkeit von der Natur angemessen zu berücksichtigen. Wie Schumacher dehnt sie ihre Kritik auf die moderne Technologie aus, befürwortet sie eine tiefreichende Neuorientierung unserer wirtschaftlichen und technologischen Systeme, beruhend auf der Nutzung erneuerbarer Ressourcen und der Beachtung des menschlichen Maßes.

In ihrer Kritik und ihrer Darstellung von Alternativen geht Henderson jedoch beträchtlich über Schumacher hinaus. Ihre Essays enthalten eine Mischung von Theorie und Anleitung zu aktivem Handeln. Sie untermauert jeden Punkt ihrer Kritik mit zahlreichen Illustrationen und statistischen Daten. Jeder Vorschlag «alternativer Zukunft» ist von zahlreichen Beispielen und Hinweisen auf Bücher, Artikel, Manifeste, Projekte und Aktivitäten von Basis-Organisationen begleitet. Sie konzentriert sich nicht ausschließlich auf Wirtschaft und Technologie, sondern bezieht ganz bewußt die Politik mit ein. Sie behauptet sogar: «Ökonomie ist keine Wissenschaft; sie ist nur Politik in anderem Gewand.»

Je weiter ich in ihrem Buch las, desto mehr bewunderte ich ihre scharfsinnige Analyse der Mängel der konventionellen Volkswirtschaft, ihr tiefes ökologisches Bewußtsein sowie ihre umfassende globale Perspektive. Gleichzeitig begeisterte mich ihr einzigartiger Stil. Ihre Sätze sind lang umd mit Informationen vollgepackt, ihre Absätze Kollagen treffender Einsichten und kraftvoller Metaphern. In ihrem Bemühen, neue Landkarten ökonomischer gesellschaftlicher und ökologischer

Interdependenz zu entwerfen, strebt sie ständig danach, aus der linearen Denkform auszubrechen. Das tut sie mit großer verbaler Virtuosität, wobei sie ein ausgesprochenes Gespür für packende Formulierungen und bewußt provozierende Feststellungen hat. Akademische Nationalökonomie ist für sie «eine Form von Gehirnschaden», Wallstreet ist hinter «*funny money*» her, während Washington einer «Politik des letzten Hurras» huldigt. Ihre eigenen Bemühungen zielen darauf hin, «das ökonomische Priestertum zu demaskieren», die von den Wirtschaftsmanagern angebetete «Gans, die goldene Eier legt, zu autopsieren», und eine «Politik der Umwertung aller Werte» zu fördern.

Beim Lesen von *Creating Alternative Futures* war ich zunächst von Hendersons verbaler Brillanz und der Komplexität ihrer Denkmuster einigermaßen verwirrt. Ich spürte, daß ich beträchtliche Zeit brauchen würde, ihr Buch so konzentriert durchzuarbeiten, daß ich die Tiefe und Breite ihres Denkens wirklich begreifen konnte. Glücklicherweise bot sich dazu sehr bald eine günstige Gelegenheit. Im Juni 1978 lud Stan Grof mich ein, mehrere Wochen in seinem schönen Haus in Big Sur zu verbringen, während er mit seiner Frau eine Vortragsreise unternahm. Ich nutzte diese Klausur, um Hendersons Buch systematisch durchzuuarbeiten, wichtige Passagen abzuschreiben und sie für die Konstruktion meines theoretischen Rahmens zur Beschreibung des Paradigmenwechsels in der Wirtschaftswissenschaft zu verwenden. In einem früheren Kapitel dieses Buches habe ich bereits die Freude und Schönheit dieser einsamen Wochen der Arbeit und Meditation am Rand der Klippen hoch über dem Pazifischen Ozean beschrieben. Während ich sorgfältig die vielfältigen Verknüpfungen zwischen Ökonomie, Ökologie, Wertvorstellungen, Technologie und Politik darstellte, erschlossen sich mir neue Dimensionen des Verstehens und mir wurde zu meiner großen Freude bewußt, daß mein schriftstellerisches Projekt neue Substanz und Tiefe erlangte.

Henderson beginnt ihr Buch mit der klaren und eindrucksvollen Feststellung, das gegenwärtige Mißmanagement unserer Wirtschaft stelle die grundlegenden theoretischen Vorstellungen unseres zeitgenössischen wirtschaftlichen Denkens in Frage. Sie belegt diese Behauptung mit einer Fülle von beweiskräftigen Daten, darunter Erklärungen führender Nationalökonomen, die zugeben, daß ihre Disziplin sich in einer Sackgasse befindet. Noch wichtiger ist vielleicht Hendersons Feststellung, daß die Anomalien, mit denen die Nationalökonomen nicht mehr zurechtkommen, inzwischen jedem einzelnen Bürger auf schmerzliche Weise bewußt geworden sind: «Wir riechen die verpestete Luft und das verunreinigte Wasser, sehen den Müll und die Verschmutzung, hören den stetig steigenden Geräuschpegel und spüren, wie gesellschaftliche Unordnung und gesellschaftlicher Zusammenbruch zunehmen.»

Die Wirtschaftswissenschaft steckt in einer Sackgasse, weil sie in einem Denksystem wurzelt, das veraltet ist und radikaler Umgestaltung bedarf. Henderson weist an vielen Einzelheiten nach, wie die heutigen Nationalökonomen in «heroischen Abstraktionen» sprechen, die falschen Variablen registrieren und mit veralteten Modellen eine längst dahingegangene Wirklichkeit darstellen. Ihre schärfste Kritik gilt der auffallenden Unfähigkeit der meisten Wirtschaftswissenschaftler, eine ökologische Perspektive anzunehmen. Für Henderson ist die Volkswirtschaft nur ein Aspekt eines ganzheitlichen ökologischen und sozialen Gewebes. Wirtschaftswissenschaftler neigen dazu, dieses Gewebe zu zerschneiden und die wechselseitige Abhängigkeit von Gesellschaft und Ökologie zu ignorieren. Sie reduzieren alle Waren und Dienstleistungen auf ihren Geldwert und lassen die aus ökonomischen Aktivitäten entstehenden sozialen und Umweltkosten unbeachtet. Das sind für sie «exogene Variablen», die nicht in die theoretischen Modelle der Ökonomie passen.

Die Wirtschaftswissenschaftler der großen Konzerne behandeln nicht nur Luft, Wasser und die verschiedenen sonstigen Reserven des Ökosystems wie frei verfügbare Rohstoffe, sondern ebenso das heikle Gewebe sozialer Beziehungen, das von der andauernden wirtschaftlichen Expansion ernsthaft in Mitleidenschaft gezogen wird. Private Gewinne werden mehr und mehr auf Kosten der Allgemeinheit und zu Lasten der natürlichen Umwelt und der allgemeinen Lebensqualität erzielt. «Sie erzählen uns von blitzsauberem Geschirr und Tischtüchern, vergessen jedoch, den Verlust der blitzsauberen Flüsse und Seen zu erwähnen», schreibt Henderson sarkastisch.

Wollten sie der Wirtschaft eine gesunde ökologische Grundlage geben, so müßten die Wirtschaftswissenschaftler ihre grundlegenden Konzepte drastisch ändern. Henderson erläutert an vielen Beispielen, wie eng die Nationalökonomen ihre Konzepte definieren und ihren sozialen und ökologischen Kontext mißachten. So bestimmen sie das Bruttosozialprodukt, das den Wohlstand einer Nation messen soll, durch unterschiedliches Addieren aller mit Geldwerten verbundenen wirtschaftlichen Aktivitäten, während sie alle nichtmonetären Aspekte der Wirtschaft unbeachtet lassen. Soziale Kosten, etwa durch Unfälle, Rechtsstreitigkeiten und Gesundheitsfürsorge, werden als positive Beiträge dem BSP hinzugerechnet, statt von ihm abgezogen zu werden. Henderson zitiert die entlarvende Randbemerkung von Ralph Nader: «Nach jedem Autounfall steigt das BSP», und stellt die Frage, ob nicht diese sozialen Kosten die einzigen Bestandteile des BSP seien, die überhaupt noch Wachstum aufweisen.

In dieselbe Richtung weist ihre Argumentation, daß der Begriff des Wohlstandes «etwas von seinem gegenwärtigen Geruch der bloßen Akkumulation von Kapital und Material loswerden sollte, um einer neuen Definition menschlicher Bereicherung Platz zu machen». Auch Gewinn sollte neu definiert werden und «nur die Schaffung *echten* Wohlstandes bedeuten statt privaten oder öffentlichen Profits auf Kosten gesellschaftlicher Ausbeutung oder Ausbeutung der Umwelt». Anhand zahlreicher Beispiele zeigt sie ferner, wie die Begriffe Leistungsfähigkeit und Produktivität auf ähnliche Weise entstellt wurden. «Leistungsfähig für wen?» fragt sie aus ihrer charakteristischen breitgefächerten Sicht der Dinge. Wenn die Ökonomen der großen Unternehmen von Leistung sprechen, beziehen sie sich dann auf die Ebene des einzelnen, des Unternehmens, der Gesellschaft oder des Ökosystems? Aus ihrer kritischen Analyse dieser grundlegenden Wirtschaftsbegriffe schließt Hazel Henderson, daß wir dringend einen neuen ökologischen Rahmen brauchen, in dem die Begriffe und Variablen der Wirtschaftstheorien zu denen in Beziehung gesetzt werden, mit denen wir das alles einschließende Ökosystem beschreiben. Sie sagt voraus, daß die für alle industriellen Vorgänge so wesentliche Energie eine der wichtigsten Variablen zum Messen wirtschaftlicher Aktivitäten sein wird, und zitiert Beispiele für derartige Energiemodelle, die bereits erfolgreich genutzt wurden.

Bei der Formulierung ihres neuen ökologischen Rahmens beschränkt Henderson sich nicht auf dessen theoretische Aspekte. Immer wieder betont sie, daß die Überprüfung der wirtschaftlichen Begriffe und Modelle auf tiefster Ebene auch das zugrunde liegende Wertesystem einbeziehen muß. Dann werde man erkennen, daß viele der gegenwärtigen sozialen und wirtschaftlichen Probleme ihre Wurzeln in den schmerzhaften Anpassungen der einzelnen und der Institutionen an die sich wandelnden Werte unserer Zeit haben.

In einem fehlgeleiteten Versuch, ihre Disziplin mit naturwissenschaftlicher Strenge auszustatten, haben zeitgenössische Wirtschaftswissenschaftler durchgängig vermieden, das Wertesystem, auf dem ihre Modelle beruhen, in Betracht zu ziehen. Dadurch haben sie stillschweigend die völlig unausgeglichenen Wertvorstellungen akzeptiert, die unsere Kultur beherrschen und die in unsere gesellschaftlichen Institutionen eingebettet sind. «Die Nationalökonomie hat einige unserer unattraktivsten Neigungen auf den Thron gehoben», behauptet sie: «Raffsucht, Wettbewerbsdenken, Schlemmerei, Stolz, Selbstsucht, Kurzsichtigkeit und bloßen Neid.»

Ein fundamentales Wirtschaftsproblem als Folge der Unausgeglichenheit unseres Wertesystems ist laut Henderson unsere Besessenheit von unbegrenztem Wachstum. Andauerndes Wachstum wird praktisch von allen Wirtschaftswissenschaftlern und Politikern als Dogma akzeptiert, da es ihrer Ansicht nach der einzige Garant dafür ist, daß vom materiellen Wohlstand auch Brosamen für die Armen abfallen. Henderson zeigt jedoch anhand einer Fülle von Beispielen, daß dieses «Brosamen-Wachstumsmodell» absolut unrealistisch ist. Hohe Wachstumsraten tragen nicht nur wenig dazu bei, die sozialen und menschlichen Probleme zu erleichtern, sondern werden in vielen Fällen begleitet von Arbeitslosigkeit und einer allgemeinen Verschlechterung der sozialen Verhältnisse. Nach Ansicht von Henderson hat die Wachstumsbesessenheit zu bemerkenswerten Ähnlichkeiten zwischen kapitalistischen und kommunistischen Volkswirtschaften geführt. «Die fruchtlose Dialektik zwischen Kapitalismus und Kommunismus erweist sich als irrelevant», argumentiert sie, «da beide Systeme auf dem Materialismus beruhen ... Beide haben sich industriellem Wachstum und Technologien mit zunehmender Zentralisierung und bürokratischer Kontrolle verschrieben.»

Hazel Henderson weiß natürlich, daß Wachstum für eine Volkswirtschaft ebenso wesentlich ist wie für jedes andere lebende System, doch sollte es qualifiziert sein. In einer endlichen Umwelt müsse es ein dynamisches Gleichgewicht zwischen Wachsen und Vergehen geben. Während einige Dinge wachsen, müssen andere vergehen, damit ihre Bestandteile freigesetzt und der Wiederverwendung zugeführt werden können. Mit einer schönen Analogie wendet sie diese grundlegende ökologische Einsicht auch auf das Wachstum von Institutionen an: «So wie das verwesende Laub vom Vorjahr den Humus für neues Wachstum im folgenden Frühling bildet, müssen einige Institutionen an Bedeutung verlieren und verfallen, damit ihre Komponenten von Kapital, Boden und menschlichen Fähigkeiten zur Schaffung neuer Organisationen verwendet werden können.»

Immer wieder stellt Henderson in ihrem Buch klar, daß wirtschaftliches und institutionelles Wachstum unauflöslich mit technologischem

Wachstum verknüpft sind. Das unsere Kultur beherrschende maskuline Bewußtsein habe seine Erfüllung in einer gewissen «Macho»-Technologie gefunden, einer Technologie, die mehr zu Manipulation und Kontrolle als zu Kooperation neigt, mehr zur Selbstbehauptung als zu Integration, und die mehr für ein zentrales Management geeignet ist als für regionale und lokale Anwendung durch Individuen und kleine Gruppen. Das hat nach den Beobachtungen von Henderson bewirkt, daß die meisten heutigen Technologien zutiefst anti-ökologisch, ungesund und inhuman sind. Sie müssen ihrer Meinung nach durch neue Formen ersetzt werden, die ökologische Prinzipien verkörpern und neuen Wertvorstellungen entsprechen. Mit zahlreichen Beispielen zeigt sie auf, daß viele solcher alternativen Technologien – klein und dezentralisiert, lokalen Verhältnissen angepaßt und auf Vermehrung der Fähigkeit zur Selbstversorgung ausgerichtet – bereits entwickelt werden. Man nennt sie oft «sanfte» Technologien, weil ihre Auswirkungen auf die Umwelt durch die Nutzung erneuerbarer Ressourcen und stetiges Recycling der Materialien erheblich reduziert werden.

Hendersons Paradebeispiel unter den sanften Technologien ist die Erzeugung von Solarenergie in ihren vielfältigen Formen – durch Wind erzeugter elektrischer Strom, Biogas, passive Solararchitektur, Sonnenkollektoren, fotoelektrische Zellen. Sie behauptet, ein zentraler Aspekt der gegenwärtigen kulturellen Transformation sei der Übergang vom Erdölzeitalter und der industriellen Ära zu einem Solarzeitalter. Sie erweitert die Bedeutung des Begriffs »Solarzeitalter« über seine technologische Bedeutung hinaus und verwendet den Ausdruck metaphorisch für die neue Kultur, die sie entstehen sieht. Zu dieser Kultur des Solarzeitalters gehören ihrer Meinung nach die Ökologiebewegung, die Frauenbewegung und die Friedensbewegung. Ferner gehören dazu die vielen Bürgerinitiativen, die sich zur Durchsetzung sozialer Ziele und Bekämpfung ökologischer Mißstände gebildet haben. Hinzurechnen muß man die überall entstehenden Gegen- oder Schattenwirtschaften auf der Grundlage dezentralisierter, kooperativer und ökologisch verträglicher Lebensstile «sowie alle jene, für die die alte Konzernwirtschaft nicht mehr funktioniert».

Diese verschiedenen Gruppen, so sagt sie voraus, werden einmal neue Koalitionen bilden und neue Formen der Politik entwickeln. Seit dem Erscheinen von *Creating Alternative Futures* setzt Hazel Henderson sich unaufhörlich für alternative Wirtschaftsformen, Technologien, Wertvorstellungen und Lebensstile ein, die für sie das Fundament der neuen

Politik bilden. Ihre zahlreichen Vorträge und Artikel zu diesen Themen wurden in einer zweiten Sammlung von Essays unter dem Titel *The Politics of the Solar Age* veröffentlicht.

Gespräche mit Hazel Henderson

Einige Wochen bevor ich nach Big Sur ging, um dort das Buch von Hazel Henderson durchzuarbeiten, erhielt ich einen freundlichen Brief von ihr, in dem sie ihr Interesse an meinem Buchprojekt bekundete und sich zu einer Begegnung bereit erklärte. Sie schrieb, sie würde im Juni in Kalifornien sein, und schlug ein persönliches Treffen zu diesem Zeitpunkt vor. Ihre Ankunft in San Francisco fiel zeitlich mit dem Ende meines Aufenthaltes im Haus von Stan Grof zusammen, so daß ich direkt zum Flughafen fuhr, um sie abzuholen. Ich erinnere mich, wie aufgeregt ich während der vierstündigen Fahrt war, neugierig, die Frau hinter den revolutionären Ideen in ihrem Buch kennenzulernen.

Als Henderson aus dem Flugzeug stieg, fiel mir sofort der deutliche Kontrast zwischen ihr und den langweiligen Geschäftsleuten auf, die ihre Mitpassagiere waren. Sie war eine drahtige, hochgewachsene und schlanke Frau mit vollem, blondem Haar, gekleidet in Jeans und einen strahlend gelben Pulli, eine kleine Tasche lässig über der Schulter. Nein, sie hätte kein weiteres Gepäck, versicherte sie. «Ich reise stets mit leichtem Gepäck», erklärte sie mit ausgesprochen britischem Akzent. «Zahnbürste, meine Bücher und Dokumente. Ich kann all den überflüssigen Kram nicht ausstehen.»

Auf unserem Weg über die Bay Bridge nach Berkeley unterhielten wir uns angeregt über unsere Erfahrungen als in Amerika lebende Europäer – eine Mischung aus persönlichen Erlebnissen und gemeinsamen Wahrnehmungen vieler Anzeichen der in Europa und den Vereinigten Staaten in Gang gekommenen kulturellen Wandlung. Schon während dieser ersten lockeren Unterhaltung fiel mir Hendersons einzigartiger Gebrauch der Sprache auf. Sie spricht, wie sie schreibt, in langen Sätzen voller lebendiger Bilder und Metaphern. «Das ist für mich die einzige Möglichkeit, die engen Grenzen der linearen Denkform zu durchbrechen», erläuterte sie und fügte dann lächelnd hinzu: «Wissen Sie, das ist so etwas wie Ihr Bootstrap-Modell. Jeder Teil von dem, was ich schreibe, enthält alle anderen Teile.» Außerdem beeindruckte mich ihre einfallsreiche Verwendung organischer, ökologischer Metaphern. Ausdrücke wie «Recycling unserer Kultur», «Kompostierung von Ideen» oder «Aufteilen eines frisch gebackenen ökonomischen Kuchens» tauchen in ihren Sätzen immer wieder auf. Ich erinnere mich, daß sie mir sogar eine Methode beschrieb, ihre »Post zu kompostieren«, womit sie meinte, daß sie die vielen postalisch und durch Artikel empfangenen Ideen innerhalb ihres umfangreichen Netzes von Freunden und Bekannten verteilt.

Als wir uns bei mir zu Hause zu einer Tasse Tee setzten, war ich sehr neugierig, von ihr zu hören, wie sie zu einer so radikalen Wirtschaftswissenschaftlerin geworden war. «Ich bin keine Wirtschaftswissenschaftlerin», korrigierte sie mich. «Ich *glaube* nämlich nicht an Wirtschaftswissenschaft. Ich nenne mich selbst unabhängige, selbständige Zukunftsforscherin. Obwohl ich bei der Gründung einer ansehnlichen Zahl von Organisationen mitgewirkt habe, versuche ich stets, mir Institutionen so weit wie möglich vom Halse zu halten. Auf diese Weise kann ich die Zukunft aus vielen Blickwinkeln anvisieren, ohne dabei das Interesse irgendeiner bestimmten Organisation im Auge zu haben.»

Und wie ist sie zu einer unabhängigen Zukunftsforscherin geworden?

«Durch Aktivismus. Das ist etwas, was ich *wirklich* bin: eine soziale Aktivistin. Ich werde ungeduldig, wenn andere von gesellschaftlichem Wandel immer nur sprechen, und sage ihnen unaufhörlich, daß wir unser Gerede auch in die Tat umsetzen müssen. Meinen Sie nicht auch? Ich halte es für jeden von uns für sehr wichtig, daß er seine Worte auch in die Praxis umsetzt. Für mich bedeutete Politik immer, daß man sich in Hinsicht auf soziale und umweltbedingte Fragen organisiert. Stoße ich auf eine neue Idee, dann lautet meine erste Frage: ‹Kann man damit irgendwas auf die Beine stellen?›»

Henderson begann ihre Laufbahn als soziale Aktivistin in den frühen sechziger Jahren. Mit sechzehn Jahren war sie in England vorzeitig von der Schule abgegangen; mit vierundzwanzig kam sie nach New York, wo sie einen IBM-Manager heiratete und ein Kind bekam. «Ich war eine perfekte Manager-Gattin», sagte sie mit schelmischem Lächeln, «so glücklich, wie man in solch einer Situation zu sein hat.»

Die Dinge änderten sich für sie, als sie sich wegen der Luftverschmutzung in New York Sorgen machte. «Da saß ich nun auf der Bank am Kinderspielplatz und sah zu, wie der Ruß auf meine kleine Tochter niederrieselte.» Ihre erste Reaktion bestand im Schreiben von Briefen an verschiedene Fernsehstationen, ihre zweite in der Organisation einer Gruppe von «Bürgern für die Reinhaltung der Luft». Beides war außerordentlich erfolgreich. Sie erreichte es, daß die beiden großen Fernsehanstalten ABC und CBS einen Luftverschmutzungs-Index einrichteten, und erhielt Hunderte von Briefen von betroffenen Bürgerinnen und Bürgern, die sich ihrer Gruppe anschließen wollten.

«Und wie stand es um die Ökonomie?» fragte ich.

«Nun, die *mußte* ich mir selbst beibringen, denn jedesmal, wenn ich irgend etwas organisieren wollte, kam irgendein Ökonom daher und behauptete, das sei unwirtschaftlich.» Auf meine Frage, ob sie das nicht abgeschreckt habe, antwortete sie lächelnd: «Ich wußte, daß ich mit meinem Aktivismus recht hatte; das spürte ich einfach in meinen Knochen. Also mußte bei der Wirtschaftslehre etwas nicht stimmen, und ich beschloß, selbst herauszufinden, was alle diese Nationalökonomen nicht richtig kapiert haben.»

Zu diesem Zweck vertiefte Hazel Henderson sich in Literatur über Ökonomie, ging dann aber bald auch zu den Bereichen Philosophie, Geschichte, Soziologie, politische Wissenschaften und vielen anderen über. Gleichzeitig setzte sie ihre aktivistische Laufbahn fort. Wegen ihres besonderen Talents, ihre radikalen Ideen auf eine entwaffnende und unaggressive Weise zu präsentieren, wurde ihre Stimme bald in Kreisen der Regierung und des Wirtschaftsmanagements gehört und respektiert. Als wir uns 1978 trafen, bekleidete sie bereits eine eindrucksvolle Zahl von Beraterpositionen. Sie war Mitglied des Wissenschaftlichen Beirats des US-Kongresses, Amt für Bewertung von Technologien, Mitglied des Sonderstabes von Präsident Carter für Wirtschaftsfragen, saß im Beirat der Cousteau Society und war Beraterin der Environmental Action Foundation. Zusätzlich leitete sie einige der Organisationen, an deren Gründung sie mitgewirkt hatte. Dazu gehörten der Council on Economic Priorities (Rat für wirtschaftliche Prioritäten), Environmentalists for Full Employment (Umweltschützer für Vollbeschäftigung) und das Worldwatch Institute. Nach Aufzählung dieser eindrucksvollen Liste lehnte sie sich zu mir herüber und sagte in gespielt konspirativem Tonfall: «Sie müssen wissen, irgendwann kommt der Tag, an dem man nicht mehr alle Organisationen erwähnen möchte, die man gegründet hat, weil andere dadurch auf das eigene Alter schließen können.»

Neugierig war ich auch auf ihre Meinung über die Frauenbewegung. Nach meinem Bericht, wie tief mich Adrienne Richs Buch *Von Frauen geboren* berührt und beunruhigt hatte und wie aufregend ich die feministische Perspektive fände, antwortete sie lächelnd: «Dieses spezielle Buch kenne ich nicht. Offen gestanden habe ich überhaupt nicht viel feministische Literatur gelesen. Dazu hatte ich einfach keine Zeit. Ich mußte mich zunächst so schnell wie möglich mit volkswirtschaftlichen Fragen vertraut machen, um mit meinen eigenen Organisationen voranzukommen.» Der feministischen Kritik an der patriarchalischen Kultur stimmte sie jedoch voll zu. «Das kam für mich alles zusammen, als ich Betty Friedans Buch las. Ich erinnere mich, wie mir bei der Lektüre von *Der Weiblichkeitswahn oder Die Selbstbefreiung der Frau* spontan der Gedanke kam: ‹Aber natürlich, so ist es!› Schließlich hatte ich ja dieselben Beobachtungen gemacht wie so viele andere Frauen, jedoch privat und isoliert. Als ich Betty Friedan las, kam das alles zusammen und ich war bereit, es in Politik umzusetzen.»

Auf meine Bitte um nähere Beschreibung der feministischen Politik, an die sie dachte, kam sie auf das Thema der Wertvorstellungen zu sprechen. In unserer Gesellschaft seien die typisch maskulinen Werte – Wettbewerb, Machtausübung, Expansion und so weiter – bevorzugte und politisch einflußreiche Werte und Verhaltensweisen. Die vernachlässigten und oft auch verachteten Werte – Zusammenarbeit, Fürsorge, Demut, Friedfertigkeit – gelten als weiblich. «Zwar sind diese Werte für das männlich dominierte industrielle Arbeitssystem von entscheidender Bedeutung, doch äußerst schwer in meßbare Größen umzusetzen, und deshalb hat man sie stets den Frauen und Minderheitengruppen aufgehalst.»

Mir fielen alle die Sekretärinnen, Empfangsdamen und Hostessen ein, deren Tätigkeit für das Wirtschaftsleben von entscheidender Bedeutung ist. Ich dachte an die Frauen in den Physikinstituten, an denen ich tätig gewesen war, die Tee bereiten und Kekse reichen, während die Männer ihre Theorien diskutieren. Ferner fielen mir die Geschirrspülerinnen und Zimmermädchen in den Hotels sowie die Gärtner ein, die gewöhnlich aus Minderheitengruppen rekrutiert werden. «Es ist immer wieder dasselbe», fuhr Henderson fort. «Gewöhnlich sind es Frauen und Angehörige von Minderheiten, die die Dienste leisten, welche unser Leben angenehmer machen und die Atmosphäre schaffen, in der die Konkurrenten erfolgreich sein können.»

Henderson schloß mit der Bemerkung, wir bräuchten eine neue Synthese mit einem gesünderen Gleichgewicht zwischen den sogenannten maskulinen und femininen Werten. Auf meine Frage, ob sie Anzeichen einer solchen Synthese erkenne, verwies sie auf die vielen Frauen, die in zahlreichen alternativen Bewegungen die Führung übernommen haben – in der Ökologiebewegung, der Friedensbewegung, der Bürgerrechtsbewegung. «Alle diese Frauen und Minderheiten, deren Ideen und deren Bewußtsein bisher unterdrückt wurden, nehmen jetzt Führungsrollen an. Wir wissen, daß wir heute geradezu dazu aufgerufen sind; das ist fast eine Körperweisheit.»

«Schauen Sie doch mich an», fügte sie lachend hinzu; «ich agiere doch als ein Eine-Frau-Aufklärungs-Team für den Bereich der Wirtschaft.»

So kamen wir zurück zum Thema Wirtschaftswissenschaft. Ich wollte feststellen, wie weit ich Hendersons grundlegenden theoretischen Rahmen verstanden hatte. Etwa eine Stunde lang erörterte ich mit ihr, was ich aus ihrem Buch gelernt hatte, und stellte ihr viele ins einzelne gehende Fragen. Dabei wurde mir klar, daß mein Wissen noch ziemlich unausgegoren war und daß viele Gedanken, die mir während der vergangenen Wochen konzentrierter Arbeit gekommen waren, noch zusätzlicher Klärung bedurften. Andererseits war ich froh zu sehen, daß ich die Hauptpunkte von Hendersons Kritik an der Wirtschaftswissenschaft und Technologie sowie die Grundzüge ihrer Vision «alternativer Zukunft» begriffen hatte.

Eine mich besonders verwirrende Frage war die nach der künftigen Rolle der Wirtschaftswissenschaft. Henderson hatte ihrem Buch den Untertitel *The End of Economics*, das Ende der Wirtschaftswissenschaft, gegeben, und ich erinnerte mich, daß sie mehrfach behauptet hatte, die Wirtschaftswissenschaft sei nicht länger als eine der Sozialwissenschaften haltbar. Wodurch sollte sie dann ersetzt werden?

«Die Wirtschaftswissenschaft wird wahrscheinlich eine angemessene Disziplin für Buchführungszwecke und eine Reihe von Analysen in Mikro-Bereichen bleiben», erklärte sie. «Ihre Methoden sind jedoch zur Überprüfung makro-ökonomischer Vorgänge nicht mehr geeignet.» Solche makro-ökonomischen Prozesse müßten in multidisziplinären Teams innerhalb eines umfassenden ökologischen Rahmens studiert werden. Ich erinnerte an den Bereich der öffentlichen Gesundheitsfürsorge, in dem man einen ähnlichen Ansatz benötigte, um die vielfältigen Aspekte der Gesundheit ganzheitlich anzupacken. «Das überrascht mich gar nicht», antwortete sie. «Wir sprechen ja auch von einer gesunden Wirtschaft. Im Augenblick sind unsere Wirtschaft und unsere ganze Gesellschaft ziemlich krank.»

«Dann bleibt also die Wirtschaftswissenschaft für Mikro-Bereiche wie etwa das Management eines Unternehmens brauchbar?» wiederholte ich.

«Ja, und in diesem Bereich wird sie eine wichtige neue Rolle spielen: Sie wird nämlich die sozialen und umweltbedingten Kosten wirtschaftlicher Aktivitäten so genau wie möglich abschätzen müssen, also die Kosten für die Gesundheit, die Kosten der Umweltschäden, sozialer Störungen und dergleichen – und wird diese Kosten in die Buchhaltung privater und öffentlicher Unternehmen einbringen müssen.»

«Können Sie ein Beispiel nennen?»

»Aber sicher. Man könnte beispielsweise der Tabakindustrie einen angemessenen Teil der medizinischen Kosten anlasten, die durch Zigarettenkonsum anfallen, und den Spirituosenherstellern einen entsprechenden Teil der sozialen Ausgaben zur Bekämpfung des Alkoholismus.»

Auf meine Frage, ob dieser Vorschlag denn realistisch und politisch durchsetzbar sei, antwortete Hazel Henderson, sie bezweifle nicht, daß eine solche neue Art der Buchführung eines Tages gesetzlich vorgeschrieben werde, sobald die verschiedenen Bürgerinitiativen und alternativen Bewegungen ausreichenden Einfluß gewonnen hätten. In Japan beispielsweise werde bereits an solchen neuen Wirtschaftsmodellen gearbeitet.

Bevor wir uns nach mehreren Stunden verabschiedeten, erklärte Henderson sich bereit, als Beraterin an meinem Projekt mitzuwirken. Sie lud mich zu einem Besuch zu sich nach Princeton ein, wo wir uns dann noch ausführlicher unterhalten könnten. Ich dankte ihr für diese inspirierende Begegnung, und als sie mich beim Abschied umarmte, hatte ich das Gefühl, wir seien schon immer Freunde gewesen.

Die ökologische Perspektive

Die intensive Beschäftigung mit Hazel Hendersons Buch und das nachfolgende Gespräch erschlossen mir ein neues Wissengebiet, dessen nähere Erforschung ich nun mit großem Eifer unternahm. Mein intuitives Gefühl, daß an unserem Wirtschaftssystem irgend etwas zutiefst falsch sei, war schon von Fritz Schumacher bestätigt worden. Vor meinem Gespräch mit Hazel Henderson aber war die ökonomische Fachsprache für mich ein Hindernis für näheres Verständnis gewesen. In jenem Junimonat wurden die ökonomischen Probleme für mich jedoch durchschaubarer, da ich mir einen Rahmen für ihr Verständnis aneignete. Zu meiner großen Überraschung interessierte ich mich von da an für die Wirtschaftsseiten der Zeitungen und Zeitschriften und genoß deren Berichte und Analysen. Es erstaunte mich, wie leicht es mir auf einmal fiel, die Argumente der Wirtschaftsexperten der Regierung und der Konzerne zu durchschauen, zu erkennen, daß sie mit unbewiesenen Annahmen arbeiteten oder wegen ihres engen Gesichtskreises viele Probleme einfach nicht verstanden.

Mit der Festigung meiner Kenntnisse in volkswirtschaftlichen Belangen kam ein ganzer Berg neuer Fragen auf, so daß ich während der folgenden Monate bei zahllosen Anrufen in Princeton Hazel Henderson um Rat fragte. «Hazel, der Leitzinssatz ist wieder erhöht worden; was bedeutet das?»; «Hazel, haben Sie in der *Washington Post* den Artikel von Galbraith gelesen?»; «Hazel, was ist eine gemischte Volkswirtschaft?»; «Hazel, was halten Sie von der Deregulierung?» Sie antwortete geduldig auf alle Fragen, und ich war erstaunt über ihre Fähigkeit, für alles klare und knappe Erklärungen zu liefern und zu allem aus ihrer umfassenden ökologischen und globalen Perspektive Stellung zu nehmen.

Diese Gespräche mit Hazel Henderson halfen mir nicht nur sehr, die Probleme der Wirtschaft zu begreifen, sondern ließen mich auch die gesellschaftlichen und politischen Dimensionen der Ökologie richtig bewerten. Jahrelang hatte ich das entstehende neue Paradigma eine ökologische Weltanschauung genannt. Genaugenommen hatte ich den Ausdruck «ökologisch» schon in *Das Tao der Physik* in diesem Sinne gebraucht. Im Laufe des Jahres 1977 entdeckte ich dann den tiefen Zusammenhang zwischen Ökologie und Spiritualität. Mir wurde klar, daß tiefes ökologisches Gewahrsein seinem Wesen nach spirituell ist und daß die auf solch spirituelles Gewahrsein gegründete Ökologie vielleicht das abendländische Gegenstück zu den östlichen mystischen Überlieferungen werden könnte. Danach erfuhr ich mehr über die bedeutsamen Zusammenhänge zwischen Ökologie und Feminismus und die aufkommende öko-feministische Bewegung. Schließlich erweiterte Hazel meine Wertschätzung der Ökologie, indem sie mir die Augen für deren gesellschaftliche und politische Dimensionen öffnete. Ich wurde mir nun der zahlreichen Beispiele wirtschaftlicher, sozialer und ökologischer Interdependenz bewußt und gelangte zu der festen Überzeugung, daß der Entwurf eines brauchbaren ökologischen Rahmens für unsere Volkswirtschaft, Technologie und Politik eine der dringlichsten Aufgaben der Gegenwart ist.

Alle diese Faktoren bestätigten meine ursprünglich rein intuitive Wahl des Ausdrucks «ökologisch» zur Charakterisierung des neu entstehenden Paradigmas. Außerdem begann ich, bedeutsame Unterschiede zwischen «ökologisch» und »ganzheitlich« zu erkennen, als jenem anderen Begriff, der oft in Zusammenhang mit dem neuen Paradigma benutzt wird. Eine ganzheitliche Wahrnehmung bedeutet lediglich, daß das Objekt oder Phänomen, das man betrachtet, als ein integriertes Ganzes gesehen wird, als eine totale *Gestalt*, statt daß man es auf die Summe seiner Teile reduziert. Eine solche Form der Wahrnehmung ist auf alles anwendbar – beispielsweise einen Baum, ein Haus, ein Fahrrad. Eine ökologische Betrachtungsweise dagegen befaßt sich mit gewissen Arten von Ganzheit – mit lebenden Organismen oder lebenden Systemen. Deshalb liegt das Schwergewicht bei einem ökologischen Paradigma auf dem Leben, auf der lebendigen Welt, von der wir ein Teil sind und von der unser Leben abhängt.

Eine ganzheitliche Betrachtungsweise braucht nicht über das jeweils betrachtete System hinauszugehen, während es bei der ökologischen Betrachtungsweise ganz entscheidend darauf ankommt zu begreifen, daß dieses besondere System in größere Systeme eingebettet ist. Eine ökologische Betrachtungsweise der Gesundheit wird also nicht nur den menschlichen Organismus – Geist und Körper – als ein ganzes System ansehen, sondern sich auch mit den sozialen und umweltbedingten Dimensionen der Gesundheit beschäftigen. Dementsprechend muß eine ökologische Betrachtungsweise der Wirtschaft begreifen, wie wirtschaftliche Aktivitäten in die zyklischen Prozesse der Natur und das Wertesystem einer speziellen Kultur eingebettet sind.

Die vollen Implikationen des Begriffs «ökologisch» gingen mir erst mehrere Jahre später unter dem Eindruck meiner Diskussionen mit Gregory Bateson auf. Während des Frühjahrs und Sommers 1978 jedoch erforschte ich den Paradigmenwechsel in drei unterschiedlichen Wissensgebieten – der Medizin, der Psychologie und der Wirtschaftswissenschaft, wobei meine Wertschätzung der ökologischen Perspektive beträchtlich wuchs. Meine Gespräche mit Hazel Henderson waren ein ganz entscheidender Beitrag zu diesem Prozeß.

Das Ende der Wirtschaftswissenschaft?

Im November 1978 hielt ich eine Reihe von Vorträgen an der Ostküste und nutzte diese Gelegenheit, Hendersons freundlicher Einladung zu einem Besuch in Princeton zu folgen. Ich traf an einem frostigen Morgen mit dem Zug aus New York ein; ich erinnere mich noch, wie sehr ich die Rundfahrt durch Princeton genoß, die Hazel mit mir auf der Fahrt zu ihrem Heim unternahm. An diesem klaren, sonnigen Wintermorgen sah die Stadt sehr einladend aus. Das Bild der prachtvollen Villen und gotischen Hallen, an denen wir vorbeifuhren, wurde durch den frisch gefallenen Schnee noch betont. Ich war nie zuvor in Princeton gewesen, wußte jedoch, daß es ein ganz besonderer Hort der Gelehrsamkeit ist. Es war die zweite Heimat von Albert Einstein und beherbergt auch das hochangesehene Institute for Advanced Study, das viele bahnbrechende Ideen in der theoretischen Physik hervorgebracht hat.

An jenem Novembermorgen sollte ich jedoch eine ganz andere Art von Institut besuchen, das ich noch viel aufregender fand – Hazel Hendersons Princeton Center for Alternative Futures (Zentrum für alternative Zukunftsforschung). Als ich Hazel bat, mir ihr Institut zu beschreiben, erklärte sie, es handle sich um eine absichtlich klein gehaltene private Denkfabrik zur Erforschung alternativer Zukunftsmöglichkeiten in planetarem Kontext. Sie hatte es zusammen mit ihrem Ehemann Carter Henderson einige Jahre zuvor gegründet. Er hatte inzwischen seinen Posten bei IBM aufgegeben, um mit Hazel zusammenzuarbeiten. Das Center befand sich in ihrem Haus und wurde mit gelegentlicher Assistenz freiwilliger Helfer von ihr selbst und ihrem Mann gemanagt. «Wir nennen es unsere Mama-und-Papa-Denkfabrik», fügte sie lachend hinzu.

Das Haus der Hendersons überraschte mich. Es war sehr groß und elegant ausgestattet und schien mir gar nicht dem von ihr in ihrem Buch propagierten einfachen und selbstgenügsamen Lebensstil zu entsprechen. Es stellte sich jedoch schnell heraus, daß dieser erste Eindruck falsch war. Henderson erzählte mir, sie hätten das verwinkelte alte Haus vor einigen Jahren erworben und es ganz umgestaltet, indem sie Möbel in lokalen Trödelläden kauften und das Haus selbst renovierten. Als sie mich herumführte, berichtete sie voller Stolz, sie hätten sich beim Einrichten des Hauses eine obere Grenze von zweihundertundfünfzig Dollar für jedes Zimmer gesetzt. Es sei ihnen sogar gelungen, durch eigene künstlerische Kreativität und persönliches Handanlegen noch unterhalb dieser Grenze zu bleiben. Sie war mit diesem Resultat so zufrieden, daß sie sogar mit dem Gedanken spielte, als praktisches Gegenstück zu ihrer theoretischen und gesellschafts-aktivistischen Tätigkeit einen Betrieb zur Restaurierung alter Möbel aufzubauen.

Sie erzählte mir auch, sie backe ihr eigenes Brot, habe hinter dem Haus ein Gemüsebeet und einen Komposthaufen und führe alles Altpapier und Glas der Wiederverwendung zu. Ich war tief beeindruckt von dieser Demonstration des Einfallsreichtums, mit dem die Hendersons das alternative Wertesystem und den Lebensstil, über den Hazel schrieb und Vorträge hielt, in ihrem Alltagsleben in die Tat umsetzten, und beschloß, einiges davon in meine eigene Lebenspraxis zu übernehmen.

Bei der Ankunft in Hazels Heim begrüßte mich Ehemann Carter herzlich. Während der beiden Tage, in denen ich dort zu Gast war, war er stets sehr freundlich, hielt sich aber diskret im Hintergrund, um Hazel und mir den Freiraum zu lassen, den wir für unsere Diskussionen benötigten. Die erste dieser Unterhaltungen begann unmittelbar nach dem Mittagessen und dauerte den ganzen Nachmittag bis in den Abend. Ich leitete sie mit der Frage ein, ob die Grundthese meines Buches – daß die Naturwissenschaften ebenso wie die Geistes- und die Sozialwissenschaften sich nach der Newtonschen Physik gestaltet haben – auch für die Wirtschaftswissenschaft zutreffe.

«Ich glaube, in der Geschichte der Wirtschaftswissenschaft ließe sich eine Menge Beweismaterial für diese These finden», erwiderte Henderson nach kurzem Überlegen. Die Ursprünge der modernen Wirtschaftswissenschaft fielen zeitlich mit denen der Newtonschen Naturwissenschaft zusammen. «Bis zum 16. Jahrhundert gab es überhaupt keine Idee von rein wirtschaftlichen, vom Gesamtgewebe des Lebens isolierten Phänomenen», erklärte sie. «Es gab auch kein nationales System von Märkten. Auch sie sind ein relativ junges Phänomen, das seinen Ursprung im England des 17. Jahrhunderts hat.»

«Aber Märkte muß es doch schon vorher gegeben haben», warf ich ein.

«Natürlich. Es gab sie schon in der Steinzeit, aber auf der Grundlage von Tauschgeschäften, nicht von Geld. Deshalb waren sie zwangsläufig lokal.» Es gab ganz allgemein nicht das Motiv, aus wirtschaftlichen Aktivitäten individuellen Gewinn zu ziehen. Der bloße Gedanke an Profit, ganz zu schweigen von Zinsen, war entweder unbegreiflich oder verboten.

«Privates Eigentum ist ein anderes gutes Beispiel», fuhr Henderson fort. «Das Wort ‹privat› stammt ab vom lateinischen *privare*, jemanden einer Sache ‹berauben›, was uns die weitverbreitete damalige Anschauung zeigt, daß Besitz in erster Linie gemeinsamer Besitz war.» Erst mit dem Aufkommen des Individualismus in der Renaissance nannte man jene Güter, die einzelne der Nutzung durch die Gruppe entzogen, Privateigentum. «Heute haben wir die Bedeutung des Begriffs vollständig umgekehrt», schloß sie. «Heute glauben wir, Eigentum sollte in erster Linie privat sein und die Gesellschaft sollte das Individuum nicht ohne ordentliche gesetzliche Grundlage seines Eigentums berauben.»

«Wann begann also die moderne Wirtschaftswissenschaft?»

«Sie kam während der Naturwissenschaftlichen Revolution und der Aufklärung auf», erwiderte Henderson. Damals wurden kritischer Verstand, Empirismus und Individualismus zu den beherrschenden Werten, zusammen mit einer säkularen und materialistischen Orientierung, die zur Produktion von weltlichen Gütern und Luxusgegenständen sowie zur manipulierenden Mentalität des Industriezeitalters führte. Die neuen Sitten und Aktivitäten ließen neue gesellschaftliche und politische Institutionen und auch eine neue akademische Disziplin entstehen: das Theoretisieren über spezifisch *wirtschaftliche* Aktivitäten. «Diese wirtschaftlichen Aktivitäten – Produktion, Verteilung, Geldverleihen und so weiter – hoben sich auf einmal scharf von allen anderen ab. Sie mußten nicht nur genauer beschrieben und erklärt, sondern auch gerechtfertigt werden.»

Diese Beschreibung beeindruckte mich sehr, weil mir nun sehr deutlich geworden war, wie der Wandel der Weltanschauung und der Wertvorstellungen im 17. Jahrhundert den eigentlichen Kontext für ökonomisches Denken geschaffen hatte. «Und wie steht es mit der Physik?» bohrte ich weiter. «Erkennen Sie einen unmittelbaren Einfluß der Newtonschen Physik auf das ökonomische Denken?»

«Lassen Sie mich überlegen», antwortete Henderson nachdenklich. «Die moderne Wirtschaftswissenschaft im eigentlichen Sinne des Wortes wurde im 17. Jahrhundert von Sir William Petty begründet. Er war ein Zeitgenosse von Isaac Newton und verkehrte, wie ich glaube, in denselben Londoner Gesellschaftskreisen wie Newton. Wahrscheinlich könnte man sagen, daß Pettys *Political Arithmetick* Newton und Descartes sehr viel verdankt.»

Henderson erläuterte mir dann, Pettys Methode habe darin bestanden, Worte und Argumente durch Zahlen, Gewichtsangaben und Messungen zu ersetzen. Er erarbeitete ein ganzes System von Ideen, die später zu unentbehrlichen Bestandteilen der Theorien von Adam Smith und auf ihn folgender Wirtschaftswissenschaftler wurden. Beispielsweise diskutierte Petty die «newtonschen» Begriffe von der Menge des Geldes und seiner Umlaufgeschwindigkeit, mit denen noch heute die Monetaristen umgehen. «Genaugenommen», bemerkte Hazel lächelnd, «wäre die heutige Wirtschaftspolitik, so wie sie in Washington, London oder Tokio diskutiert wird, für Petty überhaupt keine Überraschung, ausgenommen vielleicht die Tatsache, daß sie sich so wenig verändert hat.»

Ein anderer Grundstein moderner Wirtschaftswissenschaft wurde von John Locke gelegt, erklärte Henderson. Dieser hervorragende Philosoph der Aufklärung kam als erster auf die Idee, daß die Preise objektiv durch Angebot und Nachfrage bestimmt werden. Dieses Gesetz von Angebot und Nachfrage erhielt dann den gleichen Status wie Newtons Gesetze der Mechanik und hält ihn noch in den meisten heutigen Wirtschaftsanalysen. Henderson meinte, dies sei eine perfekte Illustration des newtonschen Beigeschmacks der Wirtschaftswissenschaft. Die Interpretation der Kurven von Angebot und Nachfrage, wie sie in allen Lehrbüchern der Wirtschaftswissenschaft zu finden sind, beruht auf der Annahme, daß alle Teilnehmer an einem Markt automatisch und ohne «Reibungsverluste» zum «Gleichgewichtspreis» gravitieren werden, der durch den Schnittpunkt der beiden Kurven gegeben ist. Die enge Entsprechung zur Newtonschen Physik war mir offenkundig.

«Das Gesetz von Angebot und Nachfrage paßt auch vollkommen in Newtons neue Mathematik, die Differentialrechnung», fuhr Henderson fort. Die Wirtschaftswissenschaft galt als Beschäftigung mit kontinuierlichen Schwankungen sehr kleiner Mengen, die am besten mit dieser mathematischen Methode zu erfassen sind. Diese Vorstellung wurde zur Grundlage der darauffolgenden Bemühungen, die Wirtschaftswissenschaft zu einer exakten mathematischen Naturwissenschaft zu machen. «Das Problem war und ist, daß die in diesen mathematischen Modellen benutzten Variablen nicht streng quantifiziert werden können, sondern auf der Grundlage von Annahmen definiert werden, die diese Modelle oft ganz unrealistisch machen.»

Die Frage nach den allen Wirtschaftstheorien zugrunde liegenden Grundannahmen leitete über zu Adam Smith, dem einflußreichsten aller Wirtschaftswissenschaftler. Henderson gab mir eine lebendige Beschreibung des intellektuellen Klimas zur Zeit von Adam Smith – der Einflüsse von David Hume, Thomas Jefferson, Benjamin Franklin und James Watt – sowie der mächtigen Auswirkungen der von Smith begeistert aufgenommenen Industriellen Revolution.

Adam Smith akzeptierte die Idee, daß Preise auf «freien» Märkten durch die ausgleichenden Wirkungen von Angebot und Nachfrage bestimmt werden. Seine Wirtschaftstheorie beruhte auf den Newtonschen Ideen von Gleichgewicht, Bewegungsgesetzen und wissenschaftlicher Objektivität. Er nahm an, die ausgleichenden Mechanismen des Marktes würden unmittelbar und ohne jede Reibung wirksam werden und die «unsichtbare Hand» werde das individuelle Eigeninteresse zum harmonischen Wohl aller lenken, wobei «Wohl» der Produktion materiellen Wohlstandes gleichgesetzt wird.

«Dieses idealistische Bild beherrscht noch heute weitgehend die Wirtschaftswissenschaft», berichtete Henderson. Dabei werden die Prinzipien vollständiger und freier Information für alle Teilnehmer an einer Markttransaktion, vollständiger und unmittelbarer Mobilität der nicht ortsgebundenen Arbeitskräfte, natürlichen Ressourcen und Maschinen – alle diese Vorbedingungen werden auf den meisten heutigen Märkten verletzt. Dennoch machen die meisten Wirtschaftswissenschaftler sie weiterhin zur Grundlage ihrer Theorien.»

«Mir scheint der ganze Begriff des freien Markts heute problematisch», warf ich ein.

«Natürlich ist er das», stimmte Henderson mir mit Nachdruck zu. «In den meisten Industriegesellschaften kontrollieren gigantische Aktiengesellschaften die Versorgung mit Waren; sie schaffen durch Werbung künstlichen Bedarf und üben entscheidenden Einfluß auf die nationale Politik aus. Die wirtschaftliche und politische Macht dieser Konzerngiganten durchdringt jede Facette des öffentlichen Lebens. Freie, von Angebot und Nachfrage ausbalancierte Märkte gibt es sei langem nicht mehr. – Freie Märkte existieren heute nur noch im Kopf von Milton Friedman», fügte sie lachend hinzu.

Von den Ursprüngen der Wirtschaftswissenschaft und ihren Verknüpfungen mit der kartesianisch-newtonschen Naturwissenschaft kamen wir auf das wirtschaftliche Denken im 18. und 19. Jahrhundert. Mich faszinierte die lebhafte und anschauliche Art, in der Hazel die lange Geschichte der Ökonomie referierte – der Aufstieg des Kapitalismus, die ersten ökologischen Anschauungen der französischen Physiokraten, die systematischen Versuche von Petty, Adam Smith, Ricardo und anderen klassischen Wirtschaftswissenschaftlern, der neuen Disziplin die Form einer Naturwissenschaft zu geben. Wir sprachen von den wohlgemeinten, aber unrealistischen Bemühungen der Wohlfahrtswissenschaftler, Utopisten und sonstigen Reformer sowie der machtvollen Kritik an der klassischen Wirtschaftswissenschaft durch Karl Marx. Sie beschrieb jedes Stadium dieser Evolution wirtschaftlichen Denkens innerhalb seines umfassenderen kulturellen Zusammenhangs und setzte jeden neuen Gedanken in Beziehung zu ihrer Kritik an der gegenwärtigen Praxis.

Lange Zeit sprachen wir über die Ideen von Karl Marx und deren Zusammenhang mit der Naturwissenschaft seiner Epoche. Henderson wies darauf hin, daß Marx, wie die meisten Denker des 19. Jahrhunderts, sich sehr bemüht hatte, naturwissenschaftlich zu sein, und oft versuchte, seine Theorien in kartesianischer Sprache zu formulieren. Dennoch habe seine umfassende Sicht der sozialen Phänomene es ihm ermöglicht, den kartesianischen Rahmen auf bedeutsame Weise zu transzendieren. Er nahm nicht die klassische Haltung des objektiven Beobachters ein, sondern betonte leidenschaftlich seine Rolle als Mitspieler mit der Behauptung, seine gesellschaftliche Analyse sei von seiner Gesellschaftskritik untrennbar. Marx habe zwar oft für den technologischen Determinismus Partei ergriffen, sagte Henderson, da dieser seiner Theorie einen naturwissenschaftlicheren Anstrich gab, doch habe er auch tiefe Einsicht in die Vernetzung aller Phänomene gehabt. Er betrachtete die Gesellschaft als organisches Ganzes, in dem Ideologie und Technologie gleichermaßen wichtig sind.

«Andererseits», fügte sie hinzu, «hatte sich das Marxsche Denken von der schlichten Realität lokaler Produktion, wie etwa des Ackerbaus, doch recht weit entfernt. So teilte er die Ansichten der gesellschaftlichen Elite seiner Zeit über die Vorzüge der Industrialisierung und der Modernisierung der – wie er es nannte – ‹Idiotie des Landlebens›.»

«Und wie war es mit der Ökologie. Hatte Marx auch ökologisches Bewußtsein?» fragte ich.

«Absolut», antwortete sie, ohne zu zögern. «Seine Anschauung über die Rolle der Natur im Produktionsprozeß war ein Teil seiner organischen Sicht der Wirklichkeit. In allen seinen Schriften hat Marx die Bedeutung der Natur im gesellschaftlichen und wirtschaftlichen Gewebe hervorgehoben.

Wir müssen natürlich einsehen, daß die Ökologie zu seiner Zeit kein zentrales Thema war», warnte Henderson. «Die Zerstörung der natürlichen Umwelt war damals kein brennendes Problem, weshalb wir nicht erwarten können, daß Marx sie besonders hervorhob. Doch war er sich gewiß der ökologischen Auswirkungen der kapitalistischen Wirtschaft bewußt. Ich will doch mal sehen, ob ich dazu einige Zitate finden kann.»

Mit diesen Worten ging sie zu ihren überquellenden Bücherregalen und zog einen Band von Karl Marx heraus. Nach kurzem Blättern zitierte sie aus den *Ökonomisch-philosophischen Manuskripten*:

> Der Arbeiter kann nichts schaffen ohne die Natur, ohne die durch die Sinne wahrgenommene Welt. Sie ist der Stoff, an welchem sich seine Arbeit verwirklicht, in welchem sie tätig ist, aus welchem und mittels welchem sie produziert.

Nach einigem Suchen las sie aus dem *Kapital* vor:

> Jeder Fortschritt in der kapitalistischen Landwirtschaft ist ein Fortschritt in der Kunst, nicht nur den Landarbeiter, sondern auch den Boden zu berauben.

Für mich war es offenkundig, daß diese Worte heute noch mehr Geltung haben als zu der Zeit, in der Marx sie niederschrieb. Hazel stimmte mir zu und bemerkte, Marx habe ökologische Belange zwar nicht besonders hervorgehoben, doch *hätte* man seine Auffassung dazu verwenden *können*, die Ausbeutung der Natur durch den Kapitalismus vorherzusagen. «Natürlich», sagte sie lächelnd, «wollte ein Marxist sich wirklich ehrlich zur ökologischen Beweislage äußern, dann müßte er zugeben, daß die sozialistischen Gesellschaften auf diesem Gebiet nicht besser gewesen sind. Bei ihnen sind die Auswirkungen auf die Umwelt nur wegen ihres geringeren Konsums nicht so groß, und gerade den Konsum versuchen sie ja zu steigern.»

An dieser Stelle entspann sich eine lebhafte Diskussion über den Unterschied zwischen Umweltaktivismus und gesellschaftlichem Aktivismus. «Ökologisches Wissen ist sehr subtil und läßt sich kaum als Grundlage für eine Massenbewegung nutzen», bemerkte sie. «Wälder oder Wale liefern keine revolutionären Energien, mit denen sich menschliche Institutionen ändern lassen.» Vielleicht sei dies der Grund gewesen, warum die Marxisten den «ökologischen Marx» so lange unbeachtet gelassen haben. «Die subtilen Feinheiten im organischen Denken von Marx sind den meisten Sozialaktivisten unbequem, da sie es vorziehen, sich um einfachere Streitfragen zu organisieren», folgerte sie und fügte dann nach einigen Augenblicken nachdenklichen Schweigens hinzu: «Das ist vielleicht der Grund, warum Marx am Ende seines Lebens den Ausspruch tat: ‹Ich bin kein Marxist.›»

Hazel und ich waren von dieser langen, tiefschürfenden Unterhaltung ermüdet, und da es Zeit zum Abendessen war, machten wir einen Gang durch die frische Luft, der in einem vegetarischen Restaurant endete. Wir waren beide nicht in der Stimmung, jetzt viel zu sprechen. Als wir es uns jedoch nach der Rückkehr im Wohnzimmer der Hendersons bei einer Tasse Tee bequem gemacht hatten, kamen wir doch wieder auf die Wirtschaftswissenschaft zu sprechen.

Ich dachte an die grundlegenden Begriffe der klassischen Wirtschaftswissenschaft – wissenschaftliche Objektivität, automatische Herstellung des Gleichgewichts von Angebot und Nachfrage, Adam Smith' Metapher von der Unsichtbaren Hand und so weiter – und fragte, wie sie mit den aktiven Eingriffen der Wirtschaftsfachleute der Regierungen in die nationale Volkswirtschaft vereinbar seien.

«Das sind sie nicht», versicherte Henderson schnell. «Das Ideal des objektiven Beobachters wurde nach der großen Depression von John Maynard Keynes über Bord geworfen, der zweifellos der bedeutendste Wirtschaftswissenschaftler unseres Jahrhunderts war.» Henderson erklärte mir, Keynes habe die sogenannten wertfreien Methoden der neoklassischen Wirtschaftswissenschaftler so hingebogen, daß sie staatliche Interventionen zuließen. Zustände wirtschaftlichen Gleichgewichts seien Sonderfälle in der realen Welt, eher Ausnahmen als die Regel. Keynes hält fluktuierende Wirtschaftszyklen für die auffallendste Eigenschaft nationaler Volkswirtschaften.

«Das muß ein sehr radikaler Schritt gewesen sein», warf ich ein.

«Das war es in der Tat», versicherte Henderson. «Die Wirtschaftstheorie von Keynes hatte überragenden Einfluß auf das zeitgenössische wirtschaftliche Denken.» Um die Natur der staatlichen Eingriffe bestimmen zu können, verlagerte Keynes das Hauptaugenmerk von der Mikro- zur Makroebene, hin zu wirtschaftlichen Variablen wie dem Volkseinkommen, dem totalen Beschäftigungsvolumen und so weiter. Durch Herstellen einfacher Beziehungen zwischen diesen Variablen konnte er aufzeigen, daß sie sehr empfindlich auf kurzfristige Veränderungen reagieren, die durch eine entsprechende Politik beeinflußt werden können.

«Und das versuchen die Wirtschaftsexperten der Regierungen zu tun?»

«Ja. Das Modell von Keynes ist voll und ganz vom Hauptstrom wirtschaftswissenschaftlichen Denkens assimiliert worden. Die meisten heutigen Wirtschaftswissenschaftler versuchen eine Feinabstimmung der Volkswirtschaft durch Anwendung der von Keynes propagierten Heilmittel: Drucken von Geld, Anheben oder Senken der Zinssätze, Herabsetzung oder Anhebung der Steuern und dergleichen.»

«Dann hat man also die klassische Wirtschaftstheorie aufgegeben?»

«Nein, das hat man nicht. Das ist ja gerade das Sonderbare. Das Wirtschaftsdenken ist heute in hohem Grade schizophren. Die klassische Theorie wurde fast auf den Kopf gestellt. Wirtschaftswissenschaftler jeder Couleur schaffen durch ihre Vorhersagen und ihre Wirtschaftspolitik selbst Wirtschaftszyklen, Verbraucher werden gezwungen, unfreiwillige Anleger zu werden, und der Markt wird von Aktionen der Konzerne und der Regierungen gemanagt, während neoklassische Theoretiker sich immer noch auf die Unsichtbare Hand berufen.»

Das klang für mich alles sehr verwirrend, und mir schien, daß die Wirtschaftswissenschaftler selbst auch verwirrt sind. Ihre auf Keynes fußenden Methoden, so bemerkte ich, scheinen einfach nicht mehr zu funktionieren.

«Das tun sie auch nicht», versicherte mir Hazel. «Denn diese Methoden lassen die diffizile Struktur der Volkswirtschaft und die qualitative Natur ihrer Probleme außer acht. Das Modell von Keynes ist unzulänglich geworden, weil es sehr viele Faktoren nicht berücksichtigt, die für das Verständnis der wirtschaftlichen Lage von entscheidender Bedeutung sind.»

Als ich Hazel Henderson um nähere Erläuterungen bat, erklärte sie mir folgendes: Das Modell von Keynes konzentriert sich auf die Inlandswirtschaft und löst diese aus dem weltwirtschaftlichen Zusammenhang, ohne internationale Abmachungen zu berücksichtigen. Es vernachlässigt die überwältigende politische Macht der multinationalen Konzerne, achtet nicht auf die politischen Verhältnisse und läßt die sozialen und Umweltkosten wirtschaftlicher Aktivitäten aus dem Spiel. «Die Methode von Keynes kann bestenfalls einige mögliche Szenarios liefern, jedoch keine spezifischen Voraussagen machen», schloß sie ihre Ausführungen. «Wie das meiste kartesianisch ausgerichtete ökonomische Denken hat sich auch diese Methode überlebt.»

Als ich an jenem Abend zu Bett ging, brummte mir der Kopf von all den Informationen und Ideen. Ich war so aufgekratzt, daß ich lange nicht einschlafen konnte. Nach dem frühen Erwachen am Morgen überdachte ich, was Henderson mir an Gedanken vermittelt hatte. Für die Diskussion nach dem Frühstück hatte ich eine lange Liste von Fragen vorbereitet, die uns den ganzen Vormittag beschäftigten. Erneut bewunderte ich Hazels klare Sicht der wirtschaftlichen Probleme innerhalb eines umfassenden ökologischen Rahmens sowie die Fähigkeit meiner Gastgeberin, die augenblickliche wirtschaftliche Lage luzide und knapp darzustellen.

Besonders beeindruckte mich eine lange Diskussion über die Inflation, die damals das verwirrendste Wirtschaftsthema war. Die Inflationsrate war in den Vereingten Staaten dramatisch gestiegen, während die Zahl der Arbeitslosen auf ihrem hohen Stand blieb. Weder die Wirtschaftswissenschaftler noch die Politiker schienen eine Ahnung zu haben, was da vor sich ging, ganz zu schweigen davon, wie dem abzuhelfen sei.

«Was ist Inflation, Hazel, und warum ist sie so hoch?»

Henderson antwortete ohne zu zögern mit einem ihrer brillanten sarkastischen Aphorismen: «Inflation ist nichts weiter als die Summe aller Variablen, die von den Ökonomen in ihren Modellen weggelassen werden.» Mit funkelnden Augen genoß sie die Wirkung ihrer überraschenden Definition und fügte dann nach kurzer Pause hinzu: «Alle diese sozialen, psychologischen und ökologischen Variablen fallen nun auf uns zurück und suchen uns heim.»

Auf meine Bitte, das näher zu erläutern, behauptete Henderson, es gebe nicht eine einzelne, sondern mehrere Ursachen der Inflation, von denen die meisten mit Variablen zu tun haben, die aus den gegenwärtigen Wirtschaftsmodellen ausgeklammert wurden. Da ist zunächst einmal die von den meisten Wissenschaftlern nicht beachtete Tatsache, daß Wohlstand auf natürlichen Ressourcen und Energie beruht. Da die Rohstoffbasis abnimmt, müssen Rohstoffe und Energie aus immer minderwertigeren und weniger zugänglichen Reservoiren gewonnen werden, wofür mehr und mehr Kapital benötigt wird. Dementsprechend wird der unvermeidliche Rückgang der natürlichen Ressourcen von einem unaufhörlichen Anstieg der Preise für Ressourcen und Energie begleitet, der zu einer der Hauptantriebskräfte der Inflation wird.

«Die übermäßige Abhängigkeit unserer Wirtschaft von Energie und Bodenschätzen spiegelt sich in der Tatsache wider, daß diese Wirtschaft mehr kapitalintensiv als arbeitsintensiv ist», fuhr sie fort. «Das Kapital repräsentiert ein aus vorhergegangener Ausbeutung natürlicher Ressourcen entstandenes Potential für Arbeit. Da diese Ressourcen abnehmen, wird das Kapital selbst zu einer knappen Ressource.» Trotz dieser Sachlage gebe es gegenwärtig in der ganzen Wirtschaft eine deutliche Tendenz, Arbeit durch Kapital zu ersetzen. Infolge dieser engen Vorstellung von Produktivität bemühe sich die Lobby der Wirtschaftsverbände ständig um Steuererleichterungen für Kapitalinvestitionen, von denen viele dann die Zahl der Beschäftigten durch Automation weiter reduzieren. «Sowohl Kapital als auch Arbeit erzeugen Wohlstand», erläuterte Henderson, «doch ist eine kapitalintensive Wirtschaft zugleich auch ressourcen- und energieintensiv und deshalb in hohem Maße inflationsfördernd.»

«Wollen Sie damit sagen, daß eine kapitalintensive Wirtschaft Inflation *und* Arbeitslosigkeit erzeugt?»

«Genau das. Sehen Sie – die konventionelle ökonomische Weisheit meint, auf einem freien Markt seien Inflation und Arbeitslosigkeit nur vorübergehende Abweichungen vom Gleichgewichtszustand und das eine werde durch das andere ausgeglichen. Aber solche Gleichgewichtsmodelle sind heute nicht mehr gültig. Der angenommene Ausgleich zwischen Inflation und Arbeitslosigkeit ist ein unrealistisches Konzept. Wir befinden uns jetzt in der Stagflation. Inflation *und* Arbeitslosigkeit sind zu Standardkennzeichen aller Industriegesellschaften geworden.»

«Und der Grund liegt in unserem Beharren auf kapitalintensiven Volkswirtschaften?»

«Ja, das ist einer der Gründe. Übermäßige Abhängigkeit von Energie und natürlichen Ressourcen sowie übermäßiges Investieren in Kapital statt in Arbeit fördern die Inflation *und* Massenarbeitslosigkeit. Es ist ein klägliches Bild, doch ist Arbeitslosigkeit inzwischen so sehr zu einem wesentlichen Kennzeichen unserer Wirtschaft geworden, daß die Wirtschaftsexperten der Regierung noch von ‹Vollbeschäftigung› sprechen, wenn über fünf Prozent der arbeitsfähigen Bevölkerung arbeitslos sind.»

«Übermäßige Abhängigkeit von Kapital, Energie und natürlichen Ressourcen gehört also zu den ökologischen Variablen der Inflation», warf ich ein. «Wie steht es denn nun mit den sozialen Variablen?»

Henderson antwortete, die durch unbegrenztes Wachstum erzeugten zunehmenden sozialen Kosten seien die zweite Hauptursache der Inflation. «Bei ihren Bemühungen um Maximierung der Profite», führte sie aus, «versuchen einzelne, Unternehmen und Institutionen alle sozialen und Umweltkosten zu ‹externalisieren›.»

«Was heißt das?»

«Das bedeutet, daß sie diese Kosten aus ihren eigenen Bilanzen heraushalten und aufeinander abwälzen, so daß sie im System von einem zum anderen geschoben werden und schließlich auf die Umwelt und auf künftige Generationen.» Sie erläuterte das an zahlreichen Beispielen, zitierte die Kosten von Rechtsstreitigkeiten, der Verbrechensbekämpfung, der bürokratischen Koordination, Kosten durch Befolgung von Regierungsvorschriften, Verbraucherschutz, Gesundheitsfürsorge und so weiter. «Beachten Sie, daß keine dieser Aktivitäten auch nur das geringste zur wirklichen Produktion hinzufügt», merkte sie an. «Deshalb tragen alle zur Inflation bei.»

Einen weiteren Grund für die schnelle Zunahme der Sozialausgaben sah Henderson in der wachsenden Komplexität unserer industriellen und technologischen Systeme. Je komplexer sie werden, desto schwieriger sind sie zu modellieren. «Ein System, das sich nicht modellieren läßt, läßt sich auch nicht managen», argumentierte sie. «Diese nicht mehr managebare Komplexität erzeugt nun eine bestürzende Zunahme nicht vorhergesehener sozialer Kosten.»

Auf meine Bitte, einige Beispiele zu nennen, brauchte Henderson keine Zeit zum Überlegen. «Da sind beispielsweise die Kosten, die aus den Bemühungen entstehen, dieses ganze Durcheinander wieder in Ordnung zu bringen, die Kosten der Fürsorge für die menschlichen Opfer all dieser ungeplanten Technologie – die Aussteiger, die Ungelernten, die Süchtigen, all jene, die sich im Labyrinth des Großstadtlebens nicht zurechtfinden.» Sie erinnerte auch an die zunehmend häufigeren Firmenzusammenbrüche und Unfälle, die noch mehr unvorhergesehene Kosten erzeugen. «Rechnen Sie all das zusammen, dann werden Sie sehen, daß mehr Zeit auf die Aufrechterhaltung und Regulierung des Systems verwendet wird als auf die Herstellung guter Waren und Dienstleistungen. Deshalb sind alle diese Unternehmen in hohem Maße inflationär.»

«Wissen Sie», schloß sie zusammenfassend, «ich habe schon oft gesagt, daß wir auf die sozialen, psychischen und begrifflichen Grenzen des Wachstums stoßen werden, lange bevor wir mit den physischen Grenzen kollidieren.»

Hendersons erkenntnisreiche und leidenschaftliche Kritik beeindruckte mich tief. Sie hatte mir verdeutlicht, daß Inflation viel mehr ist als ein Wirtschaftsproblem und daß man sie als ökonomisches Symptom einer gesellschaftlichen und technologischen Krise sehen muß.

«Dann findet man also in Wirtschaftsmodellen keine der ökologischen und sozialen Variablen, die Sie vorher erwähnten?» fragte ich, um unser Gespräch zurück zur Wirtschaftswissenschaft zu bringen.

«Nein, da findet man sie nicht. Statt dessen bedienen sich die Wirtschaftswissenschaftler der traditionellen Werkzeuge von Keynes, um die Wirtschaft anzukurbeln oder sie etwas abzubremsen, wobei sie kurzfristige Schwankungen verursachen, die die ökologischen und sozialen Realitäten verbergen.» Mit der traditionellen Methode von Keynes ließen sich unsere heutigen Wirtschaftsprobleme jedoch nicht mehr lösen, versicherte Henderson. Die Probleme würden lediglich im Netz sozialer und ökologischer Beziehungen hin und her geschoben. «Es mag zwar gelingen, mit diesen Methoden die Inflation herabzudrücken oder sogar Inflation *und* Arbeitslosigkeit. Das Ergebnis ist dann wahrscheinlich ein riesiges Haushaltsdefizit oder ein riesiges Außenhandelsdefizit oder himmelhohe Zinssätze. Wissen Sie, heute kann niemand mehr alle diese Wirtschaftsindikatoren gleichzeitig unter Kontrolle bringen. Es gibt zu viele Teufelskreise und Rückkoppelungs-Schlingen, die eine Feinabstimmung der Wirtschaft unmöglich machen.»

«Und was wäre dann die Lösung der Probleme der hohen Inflation?»

«Die einzig echte Lösung wäre, das System selbst zu ändern, unsere Volkswirtschaft durch Dezentralisierung neu zu strukturieren, sanfte Technologien zu entwickeln und die ganze Wirtschaft mit einer schwächeren Mischung aus Kapital, Energie und Rohstoffen sowie einer stärkeren Mischung aus Arbeit und menschlichen Ressourcen zu betreiben. Eine auf diese Weise die Ressourcen bewahrende Wirtschaft der Vollbeschäftigung wäre nichtinflationär und ökologisch gesund.»

Wenn ich acht Jahre später, im Herbst 1986, an dieses Gespräch zurückdenke, dann bin ich verblüfft, wie viele ihrer Voraussagen durch die nachfolgenden wirtschaftlichen Entwicklungen bestätigt wurden und wie wenig unsere Regierungsexperten ihrem Rat gefolgt sind. Die Reagan-Administration drückte die Inflation herunter, indem sie eine schwere Rezession in Gang setzte, und versuchte dann vergebens, die Wirtschaft durch massive Steuersenkungen zu beleben. Diese Eingriffe bedeuteten schwere Lasten für große Bevölkerungsteile, vor allem für die Bürger in den niederen und mittleren Einkommensgruppen, hielten die Arbeitslosenrate bei sieben Prozent und schafften ein breites Spektrum von Sozialprogrammen entweder ganz ab oder beschnitten diese drastisch. Das alles wurde als starke Medizin propagiert, die die kranke Wirtschaft der Vereinigten Staaten endgültig heilen werde, doch das Gegenteil geschah. Als Folge dieser «Reaganomics», wie die Amerikaner die Reagansche Wirtschaftspolitik nennen, leidet die amerikanische Volkswirtschaft jetzt an einem dreifachen Krebs: einem gigantischen Haushaltsdefizit, einem stetig steigenden Außenhandelsdefizit und einer riesigen Auslandsverschuldung, die die Vereinigten Staaten zum größten Schuldner der Welt gemacht hat. Als Reaktion auf diese dreifache Krise starren die Regierungsexperten wie hypnotisiert auf flackernde Wirtschaftsindikatoren und versuchen verzweifelt, überholte Konzepte und Methoden von Keynes anzuwenden.

Bei unserer Diskussion über Inflation fiel mir auf, daß Henderson sich oft der Sprache der Systemtheorie bediente. So sprach sie beispielsweise von der «Vernetzung der wirtschaftlichen und ökologischen Systeme» oder davon, daß die «sozialen Kosten innerhalb des Systems weitergeschoben werden». Später lenkte ich selbst das Gespräch direkt auf die Systemtheorie und fragte sie, ob sie deren Rahmen nützlich gefunden habe.

«O ja», antwortete sie rasch. «Meines Erachtens ist der Systemansatz zum Begreifen unserer wirtschaftlichen Probleme ganz wesentlich. Es ist der einzige Ansatz, der es möglich macht, in unser gegenwärtiges begriffliches Chaos etwas Ordnung zu bringen.» Diese Bemerkung gefiel mir, hatte ich doch kurz zuvor erkannt, daß der Rahmen der Systemtheorie die ideale Sprache für die wissenschaftliche Formulierung des ökologischen Paradigmas wäre, weshalb wir nun eine lange und höchst anregende Diskussion darüber begannen. Lebhaft erinnere ich mich unserer Erregung beim Erörtern des Potentials des Systemdenkens in den sozialen und ökologischen Wissenschaften. Wir warfen uns gewissermaßen die Bälle plötzlicher Erkenntnisse zu, schufen gemeinsam neue Ideen und entdeckten viele reizvolle Ähnlichkeiten in unser beider Denkweisen.

Henderson leitete diesen Teil des Gesprächs ein mit der Idee der Wirtschaft als lebendes System, das sich aus ständig mit dem umgebenden Ökosystem interagierenden Menschen und gesellschaftlichen Organisationen zusammensetzt. «Beim Studium der Ökosysteme kann man eine Menge auch für wirtschaftliche Situationen lernen», meinte sie. «So erkennt man beispielsweise, daß alles im System sich in Zyklen bewegt. In Ökosystemen existieren lineare Zusammenhänge von Ursache und Wirkung nur sehr selten, weshalb lineare Modelle auch nicht sehr nützlich sind, um darin eingebettete Wirtschaftssysteme zu beschreiben.»

Meine Gespräche mit Gregory Bateson während des vorangegangenen Sommers hatten mich sehr deutlich auf die Bedeutung aufmerksam gemacht, die der «Nichtlinearität» aller lebenden Systeme zukommt, und ich erwähnte gegenüber Hazel, daß Bateson diese Erkenntnis «systemische Weisheit» genannt hatte. «Im Grunde besagt die systemische Weisheit: Wenn man etwas Gutes tut, muß mehr davon nicht zwangsläufig besser sein», erläuterte ich. «Das stimmt genau», reagierte sie aufgeregt. «Ich habe dieselbe Idee oft ausgedrückt, wenn ich sagte, nichts sei ein so großer Fehlschlag wie der Erfolg.» Ich mußte über ihren witzigen Aphorismus lachen, da sie in ihrer typischen Art mit ihrer

Formulierung systemischer Weisheit den Nagel auf den Kopf traf – daß nämlich Strategien, die in einem bestimmten Stadium erfolgreich sind, in einem anderen total unangebracht sein können.

Die nichtlineare Dynamik lebender Systeme erinnerte mich an die Bedeutung des Recycling. Ich gab zu bedenken, daß man heute unsere nicht mehr benötigten oder abgenutzten Bedarfsgegenstände nicht einfach wegwerfen oder Industrieabfälle irgendwo ablagern kann. Infolge der global vernetzten Biosphäre gebe es kein «Irgendwo» mehr. Henderson stimmte mir voll und ganz zu. «Aus demselben Grunde gibt es so etwas wie ‹unerwartete Gewinne› nicht mehr, es sei denn, sie werden jemand anderem aus der Tasche gezogen oder zu Lasten der Umwelt oder künftiger Generationen erzielt.

Eine weitere Konsequenz der Nichtlinearität ist die Frage des Maßes, auf die Fritz Schumacher alle Welt hingewiesen hat», fuhr Hazel fort. «Für jede Struktur gibt es ein optimales Maß, ebenso für jede Organisation und jede Institution. Wird eine einzelne Variable maximiert, dann muß das unweigerlich das ganze System zerstören.»

«Auf dem Gebiet der Gesundheit nennt man das ‹Streß›», warf ich ein. «Maximierung einer einzelnen Variablen in einem fluktuierenden, lebenden Organismus macht das ganze System starrer, und anhaltender Streß dieser Art führt im allgemeinen zur Erkrankung.»

Hazel lächelte: «Das gilt auch für die Wirtschaft. Maximierung von Gewinn, Leistung oder des Bruttosozialprodukts macht die Wirtschaft unbeweglicher und bewirkt sozialen und umweltmäßigen Streß.» Es bereitete uns beiden viel Spaß, zwischen diesen Systemebenen hin und her zu springen und auf die jeweiligen Einsichten des anderen sofort einzugehen.

«Dann läßt sich also die Anschauung, daß lebende Systeme aus vielfältigen, wechselseitig abhängigen Fluktuationen bestehen, auch auf die Wirtschaft anwenden?» fragte ich.

«Absolut. Neben den von Keynes studierten kurzfristigen Wirtschaftszyklen erlebt eine Volkswirtschaft mehrere längere Zyklen, die von den keynesianischen Manipulationen nur wenig beeinflußt werden.» Hazel erzählte mir, Jay Forrester und seine «Systems Dynamics Group» hätten viele dieser wirtschaftlichen Fluktuationen graphisch dargestellt. Für das Leben insgesamt sei noch eine andere Form der Fluktuation charakteristisch, nämlich der Zyklus von Entstehen und Vergehen.

«Das in ihren Kopf zu kriegen, haben die Konzernmanager große Schwierigkeiten», fügte sie mit einem Seufzer der Frustration hinzu. «Sie können einfach nicht begreifen, daß Vergehen und Tod in allen lebenden Systemen die Vorbedingung zum Wiedergeborenwerden ist. Wenn ich nach Washington reise und zu den Herren spreche, die die großen Konzerne leiten, dann spüre ich, daß sie alle große Angst haben. Alle sind sich dessen bewußt, daß schwere Zeiten auf uns zukommen. Ich sage ihnen dann: Für einige mag es wohl abwärtsgehen, aber es ist doch eine uralte Erfahrung, daß wo immer etwas abwärts geht, etwas anderes heranwächst. Es gibt stets eine zyklische Bewegung, und Sie brauchen nur aufzupassen, von welcher Welle Sie sich nach oben tragen lassen wollen.»

«Was sagen Sie also den Managern eines absteigenden Unternehmens?»

Hazel antwortete mit breitem und strahlendem Lächeln: «Ich sage ihnen, daß man es einzelnen Unternehmen einfach erlauben *muß* unterzugehen. Das ist so lange in Ordnung, wie die Menschen die Möglichkeit haben, von einer absterbenden zu einer aufblühenden Organisation überzuwechseln. Die Welt bricht nicht zusammen, sage ich den Herren Topmanagern. Nur *einige* Dinge brechen zusammen, und ich zeige ihnen die vielen Szenarios kultureller Wiedergeburt.»

Je länger ich mit ihr sprach, desto deutlicher wurde mir, daß Hazel Hendersons Erkenntnisse in einer Art ökologischen Gewahrseins wurzeln, das mir spirituell im tiefsten Sinne schien. Von tiefgründiger Weisheit durchdrungen, hat ihre Spiritualität etwas Heiteres und Handlungsorientiertes, sie ist planetarisch in ihrer Perspektive und unwiderstehlich dynamisch in ihrem Optimismus.

Wieder unterhielten wir uns bis in die Nacht hinein, und als wir hungrig wurden, gingen wir in Hazels Küche und setzten unser Gespräch fort, während ich ihr beim Zubereiten des Abendessens half. Ich erinnere mich, daß wir in der Küche waren und ich gerade Gemüse schnitt, während sie Zwiebeln briet und Reis kochte, als wir auf eine unserer interessantesten gemeinsamen Entdeckungen stießen.

Es begann mit einer Bemerkung von Hazel, daß in unserer Kultur eine interessante Hierarchie hinsichtlich des Status verschiedener Arten von Arbeit entstanden ist. Arbeit mit dem niedrigsten Status ist zumeist zyklischer Art – Arbeit, die immer und immer wieder verrichtet werden muß, ohne daß sie eine dauerhafte Wirkung hinterläßt. «Das nenne ich ‹entropische› Arbeit», sagte sie, «weil der greifbare Beweis des Bemühens leicht zunichte wird und Entropie, also Unordnung, wieder zunimmt.»

«Das ist die Tätigkeit, die wir in diesem Augenblick ausüben», fuhr sie fort, «wir kochen ein Mahl, das sofort gegessen wird. Eine ähnliche Tätigkeit wäre etwa das Fegen des Fußbodens, der bald wieder schmutzig wird; oder das Rasenschneiden oder Beschneiden einer Hecke; beide wachsen schnell wieder nach. Festzuhalten wäre, daß in unserer Gesellschaft, wie in allen Industriegesellschaften, Jobs, die in hohem Maße entropische Arbeit erfordern, im allgemeinen an Frauen oder Angehörige von Minderheiten vergeben werden. Ihnen mißt man den niedrigsten Wert bei, und diese Menschen erhalten die niedrigste Bezahlung...»

«... trotz der Tatsache, daß diese Arbeit für unsere tägliche Existenz und unsere Gesundheit von entscheidender Bedeutung ist», beendete ich ihren Gedankengang.

«Und jetzt schauen wir uns einmal die Jobs mit dem höchsten Status an», fuhr Hazel fort. «Hier geht es um Tätigkeiten, die etwas Dauerhaftes schaffen – Wolkenkratzer, Überschallflugzeuge, Weltraumraketen, nukleare Sprengköpfe und alle unsere High-Tech-Spielzeuge.»

«Und wie steht es mit Marketing, Finanzen, Unternehmensverwaltung, die Tätigkeit der Konzernmanager?»

«Auch denen gesteht man einen hohen Status zu, weil ihre Arbeit mit High-Tech-Unternehmen zusammenhängt. Sie erlangen ihre Reputation durch die Hochtechnologie, wie langweilig ihre Tätigkeit sonst auch sein mag.»

Ich bemerkte dazu, die Tragödie unserer Gesellschaft liege darin, daß der Effekt von Tätigkeit mit hohem Status auf die Dauer oft negativ sei – zerstörerisch für die Umwelt, für das gesellschaftliche Gewebe und für unsere geistige und physische Gesundheit. Henderson stimmte mir zu und erwähnte noch, es bestehe heute ein riesiger Bedarf an einfachen Fertigkeiten für zyklische Arbeit, wie etwa Reparaturen und Wartung, Tätigkeiten, die sozial abgewertet und ernsthaft vernachlässigt wurden, obwohl sie nach wie vor so lebenswichtig sind, wie sie es stets waren.

Als ich über die Unterschiede zwischen zyklischer Arbeit und Tätigkeiten mit dauerhafter Wirkung nachdachte, fielen mir auf einmal die Zen-Geschichten ein, in denen der Schüler den Meister um spirituelle Anleitung bittet und dieser ihm daraufhin sagt, er solle seine Reisschüssel auswaschen, den Hof kehren oder die Hecke beschneiden. «Ist es nicht sonderbar, daß zyklische Arbeit genau die Tätigkeit ist, die in der buddhistischen Überlieferung so hervorgehoben wird?» fragte ich. «Sie gilt tatsächlich als integraler Teil des spirituellen Trainings.»

Hazels Augen leuchteten auf. «Aber ja doch, das stimmt. Und das ist übrigens nicht nur buddhistische Tradition. Denken Sie doch an die traditionelle Arbeit christlicher Mönche und Nonnen – Landwirtschaft, Krankenpflege und viele andere Dienstleistungen.»

«Und ich kann Ihnen sagen, warum zyklische Arbeit in spirituellen Überlieferungen als so wichtig gilt», fuhr ich aufgeregt fort. «Eine Arbeit leisten, die immer wieder getan werden muß – das hilft uns, die natürlichen Zyklen von Werden und Vergehen, von Geburt und Tod zu begreifen. Es hilft uns, gewahr zu werden, wie wir in diese Zyklen eingebettet sind, in die dynamische Ordnung des Kosmos.»

Henderson bestätigte die Wichtigkeit dieser Erkenntnis, die uns erneut den tiefen Zusammenhang zwischen Ökologie und Spiritualität verdeutlichte. «Und den Zusammenhang mit weiblichem Denken», fügte ich hinzu, «das sich ganz natürlich auf diese biologischen Zyklen einstimmt.» Während der nachfolgenden Jahre, in denen Hazel und ich gute Freunde wurden und gemeinsam eine Vielfalt von Ideen erforschten, kamen wir oft auf dieses essentielle Bindeglied zwischen Ökologie, weiblichem Denken und Spiritualität zurück.

In diesen beiden Tagen intensiver Diskussionen hatten wir sehr viel Sachliches abgehandelt. Daher verbrachten wir den letzten Abend mit Gesprächen in entspannter Stimmung, tauschten Eindrücke von Menschen aus, die wir beide kannten, und von Ländern, die wir besucht hatten. Als Hazel mich mit anschaulichen Geschichten über ihre Erlebnisse in Afrika, Japan und vielen anderen Teilen der Welt unterhielt, wurde mir das wirklich globale Ausmaß ihrer Aktivitäten klar. Sie pflegte enge Kontakte mit Politikern, Wirtschaftswissenschaftlern, Managern, Ökologen, Feministinnen und zahlreichen Gesellschaftsaktivisten rund um die Welt. Sie teilt deren Enthusiasmus und versucht, mit ihnen viele ihrer Visionen einer alternativen Zukunft zu verwirklichen.

Als Hazel mich am folgenden Morgen zum Bahnhof fuhr, belebte die frische Winterluft mein Gefühl von Lebendigkeit und innerer Erregung. Während der vorangegangenen achtundvierzig Stunden hatte ich beträchtliche Fortschritte in meinem Verständnis der sozialen und ökonomischen Dimensionen unseres sich verändernden Paradigmas gemacht. Obwohl ich wußte, daß ich mit vielen neuen Fragen und Rätseln zurückkehren würde, verließ ich Princeton mit dem großartigen Gefühl, einen entscheidenden Schritt weitergekommen zu sein. Ich spürte, daß meine Gespräche mit Hazel Henderson das Bild abgerundet hatten, und zum ersten Male fühlte ich mich wirklich bereit, das geplante Buch zu schreiben.

7. Teil: Die Big-Sur-Gespräche

Die Wegbereiter im Gespräch

Gegen Ende des Jahres 1978 hatte ich meine Erforschung des Paradigmenwechsels in verschiedenen Wissenschaftsdisziplinen zum großen Teil abgeschlossen. Aus Dutzenden von Büchern und Dokumenten und aus Diskussionen mit zahlreichen Wissenschaftlern und Praktikern der in Frage kommenden Wissensgebiete hatte ich umfangreiche Notizen gesammelt. Danach hatte ich sie entsprechend der geplanten Struktur meines Buches geordnet und eine eindrucksvolle Gruppe von Beratern um mich versammelt – Stan Grof für den Bereich der Psychologie und Psychotherapie; Hazel Henderson für Wirtschaft, Technologie und Politik; Margaret Lock und Carl Simonton für Medizin und Gesundheitswesen. Zusätzlich unterhielt ich enge Kontakte mit mehreren hervorragenden Gelehrten, unter ihnen Gregory Bateson, Geoffrey Chew, Erich Jantsch und R. D. Laing, die ich konsultieren konnte, wann immer ich weiteren Rates bedurfte.

Bevor ich nun begann, die *Wendezeit* zu schreiben, war noch ein letzter Schritt erforderlich. Ich organisierte eine Zusammenkunft, die zu einem außergewöhnlichen Ereignis wurde. Im Februar 1979 versammelte ich den Kern meiner Beratergruppe zu einem dreitägigen Symposium, bei dem wir die gesamte Konzeption des Buches überprüften und diskutierten. Da eines meiner Ziele war aufzuzeigen, wie sich ähnliche Wandlungen von Auffassungen und Ideen in unterschiedlichen Wissensgebieten vollziehen, lag mir nunmehr daran zu erfahren, wie meine Berater, mit denen ich persönliche Gespräche geführt hatte, auch untereinander interagierten und wie ihre Gedanken im Rahmen eines multidisziplinären Symposiums zusammenpassen würden. Zum Mittelpunkt und verbindenden Thema des Symposiums machte ich die Gesundheit in ihren vielfältigen Dimensionen und Aspekten. Um die Gruppe zu vervollständigen und abzurunden, lud ich den Chirurgen Leonard Shlain und den Familientherapeuten Antonio Dimalanta ein. Beide Persönlichkeiten hatten mein Denken in den beiden vergangenen Jahren entscheidend beeinflußt.

Als Ort für unsere Zusammenkunft wählte ich ein schönes, abgelegenes Haus an der Big-Sur-Küste nahe Esalen. Es ist das ehemalige Heim eines guten Bekannten, John Staude, der es jetzt für kleine Seminare und Arbeitsgruppen vermietet. Dank großzügiger Vorschüsse meiner Verleger war ich in der Lage, meine Berater aus den verschiedenen Teilen des Landes einfliegen zu lassen und das Grundstück für drei Tage zu mieten.

Als ich Hazel Henderson, Tony Dimalanta, Margaret Lock und Carl Simonton am Flughafen San Francisco abholte, konnte ich spüren, wie die erwartungsvolle Spannung in unserer kleinen Gruppe stieg, während einer nach dem anderen eintraf. Keine dieser Personen hatte die anderen zuvor kennengelernt, doch kannte jeder die Arbeit aller anderen. Als schließlich der letzte eingetroffen war, befanden wir uns alle schon in Hochstimmung und sahen unserem Treffen mit großen Erwartungen entgegen. Leonard Shlain stieß in meinem Hause zu uns, und schon auf der Fahrt im großen Kombiwagen nach Big Sur kam es zu ersten spontanen Diskussion in fröhlicher und kameradschaftlicher Atmosphäre, die sich noch verdichtete, als wir das Haus von John Staude erreicht hatten, das, vom Straßenverkehr durch dicke alte Eukalyptusbäume und Zedern abgeschirmt, hoch auf den Kliffs über dem Pazifischen Ozean liegt, umgeben von einem blühenden Garten. Dort stießen Stan Grof und eine kleine Gruppe von Beobachtern zu uns, so daß wir insgesamt ein Dutzend Personen waren.

Da saßen wir nun endlich alle beisammen. Für mich war ein Traum wahr geworden, den ich viele Jahre genährt hatte. Ich befand mich wieder in Big Sur, dem Ort meiner inspirierenden Gespräche mit Gregory Bateson und Stan Grof, wo ich viele Wochen mit Kontemplation und konzentrierter Arbeit verbracht hatte, einem Ort voller Erinnerungen an tiefe Einsichten und bewegende Erfahrungen. Die lange Vorbereitungszeit für mein umfangreiches Buchprojekt war nun abgeschlossen, und die Schlüsselpersönlichkeiten, die es inspiriert hatten und mir dabei helfen sollten, waren nun endlich in diesem Raum versammelt. Ich war überglücklich.

Während der nächsten drei Tage versammelten wir uns in einem großen Saal im typischen Big-Sur-Stil, getäfelt mit Redwood-Holz und einer riesigen Vorderfront aus Glas, die Ausblick auf den Ozean ermöglichte. Hier entfalteten sich nun unsere Gespräche, wobei uns immer wieder faszinierte, wie unsere Ideen sich miteinander verknüpften und verwoben, wie unsere unterschiedlichen Perspektiven die Gedanken der anderen herausforderten und stimulierten. Dieses intellektuelle Abenteuer erreichte seinen Höhepunkt, als Gregory Bateson am letzten Tage des Symposiums zu uns stieß. Obgleich Bateson an diesem Tage nur selten sprach, höchstens gelegentliche Bemerkungen in die Diskussionen einfließen ließ, spürte doch jeder von uns, wie stimulierend und herausfordernd die Anwesenheit dieser alles überragenden Persönlichkeit sich auswirkte.

Jede Sitzung wurde auf Tonband aufgenommen. Während der Mahlzeiten und an den Abenden kam es darüber hinaus zu zahllosen Gesprächen innerhalb kleinerer Gruppen, von denen viele bis spät in die Nacht dauerten. Es ist unmöglich, alle diese Gespräche zu reproduzieren. Einen Eindruck von der Qualität und Vielfalt der Gedanken kann ich nur in der folgenden Zusammenstellung von Auszügen aus dem Symposium wiedergeben. Ich habe diese Aufzeichnungen nicht durch redaktionelle Kommentare unterbrochen, sondern es vorgezogen, die teilnehmenden Persönlichkeiten für sich selbst sprechen zu lassen. Die Teilnehmer sind:

Gregory Bateson
Fritjof Capra
Antonio Dimalanta
Stanislav Grof
Hazel Henderson
Margaret Lock
Leonard Shlain
Carl Simonton

Capra: Ich möchte unsere Diskussion über die vielfältigen Dimensionen der Gesundheit mit der einfachen Frage beginnen: «Was ist Gesundheit?» Aus vielen Diskussionen mit jedem einzelnen von Ihnen habe ich gelernt, daß wir an diese Frage vielleicht mit der Feststellung herangehen können, daß Gesundheit eine Erfahrung des Wohlbefindens ist, die entsteht, wenn unser Organismus auf eine bestimmte Weise funktioniert. Das Problem ist, wie sich dieses gesunde Funktionieren des Organismus objektiv beschreiben läßt. Ist das überhaupt möglich, und ist es notwendig, die Antwort zu kennen, um ein wirksames System von Gesundheitsfürsorge aufzubauen?
Lock: Mir scheint, ein großer Teil der Gesundheitsfürsorge geschieht auf intuitiver Ebene, wo man nicht klassifizieren kann, sondern mit individuellen Personen, ihren höchst persönlichen vergangenen Erlebnissen und

ihrer individuellen Darstellung der Beschwerden zu tun hat. Kein Therapeut kann sich da nach fest vorgeschriebenen Regeln richten. Er muß flexibel sein.

Simonton: Dem kann ich nur zustimmen. Außerdem ist es wichtig festzustellen, daß wir nichts wissen und daß Antworten nicht verfügbar sind. Für mich war es eine der größten Erfahrungen, die ich in der medizinischen Wissenschaft machte, daß in den normalen Lehrbüchern nichts davon steht, daß es auf wichtige Fragen keine Antworten gibt.

Shlain: Es gibt drei Wörter, deren Definition niemand von uns kennt. Das erste ist «Leben», das zweite «Tod» und das dritte «Gesundheit». Wer in ein Standardlehrbuch der Biologie schaut, wo im ersten Kapitel danach gefragt wird, was Leben ist, der wird finden, daß man es dort nicht definieren kann. Hört man mancher Auseinandersetzung zwischen Juristen und Ärzten zu, nachdem jemand gestorben ist, dann erlebt man, daß sie nicht wissen, was der Tod ist. Tritt er ein, sobald das Herz zu schlagen aufhört oder das Gehirn nicht mehr arbeitet? Wann tritt dieser Augenblick ein? Ebensowenig kann man Gesundheit definieren. Jeder weiß, was sie ist, so wie jedermann weiß, was Leben und was Tod ist. Aber definieren kann es niemand. Diese drei Zustände definieren zu wollen überschreitet die Möglichkeiten der Sprache.

Simonton: Auch wenn wir davon ausgehen, daß alle Definitionen ohnehin nur annähernd sind, ist es mir trotzdem wichtig, eine Definition so annähernd wie nur möglich zu formulieren.

Capra: Ich habe mir versuchsweise den Gedanken zu eigen gemacht, daß Gesundheit das Ergebnis eines dynamischen Gleichgewichts zwischen den physischen, psychischen und sozialen Aspekten des Organismus ist. So gesehen wäre Krankheit eine Manifestation eines Ungleichgewichts und mangelnder Harmonie.

Shlain: Die Anschauung von Krankheit als Manifestation einer Disharmonie innerhalb des Organismus bereitet mir Unbehagen. Da werden genetische und Umweltfaktoren ganz außer acht gelassen. Ein Beispiel: Es hat jemand während des Krieges in einer Asbestfabrik gearbeitet, also zu einer Zeit, als noch niemand wußte, daß Asbest zwanzig Jahre später Lungenkrebs erzeugen kann. Wenn er dann wirklich Lungenkrebs bekommt: Wollen Sie dann sagen, das sei die Folge einer Disharmonie innerhalb dieser Person?

Capra: Nicht gerade innerhalb dieser Person, aber innerhalb der Gesellschaft und des Ökosystems. Wenn Sie Ihre Anschauung in diese

Richtung erweitern, dann ist das fast stets der Fall. Doch stimme ich Ihnen zu, daß wir genetische Faktoren berücksichtigen müssen.

Simonton: Stellen wir die genetischen und die Umweltfaktoren in den angemessenen Kontext. Sieht man sich die Zahl der Personen an, die bei ihrer Arbeit mit Asbest Umgang haben, und fragen dann, wie viele von ihnen Mesothelioma der Lungen entwickeln – das ist die Krankheit, von der hier eigentlich die Rede ist –, dann stellt sich heraus, daß das Verhältnis bei eins zu tausend liegt. Warum entsteht die Krankheit bei dieser einen Person? Da müssen noch viele Faktoren berücksichtigt werden. Die Leute tun jedoch im allgemeinen so, als ob Krebs dadurch entsteht, daß der Mensch mit krebserregenden Substanzen in Berührung kommt. Wir müssen sehr vorsichtig sein, wenn wir sagen, dies verursacht das und dies und verursacht jenes, weil wir dann dazu neigen, viele sehr wichtige Faktoren zu übersehen. Auch genetische Faktoren haben keine so überragende Bedeutung. Wir neigen dazu, Genetik zu betrachten, als sei sie eine Art von Magie.

Henderson: Wir sollten auch erkennen, daß es eine ganze Menge von ineinandergeschachtelten Systemen gibt, in die jedes Individuum eingebettet ist. Wollen wir eine Definition von Gesundheit erarbeiten, müssen wir eine durch die Fragestellung gegebene Logik einbeziehen. Gesundheit oder eine noch verkraftbare Menge Streß lassen sich nicht abstrakt definieren. Man muß stets eine Verbindung zum jeweiligen eigenen Standort herstellen. Für mich ist beispielsweise Streß so etwas wie ein Ball, der innerhalb des Systems hin und her gespielt wird. Jedermann versucht, seinen Streß im System eines anderen abzuladen. Nehmen wir als Beispiel die Wirtschaft. Eine Möglichkeit, die kranke Wirtschaft zu kurieren, wäre, ein weiteres Prozent Arbeitslosigkeit zu schaffen. Damit wird der Streß wieder dem Individuum zugeschoben. Wir wissen, daß ein Prozent mehr Arbeitslosigkeit etwa sieben Milliarden Dollar meßbaren menschlichen Streß schafft, ausgedrückt in größerer Krankheitsanfälligkeit, Sterblichkeit, Selbstmorden und dergleichen. Wir erleben hier, wie verschiedene Ebenen innerhalb des Systems den Streß dadurch managen, daß sie ihn jemand anderem aufhalsen. Eine andere Möglichkeit, das zu tun, bestünde darin, daß die Gesellschaft den Streß auf das Ökosystem abschiebt. Dann kommt er fünfzig Jahre später zurück. Ist diese Anschauung ein Beitrag zu unserer Diskussion?

Simonton: O ja, sogar ein sehr guter. Für mich ist das Anregendste an dieser Diskussion, wenn wir zwischen verschiedenen Systemen hin und her springen. Wir geraten dadurch nicht in eine Sackgasse durch Betrachtung nur einer Ebene.

Capra: Die eigentliche Grundlage unseres Gesundheitsproblems ist für mich ein tiefreichendes kulturelles Ungleichgewicht, nämlich die Überbetonung des Yang, also maskuliner Werte und Verhaltensweisen. Meiner Erkenntnis nach ist dieses Ungleichgewicht ein durchgängiger Hintergrund für alle Probleme individueller, gesellschaftlicher und ökologischer Gesundheit. Wo immer ich ein Gesundheitsproblem in der Tiefe erforsche und versuche, zur Wurzel der Dinge zu gelangen, stoße ich auf dieses Ungleichgewicht in unserem Wertesystem. Dann ergibt sich jedoch die Frage: Wenn wir von fehlendem Gleichgewicht sprechen – ist es möglich zu einem Gleichgewichtszustand zurückzukehren, oder erkennen wir zur Zeit den Ausschlag eines Pendels in der menschlichen Evolution? Und in welchem Zusammenhang steht das mit dem Entstehen und Vergehen von Kulturen?

Henderson: Darauf möchte ich wiederum mit einem spezifischen Beispiel aus der Wirtschaft reagieren. Eines der grundlegenden Probleme der Wirtschaftswissenschaft ist, daß sie mit evolutionärem Wachstum nichts anfangen kann. Der Biologe weiß sehr genau, daß Wachstum Strukturen hervorbringt, und wir sind jetzt an einem Punkt der evolutionären Kurve angelangt, an dem nichts ein so großer Fehlschlag ist wie der Erfolg. In unserem Lande ist die Wirtschaft bis zu dem Punkt gewachsen, an dem sie viele soziale Nachteile hervorbringt. Ihre Struktur ist dermaßen betoniert, sie ähnelt so sehr einem Dinosaurier, daß sie die Signale aus dem Ökosystem nicht mehr hören kann. Sie blockiert diese Signale und die soziale Rückkoppelung. Was ich herausarbeiten möchte, ist eine Gruppe von Kriterien der sozialen Gesundheit, die das Bruttosozialprodukt als Indikator ersetzen kann.

Noch etwas zum vorhin angesprochenen kulturellen Ungleichgewicht. Die gegenwärtige Technologie, die ich persönlich «Machismo-Technologie» oder «Technologie des großen Knalls» nenne, ist verbunden mit der Belohnung von Wettbewerbsaktivitäten und der Entmutigung kooperativer Aktivitäten. Alle meine Modelle sind ökologische Modelle, und ich weiß, daß Wettbewerb und Kooperation in jedem Ökosystem stets ein dynamisches Gleichgewicht halten. Die Sozialdarwinisten täuschten sich, die die Natur nur sehr flüchtig betrachteten und in ihr vor allem das «Gesetz des Dschungels» erkannten. Sie sahen nur den Wettbewerb, jedoch nicht die molekulare Ebene der Kooperation, weil diese einfach zu subtil ist.

Shlain: Was meinen Sie mit Kooperation auf molekularer Ebene?
Henderson: Die Kooperation, die beispielsweise im Stickstoffkreislauf, im Wasserkreislauf, dem Kohlenstoffkreislauf und dergleichen existiert. Das sind alles Beispiele von Kooperation, die zu bemerken man von den Sozialdarwinisten nicht erwarten konnte, weil sie einfach nicht über die erforderlichen naturwissenschaftlichen Methoden verfügten. Sie haben alle die zyklischen Muster nicht gesehen, die für biologische wie für soziale und kulturelle Systeme charakteristisch sind.
Simonton: Zyklische Muster in der kulturellen Evolution lassen sich besser verstehen, wenn man seine eigenen Entwicklungszyklen versteht. Das Verständnis meiner eigenen Zyklen macht mich toleranter und flexibler, was sich meines Erachtens gesellschaftlich und kulturell auswirkt.
Capra: Meines Erachtens wird der Feminismus diese Entwicklung fördern, weil Frauen sich der biologischen Zyklen von Natur aus stärker bewußt sind. Wir Männer sind da viel unbeweglicher und denken gewöhnlich nicht daran, daß unsere Körper zyklisch leben. Das ist eine sehr gesunde Erkenntnis, die uns auch das Erkennen kultureller Zyklen erleichtern wird.
Dimalanta: Ein entscheidendes Phänomen bei der Evolution von Systemen scheint mir zu sein, was man Abweichungsvergrößerung genannt hat. Da gibt es so etwas wie einen Zündfunken, beispielsweise eine neue Erfindung, die Veränderungen in Gang bringt. Dann wird diese Veränderung vergrößert, und alle Welt übersieht die Konsequenzen. Wird die Vergrößerung dann ins System übernommen und weitet dieses die ursprüngliche Abweichung noch mehr aus, dann ist es fähig, sich selbst zu zerstören, worauf die Kurve der kulturellen Evolution nach unten zeigt. Es mag dann vielleicht eine neue Initiative geben, die ihrerseits vergrößert wird, und der ganze Vorgang kann sich wiederholen. Ich glaube, dieser Prozeß wurde noch nicht ausreichend studiert. Das Universum bietet dafür viele Beispiele. In der Familientherapie braucht man oft nur das gegebene System zu destabilisieren, um einen Wandel in Gang zu bringen. Ein besonders wirksamer Mechanismus dafür ist, einen Prozeß der Abweichungsvergrößerung einzuleiten. Man kann diese Abweichung jedoch nicht ständig vergrößern, sondern muß eine negative Rückkoppelung anwenden. Gesellschaftlich gesehen ist das der Punkt, an dem unser Bewußtsein ins Spiel kommt.
Capra: Wenn wir von kulturellem Ungleichgewicht sprechen, sollten wir wahrscheinlich zuerst fragen: Was ist Gleichgewicht? Gibt es überhaupt

so etwas wie einen ausgeglichenen Zustand? Auf dieses Problem stoßen wir im Kontext der individuellen Gesundheit ebenso wie in der Kultur insgesamt.

Shlain: Man muß auch über das Tempo des Wandels sprechen. Nie zuvor sind so viele Dinge gleichzeitig geschehen, die neue Variablen ins Spiel bringen. Es gibt schnelle Veränderungen auf der technologischen, wissenschaftlichen, industriellen Ebene und anderen. Wir erleben das bisher schnellste Tempo des Wandels in der Menschheitsgeschichte, und es fällt mir schwer, etwas, was in unserer Geschichte bis auf den heutigen Tag geschehen ist, zu extrapolieren und auf diese Weise aus der Vergangenheit zu lernen. Es ist sehr schwer zu wissen, in welchem Stadium unserer kulturellen Evolution wir uns gerade befinden, weil alles so sehr beschleunigt ist.

Lock: Richtig. Das hat unter anderem zur Folge, daß die beiden Aspekte des Menschen als kulturelles und als biologisches Wesen heute weiter auseinanderfallen als je zuvor. Wir haben unsere Umwelt in einem Maße verändert, daß wir heute wirklich nicht mehr im Einklang mit unseren biologischen Grundlagen sind – mehr als jede Kultur und jede andere Gruppe der Menschheit in der Vergangenheit. Vielleicht hängt das direkt mit dem Problem unseres wettbewerbsorientierten Verhaltens zusammen. Dieses hat sehr wahrscheinlich die biologische Anpassungsfähigkeit auf der Jäger/Sammler-Ebene gefördert. Wer in einer solchen Situation überleben will, braucht Aggression, braucht Wettbewerbsdenken. Doch scheint dieses Verhalten wirklich das letzte zu sein, was wir in einer dichtbevölkerten Umwelt mit starken kulturellen Zwängen benötigen. Da leben wir nun mit diesen Rudimenten unseres biologischen Erbes und erweitern die Spaltung mit jeder neuen kulturellen Innovation.

Capra: Warum evolvieren wir dann nicht angemessen durch Anpassung?

Shlain: Tiere passen sich durch Mutation an, und dieser Prozeß benötigt mehrere Generationen; wir jedoch erleben Veränderungen von bemerkenswerter Geschwindigkeit innerhalb einer Lebensspanne, so daß sich die Frage stellt, ob wir uns überhaupt anpassen können.

Capra: Als Menschen haben wir natürlich unser Bewußtsein und könnten uns durch Verlagerung unserer Wertvorstellungen bewußt anpassen.

Henderson: Das ist genau die evolutionäre Rolle, die ich für uns sehe. Der nächste evolutionäre Sprung *muß* kultureller Art sein, wenn es überhaupt dazu kommt. Meines Erachtens dient diesem Ziel auch unser ganzes Nach-innen-Schauen und Testen unserer Fähigkeiten. Es wird einer herkulischen Anstrengung bedürfen, uns aus dem herauszuholen, was sich sonst als evolutionäre Sackgasse erweisen dürfte. So viele andere Spezies vor uns haben es nicht geschafft, doch verfügen wir über eine stattliche Ausrüstung, mit der es zu schaffen wäre.

* * *

Capra: Lassen Sie mich jetzt die Diskussion auf die konkrete Frage lenken: Sind wir gesund? Es scheint nicht sinnvoll, Gesundheitsmuster über einen längeren Zeitraum hinweg zu vergleichen, weil sie von Veränderungen der Umwelt abhängen. Doch sollte ein Vergleich wenigstens für die letzten zwanzig Jahre möglich sein, in denen die Umwelt sich nicht so sehr geändert hat. Betrachtet man Krankheiten nur als eine Folge schlechter Gesundheit, dann genügt ein Vergleich der Krankheitsmuster nicht. Wir müssen auch geistige Erkrankung und soziale Pathologie einbeziehen. Tun wir das – was ist dann die Antwort auf die Frage, ob wir gesund sind? Gibt es Statistiken, die diesen umfassenderen Gesichtspunkt berücksichtigen?
Lock: Nein, darüber gibt es keine Statistik, weil man sich nicht über eine Definition der sozialen Pathologie einigen kann.
Henderson: Es hängt stets von der Systemebene ab, die man betrachtet. In dem Augenblick, in dem man beschließt, sich auf bestimmte Kriterien zu konzentrieren, um Fortschritte in einem bestimmten Bereich zu beschreiben, verliert man im Streben nach größter Genauigkeit alles andere – das ist wie in der Physik.
Shlain: Man kennt die Position, kann dann aber die Geschwindigkeit nicht kennen.
Capra: Aber wäre es nicht dennoch hilfreich, auch diese Dinge zu berücksichtigen? Denn wenn wir bestimmte Krankheiten ausschalten, und das hat dann mehr geistige Krankheiten und mehr Kriminalität zur Folge, dann haben wir nicht viel für die Gesundheit getan. Wie Hazel vorhin sagte – wir schieben den Ball nur jemand anderem zu. Es wäre doch interessant, das zu messen und auf irgendeine zuverlässige Weise auszudrücken.
Simonton: Für mich ist bereits die Frage «Sind wir gesund?» recht problematisch. Ich habe ein Problem, mich dazu überhaupt zu äußern. Diese Frage reflektiert nämlich einen sehr statischen Standpunkt. Mir

scheint da eher die Frage gerechtfertigt: «Bewegen wir uns in eine gesunde Richtung?»

Lock: Ich meine, wir sollten Klarheit über die Ebene haben, mit der wir uns beschäftigen. Sprechen wir bei dieser Fragestellung über Individuen, Bevölkerungen oder sonstige Ebenen?

Simonton: Darum ist es so wichtig, diese Ebenen zu integrieren, wenn wir an diese Frage herangehen. Die Antwort muß im Kontext des Individuums wie dem der Gesellschaft gegeben werden.

Henderson: Ich stoße auf ähnliche Probleme, wenn ich im Rahmen einer Studiengruppe in Washington tätig bin, die sich mit der Abschätzung der Folgen bestimmter Technologien befaßt. Da treffen wir ständig auf diese Probleme. Der einzige Weg, nützliche Arbeit zu leisten, den ich gefunden habe, ist, das System mit all seinen Verschachtelungen sehr gründlich zu beschreiben. Man muß von Anfang an spezifizieren, was genau man sich anschaut. Dann mag sich herausstellen, daß etwas, was technologisch effizient ist, vom gesellschaftlichen Standpunkt aus ineffizient ist. Etwas ist gesund für die Wirtschaft, ökologisch möglicherweise ungesund. Diese schwierigen Probleme treten auf, sobald man Menschen aus verschiedenen Wissensgebieten zusammenführt, um solche Technologiebewertungen vorzunehmen. Niemals lassen sich alle unterschiedlichen Standpunkte und Interessen integrieren. Man kann nichts anderes tun, als von Anfang an ehrlich zu sein, und gerade diese Ehrlichkeit ist so schmerzhaft.

Capra: Mir scheint, man wird niemals Erfolg haben, wenn man darauf beharrt, statisch zu sein und alles optimal haben möchte. Folgt man jedoch einer dynamischen Lebensweise, wobei man sich beispielsweise einmal für gesellschaftlich schlechte Gesundheit entscheidet, was sich jedoch in anderen Bereichen auszahlt, und hält es ein anderes Mal umgekehrt, dann könnte es doch möglich sein, das Ganze in einem dynamischen Gleichgewicht zu halten.

* * *

Shlain: Warum sinkt die Sterberate gegenwärtig, wenn wir doch so vieles falsch machen mit unserer Ernährung, unserem Lebensstil, mit der Art, wie wir Streß erzeugen? Ich meine, unsere Diskussion wird darauf hinauslaufen, daß wir in einer technologisch fortgeschrittenen, aber ungesunden Gesellschaft leben. Wenn das so ist, wieso steigt dann unsere Lebenserwartung ständig? In den letzten zehn Jahren hat diese

Lebenserwartung um vier Jahre zugenommen. Ich spreche jetzt nicht von der Lebensqualität. Wenn wir jedoch in einer ziemlich ungesunden Gesellschaft leben, wie kommt es dennoch zu diesem Parameter?
Simonton: Für mich ist die Länge der Lebenserwartung nicht der einzige Bewertungsfaktor. Sehen wir uns einmal den Krebs an. Da zeigt sich, daß das Auftreten von Krebserkrankungen gegenwärtig epidemische Proportionen annimmt, nach unserer Definition von epidemisch. Blikken wir auf die Wirtschaft – da erreicht die Inflation epidemische Ausmaße. Es kommt alles darauf an, was man zu sehen wünscht. Das Gesamtbild scheint uns zu sagen, daß wir einen Wandel brauchen, wenn wir als Kultur überleben wollen. Die Verlängerung der Lebenserwartung hat viele positive Aspekte, etwa den Rückgang der Herzerkrankungen. Die Länge der Lebenserwartung jedoch als absoluten Wert anzusehen, das bedeutet für mich, den Kopf in den Sand zu stecken.
Shlain: Dennoch bleibt es ein sinnvoller statistischer Parameter, und ich meine, man sollte ihn in Beziehung setzen zum allgemeinen Wandel des Bewußtseins, den wir in unserer Kultur beobachten. Die Anschauung der Menschen von ihrer Ernährung ändert sich beachtlich; man legt mehr Wert auf körperliche Fitneß – sehen Sie sich doch nur die vielen Jogger an –, und es sind noch viele andere positive Veränderungen im Gange.
Capra: Sprechen wir von «unserer Kultur», dann sollten wir unterscheiden zwischen der im Abstieg befindlichen Kultur der Mehrheit und einer aufsteigenden Minderheitenkultur. Jogger und Läden für biologische Ernährung, die Bewegung zur Entfaltung des menschlichen Potentials, die Umweltbewegung, die feministische Bewegung – sie alle sind Teile der aufsteigenden neuen Kultur. Unser gesamtes gesellschaftliches und kulturelles System ist komplex und multidimensional. Es ist unmöglich, nur eine einzelne Variable zu benutzen, welche auch immer, um das System in seiner Gesamtheit widerzuspiegeln. Daher kann es sehr wohl möglich sein, daß diese spezielle Kombination der aufsteigenden und der vergehenden Kultur dazu beigetragen hat, die Lebenserwartung zu verlängern, auch wenn es gleichzeitig eine ganze Menge ungesunder Verhaltensweisen gibt.

* * *

Capra: Das bringt mich zu einer damit zusammenhängenden Frage: Hat die medizinische Wissenschaft Erfolg? Die entsprechenden Anschauungen sind oft diametral entgegengesetzt und daher ziemlich verwirrend.

Einzelne Experten sprechen von fantastischen Fortschritten der Medizin in den vergangenen Jahrzehnten. Andere jedoch stellen fest, daß die Ärzte in den meisten Fällen relativ wenig zur Vorbeugung gegen Krankheiten oder zur Erhaltung der Gesundheit durch medikamentöse Interventionen beitragen.
Simonton: Ein wichtiger Aspekt dieser Frage ist: Was denkt der Durchschnittsmensch von der medizinischen Wissenschaft? Einige Hinweise darauf geben uns Gerichtsverfahren wegen medizinischer Kunstfehler, das allgemeine Prestige der Ärzte und dergleichen. Wenn ich mir so ansehe, wie die Gesellschaft die Medizin betrachtet, dann muß ich feststellen, daß ihr Ansehen in den vergangenen dreißig Jahren auffallend gesunken ist. Betrachte ich sie von innen her, erkenne ich, daß sie eine ungesunde Richtung eingeschlagen hat. Dafür gibt es viele Indikatoren – ungesund für sich selbst und, weil sie die Bedürfnisse der Gesellschaft nicht erfüllt, auch ungesund für die Gesellschaft.
Shlain: Wir dürfen doch aber nicht die richtige Perspektive verlieren. Es ist doch unbezweifelbar, daß die medizinische Wissenschaft mit der Heilung von Infektionskrankheiten und dem Verständnis, das sie von den grundliegenden Prozessen anderer Krankheiten gewonnen hat, einen gewaltigen Sprung nach vorn getan hat. Zweifellos wurden innerhalb eines Jahrhunderts erstaunliche Fortschritte erzielt. Früher waren etwa die Pocken oder die Beulenpest eine ständige Bedrohung unserer Existenz. Jede Familie mußte erwarten, eins von drei Kindern zu verlieren. Man konnte nicht erwarten, daß eine Familie sich entwickelte, ohne daß Kinder oder die Mutter im Kindbett starben.
Simonton: Sicherlich hat sich da eine erstaunliche Verschiebung ergeben. Doch zögere ich, das kategorisch als Fortschritt zu bezeichnen.
Shlain: Als Folge der Entdeckung der Ursachen und von Behandlungsformen für viele dieser Killer, die routinemäßig die Bevölkerung bedrohten, gibt es diese Krankheiten überhaupt nicht mehr.
Simonton: Das stimmt. Aber auch Lepra gibt es nicht mehr, und die wurde nicht durch medizinisches Management ausgerottet. Ein historischer Rückblick zeigt uns: Es geschieht immer wieder dasselbe. Das ist fast ein evolutionärer Prozeß und nicht auf irgendeine Form von Intervention zurückzuführen. Ich will damit nicht sagen, die medizinische Wissenschaft habe *keinen* Anteil an dem, was geschehen ist. Wer jedoch sagt, es sei ihretwegen geschehen, verkennt die Geschichte.
Shlain: Ich stimme zu, daß man die medizinische Wissenschaft und die Krankheit nicht von dem gesellschaftlichen Gewebe isolieren kann, in

dem beide existieren, und zweifellos verbessert jeder Fortschritt im sanitären und hygienischen Bereich sowie beim Lebensstandard die Situation. Wir stehen eindeutig besser da in bezug auf die Zahl der Frauen, die im Kindbett sterben, die Zahl der Kinder, die das Erwachsenenalter erreichen, und die Zahl der Menschen, die ein längeres Leben haben. Das führt uns natürlich zu der Frage, wie man die Lebensqualität messen soll. Die Tatsache, daß Menschen länger leben, heißt nicht zwangsläufig, daß sie gesünder leben. Dennoch habe ich nicht den geringsten Zweifel, daß die menschliche Spezies als Spezies sich der Zahl nach in einem rapiden Wachstumsprozeß befindet. Wir vermehren uns in absoluten Zahlen, und die Lebenslänge hat zugenommen. In den Vereinigten Staaten steigt die Lebenserwartung immer noch an. In zehn Jahren ist sie von 69 auf 73 Jahren geklettert.

Lock: Das hängt mit dem Problem der Armut zusammen und mit der Tatsache, daß viele Menschen in verschiedenen Regionen der Vereinigten Staaten eben erst beginnen, sich richtig zu ernähren. Zugleich jedoch beläuft sich die Lebenserwartung der amerikanischen Indianer auf nur 45 Jahre.

Simonton: Genau das sage ich ja. Wir können feststellen, daß es gewisse Änderungen gegeben hat. Aber zu sagen, wer für diese Änderungen verantwortlich ist, oder eine einzige Ursache dafür anzugeben, das führt in eine echte Falle.

Lock: Absolut. Ich stimme vollkommen zu.

Shlain: Moment mal, warten Sie mal. Ich nehme mich einer Menge alter Menschen an, und ich weiß, daß die Art, wie ich sie betreuen kann, sich sehr davon unterscheidet, wie ich es vor zehn Jahren getan habe. Da hat es Verbesserungen gegeben. Einiges hat sich nicht gebessert, vieles andere jedoch sehr. Die Chancen, daß ich jemanden als Patienten annehme, der sich in einem kritischen Zustand befindet, und ihn dann eines Tages aus dem Krankenhaus entlassen kann, ist heute größer als vor zehn Jahren.

Und dann ist da noch etwas anderes. Wenn beispielsweise jemand mit wiederholten Koliken als Folge von Gallensteinen zu mir kommt, dann kann ich zwar in der Krankengeschichte seiner Familie suchen, seinen kulturellen Hintergrund und seine Ernährungsgewohnheiten erfragen und so weiter, aber dennoch hat er Gallensteine.

Operiert man ihm die Gallenblase heraus, sind die Schmerzen weg. Nun kann man zwar sagen, ich hätte wie bei einer Uhr den mechanischen Teil herausgenommen, der nicht funktioniert, aber nun geht die Uhr wieder. Natürlich kann man sagen, das sei ein schlechtes Modell – aber es funktioniert.

Simonton: Nicht alles, was funktioniert, ist gut für das System. Die Tatsache, daß ein Eingriff Schmerzen und Leiden lindert, bedeutet nicht ohne weiteres, daß diese Methode beibehalten werden sollte. Ich finde es wichtig festzuhalten, daß nicht alles, was vorübergehend Leiden lindert, zwangsläufig gut ist. Chirurgische Eingriffe sind ein Beispiel dafür. Hält man sich an sie, ohne auch auf anderes zu achten, dann kann diese Methode langfristig für das Gesamtsystem ungesund sein.

Capra: Ich glaube, was Carl hier sagt, beruht auf der Anschauung, daß Krankheit ein Ausweg aus einem persönlichen oder einem gesellschaftlichen Problem ist. Habe ich solch ein Problem und es kommt dadurch bei mir zu einer Erkrankung der Gallenblase, dann ist das Problem mit der Entfernung der Gallenblase noch nicht gelöst. Es bleibt bestehen und kann zu einer anderen Krankheit führen – zu Geisteskrankheit oder antisozialem Verhalten oder sonstwas. Für diese umfassendere Schau der Krankheit bedeutet der chirurgische Eingriff nur die Beseitigung eines Symptoms.

Simonton: Betrachten wir doch einmal die Geschichte von Gesundheit und Gesundheitsfürsorge in den Vereinigten Staaten während der vergangenen hundert Jahre. Ich bezweifle gar nicht, daß es da in vielen Aspekten des täglichen Lebens und der Gesundheit spürbare Veränderungen gegeben hat. Problematisch ist nur, daß viele Leute den Lorbeer für diese Veränderungen ganz für sich in Anspruch nehmen, statt die Dinge zu integrieren. Während meiner Ausbildung wurde mir erzählt, diese Veränderungen seien durch Fortschritte der medizinischen Wissenschaft bewirkt worden, und ich sehe ein, daß diese Behauptung einige Berechtigung hat. Ich sehe ja selbst, wie die Medizin sich gewandelt hat und wie das unser Leben beeinflußt. Warum die medizinische Wissenschaft sich gewandelt hat, das jedoch hängt mit anderen Veränderungen in der Gesellschaft zusammen, und alle diese Aspekte hängen so zusammen, daß man sie unmöglich voneinander isolieren kann. Wo immer jemand versucht, das Verdienst an einer guten Sache für sich zu vereinnahmen, reflektiert das eine sehr besitzergreifende Haltung und wird zu einer Ausrede, um mehr Geld in gewisse Unternehmen oder Aktivitäten zu kanalisieren – und das ist für mich der eigentlich ungesunde Aspekt.

Lock: Ein gutes Beispiel dafür erleben wir ja bei der Übernahme der abendländischen Medizin durch Entwicklungsländer. So gibt es in Tansania Eliteärzte, die im Westen oder in Rußland ausgebildet wurden und eine Menge Technologie für ihre Arbeit fordern. Da ist andererseits die Regierung, in diesem Falle eine links orientierte, die die ärztliche Betreuung vor allem in ländlichen Bezirken organisieren will. Dann ist da noch die Weltgesundheitsorganisation mit verschiedenen Einflüssen aus unterschiedlichsten Machtquellen, und schließlich gibt es die lokalen Behörden in Tansania. Führt man sich nun die Interessen dieser verschiedenen Gruppen vor Augen und versucht, ehrlich festzustellen, warum sie alle das tun, was sie tun, dann stellt sich heraus, daß nur wenige sich wirklich darum kümmern, ob jemand in Tansania Penicillin bekommt oder nicht. Nepal liefert ein noch besseres Beispiel. In Katmandu gibt es über 35 Projekte von Entwicklungsorganisationen aus aller Welt, die alle versuchen, den Nepalesen Gesundheit zu bringen. Ein Hauptgrund dafür ist, daß jeder gerne mal im Himalajagebiet ist und Katmandu erleben möchte. Das ganze Getue um die Gesundheit ist nur ein Deckmäntelchen für ihre Anwesenheit. Ich halte es für absolut notwendig, die echten Motive hinter all diesen Entwicklungen aufzudecken.

* * *

Capra: Die gegenwärtige medizinische Therapie mit ihrem medikamentösen Behandlungsansatz ist doch bezeichnend dafür, daß man mehr auf die Symptome als auf die ihnen zugrunde liegenden Ursachen sieht. Ich würde gern die grundlegende Weltanschauung diskutieren, die hinter der Verabreichung von Medikamenten steckt. Es scheint zwei Anschauungen zu geben. Die eine vertritt die These, die physischen Symptome einer Krankheit würden von Bakterien verursacht; um die Symptome zu beseitigen, müsse man also die Bakterien abtöten. Die andere Anschauung besagt, Bakterien seien symptomatische Faktoren einer Erkrankung, jedoch nicht deren Ursache. Deshalb solle man sich nicht so sehr um die Bakterien kümmern, sondern vielmehr den zugrunde liegenden Ursachen zu Leibe rücken. Was ist der gegenwärtige Status dieser beiden Anschauungen?

Shlain: Bringt man jemanden, der unter erheblichem Streß steht, mit dem Tuberkulosebazillus in Berührung, dann wird er wahrscheinlich an Tuberkulose erkranken. Eine gesunde Person wird das unter gleichen Umständen nicht zwangsläufig tun. Hat sich die Krankheit aber erst einmal entwickelt, dann werden die Bazillen den Organismus zerstören, wenn man nichts dagegen unternimmt.

Capra: Kann man denn den Organismus so stärken, daß er von sich aus mit den Bakterien fertig wird?
Shlain: So behandelte man die Kranken, bevor die medikamentöse Behandlung der Tuberkulose eingeführt wurde. Man schickte die Patienten in die Schweizer Alpen, wo sie gute Ernährung, reine Luft, ein Leben ohne Streß, besonders ausgebildete Krankenpflegerinnen und allerlei sonstige Therapien genossen – all das hat nichts geholfen. Als dann jedoch jemand das richtige Medikament entwickelte, bedeutete dies das Ende der Krankheit, die bis dahin der größte Killer in der Welt gewesen war.
Lock: Thomas McKeown ist ein britischer Epidemologe, der den Rückgang der Sterbeziffern während des Endes des vorigen Jahrhunderts in England und Schweden studiert hat. Er hat aufgezeigt, daß diese Rate bei allen größeren Infektionskrankheiten schon vor der Entwicklung von Impfstoffen und speziellen Medikamenten abgesackt ist.
Shlain: Das ist eine Folge der besseren Hygiene und der sanitären Verhältnisse.
Lock: Genau das. Und das übte tiefgreifende Wirkungen aus, lange bevor die entsprechenden Medikamente entwickelt wurden.
Shlain: Aber das ändert doch nichts an folgender Sachlage: Kommt heute ein Patient zu mir, der das Pech hat, an Tuberkulose zu leiden, und ich behandle ihn mit Medikamenten, dann geht es ihm besser. Schicke ich ihn jedoch in ein Sanatorium und verabreiche ihm dort die richtige Ernährung, reine Luft und sonst noch etwas, dann ist es durchaus möglich, daß sein Zustand sich nicht bessert.
Dimalanta: Meines Erachtens stehen wir hier vor dem Problem, daß wir alles oder nichts haben wollen. Sind Bakterien da und verfügen wir über ein Antibiotikum, dann sollten wir es anwenden. Zugleich sollten wir uns jedoch das ganze System anschauen, um herauszufinden, was die betreffende Person für jene Krankheit anfällig gemacht hat.
Shlain: Dagegen habe ich nichts einzuwenden.
Simonton: Es gibt aber Gründe, das nicht zu tun. Es erfordert nämlich sehr viel Zeit. Dazu kommt noch, daß die Menschen es nicht mögen, wenn man ihren Lebensstil unter die Lupe nimmt und sie mit ihrem eigenen ungesunden Verhalten konfrontiert. Als Gesellschaft *wünschen* wir keine gute medizinische Versorgung, und wenn Sie diese einer Gesellschaft aufnötigen wollen, dann gibt es Probleme.

* * *

Capra: Die medikamentöse Therapie wird von der pharmazeutischen Industrie, die auf Ärzte und Patienten einen ungeheuren Einfluß ausübt, gefördert und verewigt. Man kann das jeden Abend an den Werbespots im Fernsehen sehen.

Lock: Werbung im Fernsehen ist nicht nur bei Medikamenten problematisch. Sie ist auch bei Wasch- und Reinigungsmitteln problematisch.

Simonton: Die für Medikamente Werbung machen, behaupten jedoch, das sei etwas ganz anderes.

Henderson: Der einzige Unterschied besteht darin, daß die Werbung für Medikamente Gegenindikationen erwähnen muß. Für die übrige Werbung gilt das nicht. So sagt man beispielsweise nicht, daß gewisse Reinigungsmittel uns zwar blitzblankes Geschirr bescheren, wir dafür jedoch auf blitzblanke Flüsse und Seen verzichten müssen. Um noch ein Beispiel zu geben: Bei den vorgesüßten Frühstücksspeisen aus Getreide für Kleinkinder, für die bei uns am Sonntagmorgen im Fernsehen geworben wird, bestehen ernsthafte Gegenindikationen. Bei der Werbung für Konsumgüter werden die Gegenindikationen der Produkte anders als bei der Medikamentenwerbung für Ärzte üblicherweise nicht angeführt.

Simonton: Deshalb meine ich ja auch, daß die Werbung der pharmazeutischen Industrie anders ist. Da wird mit einem Unterton von Feierlichkeit und Edelmut geworben, wird die Vorstellung erweckt, man wolle den Kunden nicht täuschen und habe nur sein Bestes im Auge. Aber das ist einfach nicht wahr. Die Firmen wollen Gewinn machen, und je mehr sie das unter dem Mäntelchen des Edelmuts tun, desto verlogener wird es.

Lock: Ich möchte gern wissen, warum die größeren Zeitschriften, die von den Angehörigen der medizinischen Berufe gelesen werden, von der pharmazeutischen Industrie finanziert werden. Die Mediziner sind der einzige Berufsstand, der so etwas zuläßt. In anderen Berufen müssen die Leute ihre eigenen Zeitschriften machen. Nur die Mediziner lassen die pharmazeutische Industrie das für sich tun.

Simonton: Sie erlauben es den pharmazeutischen Unternehmen ja auch, große Partys für sie zu veranstalten.

Lock: Richtig. Das geschieht dort mehr als bei anderen akademischen Berufen. Ich würde vom Berufsstand der Mediziner mehr halten, wenn er sich dazu durchringen könnte, seine Integrität wiederherzustellen.

Shlain: Soll man daraus die allgemeine Schlußfolgerung ableiten, die pharmazeutische Industrie sei etwas Böses, das nichts Gutes produziert?

Nehmen wir das Beispiel einer alten Dame mit Herzbeschwerden. Ihre Pumpe arbeitet nicht gut. Sie ist einfach nicht mehr kräftig genug, das Blut durch den Körper zu drücken, so daß sich in ihren Fußgelenken Wasser ansammelt. Sie hat Schwierigkeiten beim Gehen und Atembeschwerden während der Nacht. Nun gebe ich ihr ein paar Tabletten, die das Wasser aus ihrem System entfernen. Die Tablette, die ich ihr heute verschreibe, ist unendlich wirksamer als die Pille, die ich ihr vor zehn oder fünfzehn Jahren verschreiben mußte. Man hat sie immer und immer wieder verfeinert, und sie ist bei immer geringeren Nebenwirkungen zunehmend besser geworden. Jetzt kann diese Frau nachts durchschlafen, kann ein wenig länger und mit besserer Lebensqualität leben. Und das verdankt sie diesem Monster, von dem wir hier sprechen, der pharmazeutischen Industrie.
Henderson: Wir sprechen hier von Für und Wider.
Shlain: Ich verstehe das, halte es jedoch für wichtig, für etwas Ausgewogenheit zu sorgen. Wir sollten doch daran denken, daß wir es hier nicht mit einem Ungeheuer zu tun haben, das uns alle bei lebendigem Leibe frißt, indem es uns Medikamente aufnötigt, die ernste Nebenwirkungen haben und nichts bewirken. Wir verfügen heute über eine ganze Reihe geradezu unglaublicher Medikamente, die sehr gute Arbeit leisten. Wir haben viele Menschen mit rheumatischer Arthritis und degenerativen Erkrankungen, die sich noch vor zehn Jahren beträchtlich elender gefühlt hätten, als es diese neuen Medikamente noch nicht auf dem Markt gab.
Henderson: Diese Sache hat noch einen anderen Aspekt. Sobald ich in einem System viel Ordnung und Struktur feststelle, neige ich dazu, anderswo nach Unordnung zu suchen. Denken Sie mal daran, was mit Parke-Davis und Chloramphinecol geschah, einem von dieser Firma produzierten Antibiotikum. Dieses Medikament wurde in unserem Land verboten, ausgenommen für einige sehr eingeschränkte Verwendungszwecke. Die Firma hat es jedoch in Japan rezeptfrei als Mittel gegen Kopfschmerzen und Erkältung verkauft. Es ist nachgewiesen, daß die Zahl der Fälle von aplastischer Anämie in direkter Relation zum Verkauf dieses Antibiotikums zugenommen hat. In anderen Ländern habe ich dasselbe Muster erlebt. In dem Augenblick, in dem ein Medikament in einem fortgeschrittenen Industriestaat verboten wird, verkaufen die multinationalen pharmazeutischen Gesellschaften es einfach auf anderen Märkten. Das gehört zu meiner Vorstellung von Streß, der im System hin und her geschoben wird.

Lock: Das Kinderkrankenhaus in Montreal empfiehlt seinem Mitarbeiterstab, sich auf vierzig Medikamente zu beschränken. Man glaubt dort, mit diesen vierzig jedem Problem gerecht werden zu können, und dazu gehören Aspirin, Penicillin und so weiter.

Shlain: Im Gegensatz dazu ist die Rote Liste des Arztes Jahr für Jahr umfangreicher geworden. Einer der Gründe dafür ist, daß bei jedem Medikament die Liste der Komplikationen länger wird, dazu kommen dann noch neue Medikamente. Doch halten die meisten Ärzte sich in vernünftigen Grenzen. Ich glaube kaum, daß sie mehr als vierzig Medikamente verschreiben. Wenn ein Vertreter der Pharmaindustrie zu mir kommt und sagt: «Benutzen Sie dies hier, das ist neu», dann sage ich ihm: «Nein, lassen Sie es erst einmal zehn Jahre lang auf dem Markt sein; dann werde ich es vielleicht versuchen.»

Capra: Aber was meinen Sie mit «es auf dem Markt sein lassen»? Irgend jemand muß doch das Medikament verschreiben, wenn es auf dem Markt bleibt.

Simonton: Natürlich. Da haben wir also die Pharmavertreter. Die kommen zu uns und bringen allerlei Geschenke mit. Die Burschen verdienen ihren Lebensunterhalt damit, daß sie möglichst viele Medikamente unter die Leute bringen. Die besuchen einen schon, wenn man noch an der Medizinischen Fakultät studiert. Die schenken dir ein neues Stethoskop, bringen einen Arztkoffer, laden dich zu Parties ein. Dieses ganze Geschäft hat einige recht ungesunde Aspekte. Mein Schwager ist praktischer Arzt im südwestlichen Oklahoma, und Sie sollten einmal sehen, was die Vertreter alles für ihn anschleppen. Er verschreibt ständig neue Medikamente.

Shlain: Auch hier hat die Münze zwei Seiten. Immer wenn so ein Vertreter in mein Büro kommt, bringt er alle möglichen Muster mit. Da handelt es sich oft um sehr wertvolle und teure Medikamente, die ich dann Patienten geben kann, die es sich nicht leisten können, sie zu bezahlen.

Simonton: Aber deswegen tun sie es doch nicht. Und wenn jeder Arzt das tun würde, würden sie mit diesen Geschenken aufhören. So wird das Spiel doch nicht gespielt.

Lock: Richtig. Die pharmazeutischen Unternehmen haben die Werbung so subtil organisiert, daß die Ärzte immer mehr Medikamente verschreiben. Das beginnt schon an der Universität und hört dann nicht mehr auf.

Shlain: Vergessen Sie nicht: Ärzte gehören unserer Gesellschaft an und sind Mitglieder unserer Kultur. Wenn diese kapitalistisch orientiert sind, werden auch die Ärzte entsprechend beeinflußt.
Lock: Dem stimme ich zu. Ich bin bereit zuzugeben, daß die meisten Ärzte ihren Beruf gewissenhaft ausüben und ihn nicht nur betreiben, um durch Verschreiben von Medikamenten Geld zu scheffeln. Wir haben es hier mit einem umfassenderen Kontext zu tun und müssen erkennen, wie dieser Berufsstand manipuliert wird, wie wir es alle werden.
Shlain: Etwas, was mich an diesem ganzen Pharma-Geschäft beeindruckt, ist folgendes: Die Konkurrenz zwischen den pharmazeutischen Unternehmen ist so scharf, daß nach einer gewissen Zeit das beste Medikament als Sieger hervorgeht. Als die ersten Tranquilizer auf den Markt kamen, gab es eine Unmenge, und auch heute werden noch viele angeboten. Doch nach einer gewissen Zeit begannen die Ärzte zu erkennen, welche dieser Produkte zu viele Nebenwirkungen hatten. Bei Einführung von etwas Neuem braucht es Zeit, bis ein Gleichgewicht hergestellt ist. Es klingt, als seien die Ärzte unglaublich naiv und benutzen einfach alles, was die Firmen ihnen in die Hand geben. Aber so funktioniert das nicht.

* * *

Capra: Wenn wir schon von medizinischer Wissenschaft und Gesundheit sprechen, da könnte es doch auch interessant sein, sich die Gesundheit der Ärzte selbst näher anzusehen.
Simonton: Das halte ich für eine zentrale Frage. Früher galten Heiler als gesunde Menschen. Sie hatten oft schwere Krankheiten durchgemacht, doch erwartete man von ihnen, daß sie selbst gesund waren. Ebenso wie man von seinen religiösen Führern erwartet, daß sie mit Gott in Einklang sind, erwartet man von seinen Heilern, daß sie sich an eine heilsame Lebensweise hielten und selbst gesund waren. Heute gilt das nicht mehr.
Capra: Vielleicht ist das nur ein Aspekt des allgemeinen Musters in unserer Gesellschaft. Unsere Priester sind nicht sehr spirituell, unsere Anwälte nicht über jeden Tadel erhaben, was Rechtsbrüche anbelangt, und unsere Ärzte sind nicht sehr gesund.
Simonton: Da haben Sie recht. Es wird im allgemeinen gar nicht zur Kenntnis genommen, wie schlecht die Gesundheit unserer Ärzte ist. In

den Vereinigten Staaten ist die Lebenserwartung der Ärzte zehn bis fünfzehn Jahre geringer als die der Durchschnittsbevölkerung.

Lock: Bei den Ärzten verzeichnen wir nicht nur einen höheren Prozentsatz physischer Krankheiten, sondern auch mehr Selbstmorde, Ehescheidungen und andere soziale Pathologien.

Capra: Was ist es, das den Beruf eines Arztes so ungesund macht?

Shlain: Das beginnt beim Studium an der medizinischen Fakultät. Dort herrscht ein sehr starker Wettbewerb.

Capra: Mehr als in anderen Teilen unseres Bildungssystems?

Shlain: Ja. Konkurrenzdenken und Aggressivität sind in der Fakultät extrem ausgeprägt.

Simonton: Dazu kommt die hohe Verantwortung der Ärzte und der damit verbundene enorme seelische Druck. Wissen Sie, man schläft oft nicht aus Sorge, die Krankenschwester könnte die Anordnungen für einen Patienten in einem kritischen Stadium nicht richtig ausführen. Da ruft man dann um vier Uhr früh das Krankenhaus an, um sicherzugehen, daß alles richtig läuft. Es gibt da so manches zwanghafte Verhalten als Folge des Gefühls ungeheurer Verantwortung. Außerdem hat man uns nicht gelehrt, mit dem Tod umzugehen, und wenn manche Patienten sterben, entwickelt man ein starkes Schuldgefühl. Dazu kommt die Tendenz, an sich selbst zuletzt zu denken, erst nachdem man alle anderen behandelt hat. So ist es gar nicht unüblich, daß Ärzte das ganze Jahr lang ohne jeden Urlaub arbeiten. Insgesamt gibt es also viele Gründe, warum Ärzte so ungesund leben.

Shlain: Kernpunkt der medizinischen Ausbildung ist, dem Studierenden die Vorstellung einzupflanzen, daß das Wohlergehen des Patienten an erster Stelle steht und das eigene erst an zweiter. Man hält das für notwendig, um den angehenden Ärzten Pflicht- und Verantwortungsgefühl zu vermitteln. So hat man schon in der Ausbildung sehr lange Arbeitszeiten mit sehr wenigen Pausen.

Lock: Wir müssen also erst einmal ein Bewußtsein für die Probleme der medizinischen Ausbildung wecken. Ärzte werden in eine Rolle hineingezwungen, die viele von ihnen gar nicht spielen wollen.

Simonton: Ja, der Druck, sich dieser Rolle anzupassen, ist äußerst stark. Wenn ein Arzt beginnt, auch für sich selbst zu sorgen, dann ist der Druck seitens der Kollegen phänomenal. «Ach, Sie fahren schon wieder zum Skilaufen», und ähnliche Bemerkungen der Kollegen tun wirklich weh.

Henderson: Ich glaube, die schlechte Gesundheit der Ärzte ist Teil eines Phänomens, das wir in der ganzen Gesellschaft beobachten können und das sich mit dem Motto charakterisieren läßt: «Tue, was ich sage, nicht, was ich tue.» Das ist eine Folge der kartesianischen Spaltung, der auf die Spitze getriebenen Logik des Patriarchats, der Spezialisierung und vieler anderer Dinge. Wir können die Metapher «Tue, was ich sage, nicht, was ich tue» im Erziehungswesen, in der Technologie und sonst überall beobachten.

Ein ähnliches Problem bestand in der Umweltbewegung. In einem gewissen Stadium der Bewegung merkten die Leute auf einmal: Wenn ich ein ernst zu nehmender Umweltschützer sein will, reicht es nicht aus, einem Naturschutzverein anzugehören und meine Monatsbeiträge zu zahlen. Ich muß auch die verschiedenen Abfälle voneinander trennen, nicht benötigte Beleuchtung ausschalten und freiwillig ein einfaches Leben praktizieren. In der Umweltbewegung hat eine echte Evolution des Bewußtseins stattgefunden. Die Leute an vorderster Front haben sich heute der rechten Lebensweise und freiwilliger Einfachheit verschrieben. Die Distanz kleiner machen zwischen dem, was man sagt, und dem, was man tut, ist inzwischen fast zum *sine qua non* der Umweltbewegung geworden. Es wird zum moralischen Imperativ, daß derjenige, der diese Zusammenhänge herzustellen beginnt, nicht länger mit gespaltener Zunge reden darf. Man kann nicht länger nur herumlaufen und vorschreiben, was jedermann eigentlich tun sollte, ohne dafür selbst ein Vorbild zu sein. Wir sollten endlich aufhören, nur den Weg zu zeigen, weil wir selbst der Weg sind, und wenn wir der nicht sein können, dann sollten wir schnellstens aus dem Spiel ausscheiden, weil wir sonst zum Scharlatan werden.

Dimalanta: In der Psychiatrie besteht ein unheimlicher Druck, sich missionarisch zu verhalten, das heißt, jedermann zu retten, sich selbst jedoch zu vergessen. Das ist einer der Gründe, warum die Selbstmordziffer unter Psychiatern so hoch ist. Folgendes geschieht: Der Patient überträgt seine Probleme auf den Psychiater, und wenn dieser nicht auf sich selbst achten kann, kommt der Punkt, an dem er verzweifelt und Selbstmord verübt. Bei meiner Familientherapie mache ich der Familie klar, daß es zu meiner Rolle gehört, mich nicht nur um die Familie zu kümmern, sondern auch auf mich selbst zu achten. Habe ich irgendwelche Bedürfnisse, dann gebe ich ihnen zu verstehen, daß dies Teil des ganzen Systems ist, mit dem wir uns beschäftigen. Kommt es zu einem Konflikt zwischen meinen Bedürfnissen und denen der Familie, dann zum Teufel mit der Familie. Das können die Leute gewöhnlich nicht verstehen.

Simonton: Richtig. Sie halten das für nicht akzeptabel.
Dimalanta: Aber wie soll ich von ihnen fordern, auf sich selbst zu achten, wenn sie sehen, daß ich mich nicht meiner selbst annehme? Das Problem ist, zu erkennen, wann man aufhören muß, weil man seine Grenzen erreicht hat. Man muß erkennen, daß die eigenen Bedürfnisse Teil des Systems sind, mit dem man sich als Therapeut beschäftigt.
Shlain: Wer hat die Weisheit, das zu wissen?
Simonton: Dieser Weisheit können wir uns nur durch Praxis annähern.
Dimalanta: Ich glaube, wir könnten das durch unsere intuitiven Fähigkeiten als Therapeuten wissen, jedoch nur, wenn wir den Wahn unserer Allmacht aufgegeben haben. Für mich ist das ein sehr schmerzlicher Prozeß. Gleichzeitig aber beginnt Psychotherapie gerade an diesem Punkt wirklich spannend zu werden, und ich glaube, das ist nicht auf die Psychiatrie beschränkt, sondern gilt für die ganze medizinische Wissenschaft.
Shlain: In meiner täglichen Praxis treten Menschen in mein Leben in einem Augenblick, der für sie der erschreckendste ihres ganzen Lebens ist. Sie befinden sich in einem Zustand höchster Angst, so daß ich ständig mit Leuten zu tun habe, die sehr ängstlich sind. Für sie ist die Interaktion mit mir das Wichtigste, was in ihrem Leben gerade geschieht, während sie für mich Routine ist. Es fällt mir sehr schwer, dabei ganz ungezwungen zu sein. Ich muß mich konstant der Intensität der Patienten anpassen; das ist sehr kräftezehrend, ermüdend und erschöpfend. Es ist andererseits schwierig, nicht so zu sein; denn wenn man dazu beitragen soll, daß sie sich wohler fühlen, wenn man die Rolle des Heilers einnimmt, dann muß man einfach auf ihrer Seite sein.
Henderson: Ich glaube, wir alle stimmen dem Gedanken zu, daß der Arzt seinen Beruf mit Hingabe ausüben sollte. Wenn nun die Hingabe an den Beruf und die Beschäftigung mit den Patienten zur Erschöpfung führen, dann muß der Betreffende weniger Patienten annehmen. Und das führt zu einem Frontalzusammenstoß mit der Kostenseite der Medizin.
Capra: Es ist doch wohl auch so: *Wie* der Arzt oder Therapeut sich im Vergleich zur Zuwendung zu seinen Patienten seiner eigenen Gesundheit annimmt, das hängt auch weitgehend von der Art seiner Tätigkeit ab. Die des Chirurgen unterscheidet sich doch sehr von der des Familientherapeuten. Es ist doch etwas ganz anderes, wenn jemand in einer lebensbedrohenden Situation zum Chirurgen kommt, als wenn es gilt, sich mit einer komplexen Familiensituation zu befassen.

Shlain: Nicht nur das. Operiere ich einen Patienten und irgend etwas geht schief, dann kann ich mich nicht einfach an jemand anderen wenden und sagen: Ach bitte, tun Sie mir den Gefallen und machen Sie weiter. Es ist meine Verantwortung. Ich muß meinen Tanz mit diesem Patienten bis zum Ende tanzen. Das ist der ungeschriebene Vertrag, den man mit dem Patienten eingegangen ist. Ruft mich ein Arzt an und sagt mir: «Ich habe in der Innenstadt einen Betrunkenen in einer Toreinfahrt gefunden; er spuckt Blut. Wollen Sie ihn sich ansehen?», und ich antworte «ja», dann kann ich von diesem Augenblick an nicht mehr zurück. Oft kenne ich den Burschen nicht einmal. Er wird mir halb bewußtlos gebracht; ich muß mich um ihn kümmern und kann nicht einfach weggehen.

Grof: Vieles, was wir im ärztlichen Beruf erleben, hat psychologische Motive. In einer meiner Arbeitsgruppen über Tod und Sterben war ein Internist aus San Francisco, der während des Workshops starke Gefühlsreaktion zeigte. Er erkannte, daß er das Problem furchtbarer Todesangst hatte. Sie manifestierte sich in seinem täglichen Verhalten darin, daß er in Aktion trat, wenn alle anderen den Patienten bereits aufgegeben hatten. Er blieb weit über seine Arbeitszeit hinaus bei solchen Patienten, versuchte es mit Adrenalin, Sauerstoff und so weiter. Nun erkannte er plötzlich, daß er sich damit selbst beweisen wollte, daß er den Tod besiegen könne. Er benutzte also in Wirklichkeit seine Patienten, um sein eigenes psychisches Problem zu lösen.

Shlain: Einer der Gründe, warum viele Leute Ärzte werden, ist, daß sie vom Tod, dem Mysterium der Geburt oder etwas Ähnlichem fasziniert sind. Das war auch eines der Motive, warum ich selbst Arzt wurde. Ich wollte diesen Geheimnissen so nahe sein wie nur möglich, weil ich wirklich mehr darüber erfahren wollte.

* * *

Capra: Wenn wir die Krebstherapie der Simontons diskutieren, sollten wir bedenken, daß sie ihre Arbeit als Pilotstudie ansehen. Sie suchen sich ihre Patienten sehr sorgfältig aus und wollen sehen, wie weit sie im Idealfall mit stark motivierten Patienten einem Verständnis der dem Krebs zugrunde liegenden Dynamik nahekommen können.

Simonton: So ist es. In diesem Jahr werde ich nicht mehr als fünfzig neue Patienten annehmen. Daran halte ich mich strikt, weil wir uns sehr intim mit unseren Patienten beschäftigen und uns ihnen sehr verbunden fühlen. Unsere Bindung an die Patienten bedeutet, daß wir sie ständig begleiten – bis sie sterben oder wir selbst sterben. Wegen dieser langfristigen Bindung können wir es uns nicht leisten, eine große Zahl von Patienten anzunehmen. Das bedeutet auch, daß ich mein Haupteinkommen nicht aus der Behandlung von Patienten beziehe, sondern durch Schreiben und Vorlesungen.

Eines unserer Probleme besteht darin, die Motivation unserer Patienten zu bestimmen. Wir gingen anfänglich von der Annahme aus, daß wir es mit stark motivierten Patienten zu tun haben, tatsächlich gibt es ein breites Spektrum.

Grof: Meines Erachtens kann man den Grad der Motivation nicht als einzelne Variable messen. Das ist eine komplexe Dynamik mit einer ziemlichen Vielfalt psychodynamischer Konstellationen. Da können alle möglichen Extremfälle auftreten, wie ich sie häufig auch bei psychiatrischen Patienten erlebt habe. So sagen einem etwa Menschen mit stark konkurrenzbetonter Struktur: «Ich werde in Ihrer Statistik bestimmt nicht als Erfolgsfall erscheinen.» So weit geht das. Der Gedanke, daß sie auf irgendeine Weise zur Hebung des beruflichen Images des Arztes beitragen könnten, ist für diese Menschen ein bedeutsamer Faktor.

Dimalanta: Dem kann ich nur zustimmen. In der Psychotherapie ist Widerstand eines der wesentlichsten Probleme. Die Patienten wollen die Stärke des Arztes testen, und es fällt ihnen sehr schwer, einem anderen Menschen zu vertrauen.

Simonton: Ja, weil sie kein Zutrauen zu sich selbst haben.

Dimalanta: Richtig. In der Familie und dem gesellschaftlichen Umfeld, in dem sie aufwachsen, ist Verweigerung einer der wirksamsten Mechanismen zum Überleben.

Capra: Carl, können Sie uns einige besonders extreme Beispiele für Ihre persönliche Anteilnahme am therapeutischen Prozeß berichten?

Simonton: Das Äußerste, was wir jemals taten, war, mit einigen unserer am schwersten erkrankten Patienten einen Monat lang zusammenzuleben, um die Grenzen unserer Methode zu testen. Wir nahmen sechs oder sieben Patienten ins Haus. Zwei starben noch während desselben Monats, die anderen innerhalb eines Jahres, mit einer Ausnahme. Die Überlebende ist eine Frau, die gerade einen Marathonlauf auf Hawaii mitgemacht hat. Es war ein hochinteressantes Erlebnis und rein physisch so schwierig für uns, daß ich es niemals wieder tun werde. Ich habe ja viel mit dem Tod zu tun; das gehört zu meiner regulären Arbeit als Onkologe. Aber mit diesen Menschen so eng zusammenzule-

ben, das ist doch noch ein großer Unterschied. Ich schlief bei einem Patienten in der Nacht, als er starb – es war unglaublich.
Lock: Dann haben Sie also ein Gefühl dafür bekommen, was die engen Familienangehörigen wirklich mitmachen?
Simonton: Ja, weil wir im Grunde eine Familie waren. Der tiefste Eindruck für mich war die Erfahrung, wie bewußt das Sterben ablief. Der Bursche, der starb, war ein fünfundzwanzigjähriger Leukämiekranker. Am Morgen sagte er mir, er werde im Laufe des Tages sterben. Als wir zum Frühstück hinuntergingen, sagte er zu einem anderen Patienten: «Ich werde heute sterben», und gegen sieben Uhr abends starb er.
Shlain: Ich muß Ihnen gestehen, Carl, daß im ärztlichen Beruf nur wenige imstande sind, das zu tun, was Sie tun. Näher an Heiligkeit kann man kaum kommen. Ich bin der Meinung, Ihre Fürsorge und Liebe für sterbende Patienten ist etwas Unschätzbares. Ich sitze hier mit dem Wissen, daß ich mit einer Menge von dem, was Sie sagen, nicht übereinstimme, und wegen Ihres persönlichen Einsatzes fällt es mir schwer, Ihnen zu widersprechen. Doch ich meine, wir vermischen hier zwei verschiedene Dinge. Wir sprechen darüber, was bei einem Heiler wie Ihnen vor sich geht, und versuchen gleichzeitig, das auf wissenschaftliche Weise zu tun. Das bereitet mir Unbehagen, und ich will Ihnen auch sagen warum.

Im großen und ganzen kommen die meisten Ihrer Patienten aus anderen Bundesstaaten zu Ihnen. Das verrät mir, daß keiner von ihnen sterben will. Die Tatsache, daß sie zu Ihnen nach Fort Worth fliegen, erweist sie bereits als eine besondere Kategorie von Krebspatienten. Ich möchte auch wetten, daß Ihre Patienten fünfzehn oder zwanzig Jahre jünger sind als der Durchschnitt der an Brust-, Dickdarm- und Lungenkrebs Erkrankten. Sie kommen auch aus einer viel höheren sozioökonomischen Schicht, was bedeutet, daß sie gewöhnlich stärker motiviert sind, weil sie nur so in ihre sozio-ökonomische Gruppe gelangten.

Diese Patienten kommen zu Ihnen, und Sie haben ja hier dargestellt, was Sie mit ihnen tun. Ich bin überzeugt, daß Sie als Arzt ein wirklicher Heiler sind. Es gibt einige Krebsspezialisten, die Ergebnisse erzielen, die niemand nachmachen kann – weil sie Heiler sind. Der Patient, der wegen Ihres Rufes zu Ihnen kommt, wird schon deshalb statistisch gesehen länger leben. Sie vergleichen Ihre Statistik mit dem nationalen Durchschnitt, der viele Patienten einbezieht, die älter sind und wirklich nicht mehr leben wollen, für die ihr Krebs ein Segen ist, weil er ihrem Leben ein Ende macht. Hätten Sie eine Kontrollgruppe mit derselben Alters-

verteilung, dann würde das Ergebnis erheblich anders aussehen, weil Leute mit achtundvierzig Jahren eben nicht sterben wollen.
Simonton: Unsinn!
Shlain: Okay, ich begreife, daß es bei Krebskranken eine gewisse Anzahl gibt, die sterben wollen. Aber, relativ gesprochen, ist es doch viel schwerer, jemanden von vierundachtzig Jahren mit fortgeschrittenem Dickdarmkrebs dazu zu bewegen, dagegen anzukämpfen, als jemanden, der fünfundvierzig Jahre alt ist und Familie hat.
Simonton: Zugegeben. Aber wenn Sie sagen, der fünfundvierzigjährige Patient wolle nicht sterben, dann ist das etwas, was wir als Gesellschaft auf ihn projizieren. Lassen Sie es mich so formulieren: Das Problem eines Fünfundvierzigjährigen ist gewöhnlich ein anderes als das eines Vierundachtzigjährigen.
Shlain: Okay, mehr wollte ich ja auch nicht gesagt haben. Ich werde nicht versuchen, einen vierundachtzigjährigen Mann anzufeuern, indem ich ihm vorbete, warum er noch gegen dieses Zeug ankämpfen soll. Das würde ich für unnatürlich halten. Käme aber eine Fünfunddreißigjährige mit Brustkrebs zu mir – o mein Gott, ich würde alles tun, um ihr Mut zu machen.
Capra: Sie sagen also, Leonard, daß Simontons Ergebnisse nicht typisch für die breite Masse der Krebskranken sind. Soweit ich ihn verstehe, ist er sich dessen bewußt. Er will selektieren, und zwar sehr bewußt. Er sucht die Fälle mit den bestmöglichen Voraussetzungen aus, um die zugrunde liegende Dynamik zu untersuchen.
Shlain: Ich will folgendes sagen. Ich bin nicht sicher, ob er auf Grund der Herausnahme einer bestimmten Gruppe und angesichts seiner besonderen Fürsorge sowie der Atmosphäre, in der er arbeitet, den Schluß ziehen kann, daß seine Patienten wegen seiner Einsicht in die Dynamik der Krankheit und seiner Behandlungsmethoden länger überleben.

Ich halte es für bedenklich, Carls Ergebnisse anderen Ärzten, die fest an die Statistik glauben, als leuchtendes Beispiel vorzuführen. Die glauben nämlich nicht, daß es eine Rolle spielt, wer der Arzt ist und wer die Patienten sind. Sie werden auf die Statistik blicken und feststellen, daß Carl durch Anwendung gewisser Methoden eine doppelt so lange Überlebenszeit erzielt, wobei sie nicht berücksichtigen, daß dies zum Teil an ihm persönlich, zum Teil an seinem Patienten liegt. Sie werden sich einfach die Methode ansehen und sagen: «Das hier ist aber ein interessantes Modell. Wir sollten es im ganzen Lande anwenden.» Das macht mir Sorge.

Capra: Mir selbst ist an Carls Modell klargeworden, daß es nur ein bestimmter Typ von Persönlichkeit anwenden kann. Jedermann kann die Visualisierungstechnik anwenden, jedoch nicht die Psychotherapie. Und die ist ein fester Bestandteil von Simontons Modell, wobei ein sehr enger Kontakt zwischen Therapeut und Patient erforderlich ist.

Shlain: Sehen Sie, aus sehr unterschiedlichen Gründen bin ich ständig damit beschäftigt, verschiedene Krebstherapien zu bewerten. Da war beispielsweise in Cleveland ein Mann namens Turnbull, ein hervorragender Chirurg, der die «Nicht-berühren-Technik» beim Dickdarmkrebs entwickelte. Wenn man einen Dickdarmkrebs operiert, darf man ihn nicht berühren – so sagte er. So galt einige Jahre lang als Regel: Man muß um das Ding herumoperieren, ohne es zu berühren, was natürlich fast unmöglich ist.

Ich habe seinen Artikel darüber sehr sorgfältig gelesen und dann mit einem der festangestellten Ärzte in der Klinik gesprochen. Er erzählte, Turnbull habe sich auf geradezu unglaubliche Weise um seine Patienten gekümmert. Er gab ihnen seine private Telefonnummer, wo sie ihn jederzeit anrufen konnten. Nun publiziert Turnbull Statistiken in wissenschaftlichen Fachzeitschriften, die zeigen, daß seine Nicht-berühren-Technik in punkto Überlebensrate besser ist, als wenn man den Tumor berührt. Das ist Unsinn! Der entscheidende Faktor ist Turnbull! Es macht überhaupt keinen Unterschied, ob man den Tumor berührt oder nicht. Welche Technik man auch benutzt: Wenn der Patient den Arzt liebt und der Arzt den Patienten, dann wird es dem Patienten bessergehen.

Grof: Meines Erachtens impliziert die Feststellung, daß die Motivation einen so starken Einfluß auf die Entwicklung von Krebs hat, in erster Linie eine ganz andere Anschauung vom Krebs. Wenn Sie sagen, Leonard, daß es Carls Patienten so viel bessergeht, weil sie stärker motiviert sind und auch weil er ein Heiler ist, dann ist nichts davon im Sinne der bisherigen Auffassung vom Wesen des Krebs zu erklären.

Lock: Richtig. Im normalen biomedizinischen Modell spielt es wirklich keine Rolle, ob der Mann ein Arzt oder ein Heiler ist.

Capra: Inzwischen hat sich jedoch die medizinische Wissenschaft bis zu einem Punkt entwickelt, an dem diese scharfe Unterscheidung zwischen materiellen und spirituellen Dingen überwunden ist. Sagt man, das und das geschieht, weil jemand ein Heiler ist, dann steckt man die

Sache damit nicht mehr in eine *black box**. Heute können wir nachfragen: Was bedeutet das? Untersuchen wir doch einmal die Dynamik dessen, was ein Heiler tut.

Lock: Dennoch, ich muß zugeben, daß ich Leonards Sorgen in gewissem Maße teile. Ich bin skeptisch, Carl, ob Sie nicht das wissenschaftliche Modell zu sehr zurechtbiegen, um Ihre Daten darin unterbringen zu können. Sie müssen sich ja ständig mit der Fachwelt auseinandersetzen. Da frage ich mich, ob Sie sich dabei nicht vielleicht gedrängt fühlen, zu sehr mit Statistik zu arbeiten, und dabei versuchen, die Lebens*qualität* zu *quantifizieren*. Werden Sie nicht dazu verleitet, um des Überlebens willen das Spiel mitzuspielen?

Simonton: Ich möchte ja nur in der Lage sein, die Dinge für mich selbst zu quantifizieren, damit ich mir meiner eigenen Beobachtungen sicher sein kann. Für mich kommt es nur darauf an, systematisch beobachten und darüber berichten zu können, damit wir daraus lernen. Das ist für mich wegen meiner Grundeinstellung wichtig.

Lock: Wenn wir aus unserem linearen Denken und reduktionistischen Rahmen ausbrechen wollen, dürfen wir uns nicht scheuen, auf Geschehnisse subjektiv und emotional zu reagieren und unsere Reaktionen in Situationen auszudrücken, in denen wir es mit Leuten zu tun haben, die nur innerhalb des wissenschaftlichen Rahmens tätig sind. Wir müssen sie mit dem Argument schlagen, daß es noch andere Wege gibt, die Dinge auszudrücken. Selbst systematisches Beobachten ist nicht die einzige anwendbare Information, die man nutzen und mit der man arbeiten kann.

Simonton: Ich stimme zu, daß man bei einem tieferen Blick in eine Fallgeschichte ein ganzes System herausarbeiten kann, doch erfordert das sorgfältige Beobachtung aus einer umfassenden Perspektive.

Henderson: Ich habe viel Verständnis für dieses Problem, da es mir genauso geht, wenn ich versuche, mit Repräsentanten dieser Kultur zu kommunizieren. Ich habe ständig mit den unglaublichen Problemen von Leuten zu tun, die versuchen, soziale Indikatoren für die Lebensqualität

* Eine *«black box»* ist eine Übereinkunft zwischen Wissenschaftlern, an einem bestimmten Punkt mit dem Versuch aufzuhören, die Dinge zu erklären. Beim Zeichnen eines Diagramms für eine komplizierte Maschine setzen Ingenieure anstelle aller Einzelheiten eine Box ein, die für ein ganzes Konglomerat von Teilen steht. Eine *black box* ist eine Bezeichnung für das, was ein ganzes Konglomerat von Teilen *tun* soll, aber keine Erklärung dafür, *wie* es funktioniert. (Anm. d. Übers., frei nach G. Bateson)

zu finden – wieviel Wert soll man einem Menschenleben beimessen und so weiter. Es ist überall dasselbe Problem: Wie kann man mit dieser superreduktionistischen Kultur kommunizieren.

Simonton: Bei mir ist es nicht so sehr ein Problem der Kommunikation. Ich versuche, für mich selbst zu messen und zu quantifizieren. Ich will beruhigt sein hinsichtlich der Richtung, die ich mit meiner Arbeit einschlage. Ich könnte mich sehr leicht selbst täuschen, wenn ich meine Fortschritte nicht ehrlich messen kann. Das ist es, worauf es mir ankommt. Die Statistik ist in erster Linie für mich selbst gedacht.

Henderson: Aber Sie müssen den kulturellen Bezugspunkt haben.

Simonton: Ich muß das haben, was für mich einen Sinn ergibt.

Capra: Aber Carl, das hängt doch von Ihrem Wertesystem ab, und Ihr Wertesystem ist das der Kultur. Sie sind ein Kind Ihrer Zeit, und wenn wir das Wertesystem der Kultur dahingehend ändern könnten, daß auch nichtquantifizierte Dinge sinnvoll sind, dann brauchten Sie nicht auf Quantifizierung zu bestehen.

Simonton: Das wäre natürlich ideal; aber ich beschäftige mich nicht mit Idealen, sondern mit praktischen Dingen.

Lock: Zugegeben. Unter den gegebenen Umständen und angesichts dessen, daß Sie ein Kind Ihrer Kultur sind, tun Sie genau das Richtige. Für die Zukunft wäre es aber nicht übel, wenn wir dazu zurückkehren könnten, uns weniger auf quantitative Daten zu stützen. Das würde mehr Akzeptanz des Wertes intuitiven Verstehens und der spirituellen Seite des Lebens bedeuten.

Shlain: In einem Ihrer Vorträge, Fritjof, sprechen Sie davon, wie problematisch der Versuch sei, das naturwissenschaftliche Modell zum Messen des Paranormalen zu benutzen. Sie sagten, es sei wie bei Heisenbergs Unschärferelation: Je wissenschaftlicher man an so eine Sache herangeht, desto weniger wird man von dem Phänomen erkennen, das man studieren will. Ich frage mich, ob Sie hier nicht ein wissenschaftliches Modell aufstellen wollen, das etwas messen soll, was wahrscheinlich gar nicht gemessen werden kann.

Capra (nach längerem Überlegen): Ich habe mich jetzt zum ersten Male an diesem Wochenende unbehaglich gefühlt. Irgendwie schienen mir die Dinge zu entgleiten. Daß mir mein eigener Vortrag um die Ohren gehauen wird, machte mir besonders zu schaffen. (Gelächter.) Inzwischen hatte ich einige Minuten Zeit zum Überlegen und glaube, die Antwort gefunden zu haben.

Was hier schiefläuft, ist, daß wir verschiedene Ebenen durcheinanderbringen. Man kann auf mehreren Ebenen von Gesundheit und Gesundheitsfürsorge sprechen. Leonard sprach von der, auf der die naturwissenschaftliche Methode vielleicht nicht anwendbar ist. Man kann sie die paranormale oder spirituelle Ebene nennen, die Ebene der Geistheilung. Sie ist wahrscheinlich für Carls Arbeit sehr bedeutsam. Aber unmittelbar darunter gibt es eine andere Ebene, auf der wir die physischen, psychischen und sozialen Aspekte der Krankheit zu integrieren versuchen. Carl versucht, die Menschen auf die Ebene zu bringen, auf der man die physischen, psychischen und sozialen Dimensionen der menschlichen Kondition als Einheit sieht und auf der auch die Therapie sie als Einheit behandelt. Er erforscht die gegenseitige Abhängigkeit psychischer und physischer Muster.

Nun dürfte es schwer sein, diese Erforschung von der Ebene geistigen Heilens zu trennen, weil die Leute, die diese neuen vereinheitlichenden Methoden vertreten, typischerweise zugleich auch spirituelle Menschen sind. Studiert man ihre Arbeit, fällt es schwer, den spirituellen Aspekt von der anderen Ebene zu trennen. Dennoch halte ich es für lohnend, das zu tun. Auf der Ebene der Integration der physischen, psychischen und sozialen Methoden läßt sich viel erreichen, und zwar auch mit naturwissenschaftlicher Einstellung – nicht im Sinne der reduktionistischen Naturwissenschaft, sondern generell im Sinne einer Naturwissenschaft, die sich mit Systemen befaßt.

Dimalanta: In meiner Praxis werde ich mir sehr der Grenzen der Sprache bewußt. Wenn ich etwas mitteilen will, das über rationales Denken hinausgeht, ist der einzige Weg die Verwendung von Metaphern, manchmal sogar von metaphorischen Absurditäten. Muß ich mit einer ganzen Familie kommunizieren, dann stelle ich häufig fest: Je deutlicher ich mich ausdrücke und je besser sie mich verstehen, desto weniger hilft es. Das kommt daher, daß ich ihnen eine Wirklichkeit beschreibe, die eine Abstraktion ist.

Lock: Dem kann ich nur zustimmen. Ich glaube, der wichtigste Teil der Kommunikation bei einem Heilungsvorgang findet auf der metaphorischen Ebene statt. Eine Heiler-Patient-Situation funktioniert nur, wenn beide gewisse Erfahrungen gewonnen haben. Dazu waren die Heiler in den traditionellen Kulturen stets in der Lage, und das ist es, was den Ärzten verlorengegangen ist, die innerhalb der sogenannten wissenschaftlichen Fachsprache arbeiten. Da wird das Wissen nicht mehr angemessen zwischen Ärzten und Patienten geteilt. Ich glaube auch, daß diese Art gemeinsamen Wissens sich nicht quantifizieren läßt.

Capra: Bei ihrem Visualisierungsverfahren arbeiten die Simontons mit Metaphern; sie experimentieren mit Metaphern, um herauszufinden, welche am brauchbarsten sind. Diese Metaphern treten jedoch nicht in ihren Statistiken auf, und das müssen sie auch nicht.
Lock: Das stimmt, und das ist es auch, was ich an Carls Methode wirklich gut finde, die Flexibilität, die er offensichtlich in seinem ganzen System hat. Das ist wirklich spannend.

* * *

Capra: Für mich ist eine der rätselhaftesten und interessantesten Fragen im gesamten medizinischen Bereich: Was ist Geisteskrankheit?
Grof: Viele Menschen werden nicht wegen ihres Verhaltens oder fehlender Anpassung, sondern wegen des Inhalts ihrer Erfahrungen als geisteskrank diagnostiziert. Da wird mancher, der absolut in der Lage ist, mit der Wirklichkeit des Alltags fertig zu werden, der jedoch andererseits ungewöhnliche Erfahrungen transpersonaler oder mystischer Art hat, mit Elektroschocks behandelt, was absolut unnötig ist. Viele dieser Erfahrungen weisen tatsächlich in Richtung eines Modells, das gegenwärtig in der modernen Physik aufkommt. Ich finde es faszinierend, daß auch Kulturen mit Schamanismus nicht jede Art von Verhalten gutheißen. Sie unterscheiden sehr genau, was ein schamanischer Transformationsprozeß und was Verrücktheit ist.
Lock: Ja, absolut. In schamanischen Kulturen gibt es verrückte Leute.
Grof: Die Sache ist so. Aus der gegenwärtigen anthropologischen Sicht wird die Schamanenkrankheit mit Schizophrenie, Epilepsie und dergleichen gleichgesetzt; es herrscht die Ansicht vor, in diesen primitiven Kulturen gebe es keine Psychiatrie, keine Naturwissenschaft – da sei alles möglich. Wenn man da verrückt ist, Krämpfe kriegt oder so was, dann geht man einfach runter ans Meeresufer, und die Kultur wird das dann als übernatürliches, geheiligtes Verhalten ansehen. Aber so ist das nicht. Schamanen müssen diese Erfahrungen selbst machen und müssen dann zurückkehren und sie integrieren, so daß sie auf beiden Ebenen funktionieren können. Sie müssen alles wissen, was im Stamm vor sich geht, und sie müssen sehr gewitzt manipulieren können.
Lock: Ja, sie müssen sich der Symbole der Gemeinschaft bedienen. Da kann man keine völlig persönliche Symbolik verwenden; die Ausdrucksweise muß dem angepaßt sein, was die Gemeinschaft vom Schamanen braucht. Menschen, die nur ganz eigene Symbole verwenden, gelten in

allen Kulturen als geisteskrank. Ich glaube wirklich, daß es so etwas wie Geisteskrankheit gibt. In jeder Kultur trifft man Menschen, die nicht imstande sind, selbst ihre rudimentären Bedürfnisse mit Erfolg zu kommunizieren.
Capra: Dann ist also der soziale Kontext entscheidend für die Vorstellung von Geisteskrankheit?
Lock: Ja, absolut.
Capra: Würde man eine geisteskranke Person aus ihrer Gemeinschaft lösen und in eine Wildnis bringen, wäre sie dann in Ordnung?
Lock: So ist es.
Grof: Man kann auch jemanden von einer Kultur in eine andere bringen. Jemand, der in einem Kulturkreis als verrückt gilt, wird in einem anderen möglicherweise nicht für verrückt gehalten und umgekehrt.
Dimalanta: Die Frage ist nicht, ob man in einen psychotischen Zustand geraten kann, sondern ob man in die Psychose hinein- und wieder herauskommen kann. Wissen Sie, jeder von uns kann gelegentlich ein wenig verrückt sein. Das verschafft uns eine andere Perspektive in unserem linearen Denken, und das finde ich sehr aufregend. Das macht uns kreativ.
Lock: Und das ist auch das Kriterium für einen guten Schamanen. Es ist jemand, der mit der Erfahrung veränderter Bewußtseinszustände umgehen kann.
Capra: Dann kann man also sagen, ein Aspekt der Geisteskrankheit sei das Unvermögen, die richtigen Symbole in der Gemeinschaft zu verwenden. Man kann also die Schuld nicht allein bei der Gemeinschaft suchen. Da ist etwas, womit das Individuum nicht fertig wird.
Dimalanta: Zweifellos.
Lock: Ganz entschieden.
Dimalanta: Carl Whitaker folgend, unterscheide ich drei Arten von Verrücktheit. Die eine ist, daß man verrückt gemacht wird, etwa durch die Familie. Die andere ist, sich verrückt zu benehmen, was wir alle gelegentlich tun können und was sehr aufregend sein kann, wenn man dieses Verhalten ein- und abschalten kann. Die dritte ist Verrücktheit, über die man keine Kontrolle hat.
Shlain: Ich habe Schwierigkeiten mit dem Wort «verrückt». Für mich bedeutet verrückt oder schizophren sein, daß man den Kontakt mit der Wirklichkeit verloren hat, mit der Wirklichkeit des jeweils gegebenen Augenblicks. Wird man verrückt gemacht, dann reagiert man auf unangebrachte Weise, doch befindet man sich deswegen nicht in einer

anderen Welt. Ich glaube, wir sollten bei der Definition von Schizophrenie und ernsthafter Geisteskrankheit sehr strikt sein. Andernfalls müßten wir diskutieren, was eine angemessene und was eine unangemessene Reaktion ist, und das Ganze wird dann so verwaschen, daß wir uns auf gar nichts mehr konzentrieren können.

Capra: Darum unterscheidet Tony ja auch zwischen verrückt gemacht werden und verrückt sein.

Shlain: Ja, aber er sagt, man könne verrückt werden und problemlos wieder normal sein. Meinen Sie, man verhält sich dann verrückt nur im Sinne der Umgangssprache, oder ist man dann wirklich ohne Kontakt mit der Wirklichkeit?

Dimalanta: Mit verrücktem Handeln meine ich die Fähigkeit, über gesellschaftliche Normen hinauszugehen. Es gibt von der Gemeinschaft akzeptierte Formen verrückten Handelns. Man kann das im Traum tun, wenn man sich betrinkt und auf manch andere Weise.

Simonton: Wenn Sie sagen, Leonard, verrückt sein bedeute, keine Tuchfühlung mehr mit der Wirklichkeit zu haben, scheinen Sie zu implizieren, es bedeute, ohne Tuchfühlung mit allen Aspekten der Wirklichkeit zu sein, was nicht stimmt.

Henderson: Ich zum Beispiel versetze mich in andere Wirklichkeitszustände, wenn ich mich in die Köpfe der Herren im Verteidigungsministerium versetze und die Welt so sehe, wie sie es tun. Danach versuche ich, das in meine Wirklichkeit mitzubringen und es auf andere Weise zu kommunizieren. Da bekommt man wirklich ein Gespür für jene Definition von Verrücktheit. So führten wir beispielsweise in der vorigen Woche in Washington mit Mitgliedern des Verteidigungsministeriums ein Gespräch über die Antwort auf einen nuklearen Angriff. Die Leute sprachen über die Strategie der *MAD*, das heißt der *Mutually Assured Destruction*, der wechselseitig sichergestellten Vernichtung. Für mich war es sehr interessant, wie die Reduktionisten darüber sprachen. Soundso viele Millionen Tote, wenn die Windgeschwindigkeit gleich Null ist, soundso viele Millionen bei vom Wind herübergetriebener Strahlung und so weiter. Sie behandelten Fragen wie: Wieviel Menschen werden Wochen nach dem Angriff sterben, wie viele noch Jahre nach dem Angriff und dergleichen. Dem zuzuhören, das war für mich wirklich so etwas wie ein veränderter Bewußtseinszustand, und mich in die Wirklichkeit dieser Leute vom Verteidigungsministerium zu versetzen, das war wirklich eine Form vorübergehender Verrücktheit.

Simonton: Das ist tatsächlich eine soziale Form der Geisteskrankheit.

Henderson: Das kann man wohl sagen! Ich halte Vorträge über das, was ich psychotische Technologie nenne, womit ich die Tatsache bezeichne, daß die Technologie sich in einen krankhaften Bereich bewegt. Beispielsweise gibt es eine optimale Menge täglichen Energieverbrauchs; alles darüber hinaus wird pathologisch. Ich greife solche Ideen auf und versuche die Leute zu zwingen, sie in Politik umzusetzen.
Dimalanta: Mir scheint, was Sie da beschreiben, ist eine viel zerstörerische Form von Psychose.
Henderson: O ja, sie ist unglaublich zerstörerisch.

* * *

Capra: Der Ausdruck Schizophrenie bereitet mir Unbehagen. Mir scheint, die Psychiater bezeichnen alles als Schizophrenie, was sie nicht verstehen. Das ist in meinen Augen eine Art Blankoausdruck für eine breite Vielfalt von Dingen.
Dimalanta: Es ist tatsächlich ein Etikett, das man jemandem anheftet, dessen Verhalten man mit logischem Verstand nicht begreifen kann. Ich glaube an die biologischen Aspekte der Schizophrenie; aber die meisten Schizophrenen, denen wir begegnen, sind einfach soziale Abweichler. Es ist ein Familienproblem, und für mich ist es ein Index der Pathologie des Systems. Wir neigen dazu, jemanden so lange als schizophren oder verrückt zu bezeichnen, bis er dieses Verhalten verinnerlicht.
Shlain: Das bedeutet für die anderen Familienmitglieder wirklich eine unerhörte Verantwortung. Ich glaube nicht, daß man beispielsweise der Mutter oder dem Vater Schuld geben kann, wenn sie ein autistisches Kind haben. Wenn Sie von Familiensystemen sprechen und sagen, ein Mitglied der Familie sei erkrankt wegen irgend etwas, was im System vor sich geht, dann schließt das vollständig die Möglichkeit aus, daß vielleicht etwas mit dem Nervensystem des Kindes nicht in Ordnung ist.
Simonton: Wenn sie von «Schuld» sprechen, dann impliziert das Absicht, Motivation und so weiter, alles mögliche, was nicht zutreffend ist.
Dimalanta: Es gibt einen Berg von Literatur darüber, wie ein sozialer Abweichler geisteskrank wird und von den Institutionen als Schizophrener abgestempelt wird.
Capra: Glauben Sie, daß diese Etikettierung als solche die betreffende Person in einen schlimmeren Zustand von Psychose treibt?
Dimalanta: Ja.

Henderson: Ich möchte eine Analogie zu einer anderen Systemebene herstellen. Wenn Psychiater ein gewisses, von ihnen nicht verstandenes Syndrom mit dem Etikett «schizophren» versehen, dann ist das genau die Art, wie Wirtschaftswissenschaftler den Ausdruck «Inflation» verwenden. Von einem umfassenderen systemischen Standpunkt aus bedeutet Inflation alle die Variablen, die sie aus ihren Modellen weggelassen haben. Gerade heute gibt es in der Diskussion über Inflation eine ziemliche Ratlosigkeit. Das hängt mit dem Hinundherschieben des Stresses innerhalb des Systems zusammen. Geht man von der Hypothese aus, daß die gesamte Inflation eine Ursache hat, dann bedeutet das eine bestimmte Form der Schuldzuweisung und dann gibt es auch ganz bestimmte Heilmittel. Alles hängt also von der Diagnose ab, verstehen Sie?
Dimalanta: In der Psychiatrie ist die Diagnose ein Schlüsselelement des Rituals, und sie definiert Grenzen des Verhaltens. Ich muß auf bestimmte Weise handeln, andernfalls werde ich als verrückt bezeichnet.
Simonton: Eines der Probleme ist die Unbeweglichkeit; das bedeutet, daß man das Etikett für immer behält, das einem einmal aufgeklebt wurde. Sprachliche Bezeichnung und Kategorisierung sind natürlich notwendig, doch ergeben sich aus ihnen auch Probleme.
Dimalanta: Wenn man in Familien, in denen ein Angehöriger als schizophren abgestempelt ist, die Familienangehörigen fragt: «Ist Ihr Sohn verrückt?» oder «Ist Ihre Mutter verrückt?», dann wird man oft die Antwort erhalten: «Nein, er (sie) ist halt so.» Die Leute entstellen die Wirklichkeit total, weil das eine Funktion in der Familie erfüllt.
Lock: Ich meine, es gibt da verschiedene Ebenen. So etwas wie Schizophrenie existiert tatsächlich. Nicht an allem ist die Gesellschaft schuld.
Simonton: Wie es ja auch physische Krankheit gibt.
Lock: Richtig. Das ist das andere Ende des Spektrums. Es gibt gewisse Krankheiten, darunter einige Fälle von Geisteskrankheiten, bei denen die biologischen Aspekte dominieren und die psychischen und sozialen Komponenten minimal sind. Es gibt Fälle von Schizophrenie, die hauptsächlich auf gesellschaftliche Einflüsse zurückzuführen sind, während bei anderen die genetische Komponente dominiert. Studiert man beispielsweise die Entwicklung von Schizophrenie bei Kindern, dann wird klar, daß diese genetischen Komponenten einfach gegeben sind.
Dimalanta: Daraus kann man die Lehre ziehen, daß einige Krankheiten Erkrankungen des Systems sind. Beherrscht das System das Individuum, dann übt es auf dieses unerhörten Druck aus, und der wiederum

erzeugt das, was man als geistige Krankheit bezeichnet. Nun gibt es aber einige biologische Krankheiten mit genetischen Komponenten, die entstehen, ganz gleich, in welche Umwelt man das Individuum stellt. In anderen Fällen mag es ein Zusammenspiel von biologischen und Umweltkomponenten geben, so daß die Symptome auftreten, wenn einerseits die genetische Veranlagung gegeben ist und das Individuum andererseits in einer bestimmten Umwelt lebt.

* * *

Capra: Stan, könnten Sie uns etwas über neue Trends in der Psychotherapie berichten, die Sie beobachtet haben?
Grof: Die alten Psychotherapien beruhten im großen und ganzen auf dem Freudschen Modell, welches besagt, daß alles, was in der Psyche geschieht, irgendwie biographisch determiniert ist. Sie legten großen Wert auf die verbale Kommunikation; die Therapie arbeitete nur mit psychischen Faktoren und ließ körperliche Vorgänge ganz aus dem Spiel.

Die neuen Psychotherapien arbeiten ganzheitlicher. Die meisten Leute spüren inzwischen, daß die verbale Interaktion irgendwie zweitrangig ist. Ich würde folgendes sagen: Solange man nur verbale Therapie anwendet, also dasitzt und redet, verändert man das psychosomatische System nicht wirklich spürbar. Die neuen Therapien legen ganz besonderen Wert auf Erfahrung aus erster Hand, wobei das Zusammenspiel von Körper und Geist sehr betont wird. Da versuchen beispielsweise Neo-Reichianer, psychische Sperren durch physische Manupulation aufzubrechen.
Capra: Es fällt einem fast schwer, diese Methoden als «Psychotherapie» zu bezeichnen. Mir scheint, wir müssen die Unterscheidung zwischen physischer Therapie und Psychotherapie transzendieren.
Grof: Ein anderer Aspekt ist, daß die alten Therapien wirklich intraorganismisch oder intra-psychisch waren, das heißt, die Therapie wurde an einem isolierten Organismus vorgenommen. Der Psychoanalytiker wollte nicht einmal die Mutter des Patienten sehen oder mit ihr per Telefon sprechen. Im Gegensatz dazu betonen die neuen Therapien die zwischenmenschlichen Beziehungen. Es gibt die Therapie für Ehepaare, die Familientherapie, die Gruppentherapie und so weiter. Außerdem gibt es neuerdings eine Tendenz, auf soziale Faktoren zu achten.
Capra: Können Sie etwas zu der Idee sagen, den Organismus in einen bestimmten Zustand zu versetzen, in dem der Heilungsprozeß in Gang

gebracht wird? Wenn Sie zum Beispiel mit LSD arbeiten, dann tun Sie doch etwas Ähnliches auf sehr drastische Weise. Gehört das Ihrer Ansicht nach zu jeder Therapie?

Grof: Es ist mein persönliches Credo, daß die Psychotherapie in diese Richtung gehen wird. Letzten Endes wird der Therapeut nicht mit einer Vorstellung von dem daherkommen, was er erreichen oder erforschen will, sondern einfach auf irgendeine Weise dem Organismus Energie zuführen. Das beruht auf dem Gedanken, daß emotionale oder psychosomatische Symptome verdichtete Erfahrungen sind. Hinter dem Symptom steckt eine Erfahrung, die sich selbst vervollständigen will. Man nennt das in der Gestalttherapie eine unvollständige Gestalt. Führt man dem Organismus Energie zu, läßt man diesem Vorgang freien Lauf. Die betreffende Person wird dann Erfahrungen machen, die der Therapeut unterstützt, ganz gleich, ob sie in seinen theoretischen Rahmen passen oder nicht.

Capra: Welche Möglichkeiten gibt es, dem Organismus Energie zuzuführen?

Grof: Psychedelische Drogen sind das auffälligste Beispiel; doch es gibt viele andere Methoden, von denen die meisten seit Jahrtausenden in verschiedenen Kulturen von Ureinwohnern benutzt wurden – sensorische Isolierung oder sensorische Überfrachtung, Trancetänze, Hyperventilation und so weiter. Vor allem Musik und Tanz können sehr kraftvolle Katalysatoren sein.

Dimalanta: Auch Therapeuten können als Katalysatoren wirken. Wenn ich beispielsweise mit einer Familie arbeite, dann kann ich für gewisse Verhaltensformen, die das gewöhnliche Muster durchbrechen, zum Katalysator werden.

Grof: Der Therapeut als Katalysator will nur jemand sein, der die Dinge erleichtert. Die neue Therapie legt sehr viel mehr Wert auf die Verantwortung des Patienten. *Dein* Prozeß ist es, der studiert wird. *Du* bist der Experte. *Du* bist der einzige, der herausfinden kann, was mit dir nicht stimmt. Als Therapeut kann ich gewisse Techniken anbieten und den ganzen Prozeß wie ein Abenteuer mit dir gemeinsam erleben, doch werde ich dir nicht erzählen, was du tun sollst oder wo du aufhören solltest.

Dimalanta: Mir scheint Kommunikation ganz entscheidend zu sein. Bei der Familientherapie muß man zuerst wissen, wie man ins Haus Eingang findet. Gewöhnlich komme ich durch die Hintertür statt durch die Vordertür. Mit anderen Worten, man muß die Denkweise der Familie

Familie erlernen, um einen Ansatzpunkt zu haben. Einige werden Sie dann gleich ins Schlafzimmer einlassen, zu anderen müssen Sie Zugang durch die Küche finden. Meistens ist Humor das wichtigste Werkzeug.

Capra: Wie setzen Sie Humor ein?

Dimalanta: Ich setze Humor ein, wenn eine Diskrepanz besteht zwischen dem, was sie sagen, und dem, wie sie sich verhalten. Oft bedient man sich der Sprache, um sein Verhalten zu verleugnen, und ich bediene mich des Humors, um auf die fehlende Übereinstimmung hinzuweisen. Manchmal verstärke ich nur ihr Verhalten bis zu einem Punkt, an dem es absurd wird, und dann läßt es sich nicht mehr leugnen.

Grof: Arbeitet man mit einer aktivierenden Technik, dann läßt man nicht das eigene begriffliche Denken in den Prozeß hineinwirken. Vielmehr versucht man, den Intellekt des Patienten auszuschalten, weil seine Vorstellungen, die ebenfalls begrenzt sind, der Erfahrung in die Quere kommen. Die Intellektualisierung erfolgt später und ist in Hinsicht auf das therapeutische Ergebnis meines Erachtens unwichtig.

Capra: Mir scheint, wir sprechen hier von zwei verschiedenen Methoden. Tony arbeitet mit dem Netz zwischenpersönlicher Beziehungen innerhalb einer Familie, während Stan dem Geist/Körper-System eines einzigen Individuums Energie zuführt.

Dimalanta: Aus meiner Sicht besteht zwischen dem, was ich mache, und dem, was Stan tut, kein Widerspruch. Ich arbeite nicht ausschließlich mit Familien. Der identifizierte Patient innerhalb einer Familie, und es können auch mehrere sein, braucht im allgemeinen auch individuelle Therapie. Während ich mit der Familie arbeite, versuche ich, die Interaktion zwischen den Familienangehörigen zu verbessern und das ganze System flexibler zu gestalten. Sobald das geschehen ist, kann ich mich mit dem identifizierten Patienten individuell weiter befassen und eine intensivere Therapie beginnen. Für mich ist Familientherapie keine Technik. Es ist eine Art, die Probleme zu betrachten; zu sehen, wie die Probleme miteinander verknüpft sind.

Grof: Bei meiner LSD-Therapie mit individuellen Patienten war für mich die Arbeit mit dem einzelnen vorrangig. Doch konnte ich meistens die Familie nicht auslassen, vor allem nicht, wenn der Patient jung war. Anfänglich erwartete ich großes Lob von der Familie, wenn der Patient enorme Fortschritte gemacht hatte, aber oft war das keineswegs der Fall. Es kam vor, daß die Mutter zu mir sagte: «Was haben Sie bloß mit meinem Sohn angestellt? Er widerspricht mir neuerdings.» In solchen Fällen sollte man eigentlich die Therapie auf die ganze Familie ausdeh-

nen. Andererseits glaube ich nicht an Arbeit nur auf der zwischenpersönlichen Ebene, ohne gleichzeitiges tiefgreifendes individuelles Einwirken auf den Patienten.
Dimalanta: Da stimme ich Ihnen zu. Manchmal arbeite ich auch zuerst mit dem identifizierten Patienten, ehe ich die ganze Familie treffe.
Henderson: Gibt es eigentlich Studien, in denen sozialer Aktivismus als Selbsttherapie betrachtet wird? Nachdem ich seit vielen Jahren mit Bürgerinitiativen und Umweltgruppen zu tun habe, ist mir stark bewußt geworden, wie die Leute sich darin abreagieren. Das bedeutet nicht, daß ihre Tätigkeit nicht manchmal sehr gut und sehr in Übereinstimmung mit dem gesellschaftlichen Wandel ist. Aber es gibt auch diesen Aspekt von Selbsttherapie. Sehen Sie, in der Umweltbewegung sind heute in den USA fünf Millionen Leute aktiv. Das ist eine sehr interessante Gruppe von Menschen. Tun die das aus Altruismus, oder ist das für sie eine Art von Selbsttherapie?
Lock: Dann lautet Ihre Frage im Grunde: Sind diese Menschen sich des Aspekts der Selbsttherapie bewußt?
Henderson: Ich weiß, daß ich mir dessen seit Jahren bewußt bin, und ich genieße das in hohem Maße.
Grof: Eine ziemlich umfangreiche Literatur interpretiert soziale Aktivitäten, Revolutionen und ähnliches psychodynamisch; sie befaßt sich jedoch nicht mit bewußter Selbsttherapie durch soziale Aktivitäten.
Henderson: Ich meine nur, ich kann doch nicht die einzige sein. Sicherlich betreiben viele Leute bewußt diese Art von Selbsttherapie.
Bateson: Aber hören sie damit auf, sobald sie geheilt sind?
Henderson: Es wäre interessant, dieser Frage nachzugehen. Einige tun es sicherlich. Ich frage mich, ob jemals jemand diese Leute als Population studiert hat.
Bateson: Shakespeare.
(Gelächter.)

8. Teil: Weisheit besonderer Art

Das Ende einer Odyssee

Im Juni 1978, vier Monate nach den Big-Sur-Gesprächen, begann ich endlich mit der Niederschrift der *Wendezeit.* Während der folgenden zweieinhalb Jahre befolgte ich eine eiserne Disziplin. Ich stand früh am Morgen auf und schrieb täglich während einer festgelegten Stundenzahl. Ich begann mit vier Stunden, steigerte dieses Pensum aber, je tiefer ich in den Text einstieg, und in der abschließenden redaktionellen Phase verbrachte ich täglich acht bis zehn Stunden mit dem Manuskript.

Das Erscheinen der *Wendezeit* zu Beginn des Jahres 1982 bedeutete den Abschluß einer langen intellektuellen und persönlichen Reise, die fünfzehn Jahre zuvor auf dem Höhepunkt der 1960er Jahre begonnen hatte. Beim Studium des begrifflichen und gesellschaftlichen Wandels hatte ich viele persönliche Risiken und Kämpfe zu bestehen, andererseits wunderbare menschliche Begegnungen und Freundschaften erlebt; ich erfuhr großartige geistige Anregungen, tiefe Einsichten und hatte äußerst bewegende Erlebnisse. Am Ende war ich zutiefst befriedigt. Aufbauend auf der Hilfe, Inspiration und dem Rat bemerkenswerter Frauen und Männer war es mir gelungen, in einem einzigen Band einen historischen Überblick über das alte Paradigma von Naturwissenschaft und Gesellschaft zu präsentieren, sowie eine umfassende Kritik seiner begrifflichen Grenzen und eine Synthese der aufkommenden neuen Sicht der Wirklichkeit zu formulieren.

Eine Reise nach Indien

Während das Buch in New York herauskam, verbrachte ich selbst sechs Wochen in Indien, um den Abschluß meines Werkes zu feiern und eine neue Perspektive für mein Leben zu gewinnen. Bei meiner Indienreise folgte ich drei Einladungen, die ich im Jahr davor unabhängig voneinander erhalten hatte.

Die Universität Bombay hatte mich zu drei Vorlesungen im Rahmen der Shrī-Aurobindo Memorial Lectures geladen. Vom India International Centre in Neu Dehli wurde ich gebeten, dort den Ghosh-Memorial-Vortrag zu halten. Die dritte Einladung kam von meinem Freund Stan Grof, der in Bombay die Jahreskonferenz der International Transpersonal Association mit dem Thema «Alte Weisheit und moderne Wissenschaft» organisierte.

Wenige Tage vor meiner Abreise erhielt ich vom Verlag Simon and Schuster die erste Vorauskopie meines Buches *The Turning Point* (*Wendezeit*). Beim ersten Durchblättern auf dem Flug nach Bombay kam mir in den Sinn, daß ich noch nie in Indien oder einer anderen Region des Fernen Ostens gewesen war, obwohl die indische Kultur meine Arbeit und mein Leben so stark beeinflußt hatte. Der am weitesten ostwärts gelegene Ort war bisher meine Heimatstadt Wien gewesen, und meine erste Berührung mit östlicher Kultur kam zustande, als ich westwärts ging – nach Paris und nach Kalifornien. Nun war ich erstmals auf dem Wege nach Osten – wiederum westwärts fliegend über Tokio nach Bombay, der Bahn der Sonne über den Pazifik folgend.

Mein Aufenthalt in Bombay stand unter einem guten Stern. Die Universität hatte mich im Hotel Nataraj untergebracht, einem nach Shiva Natarāja, dem Gott Shiva als «König des Tanzes», benannten Hotel im traditionellen indischen Stil. Jedesmal, wenn ich die Eingangshalle betrat, sah ich die riesige Statue eines tanzenden Shiva vor mir, jenes indischen Götterbildes, das mir während der vergangenen fünfzehn Jahre am vertrautesten gewesen war und einen so entscheidenden Einfluß auf meine Arbeit gehabt hatte.

In Indien überwältigten mich vom ersten Augenblick an die Masse der Menschen und die Vielfalt der archetypischen Bilder rings um mich her. Innerhalb der kurzen Zeitspanne eines Spaziergangs erlebte ich alte, gebrechliche Frauen, die in ihren Saris auf der Erde hockten und Bananen verkauften, kleine Buden entlang einer Mauer, in denen

Barbiere Männer aller Altersklassen rasierten, andere Männer, auf einer Mauer aufgereiht, die sich die Ohren durchbohren ließen. Bettelnde Frauen mit Kleinkindern drängten sich im Schatten zusammen; ein Junge und ein Mädchen saßen im Straßenstaub und spielten mit Muscheln als Würfel ein altes Brettspiel. Eine heilige Kuh streunte unbelästigt umher, ein Mann balancierte auf seinem Kopf geschickt eine Last langer Holzpfähle, während er sich einen Weg durch die Menge bahnte ... Ich hatte das Gefühl, in eine völlig andere Welt versetzt worden zu sein, ein Gefühl, das mich während meines ganzen Aufenthalts in Indien nicht verließ.

Bei anderen Gelegenheiten spazierte ich durch einen Park oder über eine Brücke in der Annahme, gleich auf ein besonderes Geschehen zu stoßen, da Hunderte von Menschen alle in derselben Richtung gingen. Bald fand ich jedoch heraus, daß sie jeden Tag da waren – ein ständiger Strom Menschheit. In ihm zu stehen oder in der Gegenrichtung zu gehen war ein unvergeßliches Erlebnis. Da war eine nie endende Vielfalt von Gesichtern, Ausdrücken, Schattierungen der Hautfarbe, Bekleidung, farbigen Zeichen auf den Gesichtern der Menschen. Ich hatte das Gefühl, ganz Indien zu begegnen.

Der Straßenverkehr in Bombay war immer sehr dicht. Da gab es nicht nur Autos, sondern Fahrräder, Rikschas, Kühe und andere Tiere, Menschen, die schwere Lasten auf dem Kopf trugen oder überladene Karren vor sich her schoben. Taxifahren war ein nervenaufreibendes Abenteuer. Jeden Augenblick schien es, wir seien um Haaresbreite einem Unfall entgangen. Die erstaunlichste Beobachtung war jedoch, daß die Taxifahrer – meistens bärtige Sikhs mit bunten Turbanen – überhaupt keine Anspannung erkennen ließen. Zumeist hatten sie nur eine Hand am Lenkrad und waren vollkommen gelassen, während sie Fahrzeugen, Fußgängern und Tieren um Bruchteile von Zentimetern auswichen.

Mit der indischen Gesellschaft verbindet man oft die Vorstellung großer Armut, und ich habe in Bombay tatsächlich sehr viel Armut gesehen. Doch bedrückte sie mich aus irgendeinem Grunde weit weniger, als ich befürchtet hatte. Die Armut war da, ganz offen und unübersehbar auf den Straßen. Sie wurde niemals geleugnet und schien ins Leben der Großstadt integriert. Während ich tagelang durch die Straßen schlenderte und in Taxis umherfuhr, hatte ich ein eigenartiges Erlebnis. Immer wieder kam mir ein Wort in den Sinn, das mehr als jedes andere das Leben in Bombay zu beschreiben schien – das Wort «reich».

Bombay, so ging es mir durch den Sinn, ist keine Großstadt. Es ist ein menschliches Ökosystem, in dem die Vielfalt des Lebens unglaublich reich ist.

Die indische Kultur ist äußerst sinnenfroh. Das Alltagsleben ist voller Farben, Klänge und Gerüche; die Lebensmittel sind stark gewürzt; Sitten und Rituale sind reich an ausdrucksvollen Einzelheiten. Und doch ist es bei aller Sinnenhaftigkeit eine sanfte Kultur. Ich verbrachte viele Stunden in der Empfangshalle des Nataraj Hotels und beobachtete die Leute beim Kommen und Gehen. Praktisch alle trugen die traditionelle weiche, fließende Kleidung, die, wie ich bald herausfand, für das heiße indische Klima die geeignetste ist. Die Menschen bewegten sich geschmeidig, lächelten viel und schienen niemals ärgerlich zu werden. Während meines gesamten Aufenthalts in Indien beobachtete ich nicht einen einzigen Fall von Machismo, der im Abendland so verbreitet ist. Die ganze Kultur schien mehr feminin orientiert. Vielleicht, so sagte ich mir, wäre es richtiger zu sagen, daß die indische Kultur einfach ausgeglichener ist.

Obgleich das, was ich um mich herum sah und hörte, wunderbar exotisch war, hatte ich während dieser ersten Tage in Bombay auch das Gefühl, «nach Indien zurückzukehren». Immer wieder stieß ich auf Elemente der indischen Kultur, die ich jahrelang studiert und erlebt hatte – indisches philosophisches und religiöses Denken, die heiligen Schriften, die farbige Mythologie der Volksepen, die Schriften und Lehren von Mahatma Gandhi, die prächtigen Tempelskulpturen, die spirituelle Musik und den Tanz. Während der vorangegangenen fünfzehn Jahre hatten diese Elemente zu verschiedenen Zeiten eine bedeutsame Rolle in meinem Leben gespielt, und nun vereinigten sie sich erstmals alle zu einem märchenhaften Erlebnis.

Gespräch mit Vimla Patil

Mein Gefühl, «nach Indien zurückzukehren», wurde noch durch die warme und begeisterte Aufnahme seitens zahlloser indischer Männer und Frauen bestärkt. Zum ersten Male in meinem Leben wurde ich als bekannte Persönlichkeit behandelt. Ich sah mein Foto auf der Titelseite der *Times of India*, wurde von hochrangigen Repräsentanten des öffentlichen und akademischen Lebens empfangen; Menschengruppen umlagerten mich mit der Bitte um ein Autogramm; die Leute brachten mir Geschenke und wollten ihre Gedanken mit mir diskutieren. Natürlich war ich sehr erfreut über diese unerhörte und völlig unerwartete Reaktion auf meine Arbeit, und ich brauchte Wochen, um sie zu verstehen. Mit meiner Untersuchung der Parallelen zwischen moderner Physik und östlicher Mystik hatte ich mich an Naturwissenschaftler und Leser gewandt, die sich für moderne Naturwissenschaft interessieren, aber auch an solche, die sich mit östlichen spirituellen Überlieferungen beschäftigen. In Indien war die Gemeinschaft der Wissenschaftler nicht sehr viel anders als im Abendland, doch die Haltung gegenüber der Spiritualität war ganz anders. Östliche Mystik ist im Abendland nur für eine Randgruppe von Interesse, in Indien jedoch stellt sie den kulturellen Hauptstrom dar. Die Repräsentanten des indischen Establishments – Mitglieder des Parlaments, Universitätsprofessoren, die Generaldirektoren großer Konzerne – hatten längst die Teile meiner These akzeptiert, die von abendländischen Kritikern noch mit erheblichem Argwohn betrachtet wurden, und da viele von ihnen stark an moderner Naturwissenschaft interessiert waren, nahmen sie mein Buch mit ganzem Herzen auf. *Das Tao der Physik* war in Indien nicht bekannter als im Abendland, doch war es vom Establishment akzeptiert und gefördert worden, und das machte natürlich den Unterschied aus.

Von den vielen Gesprächen und Diskussionen in Bombay haftet mir eine ganz besonders im Gedächtnis. Es war ein langer Gedankenaustausch mit Vimla Patil, einer bemerkenswerten Frau, Herausgeberin der großen Frauenzeitschrift *Femina*. Unser Gespräch begann als Interview, wurde jedoch bald zu einer langen und lebhaften Diskussion, in der ich viel über die indische Gesellschaft, Politik, Geschichte, Musik und Spiritualität lernte. Je länger ich mit ihr sprach, desto mehr mochte ich Vimla Patil, eine weltkluge, warmherzige und mütterliche Frau.

Vor allem wollte ich mehr über die Rolle der Frau in der indischen Gesellschaft in Erfahrung bringen, die ich sehr verwirrend fand. Mich hatten schon immer die kraftvollen Darstellungen indischer Göttinnen beeindruckt. Ich wußte, daß weibliche Gottheiten in der Hindu-Mythologie sehr zahlreich sind, Gottheiten, die die vielen Aspekte der archetypischen Göttin darstellen, das weibliche Prinzip des Universums. Ich wußte auch, daß der Hinduismus nicht die sinnenhafte Seite der menschlichen Natur verachtet, die traditionell mit dem Weiblichen assoziiert wird. Dementsprechend erscheinen seine Göttinnen nicht als heilige Jungfrauen, sondern werden oft mit erstaunlicher Schönheit in sinnlicher Umarmung bildlich dargestellt. Andererseits schienen viele indische Sitten im Zusammenhang mit Ehe und Familie sehr patriarchalisch zu sein und dazu angetan, die Frau zu unterdrücken.

Vimla Patil erzählte mir, der sanfte und spirituelle indische Charakter, mit seiner seit alters her ziemlich ausgewogenen Anschauung von Mann und Frau, sei stark von der Unterdrückung seitens der Moslems und danach durch die britische Kolonisation beeinflußt worden. Aus dem breiten Spektrum der indischen Philosophie hätten die Briten dann die Teile in die Tat umgesetzt, die den viktorianischen Anschauungen entsprachen, und sie zu einem Rechtssystem der Unterdrückung umgestaltet. Dennoch sei die Achtung vor der Frau ein integraler Teil der indischen Kultur geblieben. Dazu nannte sie mir zwei Beispiele. In Indien würde eine allein reisende Frau sicherer sein als im Abendland; außerdem träten mehr und mehr Frauen auf allen Ebenen des politischen Lebens in Erscheinung.

Indira Gandhi

Bei dieser Bemerkung wandte unser Gespräch sich natürlich Indira Gandhi zu, der Frau, die damals das höchste politische Amt in Indien bekleidete. «Die Tatsache, daß wir so lange eine Frau als Ministerpräsident gehabt haben, hat das öffentliche und politische Leben stark beeinflußt», sagte Frau Patil. «Jetzt lebt in Indien eine Generation, die niemals einen männlichen politischen Regierungschef gekannt hat. Stellen Sie sich vor, welch starke Wirkung das auf die indische Psyche haben muß.»

Schon, aber welche Art Frau war Indira Gandhi? Im Abendland wurde sie gewöhnlich als hart und rücksichtslos porträtiert, als autokratisch und machtbesessen. Hatten auch die Inder diese Vorstellung von ihr?

«Einige Inder vielleicht», gab Patil zu, «aber ganz gewiß nicht die Mehrheit. Frau Gandhi ist in Indien sehr populär, nicht so sehr bei den Intellektuellen, aber bei den einfachen Leuten, die sie sehr gut versteht.» Während ihrer Reisen durch die verschiedenen Landesteile pflegte Indira Gandhi die Saris im Stil der jeweiligen Region zu tragen; sie nahm an den Festlichkeiten der Stämme und ländlichen Gemeinden teil, hielt

Hände mit den Frauen und reihte sich in die lokalen Volkstänze ein. «Sie hat also einen ganz unmittelbaren Kontakt mit einfachen Leuten. Deshalb ist sie so populär.»

Meine Gesprächspartnerin erläuterte dann, Indira Gandhis autokratische Neigungen müßten im Kontext ihrer familiären Herkunft verstanden werden. Als aristokratische Brahmanin, Tochter des ersten indischen Ministerpräsidenten Jawaharlal Nehru und seit frühester Kindheit eng mit Mahatma Gandhi verbunden, sei sie nicht so sehr von Macht besessen, sondern von einem Gespür für schicksalhafte Bestimmung. Sie glaube, es sei ihr bestimmt, Indien zu führen, daß sie damit eine Mission zu erfüllen habe.

«Es trifft zu, daß Frau Gandhi eine Frau mit sehr starkem Willen ist», fuhr Vimla Patil fort. «Sie kann sehr wütend werden und wird von den meisten indischen Männern, zumindest unbewußt, mit Kali (der rasenden, gewalttätigen Manifestation der Muttergöttin) in Verbindung gebracht.»

«Und wie war es damals, als Frau Gandhi den Notstand verkündete, eine strenge Pressezensur verordnete und die gesamte Führung der Oppositionspartei ins Gefängnis stecken ließ?»

«Zweifellos hat sie Fehler gemacht, aus ihnen aber auch viel gelernt. Heute ist sie zu einer sehr spirituellen Persönlichkeit herangereift.»

In dem Maße, in dem Vimla Patil meine Fragen mit verständnisvollen Beobachtungen und Überlegungen beantwortete, wurde mir zusehens klar, daß ich mein Bild von Indira Gandhi erheblich revidieren mußte; offenbar war ihre Persönlichkeit viel komplexer, als sie in der westlichen Presse geschildert wurde.

«Und wie stellt Frau Gandhi sich zu den Problemen der Frau?» fragte ich schließlich und kehrte damit zum Ausgangspunkt unseres Gesprächs zurück. «Unterstützt sie die Sache der Frauen?»

«O ja, ganz entschieden», antwortete Patil. «In ihrem eigenen Leben hat sie mit einer Reihe gesellschaftlicher Konventionen gebrochen, die frauenfeindlich waren. Sie heiratete einen Parsi, also einen Mann anderer Religion und gesellschaftlicher Klasse, und sie verwarf die Rolle der traditionellen indischen Ehefrau dadurch, daß sie in die nationale Politik einstieg.»

«Und wie setzt sie sich als Führerin Indiens für die Sache der Frauen ein?»

«Auf vielerlei subtile Weise», antwortete Patil lächelnd. «Sie regiert das Land so, daß die Männer glauben, sie wirke für sie, während sie gleichzeitig in aller Stille die Rechte der Frau und die Sache der Frau ganz allgemein unterstützt. Sie läßt verschiedene Bewegungen sich entwikkeln, die sich mit der Sache der Frau befassen, und schafft durch Nichteinmischung ein günstiges Klima dafür. Die Folge ist, daß viele Frauen heute im öffentlichen Dienst in Erscheinung treten, auch in höheren Positionen.»

Patil erzählte mir dann von einem Vorfall, bei dem Indira Gandhi sich deutlich für die Sache der Frauen engagierte. Vor einiger Zeit weigerte die Air India sich, einer Frau die Pilotenlizenz zu geben, woraufhin Frau Gandhi «mit der Faust auf den Tisch schlug» und die Air India zwang, die Lizenz auszuhändigen. «Diese isolierten Aktionen erhalten viel Publizität», erläuterte Patil. «Sie haben den Frauen enorm geholfen. Heute weiß jede indische Frau, daß ihr keine Position verwehrt werden darf. Bei den jungen indischen Frauen begegnet man unerhörtem Stolz und Selbstvertrauen.»

«Dann muß also Frau Gandhi bei den indischen Frauen populärer sein als bei den Männern?»

Patil lächelte erneut. «O ja. Die indischen Frauen sehen in ihr nicht nur eine Führerin mit großem Mut, Weisheit und Ausdauer, sondern auch ein Symbol der Emanzipation der Frau. Das ist eine ihrer großen politischen Stärken. Damit sind ihr fünfzig Prozent aller Wählerstimmen sicher – die der Frauen.»

Am Ende unserer Unterhaltung drängte Vimla Patil mich, mit allen Mitteln zu versuchen, während meines Aufenthaltes in Neu Delhi Frau Gandhi persönlich zu sprechen. Ich fand diese Anregung reichlich extravagant und nickte nur höflich, nicht ahnend, daß ich Indira Gandhi tatsächlich begegnen und mit ihr einen langen und unvergeßlichen Gedankenaustausch haben würde.

Indische Kunst und Spiritualität

Mit Vimla Patil unterhielt ich mich ausgiebig über indische Kunst und Spiritualität, zwei untrennbare Aspekte der indischen Kultur. Von Anfang an hatte ich versucht, mich den östlichen spirituellen Überlieferungen nicht nur intellektuell, sondern auch erlebnismäßig zu nähern, und im Falle des Hinduismus erfolgte diese Form der Annäherung vor allem über die indische Kunst. Dementsprechend hatte ich beschlossen, in Indien nicht nach einem Guru Ausschau zu halten und auch keine Zeit in Ashrams oder sonstigen Meditationszentren zu verbringen, sondern soviel Zeit wie möglich dem Erleben indischer Spiritualität durch ihre traditionellen Kunstformen zu widmen.

Einer meiner ersten Ausflüge in Bombay führte mich zu den berühmten Elephanta-Höhlen, einem prächtigen, dem Shiva gewidmeten uralten Tempel mit riesigen Steinskulpturen, die den Gott in seinen vielen Manifestationen darstellen. Ich stand in ehrfurchtsvollem Staunen vor diesen mächtigen Skultpuren, deren Reproduktionen ich seit vielen Jahren kannte und liebte: dem dreifachen Bild des Shiva Maheshvara, des Großen Gottes, der gelassene Ruhe und Frieden ausstrahlt. Ich stand vor Shiva Ardhanari, der erstaunlichen Vereinigung männlicher und weiblicher Formen in der rhythmischen, schwingenden Bewegung des androgynen Körpers der Gottheit und der heiteren Entspanntheit seines/ihres Gesichts. Und ich sah Shiva Natarāja, den berühmten vierarmigen kosmischen Tänzer, dessen wunderbar ausgeglichene Gesten die dynamische Einheit allen Lebens ausdrücken.

Mein Besuch in Elephanta war das Vorspiel zu einer noch mächtigeren Erfahrung von Shiva-Skulpturen in den abgelegenen Höhlentempeln von Ellora, eine Tagesreise von Bombay entfernt. Da ich für diesen Ausflug nur einen Tag zur Verfügung hatte, flog ich am frühen Morgen nach Aurangabad nahe Ellora. Von dort aus fährt ein Touristenbus zu den Tempeln, von einer deutlich in englischer Sprache gekennzeichneten Haltestelle aus. Ich mied ihn jedoch zugunsten des fahrplanmäßigen lokalen Omnibusses, der schwerer zu finden war, jedoch etwas mehr Abenteuer versprach. Allein schon die Haltestelle war höchst eindrucksvoll. An weißen Wänden waren die einzelnen Abfahrtsstellen durch rote Symbole auf orangefarbenen Scheiben gekennzeichnet, die ich für Zahlen hielt, umgeben von schwarzen Inschriften, die augenscheinlich die Zielorte benannten. Diese Inschriften in der klassischen indischen Schrift mit dicken horizontalen Balken, die die Buchstaben in jedem Wort miteinander verbinden, waren so schön zusammengestellt und so feinfühlig mit dem Rot und Orange der Zahlen abgestimmt, daß sie für mich aussahen, als seien sie Verse aus den Veden.

An der Haltestelle drängten sich Leute vom Lande, deren ruhige Würde und starkes Gespür für Ästhetik mich tief beeindruckten. Die Frauenkleidung war viel farbenprächtiger als die, die ich in Bombay gesehen hatte – Baumwollsaris in Lapisblau und Smaragdgrün, üppig mit Goldfäden bestickt, wobei die juwelenähnlichen Farben noch durch schwere silberne Hals- und Armbänder hervorgehoben wurden. Frauen wie Männer stellten viel Geschmack und Gelassenheit zur Schau.

Der Bus nach Ellora war brechend voll und hielt an zahllosen Haltestellen, wo die Mitfahrer riesige Bündel auf- und abluden. Körbe mit Hühnern und anderem Getier, sogar ein lebendes Schaf – alles wurde auf dem Dach des Omnibusses verstaut. So brauchten wir für die fünfzehn Meilen bis Ellora fast zwei Stunden. Ich war der einzige Nicht-Inder in diesem Bus, jedoch in den traditionellen Khadi (aus Baumwolle) gekleidet, mit Chappals (Sandalen) an den Füßen und einer einfachen Tragetasche aus Jute über der Schulter. Niemand kümmerte sich um mich, so daß ich das Treiben um mich herum ohne Störung zur Kenntnis nehmen konnte. Wie alle Mitfahrer mußte auch ich mich während der Fahrt im überfüllten Bus ständig gegen Männer, Frauen und Kinder lehnen, und wieder fiel mir die äußerste Sanftheit und Freundlichkeit der Menschen auf.

Wir fuhren durch saubere, friedliche Dörfer. Die meisten Szenen und Aktivitäten, die ich dabei beobachtete, waren mir nur aus Märchen und fernen Kindertagen bekannt – der Brunnen, an dem die Frauen sich zum Wasserholen und Schwatzen versammeln, der Markt, wo Männer und Frauen von Obst und Gemüse umgeben auf dem Boden hocken, der Hufschmied am Rande des Dorfes. Die Technologie, die ich sah – zum Beispiel für Bewässerung, für Spinnen und Weben –, war einfach, aber oft sehr einfallsreich, ein Spiegelbild des ausgeprägten Gespürs für Ästhetik, das für Indien charakteristisch ist.

Während der Bus an Baumwollfeldern und sanften Hügeln vorbeifuhr, war ich von der Schönheit der bäuerlichen Landschaft und der darin lebenden Menschen überwältigt – vom Weißgrau und goldenen Gelb der gigantischen Teakbäume an den Straßenrändern, von den weißgekleideten alten Männern mit Turbanen in leuchtendem Rosa. Sie saßen auf zweirädrigen Ochsenkarren, deren Zugochsen lange, elegant geschwungene Hörner hatten. Da waren Menschen, die im Fluß ihre Kleidung wuschen – und zwar auf die uralte Weise mit rhythmischem Klatschen auf flache Steine –, wonach sie sie dann zum Trocknen in farbigen Mustern ausbreiteten. Mädchen in wunderschönen Saris schwebten wie Tänzerinnen mit Metallkrügen auf dem Kopf durch die hügelige Landschaft. Jeder Anblick ein Bild von Heiterkeit und Schönheit.

Ich war also bereits in einer verzauberten Gemütsverfassung, als ich den geheiligten Höhlentempeln von Ellora eintraf, wo in alter Zeit viele Künstler in jahrhundertelanger Arbeit aus hartem Felsgestein eine ganze Stadt von Tempelhallen und Skulpturen herausgemeißelt hatten. Von den über dreißig hinduistischen, buddhistischen und Jain-Tempeln besichtigte ich nur die drei schönsten, alle der Hindureligion geweiht. Die Schönheit und kraftvolle Ausstrahlung dieser geheiligten Höhlen ist unaussprechlich. Eine von ihnen ist ein in den Berghang hineingebauter Shivatempel. Die Haupthalle wird gestützt von schweren, rechteckigen Säulen, unterbrochen nur durch einen mittleren Durchgang, der das Heiligtum im innersten und dunkelsten Teil des Tempels mit den lichtdurchströmten Arkaden verbindet, von denen aus man die umgebende Landschaft betrachten kann. Im dunklen Innern des Heiligtums steht ein zylindrischer Block aus Stein, der Shivas Lingam darstellt, das uralte Phallussymbol. Am äußeren Ende wird der Mittelgang durch die lebensgroße Skulptur eines liegenden Stiers blockiert. Entspannt und ruhig starrt er meditierend auf den heiligen Phallus. An den Wänden der Halle findet man in ausgehauenen Nischen die göttliche Figur des Shiva in einer Vielfalt traditioneller tänzerischer Posen.

Hier verbrachte ich über eine Stunde in Meditation, den größten Teil der Zeit allein. Als ich langsam vom inneren Heiligtum zum äußeren Wandelgang schritt, fesselte mich die ruhige und kraftvolle Silhouette des Stiers vor der friedlichen indischen Landschaft. Dann drehte ich mich um und schaute auf den Lingam hinter dem Stier und den massigen Säulen. Dabei spürte ich die von der statischen Kraft dieser männlichen Symbole geschaffene unerhörte Spannung. Doch nach einigen kurzen Blicken auf die sinnlichen, weiblichen Bewegungen des überschwenglichen Tanzes des Gottes Shiva löste sich die Spannung. Mich erfüllte ein Gefühl intensiver Männlichkeit ohne jede Spur von Männlichkeitswahn, eines meiner tiefsten Erlebnisse in Indien.

Nach vielen kontemplativen Stunden in Ellora kehrte ich nach Aurangabad zurück, da die Sonne fast untergegangen war. An diesem Abend gab es keinen Flug nach Bombay mehr, so daß ich mit einem Nachtomnibus fahren mußte. Der Flug am Morgen hatte zwanzig Minuten gedauert. Die Rückfahrt mit dem «Super Express»-Postomnibus auf Straßen, auf denen Menschen, Karren und Tiere sich drängten, dauerte elf Stunden.

Zu meinem großen Glück fand während meines zweiwöchigen Aufenthaltes in Bombay ein bedeutendes indisches Musik- und Tanzfestival statt. Ich besuchte zwei ganz hervorragende Veranstaltungen, eine für indische Musik, die andere für Tanz. Bei der ersten handelte es sich um ein Konzert von Bismillah Khan, Indiens berühmtem Meister der Shehnai. Dies ist ein klassisches Instrument indischer Musik, ein der Oboe ähnliches zweirohriges Blasinstrument, das eine beträchtliche Atembeherrschung erfordert, wenn man einen kräftig anhaltenden Ton darauf hervorbringen will. Vimla Patil hatte mich freundlicherweise eingeladen, sie und ihre Familie zu dem Konzert zu begleiten. Ich genoß es sehr, dort mit Freunden zu weilen, die mir vieles erklärten und übersetzten, was ich von mir aus nicht verstanden hätte. In der Pause standen wir plaudernd herum und schlürften Tee. Dabei wurde ich Freunden und Bekannten der Patils vorgestellt, von denen mir einige Komplimente wegen meiner Kleidung machten – ich trug die lange und fließende seide Kurta (ein Hemd), dazu Hosen aus Baumwolle, Sandalen und einen langen Wollschal zum Schutz vor der kühlen Brise in der Freiluft-Konzerthalle. Zu diesem Zeitpunkt hatte ich mich schon sehr daran gewöhnt, indische Kleidung zu tragen, was offensichtlich geschätzt wurde.

Wie bei allen indischen Konzerten dauerte die Vorstellung viele Stunden. Sie wurde zu einem der schönsten musikalischen Erlebnisse meines Lebens. Ich hatte Bismillah Khan schon vorher auf Schallplatten gehört, doch war der Klang der Shehnai mir viel weniger vertraut als der der Sitar oder der Sarod. Bei diesem Konzert jedoch war ich sofort vom brillanten Spiel des Meisters verzaubert. Entsprechend den sich verändernden Rhythmen und Tempi der klassischen Rāgas in seinem Programm, schuf er die erlesensten Variationen melodischer Muster, die beim Zuhörer viele Stimmungsnuancen auslösten, von leichtgestimmter Freude bis zu spiritueller heiterer Ruhe. Gegen Ende jedes Stückes pflegte er das Tempo zu steigern und in einem überschwenglichen und gefühlsbetonten Finale seine Virtuosität zu demonstrieren.

Während des langen Abends wurde ich zutiefst von den magischen Klängen von Bismillah Khans Shehnai und dem von ihnen ausgelösten breiten Spektrum menschlicher Gefühle ergriffen. Anfangs erinnerten mich seine Improvisationen oft an die des großen Jazz-Musikers John Coltrane, dann jedoch verlagerten meine Assoziationen sich hin zu Mozart und weiter zu den Volksliedern meiner Kindheit. Je länger ich lauschte, desto mehr wurde mir deutlich, daß Bismillah Khans Shehnai alle musikalischen Kategorien transzendiert.

Die Zuhörer reagierten auf diese verzaubernde Musik mit großer Begeisterung, wobei sich in ihre liebende Bewunderung ein Unterton von Trauer mischte. Jedermann spürte, daß Bismillah Khan mit seinen fünfundsechzig Jahren nicht mehr den Atem und die Ausdauer seiner jüngeren Jahre hatte. Nachdem er zwei Stunden lang brillant gespielt hatte, verneigte er sich dann auch vor dem Publikum und sagte mit traurigem Lächeln: «Als ich jünger war, konnte ich die ganze Nacht durchspielen, nun muß ich Sie jedoch um eine kurze Pause bitten.» Das Alter, Don Juans vierter Feind des Wissenden, hatte auch Bismillah Khan eingeholt.

Schon am folgenden Abend wurde mir ein anderes, nicht weniger außergewöhnliches Erlebnis indischer Kunst zuteil. Diesmal waren es Bewegung, Tanz und Ritual. Es war eine Vorstellung klassischer indischer Tanzformen namens Odissi. In Indien ist der Tanz schon seit uralten Zeiten ein integraler Teil der Gottesverehrung und auch heute noch eine der reinsten künstlerischen Ausdrucksformen von Spiritualität. Jede klassische Tanzvorführung ist ein Tanzdrama, bei dem die Künstlerin wohlbekannte Sagen aus der Hindu-Mythologie tanzt, indem sie eine Reihenfolge von Emotionen durch *Abhinaya* kommuniziert, das ist eine ausgeklügelte Sprache stilisierter Körperstellungen, Gesten und Gesichtsausdrücke. Beim Odissi-Tanz sind die klassischen Posen dieselben wie die der Gottheiten in den Hindu-Tempeln.

Ich besuchte diese Vorstellung mit einer Gruppe junger Leute, die ich nach meinen Vorlesungen getroffen hatte, darunter eine junge Frau, die selbst Odissi-Tanzen studiert. Meine Begleiter erzählten mir aufgeregt, die besondere Attraktion dieses Abends sei nicht nur Sanjukta Panigrahi, Indiens führende Odissi-Tänzerin, sondern daß man auch Keluchara Mohaparta sehen werde, ihren Guru (Lehrer), der im allgemeinen nicht in der Öffentlichkeit auftrete. An diesem Abend werde aber auch «Guruji», wie ihn alle nannten, tanzen.

Vor der Vorstellung führten mich die Tänzerin und eine Studienfreundin von ihr hinter die Bühne, damit ich dort ihren Tanzlehrer treffen und eventuell Guruji und Sanjukta bei ihrer Vorbereitung der Vorstellung beobachten könne. Als die beiden jungen Frauen ihrem Lehrer begegneten, verneigten sie sich tief und berührten mit der rechten Hand zunächst die Füße des Lehrers und dann ihre Stirn. Sie taten das mit einer so natürlichen und fließenden Leichtigkeit, daß diese Gesten ihre Bewegungen und Gespräche kaum unterbrachen. Nachdem man mich vorgestellt hatte, durften wir in einen anliegenden Raum blicken, in dem Sanjukta und Guruji in ein intimes Ritual vertieft waren. Schon ganz für die Vorstellung gekleidet, saßen sie einander im Gebet gegenüber, flüsterten intensiv und mit geschlossenen Augen. Es war ein Bild äußerster Konzentration, das damit endete, daß Guruji seine Schülerin segnete und sie auf die Stirn küßte.

Ich war entzückt von Sanjuktas wunderbarem Gewand, ihrem Make-up, den Juwelen, mit denen sie geschmückt war. Aber mehr noch war ich von Guruji fasziniert, einem alten Mann, nahezu kahlköpfig, mit feinem, seltsam fesselndem Gesicht, das die konventionellen Merkmale von männlich und weiblich, jung und alt transzendierte. Er hatte nur wenig Make-up aufgelegt und war in ein rituelles Gewand gekleidet, das seinen Oberkörper freiließ.

Die Vorstellung war prachtvoll. Durch eine verblüffende Darstellung der raffiniertesten Bewegungen und Gesten riefen die Tänzer einen unaufhörlichen Strom von Empfindungen hervor. Sanjuktas Posen waren faszinierend. Es hatte den Anschein, als seien die alten Steinskulpturen, die mir noch ganz frisch in Erinnerung waren, plötzlich zum Leben erwacht.

Das wunderbarste Erlebnis war jedoch, wie Guruji die initiierende Aufforderung und Opferung darbot, die am Beginn jeder Darstellung klassischer indischer Tänze steht. Er erschien auf der linken Seite der Bühne mit einem Teller brennender Kerzen in der Hand, die er als Opfer für eine Gottheit, dargestellt durch eine kleine Statue, über die Bühne trug. Diesen seltsam schönen alten Mann in kreisenden, biegsamen und fließenden Bewegungen über die Bühne schweben zu sehen, umgeben von flackernden Kerzen, das war ein unvergeßliches Erlebnis von Magie und Ritual. Ich saß da und starrte verzaubert auf Guruji, als stamme er aus einer anderen Welt, eine Personifizierung archetypischer Bewegung.

Die Begegnung mit Indira Gandhi

Kurz nach dieser denkwürdigen Vorstellung flog ich für drei Tage nach Neu Delhi, um dort meine Vorlesung am India International Centre zu halten, einem Vorlesungs- und Forschungszentrum für Gastdozenten aus aller Welt.

In Neu Delhi wurde ich ebenso begeistert aufgenommen wie zuvor in Bombay. Wieder mußte ich viele Interviews geben und traf hochgestellte Repräsentanten des indischen akademischen und politischen Lebens. Zu meiner großen Überraschung erfuhr ich, daß die Premierministerin zugesagt hatte, den Vorsitz bei meiner Vorlesung zu übernehmen, jedoch wegen außerordentlich vieler Termine nicht in der Lage sein werde, ihr beizuwohnen. Das Parlament tagte gerade, und außerdem fand in dieser Woche in Neu Delhi eine wichtige «Süd-Süd»-Konferenz von Ländern der dritten Welt statt, was es ihr unmöglich machte, ihre Zusage einzuhalten. Mir wurde jedoch mitgeteilt, sie werde mich vielleicht am Tage nach meinem Vortrag kurz empfangen. Als meine Gastgeber meine große Überraschung bemerkten, erzählten sie mir, Frau Gandhi sei mit meiner Arbeit vertraut und habe sogar in ihren Reden mehrfach Zitate aus dem *Tao der Physik* verwendet. Diese unerwartete Ehre verwirrte mich zwar etwas, andererseits sah ich einer Begegnung mit Indira Gandhi voller Spannung entgegen.

Am Abend meiner Ankunft wurde ich zu einer kleinen, aber sehr eleganten Dinner Party im Hause von Pupul Jayakar eingeladen, einer hochangesehenen Expertin für traditionelle handgewebte Kleidung und Textilien, die in der ganzen Welt sehr aktiv indische handwerkliche und ornamentale Kunst propagiert. Als Frau Jayakar von meinem Interesse an indischer Kunst hörte, geleitete sie mich durch ihre mit erlesenem Geschmack eingerichtete Villa. Zu ihrer Kunstsammlung gehörten einige prachtvolle Statuen sowie eine Vielfalt bedruckter Stoffe. Das Dinner war ein traditionelles indisches Bankett, das sehr spät begann und viele Stunden dauerte. Ich erinnere mich, daß alle Anwesenden exquisit gekleidet waren. Ich kam mir vor, als befände ich mich unter Fürsten und Prinzessinnen. Die Unterhaltung drehte sich vor allem um indische Philosophie und Spiritualität. Vor allem sprachen wir viel über Krishnamurti, den Frau Jayakar sehr gut kannte.

Natürlich war ich daran interessiert, mehr über Indira Gandhi zu erfahren. Zu meiner großen Freude stellte sich heraus, daß Nirmala Deshpande, ein weiblicher Gast, eine alte Freundin und Vertraute von Frau Gandhi war. Sie war eine stille, körperlich winzige und sanfte Frau, die ein asketisches Leben im Ashram von Vinoba Bhave geführt hatte, dem weisen Aktivisten und ehemaligen Mitarbeiter von Mahatma Gandhi. Nirmala Deshpande erzählte mir, ihr Ashram werde von Frauen betrieben. Frau Indira Gandhi sei dort häufige Besucherin und unterwerfe sich dann ganz und gar den Vorschriften und Sitten des Ashram. Wieder einmal hörte ich Dinge über Indira Gandhi, die ganz anders waren als ihr öffentliches Image im Abendland. Meine Verwirrung wurde dadurch ebenso gesteigert wie meine Neugier und Vorfreude auf das mögliche Zusammentreffen.

Zwei Tage später wurde mir mitgeteilt, die Premierministerin wolle mich sprechen. Wenige Stunden später saß ich in Indira Gandhis Büro im Parlamentsgebäude in Erwartung der Frau, deren rätselhafte Persönlichkeit den größten Teil meiner Gedanken und Unterhaltungen während meines Aufenthaltes in Delhi beherrscht hatte. Während des Wartens schaute ich mich im Büro um, das ziemlich nüchtern eingerichtet war – ein großer, kahler Schreibtisch mit einem Schreibblock und einer Schale voller Schreibutensilien, ein einfaches Bücherregal, eine riesige Landkarte von Indien an der Wand, die kleine Statue einer Göttin am Fenster. Während ich mich umschaute, schossen mir viele Vorstellungen von Indira Gandhi durch den Kopf – dominierende politische Gestalt Indiens seit zwei Jahrzehnten; eine Frau von anspruchsvoller Präsenz; eine autokratische Führerin mit großer Willenskraft; zäh und arrogant; eine Frau mit großem Mut und großer Weisheit; eine spirituelle Persönlichkeit in enger Tuchfühlung mit den Empfindungen und Bestrebungen des einfachen Volkes... Welcher Indira Gandhi würde ich nun begegnen, fragte ich ich mich.

Das Erscheinen von Frau Gandhi in Begleitung einiger Herren unterbrach meine Gedanken. Als sie mir die Hand entgegenstreckte und mich mit freundlichem Lächeln begrüßte, stellte ich zu meiner großen Überraschung fest, wie zierlich, fast zerbrechlich sie war. In ihrem wassergrünen Sari sah sie sehr elegant und weiblich aus. Sie nahm an ihrem Schreibtisch Platz und blickte mich erwartungsvoll an. Ihre von tiefen Ringen umschatteten Augen hatten einen so freundlichen und warmherzigen Ausdruck, daß ich fast vergessen hätte, daß ich der Führerin der volkreichsten Demokratie der Welt gegenübersaß, wären nicht die drei Telefone in Reichweite auf einem kleinen Tisch zu ihrer Linken gewesen.

Ich leitete das Gespräch mit der Bemerkung ein, wie geehrt ich mich durch diese Begegnung fühlte, und dankte ihr dafür, daß sie mich trotz ihres anspruchsvollen Arbeitspensums empfing. Anläßlich meines ersten Besuches in Indien sei ich auch dem ganzen Land zu Dank verpflichtet. Die indische Kultur habe mein Leben und meine Arbeit tief beeindruckt, und es sei ein großes Privileg, in Indien Vorlesungen halten zu dürfen. Ich hoffte, sagte ich, einen Teil meiner Dankesschuld durch Weitergabe einiger meiner aus der Berührung mit der indischen Kultur erworbenen Erkenntnisse an andere abtragen zu können. Das könne vielleicht die

Zusammenarbeit und den Gedankenaustausch zwischen Ost und West erleichtern.

Frau Gandhi schwieg und reagierte auf meine Äußerungen mit ermunterndem Lächeln, weshalb ich weitersprach. Ich berichtete, ich hätte soeben ein neues Buch veröffentlicht, in dem ich die Thesen aus *Das Tao der Physik* durch Einbeziehen der anderen Wissenschaftsdisziplinen erweitert hätte. Außerdem hätte ich darin die gegenwärtige begriffliche Krise der abendländischen Gesellschaft und die sozialen Implikationen unserer in Gang gekommenen kulturellen Transformation erörtert.

Mit diesen Worten nahm ich die Vorauskopie aus meiner Tragetasche und reichte sie Indira Gandhi mit der Bemerkung, es sei für mich ein großes Privileg, ihr diese erste Kopie der *Wendezeit* überreichen zu dürfen.

Frau Gandhi nahm das Buch mit dankender Geste entgegen, sagte jedoch immer noch nichts. Ich hatte das unheimliche Gefühl, einem Vakuum gegenüberzusitzen, einer Person, die entgegen allen meinen Erwartungen und vorgefaßten Meinungen überhaupt kein Ego zu haben schien. Zugleich spürte ich jedoch, daß ihr Schweigen ein Test war. Indira Gandhi hatte sich schließlich nicht von ihren politischen Verpflichtungen freigemacht, um mit mir belanglose Konversation zu betreiben. Sie wartete darauf, ein Gespräch mit Substanz beginnen zu können, und nun lag es an mir, diese Substanz nach bestem Können zu liefern. Diese Herausforderung schüchterte mich nicht ein. Im Gegenteil – ich fühlte mich stimuliert und bewegt, als ich zu einer präzisen Zusammenfassung meiner Thesen ansetzte.

Meine Ideen habe ich jahrelang mit Menschen aller Schichten diskutiert und ein gutes Gespür entwickelt, ob die Leute wirklich verstehen, was ich sage, oder nur höflich zuhören. Bei Frau Gandhi war mir vom ersten Augenblick an klar, daß sie das, was ich ihr darlegte, wirklich verstand, vieles, was ich ihr vortrug, in allen Einzelheiten selbst durchdacht hatte, und mit vielen meiner Gedanken vertraut war. Allmählich reagierte sie mit kurzen Zwischenbemerkungen auf meine Ausführungen, und bald schaltete sie sich mehr und mehr in die Argumentation ein. Sie stimmte meiner einleitenden Behauptung zu, die wichtigsten gegenwärtigen Probleme seien systemische Probleme, was bedeutet, daß sie alle untereinander verknüpft sind. «Ich glaube, daß das Leben eins ist und daß die Welt eins ist», sagte sie. «Wie Sie wissen, wird uns in der indischen Philosophie stets gesagt, daß wir ein Teil von allem sind und daß alles ein Teil von uns ist. Daher sind die Probleme der Welt zwangsläufig sämtlich miteinander verknüpft.»

Sie zeigte sich auch sehr empfänglich für meine Betonung des ökologischen Gewahrseins als Grundlage der neuen Sicht der Wirklichkeit. «Ich habe mich der Natur stets sehr nahe gefühlt», sagte sie. «Glücklicherweise bin ich mit einem starken Gefühl der Verwandtschaft mit der ganzen lebendigen Natur aufgewachsen. Pflanzen und Tiere, die Steine und die Bäume, sie alle waren meine Gefährten.» Dann fügte sie hinzu, in Indien gebe es eine alte Tradition des Umweltschutzes. Im dritten vorchristlichen Jahrhundert habe in Indien vierzig Jahre lang der große König Ashoka regiert, der es für seine Pflicht erachtete, nicht nur seine Landeskinder zu schützen, sondern auch die Wälder und die Tiere zu erhalten. «In ganz Indien findet man heute noch in Felsen und steinerne Pfeiler eingemeißelte kaiserliche Edikte aus der Zeit vor zweiundzwanzig Jahrhunderten, die schon einen Hinweis auf heutige Umweltanliegen geben.»

Zum Abschluß meiner kurzen Synopsis erwähnte ich die Implikation des neu entstehenden ökologischen Paradigmas für Wirtschaft und Technologie. Vor allem nannte ich die sogenannten sanften Technologien, die ökologische Prinzipien verkörpern und mit den neuen Wertvorstellungen übereinstimmen.

Als ich geendet hatte, schwieg Frau Gandhi einen Augenblick und sagte dann ernst und sehr direkt: «Mein Problem ist: Wie kann ich neue Technologien in Indien einführen, ohne die vorhandene Kultur zu zerstören? Wir wollen soviel wie möglich von den westlichen Ländern lernen, dabei jedoch unsere indischen Wurzeln erhalten.»

Sie erläuterte dann dieses Problem, das natürlich dasselbe in der ganzen dritten Welt ist, an Hand zahlreicher Beispiele. Sie sprach von dem «liebevollen Verhältnis», das die Menschen in der Vergangenheit zu ihrem jeweiligen Handwerk hatten und das heute weitgehend verschwunden ist. Sie erwähnte die große Schönheit und Haltbarkeit der altüberlieferten Kleidung, die Holzschnitzereien, die Töpferei. «Heute scheint es leichter und billiger, Plastikgegenstände zu kaufen, als Zeit mit diesen Handwerkskünsten zu vergeuden», sagte sie mit traurigem Lächeln. «Wie jammerschade!»

Besonders lebhaft wurde Frau Gandhi, als sie auf die Volkstänze der verschiedenen indischen Stämme zu sprechen kam. «Wenn ich die Frauen bei ihren Tänzen beobachte, dann sehe ich eine so wunderbare Fröhlichkeit und Spontaneität, daß ich befürchte, dieser Geist wird ihnen verlorengehen, wenn sie materielle Fortschritte erzielen.» Volkstänze seien ein Teil der jährlichen Parade in Neu Delhi am Tag der

Republik. Früher kamen die Menschen aus den entlegensten Teilen und Dörfern des Landes angereist und tanzten Tag und Nacht in den Straßen. «Sie waren einfach nicht aufzuhalten», sagte sie lebhaft. «Sagte man ihnen, sie sollten endlich aufhören, dann gingen sie einfach in den nächsten Park und tanzten dort weiter. Heute jedoch wollen sie dafür bezahlt werden, und ihre Vorführungen werden zunehmend kürzer.»

Während ich Indira Gandhi zuhörte, wurde mir klar, wie tief sie über diese Probleme nachgedacht hatte. Mehr noch beeindruckte mich, welch großen Wert diese bedeutende Politikerin, die ihr Land in die Technologie des Raumfahrt-Zeitalters geführt hatte, darauf legte, die Schönheit und Weisheit der alten Kultur am Leben zu erhalten. «Die Menschen in Indien, selbst die allerärmsten, besitzen eine Weisheit besonderer Art, eine innere Stärke, die aus ihrer spirituellen Tradition stammt. Ich möchte, daß sie diese besondere Eigenschaft bewahren, wenn sie sich aus der Armut befreien», erklärte Frau Gandhi nachdenklich.

Ich verwies auf die von mir propagierten sanften Technologien, die für die Bewahrung traditioneller Sitten und Wertvorstellungen besonders geeignet sind. Sie funktionieren ganz in dem Sinne, den Mahatma Gandhi so energisch gefordert hatte – kleine, dezentralisierte Betriebe, die den lokalen Gegebenheiten entsprechen und so gestaltet sind, daß sie die wirtschaftliche Autarkie verbessern. Als Paradebeispiel nannte ich die Sonnenenergie.

«Ich weiß», antwortete Indira Gandhi lächelnd. «Darüber habe ich bereits vor langer Zeit gesprochen. Wissen Sie, ich selbst lebe in einem sonnenbeheizten Haus.» Und nach einer nachdenklichen Pause fügte sie hinzu: «Könnte ich wieder bei Null anfangen, dann würde ich vieles anders machen. Aber ich muß realistisch sein. In Indien besteht eine breite technologische Grundlage, die ich nicht einfach verwerfen kann.»

Bei unserer Unterhaltung gab sich Frau Gandhi nicht im geringsten autoritär. Im Gegenteil – sie verhielt sich sehr natürlich und bescheiden. Unser Gespräch war ein ernsthafter Gedankenaustausch zwischen Menschen, die wegen gewisser Probleme besorgt waren und nach Lösungen suchten. In weiteren Ausführungen zu Technologie und Kultur erwähnte Frau Gandhi, wie leicht die Menschen in Indien, so wie überall in der Welt, sich vom Glanz moderner technologischer Spielereien verführen lassen, die keinen großen Wert besitzen und die alte Kultur zerstören. Sie frage sich, welches der beste Weg sei, die wirklich wertvollen und geeignetsten Technologien auszuwählen. Diesen Gedankengang abschließend, sah sie mich an und sagte sehr einfach: «Sehen Sie, das ist das

Hauptproblem, vor dem ich stehe. Was soll ich tun? Haben Sie dazu irgendwelche Ideen?»

Diese freimütige und unprätentiöse Frage setzte mich in Erstaunen. Ich riet Frau Gandhi, ein Amt für die Bewertung neuer Technologien zu schaffen, wobei ein aus Wissenschaftlern vieler Disziplinen bestehendes Team sie über die ökologischen, sozialen und kulturellen Auswirkungen neuer Technologien beraten könnte. Ein solches Amt existiere in Washington, und zum wissenschaftlichen Beirat gehöre eine gute Freundin von mir, Hazel Henderson. «Ein solches Amt würde im Hinblick auf langfristige und ökologisch einwandfreie Lösungen bei starker Rücksichtnahme auf die traditionelle Kultur eine enorme Hilfe bei der Einschätzung Ihrer Optionen und Risiken sein.»

Wieder verblüffte mich Indira Gandhis Reaktion. Während ich sprach, griff sie nach Notizblock und Bleistift auf ihrem Tisch und machte sich Notizen. Sie notierte kommentarlos alle von mir erwähnten Einzelheiten, auch den Namen Hazel Henderson.

Dann wechselte ich das Thema und fragte Indira Gandhi, was sie vom Feminismus halte.

«Also, ich bin keine Feministin», antwortete sie und fügte schnell hinzu, «aber meine Mutter war eine.

Sehen Sie», fuhr sie fort, «als Kind konnte ich immer tun, was ich wollte. Ich hatte nie das Gefühl, zwischen Knaben und Mädchen bestehe ein Unterschied. Ich habe laut gepfiffen, bin wie die Jungen gelaufen und auf Bäume geklettert. Deshalb ist mir der Gedanke von der Befreiung der Frau überhaupt nicht gekommen.»

Dann erläuterte sie mir, im Verlauf der gesamten indischen Geschichte hätten sich nicht nur viele Frauen durch öffentliche Aktivitäten hervorgetan, sondern auch aufgeklärte Männer hätten die Emanzipation der Frau aktiv unterstützt. «Gandhiji war einer von ihnen», erklärte sie, «und auch mein Vater. Sie haben erkannt, daß eine gewaltlose Bewegung wie die unsere keinen Erfolg haben würde, wenn sie nicht auf die Sympathie und das aktive Interesse der Frauen zählen konnte. Deshalb haben diese Männer bewußt und überlegt Frauen in die nationale Bewegung einbezogen, was die Emanzipation der indischen Frau sehr beschleunigt hat.

Und was halten *Sie* vom Feminismus?» spielte Frau Gandhi den Ball zurück. Ich sprach von der natürlichen Verwandtschaft zwischen der ökologischen Bewegung, der Friedensbewegung und der feministischen Bewegung und äußerte mich überzeugt, daß die Frauenbewegung beim gegenwärtigen Paradigmenwechsel eine entscheidende Rolle spielen werde. Da stimmte Indira Gandhi mir zu: «Ich habe schon oft gesagt, daß den Frauen heute ein besondere Rolle zufällt. Der Rhythmus der Welt wandelt sich, und die Frauen können ihn beeinflussen und ihm den richtigen Takt geben.»

Nach vollen fünfzig Minuten näherte unser Gespräch sich dem Ende. Frau Gandhi gab mit einer freundlichen Geste zu verstehen, sie müsse sich verabschieden und anderen Angelegenheiten zuwenden. Ich dankte ihr nochmals für diese Begegnung und erwähnte beim Abschied, ich wäre an ihren Kommentaren zu meinem Buch *Wendezeit* sehr interessiert und würde mich sehr geehrt fühlen, wenn sie mir einige Bemerkungen zukommen lassen könnte.

«O ja», antwortete sie heiter, «wir wollen in Verbindung bleiben.»

Drei Jahre später erinnerte ich mich mit Tränen in den Augen dieser Worte, als ich von Indira Gandhis tragischem gewaltsamen Tod erfuhr. Ihre Ermordung, eine unheimliche Erinnerung an die ihres Namensvetters und Mentors Mahatma Gandhi, zwang mich, meine Erfahrung der sanften und anmutigen Natur des indischen Volkes in eine andere Perspektive zu stellen. Zugleich jedoch prägte mein Gespräch mit ihr sich noch tiefer in mein Gedächtnis ein.

Indira Gandhi war zweifellos die bemerkenswerteste Frau, der ich jemals begegnet bin. Vor meiner Indienreise hatte ich von ihr die Vorstellung einer herrischen, gerissenen und ziemlich kalten, arroganten und autokratischen Weltpolitikerin. Ich weiß nicht, in welchem Maße dieses Image richtig war, doch weiß ich, daß es äußerst einseitig war. Die Indira Gandhi, der ich begegnete, war warmherzig und charmant, mitfühlend und weise. Als ich ihr Büro verließ und aus dem Parlamentsgebäude ging, durch viele Vorzimmer und Korridore, vorbei an Sekretären und Sicherheitsposten, kam mir als perfekte Beschreibung des soeben Erlebten ein Satz von R. D. Laing in den Sinn: eine authentische Begegnung zwischen zwei Menschen.

Danksagung

Das vorliegende Buch hätte nicht ohne die Inspiration und die Unterstützung der darin erwähnten und vieler unerwähnter Männer und Frauen geschrieben werden können. Ihnen allen möchte ich von Herzen danken. Meiner Familie und meinen Freunden danke ich für ihre kritische Lektüre verschiedener Teile des Manuskripts. Besonders verbunden bin ich meiner Mutter Ingeborg Teuffenbach für ihre wertvollen redaktionellen Anregungen sowie meiner Frau Elizabeth Hawk, die mir während der gesamten Arbeit behilflich war, den Text lesbar zu gestalten. Schließlich gilt mein Dank den Lektoren vom Verlag Simon and Schuster und vom Scherz Verlag für ihre sorgfältige und einfühlsame Redaktion des Textes.

Berkeley, im Herbst 1987
Fritjof Capra

Literaturverzeichnis

(enthält nur die im Text erwähnten Titel)

Airola, Paavo: *Are You Confused?*, Phoenix, Arizona, 1971 (dt. *Natürlich gesund*, Rowohlt Tb, Reinbek 1987).

Bateson, Gregory: *Mind and Nature*, New York 1979 (dt. *Geist und Natur*, Suhrkamp, Frankfurt a. M. 1982).

–: *Steps to an Ecology of Mind*, New York 1972 (dt. *Ökologie des Geistes*, Suhrkamp, Frankfurt a. M. 1980).

Capra, Fritjof: «Bootstrap and Buddhism», in *American Journal of Physics*, Januar 1974.

–: «Bootstrap Physics: A Conversation with Geoffrey Chew», in De Tar, Carleton/Finkelstein, J./Tan, Chung-I (Hrsg.): *A Passion for Physics*, Singapore 1985.

–: «The Dance of Shiva», in *Main Currents*, Sept./Okt. 1972.

–: *The Tao of Physics*, Berkeley 1975 (dt. *Das Tao der Physik*, Scherz/O. W. Barth, Bern, München, Wien [9]1987).

–: *The Turning Point*, New York 1982 (dt. *Wendezeit*, Scherz, Bern, München, Wien [14]1987).

–, und Spretnak, Charlene: *Green Politics,* New York 1984.

Carlson, Rick J.L: *The End of Medicine*, New York 1975.

Castaneda, Carlos: *The Teachings of Don Juan*, New York 1968 (dt. *Die Lehren des Don Juan*, Fischer Tb, Frankfurt a. M. [17]1985).

Cleaver, Eldridge: *Soul on Ice*, New York 1968 (dt. *Seele im Feuer*, dtv, München 1970).

Corea, Gena: *The Hidden Malpractice*, New York 1977 (dt. *Muttermaschine*, Rotbuch, Berlin 1986).

Dubos, René: *Man, Medicine and Environment*, New York 1968.

Ehrenreich, Barbara/English, Deirdre: *For Her Own Good*, New York 1978 (dt. *Zur Krankheit gezwungen*, Frauenoffensive, München 1976).

Einstein, Albert, in Schilp, Paul Arthur (Hrsg.): *Albert Einstein: Philosopher-Scientist*, New York 1951 (dt. *Albert Einstein als Philosoph und Naturforscher*, Vieweg, Braunschweig 1979).

Friedan, Betty: The Feminine Mystique, New York 1963 (dt. *Der Weiblichkeitswahn oder Die Selbstbefreiung der Frau*, Rowohlt Tb, Reinbek o. J.).

Fuchs, Victor R.: *Who Shall Live?*, New York 1974.

Greer, Germaine: *The Female Eunuch*, London 1970 (dt. *Die heimliche Kastration*, Ullstein Tb, Berlin 1985).

Grof, Stanislav: *Realms of the Human Unconscious*, New York 1976 (dt. *Topographie des Unbewußten*, Klett-Cotta, Stuttgart ³1985).

Haley, Alex: *Roots*, New York 1976 (dt. *Wurzeln*, Fischer Tb, Frankfurt a. M. ³1981).

Heisenberg, Werner: *Physics and Philosophy*, New York 1962 (dt. *Physik und Philosophie*, Ullstein Tb, Berlin o. J.).

Henderson, Hazel: *Creating Alternative Futures*, New York 1978.

–: *The Politics of the Solar Age*, New York 1981. (Ein Sammelband in deutscher Sprache mit Arbeiten aus den o. g. Titeln von H. Henderson ist *Das Ende der Ökonomie*, Goldmann, München 1987).

Hesse, Hermann: *Steppenwolf*, New York 1929 (dt. *Der Steppenwolf*, Suhrkamp, Frankfurt a. M. 1985).

Huxley, Aldous: *The Doors of Perception*, New York 1954 (dt. *Die Pforten der Wahrnehmung*, Piper, München ¹²1986).

Illich, Ivan: *Medical Nemesis*, New York 1976 (dt. *Die Nemesis der Medizin*, Rowohlt Tb, Reinbek 1981).

Jantsch, Erich: *The Self-Organizing Universe*, New York 1980 (dt. *Die Selbstorganisation des Universums*, dtv, München 1982).

Jung, Carl Gustav: «On Psychic Energy» (dt. *Über psychische Energetik und das Wesen der Träume*, Walter, Freiburg i. Br. ⁴1983).

Knowles, John H. (Hrsg.): *Doing Better and Feeling Worse*, New York 1977.

Krishnamurti, Jiddu: *Freedom from the Known*, New York 1969 (dt. *Einbruch in die Freiheit*, Ullstein Tb, Berlin o. J.).

Kübler-Ross, Elisabeth: *On Death and Dying*, New York 1969 (dt. *Interviews mit Sterbenden*, Kreuz, Stuttgart 1971).
Kuhn, Thomas S.: *The Structure of Scientific Revolutions*, Chicago 1970 (dt. *Die Struktur wissenschaftlicher Revolutionen*, Suhrkamp, Frankfurt a. M. 1973).

Laing, Ronald D.: *The Divided Self*, New York 1962 (dt. *Das geteilte Selbst*, Kiepenheuer & Witsch, Köln 1983).
–: *The Politics of Experience*, New York 1968 (dt. *Phänomenologie der Erfahrung*, Suhrkamp, Frankfurt a. M. 1975).
–: *The Voice of Experience*, New York 1982 (dt. *Die Stimme der Erfahrung*, Kiepenheuer & Witsch, Köln 1983).
Lock, Margaret M.: *East Asian Medicine in Urban Japan*, Berkeley 1980.

McKeown, Thomas: *The Role of Medicine: Mirage or Nemesis*, London 1976 (dt. *Die Rolle der Medizin*, Suhrkamp, Frankfurt a. M. 1981).
Marx, Karl: *Economic and Philosophic Manuscripts*, in Tucker, Robert C. (Hrsg.): *The Marx-Engels-Reader*, New York 1972 (dt. *Ökonomisch-philosophische Manuskripte*).
–: *Capital*, ebenda (dt. *Das Kapital*).
(Die Texte von K. Marx finden sich in deutsch u. a. in der *Karl Marx und Friedrich Engels Studienausgabe*.)
Merchant, Carolyn: *The Death of Nature*, New York 1980 (dt. *Der Tod der Natur*, C. H. Beck, München 1987).
Monod, Jacques: *Chance and Necessity*, New York 1971 (dt. *Zufall und Notwendigkeit*, dtv, München 1975).

Navarro, Vicente: *Medicine Under Capitalism*, New York 1977.
Needham, Joseph: *Science and Civilisation in China*, Bd. 2, Cambridge 1962.

Pelletier, Kenneth R.: *Mind as Healer, Mind as Slayer*, New York 1977.

Reich, Wilhelm: *Selected Writings*, New York 1979. (*Ausgewählte Schriften* von W. Reich erschienen auf deutsch bei Kiepenheuer & Witsch, Köln 1975).
Rich, Adrienne: *Of Woman Born*, New York 1977 (dt. *Von Frauen geboren*, Frauenoffensive, München 1982).

Schumacher, E. F.: *A Guide for the Perplexed*, New York 1977 (dt. *Rat für die Ratlosen*, Rowohlt Tb, Reinbek 1986).

–: *Small is beautiful*, New York 1975 (dt. *Die Rückkehr zum menschlichen Maß*, Rowohlt Tb, Reinbek 1985).

Simonton, O. Carl/Matthews-Simonton, Stephanie/Creighton, James: *Getting Well Again*, Los Angeles 1978 (dt. *Wieder gesund werden*, Rowohlt, Hamburg 1982).

Singer, June: *Androgyny*, New York 1976 (dt. *Nur Frau – Nur Mann?*, J. Pfeiffer, München 1981).

Sobel, David (Hrsg.): *Ways of Health*, New York 1979.

Spretnak, Charlene: *Lost Goddesses of Early Greece*, Boston 1981.

– (Hrsg.): *The Politics of Women's Sprituality*, New York 1981.

Thomas, Lewis: *The Lives of a Cell*, New York 1975 (dt. *Das Leben überlebt*, Goldmann, München 1985).

Watts, Alan: *The Book*, New York 1966.

–: *The Joyous Cosmology*, New York 1962 (dt. *Kosmisches Drama*, Goldmann, München 1984).

–: *The Way of Zen*, New York 1957 (dt. *Zen. Tradition und lebendiger Weg*, Zero, Rheinberg 1981).

Wilber, Ken: «Psychologia Perennis: The Spectrum of Consciousness», in *Journal of Transpersonal Psychology*,Nr. 2, 1975.

–: *The Spectrum of Consciousness*, Wheaton, Ill., 1977 (dt. *Das Spektrum des Bewußtseins*, Scherz/O. W. Barth, Bern, München, Wien, 1987).

Personen- und Sachregister